古典名著白文本

论衡

[东汉]王充 撰

陈蒲清 点校

CNS 岳麓书社·长沙

图书在版编目(CIP)数据

论衡/(东汉)王充撰. —长沙:岳麓书社,2015.2(2022.10 重印)
ISBN 978-7-5538-0325-8

Ⅰ.①论… Ⅱ.①王… Ⅲ.①古典哲学—中国—东汉时代
Ⅳ.①B234.81

中国版本图书馆 CIP 数据核字(2014)第 306945 号

LUNHENG
论衡
撰　　者　[东汉]王　充
责任编辑　彭卫才
责任校对　舒　舍
封面设计　刘　峰

岳麓书社出版发行
地址:湖南省长沙市爱民路 47 号
直销电话:0731-88804152　0731-88885616
邮编:410006

版次:2015 年 2 月第 1 版
印次:2022 年 10 月第 3 次印刷
开本:890mm×1240mm　1/32
印张:12.125
字数:304 千字
印数:10 001—13 000
ISBN 978-7-5538-0325-8
定价:49.80 元

承印:廊坊市博林印务有限公司

前　言

《论衡》是东汉著名异端哲学家王充的重要著作。两千年来，《论衡》对中国哲学与中国文化的发展产生了深远影响，成为中国学术文化宝库中的一部奇书。

一、王充其人与《论衡》其书

王充，字仲任，会稽上虞（今浙江上虞）人，生于东汉光武帝建武三年(27 年)，卒于东汉和帝永元中(97 年左右)，是两汉时期最杰出的唯物主义哲学家。

王充生活的东汉前期，是中国封建大一统社会进一步得到巩固和发展的时代。由于社会的相对稳定，生产和科学有较大进步，经济和文化得到发展，曾经为“罢黜百家，独尊儒术”文化专制政策所窒压的思想界也逐渐活跃，不同于官方倡导的谶纬、今文经学的古文经学开始崛起，出现了桓谭这样富有批判精神的哲学家。但是，西汉时期就已产生的豪门士族阶层，在东汉王朝建立后迅速膨胀，垄断特权，兼并土地，不仅与广大农民矛盾尖锐，而且也引起了庶族地主的强烈不满，酝酿着新的社会危机。在这种情况下，封建统治者力图强化意识形态的统治。东汉章帝建初四年(79 年)，由汉章帝亲自主持召开的白虎观会议，就试图通过讲论五经异同，调和谶纬、今文经学与古文经学间的分歧，宣扬“天人感应”理论，达到加强思想控制的目的。王充就是在这样的时代背景下登上中国哲学舞台的。

王充出身于"细族孤门",祖辈先后"以农桑为业""以贾贩为事",属于汉代没有权势的庶族地主阶层。王家祖辈有"任侠"传统,由于与有权势的豪家结怨甚深,不得不举家担载,避难南迁,最后转徙到上虞落户。这些家庭的不幸遭遇,无疑对王充的性格和思想的形成产生了重大影响。王充自幼聪慧,六岁在家中发蒙读书,八岁入书馆学习,后因成绩优异,被送至京师洛阳的太学深造。在太学期间,王充由于"家贫无书,常游洛阳市肆,阅所卖书,一见辄能诵忆,遂博通众流百家之言",养成了"好博览而不守章句"的学风(见范晔《后汉书·王充传》)。太学毕业后,王充做过几次县、郡、州的小官;由于性格刚直,做事认真,往往与上司牴牾,干不了多久即被迫去职。最后,王充干脆远离仕途,闭门著述,以致晚年在友人推荐下朝廷派车接他做官,他也称病不行。这种"涉世落魄""为人所陷""贬黜抑屈""废退穷居"的坎坷人生,使王充亲眼看到豪门士族控制下东汉政治的腐朽,能够与下层民众接触,多少反映出在封建等级制度下被压抑、被屈辱的"卑贱者"的反抗意识。他明白地把"贱室"与"贵家"对立起来,认为前者"无阀阅,所能不能任剧,故陋于选举,佚于朝廷",而后者则"一旦在位,鲜冠利剑;一岁典职,田宅并兼"(《程材》),因此,"达者未必知,穷者未必愚","处尊居显未必贤,位卑在下未必愚"(《逢遇》)。对于东汉统治者利用谶纬、今文经学所宣扬的"天人感应"理论,王充更是深恶痛绝,认为这些都是愚惑民众的虚妄之言,应本着"实事疾妄"的精神加以批判(《对作》)。可以说,王充的全部理论活动都贯注着这一"疾虚妄"的批判精神。

王充一生著述甚丰。据其自叙,他先后著有《讥俗》《政务》《论衡》《养性》等书。这些书都是批判性极强的哲学著作。他曾谈到这些书的写作动因,说:"充既疾俗情,作《讥俗》之书;又闵人君之政,徒欲治人，不得其宜，不晓其务，愁精苦思，不睹所趋，故作《政务》之书；又伤伪书俗文，多不实诚，故为《论衡》之书。”（《自纪》）其中，《论衡》是王充最重要的著作。其主旨，一言以蔽之曰“疾虚妄”。他之所以把这部书名为《论衡》，就是决心确立一个具有批判精神的实事求是的理性法庭，达到“铨轻重之言，立真伪之平”，改变那种“华文不见息”“实事不见用”“虚妄之言胜真美”的状况（《对作》）。

在王充的这些著述中，《讥俗》《政务》《养性》已经失传，唯《论衡》流传至今。据范晔《后汉书・王充传》记载：“《论衡》八十五篇，二十馀万言。”今本《论衡》除《招致》一篇有录无文外，实存八十四篇。可见今本《论衡》与范晔所见《论衡》并无多大差别。一些研究者认为，现存《论衡》中保存了王充其他佚著的主要内容。在《意林》《太平御览》等类书中，还存有《论衡》的一些佚文，说明《论衡》在漫长历史岁月的流传中还是有所散佚。

由于《论衡》一书具有强烈的批判性，在很长一段时间里不受重视，仅流传于江东一带。东汉末，蔡邕到东吴，发现《论衡》，带回了中原，但他只不过将《论衡》作为“谈助”。后来，王朗为会稽太守，又得《论衡》，获益甚大，遂引起中原人士的重视，使之得以广泛流传。东汉以降，历代学者对《论衡》有誉之者，亦有毁之者。葛洪《抱朴子》称“为冠伦大才”，熊伯龙《无何集》说：“余博览古书，取释疑解惑之说，以《论衡》为最。”刘熙载《艺概》认为它“独抒己见，思力绝人，虽有时激而近僻者，然不掩其卓诣”。但胡应麟《少室山房笔丛》却指责它“其文猥冗荧沓，世所共轻”，赵坦《宝甓斋札记》甚至断论它“立说乖戾，不足道”。至近代，一些学者开始运用新的方法评价《论衡》，对其学术价值作了较公允的评判。如章太炎说：“作为《论衡》，趣以正虚妄，审向背。怀疑之论，分析百端。有所发擿，不避上圣。汉得一人焉，足以振耻。至于今，亦鲜有能逮者也。”（《检论・学变》）胡适说：“王充的哲学的动机，只是对于当时种种虚妄和种种迷信的反抗。王充的哲学的方法,只是当时科学精神的表现。"(《王充的论衡》)但总的来说,这些评价还是比较浮浅的。只有在现代运用马克思主义的唯物史观与辩证方法研究王充其人与《论衡》其书后,才真正深刻揭示了《论衡》在中国哲学和文化发展史上的意义,把《论衡》研究提高到一个崭新的境界。

二、反对"天人感应"的元气论

王充作为一位异端思想家的理论贡献,主要在于对正宗神学的批判,并在批判中多方面地发展了古代的无神论和唯物主义。王充对"天人感应"理论的批判,是以他的唯物主义元气论为出发点的。

王充继承了先秦稷下道家和荀子关于"气"的唯物主义说明,吸取汉代自然科学成果,对"气"范畴作了新的唯物主义的规定,形成了较完整的元气论。首先,他认为"气"是构成天地万物(包括人在内)的统一的物质元素。这种元气是"无欲、无为、无事"(《自然》)的物质存在,如同云烟一般,没有感觉与意识。元气就其性质而言,有阴气与阳气之分,二者相辅相成,构成宇宙万物。其次,他认为万物与人类都是由元气凝聚而成,物坏人死则复归元气,这是一个"自生""自然"的物质变化过程,不以人的主观意志为转移。他说:"寒温之气,系于天地,而统于阴阳。人事国政,安能动之?"(《变动》)再次,他认为由元气凝聚而成的万物与人都有生有死,而元气却是无始无终、永恒存在的。他说:"有血脉之类,无有不生,生无不死,以其生,故知其死也。天地不生,故不死;阴阳不生,故不死。"(《道虚》)王充的这些思想,论证了元气的物质性,进而揭示了世界的物质统一性,把中国古代唯物主义元气论推进到一个新阶段。由此出发,王充对"天"与"人"都作了唯物主义的说明。

首先,王充把"天"规定为"自然之天"。他说:"天地,含气之自然也。"(《谈天》)"夫天者,体也,与地同。"(《祀义》)认为天与地一样,都是由物质性的元气构成的物质实体。他又把天比作玉石之类,说明天并不神秘,只不过离人们十分遥远罢了。他又说,"地固且自动","星固将自徙"(《变虚》),天与地都在自己运动,虽然人们尚未能揭示这种"自动""自徙"的内在动因,但却可以肯定这些现象都是不借助外力的"自然之化"。

在这个基础上,王充强调"天与人异体"(《变虚》),认为天与人并不完全同构,反对把自然现象拟人化。他说,人有口目,而天就没有口目。为什么说天没有口目呢?是根据地的情况类推出来的。天与地同类,既然地没有口目,由此可以推知天也没有口目。

王充认为,天的本质就是自然无为。他说:"夫天道,自然也,无为。"(《谴告》)什么叫"自然无为"呢?王充解释说:"天动不欲以生物,而物自生,此则自然也;施气不欲为物,而物自为,此则无为也。谓天自然无为者何?气也。"(《自然》)所谓"自然",指天没有意志和目的,不可能有意识地创造万物,而是听凭万物自己生长;所谓"无为",指天地施放元气,元气构成万物,不是"天意"所安排的。天之所以自然无为,就是因为天地与万物都是由物质性的元气构成的。王充运用天道自然无为思想,驳斥了神学目的论。他说:"夫天不能故生人,则其生万物,亦不能故也。"(《物势》)主张用唯物主义的"自生"反对目的论的"故生"。当时,一些神学目的论者宣扬:"天生五谷以食人,生丝麻以衣人。"认为五谷丝麻之所以种植生长,是天为了让人类有衣食之源而早就安排好了的。王充指出,如果持这种观点,那就把天当作了"农夫桑女",使天成了一个有目的的人格神,违背了天道自然无为的实际。人们之所以种植五谷丝麻,就因为他们在自己的生活实践中发现五谷可以充饥、丝麻可以御寒。

进一步,王充又把"人"规定为"倮虫之长"。他认为,同天地万物一样,人也是由物质性的元气构成的。"天地合气,人偶自生"

(《物势》)。人也是一种自然物,是动物中的一种。人生活在天地之间,就像鱼生活在水中,虮虱寄生于人体上一样,没有什么神秘之处。当然,王充没有把人与鱼、虮虱简单等同起来,而认为人是"万物之中有智慧者"(《辨祟》),"倮虫三百,人为之长"(《商虫》)。这就多少肯定了人与一般动物的区别。但总的来说,在王充哲学中,人主要是自然之物,这也就导致了王充关于人的学说的局限性。他用唯物主义的元气论说明人的精神现象和社会生活,既有合理之处,也有严重缺陷。

王充力图用唯物主义的元气论揭示人的精神现象。他继承、发展了稷下道家的"精气"说,认为人之所以聪明智慧,是由于人的形体内含有一种极细微精致的元气——"精气"。这种"精气"必须依赖于人的形体,不能离开人的形体而单独存在。他说:"形须气而成,气须形而知。天下无独燃之火,世间安得有无体独知之精?"(《论死》)形体有了精气才能成为人的形体,精气只有依赖形体才能发挥智慧。世界上没有离开木柴而单独燃烧的火,也没有离开形体而发挥智慧的精气。王充认为,精神现象的产生与消亡是一个自然过程,人死之后,形体坏灭,精神也就不能独立存在了。他由此得出了"人死不为鬼"的无神论结论:"人死血脉竭,竭而精气灭,灭而形体朽,朽而成灰土,何用为鬼?"(《论死》)但是,王充的这一思想也有缺陷。他把精神也当做了一种物质("精气"),不懂得精神是物质的属性。这个理论缺陷,后来为佛教哲学家慧远利用来论证神不灭论。

王充又用唯物主义的元气论说明人的寿命、品德、社会地位等等。他认为,人的寿命长短、品质好坏、地位贵贱都是由人所禀赋的元气决定的。这里,有正确的、合理的因素。如认为人的寿命与人的先天生理素质有关,就是正确的;主张用物质性的元气说明人的社会生活,把人作为一个自然的过程,也是对"天人感应"神学目的论的否定,有合理之处。但是,王充把人仅仅归结为自然之物,因而难以揭示人的社会本质，终于不可避免地陷入了自然命定论。

在对“天”与“人”进行唯物主义说明的基础上，王充批驳了“天人感应”理论。他说，天与人都是自然之物，不可能有什么神秘的感应关系。“夫人不能以行感天，天亦不随行而应人。”（《明雩》）他根据唯物主义的元气论和当时的自然科学知识，揭穿了“符瑞”“谴告”的虚妄性和欺骗性。

关于“符瑞”，王充认为这不过是些物种变异的自然现象，与社会治乱无关。他说，天下大治，百姓安乐，就是国家兴旺的吉祥征兆。因此，“圣主治世，期于平安，不须符瑞”（《宣汉》）。他着重批驳了汉代神学家们狂热鼓吹的帝王受命说。例如，汉代流行着尧和刘邦都是龙施气而生的政治神话，认为这是他们受命于天的符瑞。王充针锋相对地指出，在动物界中，只有“同类之物”的雌雄双方才能相互施气，产生后代。“今龙与人异类，何能感于人而施气？”（《奇怪》）这样，就剥去了汉王朝开国皇帝头上的灵光圈，表现了王充的科学勇气和政治勇气。

关于“谴告”，王充认为这是对自然现象及灾变加以歪曲和神化的结果。就拿雷电死人来说，这并不是天要惩罚坏人坏事，而是阴阳二气运动的结果。在盛夏之时，阳气激盛，与阴气冲突，“阴阳分争”，产生雷电。电光有毒，能够将人击死，将树击断，将屋击坏。人如果站在树木房屋下，就可能被电击死。因此，他说：“雷为天怒，虚妄之言。”（《雷虚》）王充的这些解释，接近现代科学知识。

王充不仅揭露了“天人感应”理论的虚妄性和欺骗性，而且试图探寻这一理论的根源。他认为，“天人感应”理论有其认识论根源，这就是把天人同构的思想推向极端，在天与人之间进行主观类比推理，从而按照人的模样塑造出人格神的天。他说：“人有喜怒，故谓天喜怒。推人以知天，知天本于人。如人不怒，则亦无缘谓天怒也。”（《雷虚》）同时，“天人感应”理论还有其社会根源。王充指出，在社会危机加深的时刻,统治者就往往"造谴告之言"以欺骗人民。如果这个办法也失效了,就"举兵相灭",使用暴力进行镇压。马克思说:"反宗教的批判的根据就是,人创造了宗教,而不是宗教创造了人。"王充对"天人感应"理论根源的探寻,就多少抓住了"反宗教的批判的根据"。

三、重视"学"与"效验"的认识论

王充针对"天人感应"理论的认识论根源,坚决反对主观主义的认识原则,提出了重视"学"与"效验"的认识理论。

王充认为,人们认识的对象是客观存在着的事物,即"天下之事,世间之物"(《实知》)。这些事和物,不仅包括天文、地理、政治、学术,而且包括农夫织妇的生产活动。人们的认识活动,必须以这些客观事物为前提,否则就会陷入空想臆造。

王充进而指出,人们对客观事物的认识,不是先天就有的,而是通过后天的学习活动获得的,即"知物由学"(《实知》)。这里的"学",不仅指从书本中学习,而且包括从实践中学习。王充说:"从农论田,田夫胜;从商讲贾,贾人贤。"(《程材》)由于农民长期从事农业活动,因此,他们的农业知识超过他人;由于商人长期从事经商活动,因此,他们的经商本领超过他人。从"知物由学"的思想出发,王充坚决驳斥了汉代盛行的圣人"生而知之"的神话。他说:"天地之间,含血之类,无性(生)知者。"(《实知》)认为根本就没有"不学自知""生而知之"的圣人。即使是十分聪明的人,也同样"不学不成"。反之,只要努力学习、实践,头脑迟笨的人也会变得聪明起来。例如,襄邑一带盛行织锦,由于终日实践,使得一般妇女都心灵手巧。因此,在认识问题上并不存在着上智与下愚的固定分界。

王充把直接的感觉经验作为认识的首要途径,强调认识必须从感觉经验开始。他说，人们要获得认识，首先必须使人的感觉器官与认识对象相接触，“任耳目以定情实”(《实知》)。通过这种接触，人们获得了感觉经验，才能形成表象，即所谓“状”。王充认为：“如无闻见，则无所状。”(《实知》)不同认识对象相接触，就不可能形成关于认识对象的表象。

但是，王充又认为，认识仅仅停留在感觉经验上是有局限的。他说：“夫以耳目论，则以虚象为言；虚象效，则以实事为非。”(《薄葬》)如果仅凭感觉经验，往往会把假象当做真象；把假象当真象，就会歪曲事物的本质，达不到实事求是。因此，“是非者，不徒耳目，必开心意”(《薄葬》)。只有对感觉经验进行理性的加工整理，才能辨明虚实，判定是非。他又指出，理性加工整理的方法是“揆端推类，原始见终，从闾巷论朝堂，由昭昭察冥冥”(《实知》)。即根据表象，进行推理，考察事物的开始并推测它的结局，从民间小事推论国家大事，从事物的现象深入到它的本质。他说，圣人之所以有“先知之见”，不是“神而先知”，而是“据象兆，原物类，意而得之”(《知实》)，是根据事物的征兆、迹象进行逻辑推理的结果。王充从唯物主义经验论出发，强调“任耳目”与“开心意”相结合，既驳斥了先验论，又注意克服经验论的局限性，不仅坚持了认识的唯物论，而且注意到认识的辩证法。

王充还提出“效验”范畴，作为检验认识真理性的标准。他说“事莫明于有效”(《薄葬》)，“凡论事者，违实，不引效验，则虽甘义繁说，众不见信”(《知实》)。认为认识必须经过实际效果的检验，看其是否符合客观事实，凡符合的就是正确的，否则就是错误的。王充认为，看一个认识是否有效，最重要的就是看其能否指导人们的实际活动。如果了解了树木的性质而不能用以指导伐木做房屋，如果了解了药草的性质而不能用以指导采草做方药，那么，这些知识知道再多都没有用。他批评那些皓首穷经、死啃书本的儒生：“即

徒诵读，读诗讽术，虽千篇以上，鹦鹉能言之类也。”(《超奇》)

四、强调“汉盛于周”的历史观

王充反对“天人感应”理论的一个重要方面，就是力图对人类历史运动作出唯物主义的说明。

王充重视物质生活在历史运动中的作用，认为社会治乱不由圣贤意志、“符瑞”多少所决定，而有一定的客观规律，这种规律又与群众的物质生活状况密切相关。他说：“夫世之所以为乱者，不以贼盗众多，兵革并起，民弃礼义，负畔其上乎？若此者，由谷食乏绝，不能忍饥寒。”(《治期》)社会矛盾之所以激化，广大民众之所以造反，主要原因在于人民群众缺乏最起码的物质生活条件，饥寒交迫，不得温饱。因此，要达到社会稳定，天下大治，不在于是否有圣贤当政，不在于是否有“符瑞”出现，而在于是否基本满足广大民众的物质生活要求。“谷足食多，礼义之心生；礼丰义重，平安之基立矣。”(《治期》)他反对用圣贤意志说明历史运动，认为：“世治非圣贤之功，衰乱非无道之致。国当衰乱，圣贤不能盛；时当治，恶人不能乱。”(《治期》)他更不同意用“符端”出现说明历史运动，指出：“太平以治定为效，百姓以安乐为符”；“圣主治世，期于平安，不须符瑞”(《宣汉》)。

从这种重视物质生活作用的思想出发，王充进一步对社会历史发展问题进行了探讨。

在汉代，许多儒者立足于“天人感应”理论，以传说中的“符瑞”多少为根据，来论定社会进退。在他们看来，古代文献上所记载的“符瑞”出现，远比汉代人们所见的“符瑞”出现要多得多。因此，汉代什么都不如从前。政治上，“五帝三王致天下太平，汉兴以来未有太平”；人才方面，上世之时“圣人德优，而功治有奇”，今世未有圣人；道德方面，上世之人“质朴易化”，下世之人“文薄难治”；甚至在外貌长相方面，也是上世之人“侗长佼好”，今世之人“短小陋丑”。（见《齐世》《宣汉》）这样一来，就编织了一套“今不如昔”的政治神话。

与这种历史倒退论针锋相对，王充力主以物质生活状况为尺度来衡量历史变迁、判断社会进退，提出了“汉盛于周”的历史进化观。他认为，对于历史变迁、社会进退，只能用人类物质生活是否发展、是否改进来论定，而不能以传说中的“符瑞”多少为根据。从物质生活状况出发，王充把奴隶制全盛时期的周代同封建大一统巩固确立的汉代进行了对比，认定历史是进化的、社会是发展的。他在《宣汉》篇中指出周天子的管辖之地仅方圆五千里，汉帝国的领土则囊括了许多古代未开化的地区；古代少数民族的居住地区，如今已同先进的汉民族同化；古代裸身露首的原始人群，如今已进入衣冠整齐的文明社会；古代堆满乱石的大地，如今已开垦成为农田；古代强悍不驯的民众，如今已教化成为良民。从这些物质生活条件的进步可以看出，汉代远远胜过古代，而在百代之上。在王充看来，汉儒们以传说中的“符瑞”多少作为考察社会进退的根据，在于他们“信久远之伪，忽近今之实”（《须颂》），是一种十足的历史唯心论。王充的这些思想，已显露出唯物史观的一些宝贵萌芽。

五、王充哲学的贡献与局限

王充在《论衡》一书中，提出了较完整的唯物主义元气论，由此而对天人关系、形神关系、认识论、历史观进行了唯物主义的阐明，有力地批判了以“天人感应”理论为代表的汉代唯心主义思潮，把中国古代唯物主义思想发展到一个新水平。

王充以自己的哲学创造，冲破了“罢黜百家，独尊儒术”的文化专制政策，开启了一代吞吐百家、通明博见的新学风。他说：“海不通于百川，安得巨大之名？夫人含百家之言，犹海怀百川之流也。”（《别通》）认为只有像海纳百川之流一样，胸怀百家之言，才能于学术文化作出巨大贡献。对于先秦两汉的各派学说，王充力破门户之见，而取吞吐百家的态度。他吸取了黄老道家的天道观，同时剔除了其中的神秘成分；继承了荀子一派的儒家思想，而对董仲舒为代表的今文经学持批判立场；肯定了墨家的唯物主义经验论，又驳斥了墨家的有鬼论。他甚至主张：“苟有不晓解之问，追难孔子，何伤于义？诚有传圣业之知，伐孔子之说，何逆于理？”（《问孔》）反对把孔子学说定于一尊，当做万古不变的绝对真理。这种新学风对后世产生了深远影响。

王充哲学也有其局限性。王充在发展唯物主义元气论时，为了反对汉代唯心主义思潮的独断论和先验论，基本上采取了经验论的思维途径。他企图用具体实物来规定世界的本原，把“天”“气”等范畴实物化，比作玉石、云烟等物，陷入了直观性错误，因而不能正确解释一般与个别的关系问题，不能辩证理解本原与万物、本体与现象、世界的物质统一性与物质现象的多样性的关系，尤其是难以说明无知的元气何以产生出有知的人类精神的问题。至于比自然运动复杂得多的社会运动，更是元气论所难以揭示的。如果说在自然观方面，王充运用唯物主义元气论对唯心主义思潮展开了尖锐有力的批判，那么在历史观方面，他的理论则往往陷入自我矛盾之中。

矛盾之一：历史运动的必然性与偶然性。王充认为，自然界和人类社会所发生的各种情况，都是由先天禀气时的偶然因素决定的，在各种相互联系的现象之间，只存在巧遇，而没有必然的因果链条。历史运动同自然运动一样，都是偶然性起着支配作用，人们完全不能掌握自己的命运。因此，王充又认为，这种偶然性本身就具有必然性。他把这种必然性称作“命”。人与物各自先天禀受的气，或厚或薄，这是“偶”；受气之后，命运终生不得改变，则是“命”。他说:“凡人遇偶及遭累害,皆由命也。有生死夭寿之命,亦有贵贱贫富之命。自王公逮至庶人,圣贤及下愚,凡有首目之类,含血之属,莫不有命。”(《命禄》)这样,王充就由绝对的偶然论转到绝对的必然论,陷入了带有神秘主义倾向的自然命定论。他认为,人之所以有贵贱贫富之别,是由于禀受的元气不同;而禀气之不同,在于天上星辰施布的精气不一样。“贵或秩有高下,富或资有多少,皆星位尊卑小大之所授也。”(《命义》)王充把人归结为自然之物,把历史运动归结为自然之道,否定了超自然的天命神权,但同时也否认了人的改造自然和社会的能动作用,而堕入了自然定命论,在“命”的面前发出了无可奈何的叹息。

矛盾之二:历史运动的发展与循环。王充一方面重视物质生活在历史运动中的作用,认为人类社会随着物质生活状况的发展而不断进化;另一方面又从元气论出发,认为人与物都是由永恒不变的元气构成的。因此历史运动从本质上看只是“百代同道”的循环。他说:“上世之天,下世之天也;天不变易,气不改更。上世之民,下世之民也;俱禀元气,元气纯和,古今不异。”(《齐世》)这种“天不变易”“百代同道”的思想,与他的历史进化观相矛盾,没有脱出“天不变道亦不变”的历史循环论窠臼。

王充哲学的这些理论矛盾,是他所处的阶级地位和时代条件的如实反映。

研读《论衡》,一方面,可以感受到王充坚持“疾虚妄”的旗帜,敢于“违诡于俗”“考论虚实”的严肃批判精神,从中吸取到思想营养;另一方面,从王充自陷于矛盾的理论思维教训中,可以得到深刻的启发,加深对马克思主义的科学历史观的理解。《论衡》一书,将永远保持着它不朽的理论价值和思想光辉。岳麓书社将此书收入《古典名著普及文库》出版,所据底本是《四部丛刊》所用之明通津草堂本,陈蒲清先生点校时,又据几种通行本予以订正,凡误、衍处施加

(　),订正及补充处施加〔　〕。相信《论衡》一书将会被更多的读者所接受,所喜爱,故我亦乐为此序。

一九九一年四月于珞珈山麓

编辑附记:这篇前言,是萧萐文先生1991年特为岳麓书社《古典名著普及文库》本《论衡》所写的导读前言,多年来一直深受读者喜欢。如今萧先生已逝世多年,当我们再读此文,仍感颇受启迪,现将原《前言》全文照刊,以飨读者,亦作为对萧先生的纪念。

目　　录

卷五

卷六

卷七

卷八

卷九

卷十

卷十一

卷十二

卷一

逢遇第一

操行有常贤,仕宦无常遇。贤不贤,才也;遇不遇,时也。才高行洁,不可保以必尊贵;能薄操浊,不可保以必卑贱。或高才洁行,不遇,退在下流;薄能浊操,遇,在众上。世各自有以取士,士亦各自得以进。进在遇,退在不遇。处尊居显,未必贤,遇也;位卑在下,未必愚,不遇也。故遇,或抱污行,尊于桀之朝;不遇,或持洁节,卑于尧之廷。所以遇不遇,非一也:或时贤而辅恶,或以大才从于小才,或俱大才,道有清浊,或无道德而以技合,或无技能而以色幸。

伍员、帛喜,俱事夫差,帛喜尊重,伍员诛死,此异操而同主也。或操同而主异,亦有遇不遇,伊尹、箕子是也。伊尹、箕子才俱也,伊尹为相,箕子为奴,伊尹遇成汤,箕子遇商纣也。夫以贤事贤君,君欲为治,臣以贤才辅之,趋舍偶合,其遇固宜。以贤事恶君,君不欲为治,臣以忠行佐之,操志乖忤,不遇固宜。

或以贤圣之臣,遭欲为治之君,而终有不遇,孔子、孟轲是也。孔子绝粮陈、蔡,孟轲困于齐、梁,非时君主不用善也,才下知浅,不能用大才也。夫能御骥騄者,必王良也;能臣禹、稷、皋陶者,必尧、舜也。御百里之手,而以调千里之足,必有摧衡折轭之患。有接具臣之才,而以御大臣之知,必有闭心塞意之变。故至言弃捐,圣贤距逆,非憎圣贤,不甘至言也。圣贤务高,至言难行也。夫以大才干小才,小才不能受,不遇固宜。

以大才之臣,遇大才之主,乃有遇不遇,虞舜、许由、太公、伯夷是也。虞舜、许由俱圣人也，并生唐世，俱面于尧，虞舜绍帝统，许由入山林。太公、伯夷俱贤也，并出周国，皆见武王，太公受封，伯夷饿死。夫贤圣，道同、志合、趋齐，虞舜、太公行耦，许由、伯夷操违者，生非其世，出非其时也。道虽同，同中有异；志虽合，合中有离。何则？道有精粗，志有清浊也。许由，皇者之辅也，生于帝者之时；伯夷，帝者之佐也，出于王者之世。并由道德，俱发仁义。主行道德不清，不留；主为仁义不高，不止。此其所以不遇也。尧混，舜浊；武王诛残，太公讨暴。同浊皆粗，举措钧齐，此其所以为遇者也。故舜王天下，皋陶佐政，北人无择深隐不见；禹王天下，伯益辅治，伯成子高委位而耕。非皋陶才愈无择，伯益能出子高也。然而皋陶、伯益进用，无择、子高退隐，进用行耦，退隐操违也。退隐势异，身虽屈，不愿进；人主不须其言，废之，意亦不恨，是两不相慕也。

商鞅三说秦孝公，前二说不听，后一说用者：前二，帝王之论；后一，霸者之议也。夫持帝王之论，说霸者之主，虽精见距；更调霸说，虽粗见受。何则？精，遇孝公所不得；粗，遇孝公所欲行也。故说者不在善，在所说者善之；才不待贤，在所事者贤之。马圄之说无方，而野人说之；子贡之说有义，野人不听。吹籁工为善声，因越王不喜，更为野声，越王大说。故为善于不欲得善之主，虽善不见爱；为不善于欲得不善之主，虽不善不见憎。此以曲伎合，合则遇，不合则不遇。

或无伎，妄以奸巧合上志，亦有以遇者，窃簪之臣，鸡鸣之客是。窃簪之臣，亲于子反；鸡鸣之客，幸于孟尝。子反好偷臣，孟尝爱伪客也。以有补于人君，人君赖之，其遇固宜。或无补益，为上所好，(籍)〔闳〕孺、邓通是也。(籍)〔闳〕孺幸于孝惠，邓通爱于孝文，无细简之才，微薄之能，偶以形佳骨娴，皮媚色称。夫好容，人所好也，其遇固宜。或以丑面恶色，称媚于上，嫫母、无盐是也。嫫母进于黄帝，无盐纳于齐王。故贤不肖可豫知，遇难先图。何则？人主好恶无常,人臣所进无豫,偶合为是,适可为上。进者未必贤,退者未必愚,合幸得进,不幸失之。

世俗之议曰:"贤人可遇,不遇,亦自其咎也。生不希世准主,观鉴治内,调能定说,审(词)〔司〕际会,能进有补赡主,何不遇之有?今则不然,作无益之能,纳无补之说,以夏进炉,以冬奏扇,为所不欲得之事,献所不欲闻之语,其不遇祸幸矣,何福祐之有乎?"进能有益,纳说有补,人之所知也,或以不补而得祐,或以有益而获罪。且夏时炉以炙湿,冬时扇以翣火。世可希,主不可准也;说可转,能不可易也。世主好文,己为文则遇;主好武,己则不遇。主好辩,有口则遇;主不好辩,己则不遇。文(王)〔主〕不好武,武主不好文,辩主不好行,行主不好辩。文与言,尚可暴习;行与能,不可卒成。学不宿习,无以明名。名不素著,无以遇主。仓猝之业,须臾之名,日力不足不预闻,何以准主而纳其说,进身而托其能哉?

昔周人有仕数不遇,年老白首,泣涕于涂者,人或问之:"何为泣乎?"对曰:"吾仕数不遇,自伤年老失时,是以泣也。"人曰:"仕奈何不一遇也?"对曰:"吾年少之时,学为文。文德成就,始欲仕宦,人君好用老。用老主亡,后主又用武,吾更为武。武节始就,武主又亡。少主始立,好用少年,吾年又老。是以未尝一遇。"仕宦有时,不可求也。夫希世准主,尚不可为,况节高志妙,不为利动,性定质成,不为主顾者乎?

且夫遇也,能不预设,说不宿具,邂逅逢喜,遭触上意,故谓之遇。如准(推)主调说,以取尊贵,是名为揣,不名曰遇。春种谷生,秋刈谷收。求物得物,作事事成,不名为遇。不求自至,不作自成,是名为遇。犹拾遗于涂,摭弃于野,若天授地生,鬼助神辅,禽息之精阴庆,鲍叔之魂默举。若是者,乃遇耳。今俗人既不能定遇不遇之论,又就遇而誉之,因不遇而毁之。是据见效案成事,不能量操审才能也。

累害第二

凡人仕宦有稽留不进,行节有毁伤不全,罪过有累积不除,声名有暗昧不明,才非下,行非悖也;又知非昏,策非昧也;逢遭外祸,累害之也。非唯人行,凡物皆然。生动之类,咸被累害。累害自外,不由其内。夫不本累害所从生起,而徒归责于被累害者,智不明,暗塞于理者也。物以春生,人保之;以秋成,人必不能保之。卒然牛马践根,刀镰割茎,生者不育,至秋不成。不成之类,遇害不遂,不得生也。夫鼠涉饭中,捐而不食。捐饭之味,与彼不污者钧,以鼠为害,弃而不御。君子之累害,与彼不育之物、不御之饭同一实也。俱由外来,故为累害。

修身正行,不能来福;战栗戒慎,不能避祸。祸福之至,幸不幸也。故曰:得非己力,故谓之福;来不由我,故谓之祸。不由我者,谓之何由?由乡里与朝廷也。夫乡里有三累,朝廷有三害。累生于乡里,害发于朝廷,古今才洪行淑之人遇此多矣。

何谓三累三害?凡人操行,不能慎择友。友同心恩笃,异心疏薄,疏薄怨恨,毁伤其行,一累也。人才高下,不能钧同。同时并进,高者得荣,下者惭恚,毁伤其行,二累也。人之交游,不能常欢。欢则相亲,忿则疏远,疏远怨恨,毁伤其行,三累也。位少人众,仕者争进;进者争位,见将相毁,增加傅致,将昧不明,然纳其言,一害也。将吏异好,清浊殊操;清吏增郁郁之白,举涓涓之言,浊吏怀恚恨,徐求其过,因纤微之谤,被以罪罚,二害也。将或幸佐吏之身,纳信其言,佐吏非清节,必拔人越次,迕失其意,毁之过度;清正之仕,抗行伸志,遂为所憎,毁伤于将,三害也。夫未进也,身被三累;已用也,身蒙三害。虽孔丘、墨翟不能自免,颜回、曾参不能全身也。

动百行,作万事,嫉妒之人,随而云起。枳棘钩挂容体,蜂虿之党啄螯怀操，岂徒六哉？六者章章，世曾不见。夫不原士之操行有三累，仕宦有三害，身完全者谓之洁，被毁谤者谓之辱，官升进者谓之善，位废退者谓之恶。完全升进，幸也，而称之；毁谤废退，不遇也，而訾之。用心若此，必为三累三害也。论者既不知〔累害所从生，又不知被〕累害者行贤洁也，以涂搏泥，以黑点缯，孰有知之？清受尘，白取垢，青蝇所污，常在练素。处颠者危，势丰者亏，颓坠之类，常在悬垂。屈平洁白，邑犬群吠，吠所怪也；非俊疑杰，固庸能也。伟士坐以俊杰之才，招致群吠之声。夫如是，岂宜更勉奴下，循不肖哉！不肖奴下，非所勉也。岂宜更偶俗全身以弭谤哉！偶俗全身，则乡原也。乡原之人，行全无阙，非之无举，刺之无刺也。此又孔子之所罪，孟轲之所愆也。

古贤美极，无以卫身，故循性行以俟累害者；果贤洁之人也，极累害之谤，而贤洁之实见焉。立贤洁之迹，毁谤之尘安得不生？弦者思折伯牙之指，御者愿摧王良之手。何则？欲专良善之名，恶彼之胜己也。是故魏女色艳，郑袖(鼻)〔劓〕之；朝吴忠贞，无忌逐之。戚施弥妒，蘧除多佞。是故湿堂不洒尘，卑屋不蔽风；风冲之物不得育，水湍之岸不得峭。如是，牖里、陈蔡可得知，而沉江、蹈河也。以轶才取容媚于俗，求全功名于将，不遭邓析之祸，取子胥之诛，幸矣。孟贲之尸，人不刃者，气绝也；死灰百斛，人不沃者，光灭也。动身章智，显光气于世；奋志敖党，立卓异于俗，固常通人所谗嫉也。以方心偶俗之累，求益反损。盖孔子所以忧心，孟轲所以惆怅也。

德鸿者招谤，为士者多口。以休炽之声，弥口舌之患，求无危倾之害，远矣。臧仓之毁，未尝绝也；公伯寮之(溯)〔诉〕，未尝灭也。垤成丘山，污为江河矣。夫如是，市虎之讹、投杼之误，不足怪；则玉变为石，珠化为砾，不足诡也。何则？昧心冥冥之知使之然也。文王所以为粪土，而恶来所以为金玉也，非纣憎圣而好恶也，心知惑蔽。蔽惑不能审，则微子十去，比干五剖，未足痛也。故三监谗圣人，周公奔楚；后母毁孝子，伯奇放流。当时周世孰有不惑乎？后《鸱鸮》作而《黍离》兴，讽咏之者，乃悲伤之。故无雷风之变，周公之恶不灭；当夏不陨霜，邹(行)〔衍〕之罪不除。德不能感天，诚不能动变，君子笃信审己也，安能遏累害于人？圣贤不治名，害至不免辟，形章墨短，掩匿白长；不理身冤，不弭流言，受垢取毁，不求洁完。故恶见而善不彰，行缺而迹不显。邪伪之人，治身以巧俗，修诈以偶众。犹漆盘盂之工，穿墙不见；弄丸剑之倡，手指不知也。世不见短，故共称之；将不闻恶，故显用之。夫如是，世俗之所谓贤洁者，未必非恶；所谓邪污者，未必非善也。

或曰："言有招患，行有召耻，所在常由小人。"夫小人性患耻者也，含邪而生，怀伪而游，沐浴累害之中，何招召之有？故夫火生者不伤(湿)〔燥〕，水居者无溺患。火不苦热，水不痛寒，气性自然，焉招之？君子也，以忠言招患，以高行招耻，何世不然！然而太山之恶，君子不得名；毫发之善，小人不得有也。以玷污言之，清受尘而白取垢；以毁谤言之，贞良见妒，高奇见噪；以遇罪言之，忠言招患，高行招耻；以不纯言之，玉有瑕而珠有毁。(焦)陈留〔焦〕君(兄)〔贶〕，名称兖州，行完迹洁，无纤芥之毁；及其当为从事，刺史焦康绌而不用。夫未进也被三累，已用也蒙三害，虽孔丘、墨翟不能自免，颜回、曾参不能全身也。何则？众好纯誉之人，非真贤也。公侯已下，玉石杂糅。贤士之行，善恶相苞。夫采玉者破石拔玉，选士者弃恶取善。夫如是，累害之人负世以行，指击之者从何往哉？

命禄第三

凡人遇偶及遭累害，皆由命也。有死生寿夭之命，亦有贵贱贫富之命。自王公逮庶人，圣贤及下愚，凡有首目之类，含血之属，莫不有命。命当贫贱，虽富贵之，犹涉祸患矣。命当富贵，虽贫贱之，犹逢福善矣。故命贵，从贱地自达；命贱，从富位自危。故夫富贵若有神助，贫贱若有鬼祸。命贵之人，俱学独达，并仕独迁；命富之人，俱求独得，并为独成。贫贱反此，难达难迁难成，获过受罪，疾病亡遗，失其富贵，贫贱矣。是故才高行厚，未必保其必富贵；智寡德薄，未可信其必贫贱。或时才高行厚，命恶，废而不进；知寡德薄，命善，兴而超逾。故夫临事知愚，操行清浊，性与才也；仕宦贵贱，治产贫富，命与时也。命则不可勉，时则不可力，知者归之于天，故坦荡恬忽。虽其贫贱，使富贵若凿沟伐薪，加勉力之趋，致强健之势，凿不休则沟深，斧不止则薪多，无命之人，皆得所愿，安得贫贱凶危之患哉？然则或时沟未通而遇湛，薪未多而遇虎。仕宦不贵，治产不富，凿沟遇湛、伐薪逢虎之类也。

有才不得施，有智不得行，或施而功不立，或行而事不成，虽才智如孔子，犹无成立之功。世俗见人节行高，则曰："贤哲如此，何不贵？"见人谋虑深，则曰："辩慧如此，何不富？"贵富有命福禄，不在贤哲与辩慧。故曰：富不可以筹策得，贵不可以才能成。智虑深而无财，才能高而无官。怀银纡紫，未必稷、契之才；积金累玉，未必陶朱之智。或时下愚而千金，顽鲁而典城。故官御同才，其贵殊命；治生钧知，其富异禄。禄命有贫富，知不能丰杀；性命有贵贱，才不能进退。成王之才不如周公，桓公之知不若管仲，然成、桓受尊命，而周、管禀卑秩也。案古人君希有不学于人臣，知博希有不为父师。然而人君犹以无能处主位，人臣犹以鸿才为厮役。故贵贱在命，不在智愚；贫富在禄，不在顽慧。世之论事者以才高当为将相，能下者宜为农商，见智能之士官位不至，怪而訾之曰："是必毁于行操。"行操之士亦怪毁之曰："是必乏于才知。"殊不知才知行操虽高，官位富禄有命。才智之人，以吉盛时举事而福至，人谓才智明审；凶衰祸来，谓愚暗。不知吉凶之命、盛衰之禄也。

白圭、子贡转货致富，积累金玉，人谓术善学明。主父偃辱贱于齐,排摈不用,赴阙举疏,遂用于汉,官至齐相;赵人徐乐亦上书,与偃章会,上善其言,征拜为郎。人谓偃之才,乐之慧,非也。儒者明说一经,习之京师。明如匡稚圭,深如(赵)〔鲍〕子都,初阶甲乙之科,迁转至郎、博士,人谓经明才高所得,非也。而说若范雎之干秦(明)〔昭〕,封为应侯,蔡泽之说范雎,拜为客卿,人谓雎、泽美善所致,非也。皆命禄贵富善至之时也。孔子曰:"死生有命,富贵在天。"鲁平公欲见孟子,嬖人臧仓毁孟子而止。孟子曰:"天也!"孔子圣人,孟子贤者,诲人安道,不失是非,称言命者,有命审也。

《淮南书》曰:"仁鄙在时不在行,利害在命不在智。"贾生曰:"天不可与期,道不可与谋。迟速有命,焉识其时?"高祖击黥布,为流矢所中,疾甚。吕后迎良医,医曰:"可治。"高祖骂之曰:"吾以布衣提三尺剑取天下,此非天命乎!命乃在天,虽扁鹊何益?"韩信与帝论兵,谓高祖曰:"陛下所谓天授,非智力所得。"扬子云曰:"遇不遇,命也。"太史公曰:"富贵不违贫贱,贫贱不违富贵。"是谓从富贵为贫贱,从贫贱为富贵也。夫富贵不欲为贫贱,贫贱自至;贫贱不求为富贵,富贵自得也。春夏囚死,秋冬王相,非能为之也;日朝出而暮入,非求之也,天道自然。代王自代入为文帝,周亚夫以庶子为条侯。此时代王非太子,亚夫非適嗣,逢时遇会,卓然卒至。命贫以力勤致富,富至而死;命贱以才能取贵,贵至而免。才力而致富贵,命禄不能奉持,犹器之盈量,手之持重也。器受一升,以一升则平,受之如过一升,则满溢也;手举一钧,以一钧则平,举之过一钧,则蹶仆矣。前世明是非归之于命也,命审然也。

信命者,则可幽居俟时,不须劳精苦形求索之也。犹珠玉之在山泽,〔不求贵价于人,人自贵之。〕天命难知,人不耐审,虽有厚命,犹不自信,故必求之也。如自知,虽逃富避贵,终不得离。故曰:力胜贫,慎胜祸。勉力勤事以致富,砥才明操以取贵;废时失务,欲望富贵,不可得也。虽云有命,当须索之。如信命不求,谓当自至,可不假而自得,不作而自成,不行而自至。夫命富之人,筋力自强;命贵之人,才智自高,若千里之马,头目蹄足自相副也。有求而不得者矣,未必不求而得之者也。精学不求贵,贵自至矣;力作不求富,富自到矣。富贵之福,不可求致,贫贱之祸,不可苟除也。由此言之,有富贵之命,不求自得。

信命者曰:"自知吉,不待求也。天命吉厚,不求自得;天命凶厚,求之无益。"夫物不求而自生,则人亦有不求贵而贵者矣。人情有不教而自善者,有教而终不善者矣,天性,犹命也。越王翳逃山中,至诚不愿,自冀得代。越人熏其穴,遂不得免,强立为君。而天命当然,虽逃避之,终不得离。故夫不求自得之贵欤!

气寿第四

凡人禀命有二品,一曰所当触值之命,二曰强弱寿夭之命。所当触值,谓兵、烧、压、溺也。强弱寿夭,谓禀气渥薄也。兵、烧、压、溺,遭以所禀,为命,未必有审期也。若夫强弱夭寿以百为数,不至百者,气自不足也。夫禀气渥则其体强,体强则其命长;气薄则其体弱,体弱则命短。命短则多病,寿短。始生而死,未产而伤,禀之薄弱也。渥强之人,(不)〔必〕卒其寿;若夫无所遭遇,虚居困劣,短气而死,此禀之薄,用之竭也。此与始生而死,未产而伤,一命也。皆由禀气不足,不自致于百也。

人之禀气,或充实而坚强,或虚劣而软弱。充实坚强,其年寿;虚劣软弱,失弃其身。天地生物,物有不遂。父母生子,子有不就。物有为实,枯死而堕。人有为儿,夭命而伤。使实不枯,亦至满岁。使儿不伤,亦至百年。然为实、儿而死枯者,禀气薄,则虽形体完,其虚劣气少,不能充也。儿生,号啼之声鸿朗高畅者寿,嘶喝湿下者夭。何则?禀寿夭之命,以气多少为主性也。妇人疏字者子活,数乳者子死。何则？疏而气渥，子坚强；数而气薄，子软弱也。怀子而前已产子死，则谓所怀不活。名之曰怀，其意以为已产之子死，故感伤之子失其性矣。所产子死、所怀子凶者，字乳亟数，气薄不能成也。虽成人形体，则易感伤，独先疾病，病独不治。

百岁之命，是其正也。不能满百者，虽非正，犹为命也。譬犹人形一丈，正形也。名男子为丈夫，尊公妪为丈人。不满丈者，失其正也。虽失其正，犹乃为形也。夫形不可以不满丈之故谓之非形，犹命不可以不满百之故谓之非命也。非天有长短之命，而人各有禀受也。由此言之，人受气命于天，卒与不卒，同也。语曰："图王不成，其弊可以霸。"霸者，王之弊也。霸本当至于王，犹寿当至于百也。不能成王，退而为霸。不能至百，消而为夭。王霸同一业，优劣异名；寿夭或一气，长短殊数。

何以知不满百为夭者？百岁之命也，以其形体小大长短同一等也。百岁之身，五十之体，无以异也。身体不异，血气不殊。鸟兽与人异形，故其年寿与人殊数。

何以明人年以百为寿也？世间有矣。儒者说曰：太平之时，人民侗长百岁左右，气和之所生也。《尧典》曰："朕在位七十载，求禅得舜。"舜征三十岁在位。尧退而老，八岁而终，至殂落九十八岁。未在位之时，必已成人，今计数百有馀矣。又曰："舜生三十，征用三十，在位五十载，陟方乃死。"适百岁矣。文王谓武王曰："我百，尔九十。吾与尔三焉。"文王九十七而薨，武王九十三而崩。周公，武王之弟也，兄弟相差不过十年。武王崩，周公居摄七年，复政退老，出入百岁矣。邵公，周公之兄也，至康王之时，尚为太保，出入百有馀岁矣。圣人禀和气，故年命得正数。气和为治平，故太平之世多长寿人。百岁之寿，盖人年之正数也，犹物至秋而死，物命之正期也。物先秋后秋，则亦如人死或增百岁或减百也。先秋后秋为期，增百减百为数。物或出地而死，犹人始生而夭也。物或逾秋不死，亦如人年多度百至于三百也。传称老子二百馀岁，邵公百八十，高宗享国百年，周穆王享国百年。并未享国之时，皆出百三十四十岁矣。

卷二

幸偶第五

凡人操行有贤有愚，及遭祸福，有幸有不幸；举事有是有非，及触赏罚，有偶有不偶。并时遭兵，隐者不中。同日被霜，蔽者不伤。中伤未必恶，隐蔽未必善。隐蔽幸，中伤不幸。俱欲纳忠，或赏或罚；并欲有益，或信或疑。赏而信者未必真，罚而疑者未必伪。赏、信者偶，罚、疑不偶也。

孔子门徒七十有馀，颜回蚤夭。孔子曰："不幸短命死矣！"短命称不幸，则知长命者幸也，短命者不幸也。服圣贤之道，讲仁义之业，宜蒙福祐。伯牛有疾，亦复颜回之类，俱不幸也。蝼蚁行于地，人举足而涉之。足所履，蝼蚁(苲)〔笮〕死；足所不蹈，全活不伤。火燔野草，车轹所致，火所不燔，俗或喜之，名曰幸草。夫足所不蹈，火所不及，未必善也。〔足〕举火行，有适然也。由是以论，痈疽之发，亦一实也。气结阏积，聚为痈；溃为疽创，流血出脓，岂痈疽所发，〔非〕身之善穴哉？营卫之行，遇不通也。蜘蛛结网，蜚虫过之，或脱或获；猎者张罗，百兽群扰，或得或失；渔者罾江湖之鱼，或存或亡；或奸盗大辟而不知，或罚赎小罪而发觉。灾气加人，亦此类也。不幸遭触而死，幸者免脱而生，不幸者不侥幸也。孔子曰："人之生也直，罔之生也幸。"则夫顺道而触者为不幸矣。立岩墙之下，为坏所压；蹈坼岸之上，为崩所坠，轻遇无端，故为不幸。鲁城门久朽欲顿，孔子过之，趋而疾行。左右曰："久矣。"孔子曰："恶其久也。"孔子戒慎已甚，如过遭坏，可谓不幸也。故孔子曰："君子有不幸而无有幸，小人有幸而无不幸。”又曰：“君子处易以俟命，小人行险以侥幸。”

佞幸之徒，闳〔孺〕、籍孺之辈，无德薄才，以色称媚，不宜爱而受宠，不当亲而得附，非道理之宜。故太史公为之作传，邪人反道而受恩宠，与此同科，故合其名谓之《佞幸》。无德受恩，无过遇祸，同一实也。俱禀元气，或独为人，或为禽兽；并为人，或贵或贱，或贫或富；富或累金，贫或乞食，贵至封侯，贱至奴仆，非天禀施有左右也，人物受性有厚薄也。俱行道德，祸福不均；并为仁义，利害不同。晋文修文德，徐偃行仁义，文公以赏赐，偃王以破灭。鲁人为父报仇，安行不走，追者舍之；牛缺为盗所夺，和意不恐，盗还杀之。文德与仁义同，不走与不恐等，然文公、鲁人得福，偃王、牛缺得祸者，文公、鲁人幸，而偃王、牛缺不幸也。韩昭侯醉卧而寒，典冠加之以衣，觉而问之，知典冠爱己也，以越职之故，加之以罪。卫之骖乘者见御者之过，从后呼车，有救危之义，不被其罪。夫骖乘之呼车，典冠之加衣，同一意也。加衣恐主之寒，呼车恐君之危，仁惠之情，俱发于心。然而于韩有罪，于卫为忠，骖乘偶，典冠不偶也。

非唯人行，物亦有之。长数仞之竹，大连抱之木，工技之人裁而用之，或成器而见举持，或遗材而遭废弃。非工技之人有爱憎也，刀斧如有偶然也。蒸谷为饭，酿饭为酒。酒之成也，甘苦异味；饭之熟也，刚柔殊和。非庖厨酒人有意异也，手指之调有偶适也。调饭也殊筐而居，甘酒也异器而处，虫堕一器，酒弃不饮；鼠涉一筐，饭捐不食。夫百草之类，皆有补益，遭医人采掇，成为良药；或遗枯泽，为火所烁。等之金也，或为剑戟，或为锋铦。同之木也，或梁于宫，或柱于桥。俱之火也，或烁脂烛，或燔枯草。均之土也，或基殿堂，或涂轩户。皆之水也，或溉鼎釜，或澡腐臭。物善恶同，遭为人用，其不幸偶，犹可伤痛，况含精气之徒乎？

虞舜，圣人也，在世宜蒙全安之福。父顽母嚚，弟象敖狂，无过见憎，不恶而得罪，不幸甚矣。孔子，舜之次也。生无尺土，周流应聘，削迹绝粮。俱以圣才，并不幸偶。舜尚遭尧受禅，孔子已死于阙里。以圣人之才，犹不幸偶，庸人之中，被不幸偶，祸必众多矣。

命义第六

墨家之论，以为人死无命。儒家之议，以为人死有命。言有命者，见子夏言“死生有命，富贵在天”。言无命者，闻历阳之都一宿沉而为湖；秦将白起坑赵降卒于长平之下，四十万众同时皆死；春秋之时，败绩之军，死者蔽草，尸且万数；饥馑之岁，饿者满道，温气疫疠，千户灭门。如必有命，何其秦、齐同也？言有命者曰：“夫天下之大，人民之众，一历阳之都，一长平之坑，同命俱死，未可怪也。命当溺死，故相聚于历阳；命当压死，故相积于长平。”犹高祖初起，相工入丰、沛之邦，多封侯之人矣，未必老少男女俱贵而有相也。卓砾时见，往往皆然。而历阳之都男女俱没，长平之坑老少并陷，万数之中，必有长命未当死之人。遭时衰微，兵革并起，不得终其寿。人命有长短，时有盛衰，衰则疾病，被灾蒙祸之验也。宋、卫、陈、郑同日并灾，四国之民必有禄盛未当衰之人，然而俱灾，国祸陵之也。故国命胜人命，寿命胜禄命。

人有寿夭之相，亦有贫富贵贱之法，俱见于体，故寿命修短皆禀于天，骨法善恶皆见于体。命当夭折，虽禀异行，终不得长；禄当贫贱，虽有善性，终不得遂。项羽且死，顾谓其徒曰：“吾败乃命，非用兵之过。”此言实也。实者，项羽用兵过于高祖，高祖之起，有天命焉。国命系于众星，列宿吉凶，国有祸福；众星推移，人有盛衰。人之有吉凶，犹岁之有丰耗。命有衰盛，物有贵贱。一岁之中，一贵一贱；一寿之间，一衰一盛。物之贵贱，不在丰耗；人之衰盛，不在贤愚。子夏曰“死生有命，富贵在天”而不曰“死生在天，富贵有命”者，何则？死生者，无象在天，以性为主，禀得坚强之性，则气渥厚而体坚强，坚强则寿命长，寿命长则不夭死；禀性软弱者，气少泊而性羸窳，羸窳则寿命短，短则蚤死。故言有命，命则性也。至于富贵所禀，犹性所禀之气，得众星之精。众星在天，天有其象。得富贵象则富贵，得贫贱象则贫贱，故曰在天。在天如何？天有百官，有众星。天施气，而众星布精，天所施气，众星之气在其中矣。人禀气而生，含气而长，得贵则贵，得贱则贱；贵或秩有高下，富或资有多少，皆星位尊卑小大之所授也。故天有百官，天有众星，地有万民，五帝、三王之精。天有王梁、造父，人亦有之，禀受其气，故巧于御。

传曰："说命有三，一曰正命，二曰随命，三曰遭命。"正命，谓本禀之自得吉也。性然骨善，故不假操行以求福而吉自至，故曰正命。随命者，戮力操行而吉福至，纵情施欲而凶祸到，故曰随命。遭命者，行善得恶，非所冀望，逢遭于外，而得凶祸，故曰遭命。凡人受命，在父母施气之时，已得吉凶矣。夫性与命异，或性善而命凶，或性恶而命吉。操行善恶者，性也；祸福吉凶者，命也。或行善而得祸，是性善而命凶；或行恶而得福，是性恶而命吉也。性自有善恶，命自有吉凶。使命吉之人，虽不行善，未必无福；凶命之人，虽勉操行，未必无祸。孟子曰："求之有道，得之有命。"性善乃能求之，命善乃能得之。性善命凶，求之不能得也。行恶者，祸随而至。而盗跖、庄跻横行天下，聚党数千，攻夺人物，断斩人身，无道甚矣，宜遇其祸，乃以寿终。夫如是，随命之说，安所验乎？遭命者，行善于内，遭凶于外也。若颜渊、伯牛之徒，如何遭凶？颜渊、伯牛，行善者也，当得随命，福祐随至，何故遭凶？颜渊困于学，以才自杀，伯牛空居而遭恶疾。及屈平、伍员之徒，尽忠辅上，竭王臣之节，而楚放其身，吴烹其尸。行善当得随命之福，乃触遭命之祸，何哉？言随命则无遭命，言遭命则无随命，儒者三命之说，竟何所定？且命在初生，骨表著见。今言随操行而至，此命在末，不在本也；则富贵贫贱皆在初禀之时，不在长大之后，随操行而至也。正命者至百而死；随命者五十而死;遭命者初禀气时遭凶恶也,谓妊娠之时遭得恶也,或遭雷雨之变,长大夭死。此谓三命。

亦有三性:有正,有随,有遭。正者,禀五常之性也;随者,随父母之性;遭者,遭得恶物象之故也。故妊妇食兔,子生缺唇。《月令》曰:"是月也,雷将发声。"有不戒其容者,生子不备,必有大凶,喑聋跛盲。气遭胎伤,故受性狂悖。羊舌似我初生之时,声似豺狼,长大性恶,被祸而死。在母身时,遭受此性,丹朱、商均之类是也。性命在本,故《礼》有胎教之法:子在身时,席不正不坐,割不正不食,非正色目不视,非正声耳不听。及长,置以贤师良傅,教君臣父子之道,贤不肖在此时矣。受气时,母不谨慎,心妄虑邪,则子长大,狂悖不善,形体丑恶。素女对黄帝陈五女之法,非徒伤父母之身,乃又贼男女之性。

人有命,有禄,有遭遇,有幸偶。命者,贫富贵贱也;禄者,盛衰兴废也。以命当富贵,遭当盛之禄,常安不危;以命当贫贱,遇当衰之禄,则祸殃乃至,常苦不乐。遭者,遭逢非常之变,若成汤囚夏台,文王厄牖里矣。以圣明之德,而有囚厄之变,可谓遭矣。变虽甚大,命善禄盛,变不为害,故称遭逢之祸。晏子所遭,可谓大矣。直兵指胸,白刃加颈,蹈死亡之地,当剑戟之锋,执死得生还。命善禄盛,遭逢之祸,不能害也。历阳之都,长平之坑,其中必有命善禄盛之人,一宿同填而死。遭逢之祸大,命善禄盛不能却也。譬犹水火相更也,水盛胜火,火盛胜水。遇其主而用也。虽有善命盛禄,不遇知己之主,不得效验。幸者,谓所遭触得善恶也。获罪得脱,幸也。无罪见拘,不幸也。执拘未久,蒙令得出,命善禄盛,夭灾之祸不能伤也。偶也,谓事君也。以道事君,君善其言,遂用其身,偶也。行与主乖,退而远,不偶也。退远未久,上官录召,命善禄盛,不偶之害不能留也。

故夫遭、遇、幸、偶,或与命禄并,或与命离。遭遇幸偶,遂以成完;遭遇不幸偶,遂以败伤。是与命并者也。中不遂成,善转为恶,若是,与命禄离者也。故人之在世,有吉凶之性命,有盛衰之祸福,重以遭遇幸偶之逢,获从生死而卒其善恶之行,得其胸中之志,希矣。

无形第七

人禀元气于天,各受寿夭之命,以立长短之形,犹陶者用土为簋(廉)〔庑〕,冶者用铜为柈杅矣。器形已成,不可小大;人体已定,不可减增。用气为性,性成命定。体气与形骸相抱,生死与期节相须。形不可变化,命不可减加。以陶冶言之,人命短长,可得论也。

或难曰:"陶者用埴为簋(廉)〔庑〕;簋(廉)〔庑〕壹成,遂至毁败,不可复变。若夫冶者用铜为柈杅,柈杅虽已成器,犹可复烁。柈可得为尊,尊不可为簋。人禀气于天,虽各受寿夭之命,立以形体,如得善道神药,形可变化,命可加增。"

曰:冶者变更成器,须先以火燔烁,乃可大小短长。人冀延年,欲比于铜器,宜有若炉炭之化,乃易形,形易,寿亦可增。人何由变易其形,便如火烁铜器乎?《礼》曰:"水潦降,不献鱼鳖。"何则?雨水暴下,虫蛇变化,化为鱼鳖。离本真暂变之虫,臣子谨慎,故不敢献。人愿身之变,冀若虫蛇之化乎?夫虫蛇未化者,不若不化者。虫蛇未化,人不食也;化为鱼鳖,人则食之。〔见〕食,则寿命乃短,非所冀也。岁月推移,气变物类,虾蟆为鹑,雀为蜄蛤。人愿身之变,冀若鹑与蜄蛤鱼鳖之类也?人设捕蜄蛤,得者食之。虽身之不化,寿命不得长,非所冀也。鲁公牛哀寝疾七日,变而成虎。鲧殛羽山,化为黄能。愿身变者,冀牛哀之为虎,鲧之为能乎?则夫虎、能之寿,不能过人。天地之性,人最为贵。变人之形,更为禽兽,非所冀也。凡可冀者,以老翁变为婴儿,其次白发复黑,齿落复生,身气丁强，超乘不衰，乃可贵也。徒变其形，寿命不延，其何益哉？

且物之变随气，若应政治，有所象为。非天所欲寿长之故，变易其形也，又非得神草珍药食之而变化也。人恒服药固寿，能增加本性，益其身年也。遭时变化，非天之正气、人所受之真性也。天地不变，日月不易，星辰不没，正也。人受正气，故体不变。时或男化为女，女化为男，由高岸为谷，深谷为陵也。应政为变，为政变，非常性也。汉兴，老父授张良书，已化为石。是以石之精，为汉兴之瑞也。犹河精为人持璧与秦使者，秦亡之征也。蚕食桑老，绩而为茧，茧又化而为蛾；蛾有两翼，变去蚕形。蛴螬化为复育，复育转而为蝉；蝉生两翼，不类蛴螬。凡诸命蠕蜚之类，多变其形，易其体。至人独不变者，禀得正也。生为婴儿，长为丈夫，老为父翁。从生至死，未尝变更者，天性然也。天性不变者，不可令复变；变者，不可不变。若夫变者之寿，不若不变者。人欲变其形，辄增益其年，可也；如徒变其形而年不增，则蝉之类也，何谓人愿之？龙之为虫，一存一亡，一短一长。龙之为性也，变化斯须，辄复非常。由此言之，人，物也，受不变之形，不可变更，年不可增减。

传称高宗有桑谷之异，悔过反政，享福百年，是虚也。传言宋景公出三善言，荧惑却三舍，延年二十一载，是又虚也。又言秦缪公有明德，上帝赐之十九年，是又虚也。称赤松、王乔好道为仙，度世不死，是又虚也。假令人生立形谓之甲，终老至死，常守甲形，如好道为仙，未有使甲变为乙者也。夫形不可变更，年不可减增。何则？形、气、性，天也。形为春，气为夏。人以气为寿，形随气而动。气性不均，则于体不同。牛寿半马，马寿半人，然则牛马之形与人异矣。禀牛马之形，当自得牛马之寿；牛马之不变为人，则年寿亦短于人。世称高宗之徒，不言其身形变异，而徒言其增延年寿，故（有）〔不〕信矣。

形之血气也，犹囊之贮粟米也。〔粟米〕一石，囊之高大，亦适一石。如损益粟米，囊亦增减。人以气为寿，气犹粟米，形犹囊也。增减其寿，亦当增减其身，形安得如故？如以人形与囊异，气与粟米殊，更以苞瓜喻之。苞瓜之汁，犹人之血也；其肌，犹肉也。试令人损益苞瓜之汁，令其形如故，耐为之乎？人不耐损益苞瓜之汁，天安耐增减人之年？人年不可增减，高宗之徒谁益之者？而云增加。如言高宗之徒，形体变易，其年亦增，乃可信也。今言年增，不言其体变，未可信也。何则？人禀气于天，气成而形立，则命相须以至终死。形不可变化，年亦不可增加。以何验之？人生能行，死则僵仆，死则气(减)〔灭〕，形消而坏。禀生人形，不可得变，其年安可增？人生至老，身变者，发与肤也。人少则发黑，老则发白，白久则黄。发之变，形非变也。人少则肤白，老则肤黑，黑久则黯，若有垢矣。发黄而肤为垢，故《礼》曰："黄耇无疆。"发〔肤〕变异，故人老寿迟死，骨肉不可变更，寿极则死矣。五行之物，可变改者，唯土也。埏以为马，变以为人，是谓未入陶灶更火者也。如使成器，入灶更火，牢坚不可复变。今人以为天地所陶冶矣，形已成定，何可复更也？

图仙人之形，体生毛，臂变为翼，行于云则年增矣，千岁不死。此虚图也。世有虚语，亦有虚图。假使之然，蝉娥之类，非真正人也。海外三十五国，有毛民羽民，羽则翼矣。毛羽之民土形所出，非言为道身生毛羽也。禹、益见西王母，不言有毛羽。不死之民，亦在外国，不言有毛羽。毛羽之民，不言不死；不死之民，不言毛羽。毛羽未可以效不死，仙人之有翼，安足以验长寿乎？

率性第八

论人之性，定有善有恶。其善者，固自善矣；其恶者，故可教告率勉，使之为善。凡人君父审观臣子之性，善则养育劝率，无令近恶；近恶则辅保禁防，令渐于善。善渐于恶，恶化于善，成为性行。

召公戒成曰:“今王初服厥命,于戏!若生子,罔不在厥初生。”生子谓十五子,初生意于善,终以善;初生意于恶,终以恶。《诗》曰:“彼姝者子,何以与之?”传言:譬犹练丝,染之蓝则青,染之丹则赤。十五之子其犹丝也,其有所渐化为善恶,犹蓝丹之染练丝,使之为青赤也。青赤一成,真色无异。是故杨子哭岐道,墨子哭练丝也。盖伤离本,不可复变也。人之性,善可变为恶,恶可变为善,犹此类也。蓬生麻间,不扶自直;白纱入缁,不练自黑。彼蓬之性不直,纱之质不黑;麻扶缁染,使之直黑。夫人之性,犹蓬纱也,在所渐染而善恶变矣。

王良、造父称为善御,不能使不良为良也。如徒能御良,其不良者不能驯服,此则驵工庸师服驯技能,何奇而世称之?故曰:王良登车,马不罢驽;尧、舜为政,民无狂愚。传曰:“尧、舜之民可比屋而封,桀、纣之民可比屋而诛。”斯民也,三代所以直道而行也。圣主之民如彼,恶主之民如此,竟在化不在性也。闻伯夷之风者,贪夫廉而懦夫有立志;闻柳下惠之风者,薄夫敦而鄙夫宽。徒闻风名,犹或变节,况亲接形面相敦告乎!孔门弟子七十之徒,皆任卿相之用,被服圣教,文才雕琢,知能十倍,教训之功而渐渍之力也。未入孔子之门时,闾巷常庸无奇,其尤甚不率者,唯子路也。世称子路无恒之庸人,未入孔门时,戴鸡佩豚,勇猛无礼,闻诵读之声,摇鸡奋豚,扬唇吻之音,聒贤圣之耳,恶至甚矣。孔子引而教之,渐渍磨砺,(阖)〔闿〕导牖进,猛气消损,骄节屈折,卒能政事,序在四科。斯盖变性使恶为善之明效也。

夫肥沃埆埆,土地之本性也。肥而沃者性美,树稼丰茂。垙而埆者性恶,深耕细锄,厚加粪壤,勉致人功,以助地力,其树稼与彼肥沃者相似类也。地之高下,亦如此焉。以钁锸凿地,以埤增下,则其下与高者齐;如复增钁锸,则夫下者不徒齐者也,反更为高,而其高者反为下。使人之性有善有恶,彼地有高有下,勉致其教令之善,则将善者同之矣。善以化渥，酿其教令，变更为善。善则且更宜反过于往善，犹下地增加镬锸更崇于高地也。

赐不受命而货殖焉，赐本不受天之富命所加，货财积聚，为世富人者，得货殖之术也。夫得其术，虽不受命，犹自益饶富。性恶之人，亦不禀天善性，得圣人之教，志行变化。世称利剑有千金之价。棠溪、鱼肠之属，龙泉、太阿之辈，其本铤，山中之恒铁也。冶工锻炼，成为铦利，岂利剑之锻与炼乃异质哉？工良师巧，炼一数至也。试取(东)〔束〕下直一金之剑，更熟锻炼，足其火，齐其铦，犹千金之剑也。夫铁石天然，尚为锻炼者变易故质，况人含五常之性，贤圣未之熟锻炼耳，奚患性之不善哉？古贵良医者，能知笃剧之病所从生起，而以针药治而已之。如徒知病之名，而坐观之，何以为奇？夫人有不善，则乃性命之疾也，无其教治，而欲令变更，岂不难哉？

天道有真伪。真者固自与天相应，伪者人加知巧，亦与真者无以异也。何以验之？《禹贡》曰"璆琳琅玕"者，此则土地所生，真玉珠也。然而道人消烁五石，作五色之玉，比之真玉，光不殊别；兼鱼蚌之珠，与《禹贡》璆琳皆真玉珠也。然而随侯以药作珠，精耀如真，道士之教至，知巧之意加也。阳遂取火于天，五月丙午日中之时，消炼五石，铸以为器，磨砺生光，仰以向日，则火来至。(比)〔此〕真取火之道也。今妄以刀剑之钩月，摩拭朗白，仰以向日，亦得火焉。夫钩月非阳遂也，所以耐取火者，摩拭之所致也。今夫性恶之人，使与性善者同类乎，可率勉之令其为善；使之异类乎，亦可令与道人之所铸玉、随侯之所作珠、人之所摩刀剑钩月焉。教导以学，渐渍以德，亦将日有仁义之操。

黄帝与炎帝争为天子，教熊、罴、貔、虎以战于阪泉之野，三战得志，炎帝败绩。尧以天下让舜，鲧为诸侯，欲得三公，而尧不听，怒其猛兽，欲以为乱，比兽之角可以为城，举尾以为旌，奋心盛气，阻战为强。夫禽兽与人殊形，犹可命战，况人同类乎！推此以论，百兽率舞，潭鱼出听，六马仰秣，不复疑矣。异类以殊为同，同类以钧为异，所由不在于物，在于人也。凡含血气者，教之所以异化也。三苗之民，或贤或不肖，尧、舜齐之，恩教加也。楚、越之人，处庄、岳之间，经历岁月，变为舒缓，风俗移也。故曰：齐舒缓，秦慢易，楚促急，燕戆投。以庄、岳言之，四国之民，更相出入，久居单处，性必变易。

夫性恶者，心比木石。木石犹为人用，况非木石？在君子之迹，庶几可见。有痴狂之疾，歌啼于路，不晓东西，不睹燥湿，不觉疾病，不知饥饱，性已毁伤，不可如何。前无所观，却无所畏也。是故王法不废学校之官，不除狱理之吏，欲令凡众见礼义之教。学校勉其前，法禁防其后，使丹朱之志亦将可勉。何以验之？三军之士，非能制也；勇将率勉，视死如归。且阖庐尝试其士于五湖之侧，皆加刃于肩，血流至地。句践亦试其士于寝宫之庭，赴火死者，不可胜数。夫刃火，非人性之所贪也，二主激率，念不顾生。是故军之法，轻刺血。孟贲勇也，闻军令惧。是故叔孙通制定礼仪，拔剑争功之臣，奉礼拜伏，初骄倨而后逊顺，教威德，变易性也。不患性恶，患其不服圣教，自遇而以生祸也。

豆麦之种与稻粱殊，然食能去饥。小人君子禀性异类乎？譬诸五谷皆为用，实不异而效殊者，禀气有厚泊，故性有善恶也。残则(授)〔受〕(不)仁之气泊，而怒则禀勇渥也。仁泊，则戾而少(愈)〔慈〕；勇渥，则猛而无义，而又和气不足，喜怒失时，计虑轻愚，妄行之人，罪故为恶。人受五常，含五脏，皆具于身。禀之泊少，故其操行不及善人，犹〔酒〕或厚或泊也。非厚与泊殊其酿也，曲蘖多少使之然也。是故酒之泊厚，同一曲蘖，人之善恶，共一元气，气有少多，故性有贤愚。

西门豹急，佩韦以自缓；董安于缓，带弦以自促。急之与缓，俱失中和，然而韦弦附身，成为完具之人。能纳韦弦之教，补接不足，则豹、安于之名，可得参也。贫劣宅屋，不具墙壁宇达，人指訾之。

如财货富愈，起屋筑墙，以自蔽鄣，为之具宅，人弗复非。

魏之行田百亩，邺独二百，西门豹灌以漳水，成为膏腴，则亩收一钟。夫人之质犹邺田，道教犹漳水也。患不能化，不患人性之难率也。洛阳城中之道无水，水工激上洛中之水，日夜驰流，水工之功也。由此言之，迫近君子，而仁义之道数加于身；孟母之徙宅，盖得其验。人间之水污浊，在野外者清洁，俱为一水，源从天涯，或浊或清，所在之势使之然也。南越王赵佗，本汉贤人也，化南夷之俗，背畔王制，椎髻箕坐，好之若性。陆贾说以汉德，惧以圣威，蹶然起坐，心觉改悔，奉制称蕃，其于椎髻箕坐也，恶之若性。前则若彼，后则若此。由此言之，亦在于教，不独在性也。

吉验第九

凡人禀贵命于天，必有吉验见于地。见于地，故有天命也。验见非一，或以人物，或以祯祥，或以光气。

传言黄帝妊二十月而生，生而神灵，弱而能言。长大率诸侯，诸侯归之。教熊、罴战，以伐炎帝，炎帝败绩，性与人异，故在母之身留多十月，命当为帝，故能教物，物为之使。

尧体，就之如日，望之若云。洪水滔天，蛇龙为害，尧使禹治水，驱蛇龙，水治东流，蛇龙潜处。有殊奇之骨，故有诡异之验；有神灵之命，故有验物之效；天命当贵，故从唐侯入嗣帝后之位。

舜未逢尧，鳏在侧陋。瞽瞍与象，谋欲杀之：使之完廪，火燔其下；令之浚井，土掩其上。舜得下廪，不被火灾；穿井旁出，不触土害。尧闻征用，试之于职。官治职修，事无废乱；使入大麓之野，虎狼不搏，蝮蛇不噬；逢烈风疾雨，行不迷惑。夫人欲杀之，不能害之；毒螫之野，禽虫不能伤，卒受帝命，践天子祚。

后稷之(时)〔母〕，履大人迹；或言衣帝喾之服，坐息帝喾之处，妊身。怪而弃之隘巷，牛马不敢践之；置之冰上，鸟以翼覆之，庆集其身。母知其神怪，乃收养之。长大佐尧，位至司马。乌孙王号昆莫，匈奴攻杀其父，而昆莫生，弃于野，乌衔肉往食之。单于怪之，以为神而收长。及壮，使兵，数有功。单于乃复以其父之民予昆莫，命令长守于西城。夫后稷不当弃，故牛马不践，鸟以羽翼覆爱其身。昆莫不当死，故乌衔肉就而食之。

北夷橐离国王侍婢有娠，王欲杀之。婢对曰："有气大如鸡子，从天而下，故我有娠。"后产子，捐于猪溷中，猪以口气嘘之，不死；复徙置马栏中，欲使马藉杀之，马复以口气嘘之，不死。王疑以为天子，令其母收取奴畜之，名东明，令牧牛马。东明善射，王恐夺其国也，欲杀之。东明走，南至掩淲水，以弓击水，鱼鳖浮为桥。东明得渡，鱼鳖解散，追兵不得渡，因都王夫馀，故北夷有夫馀国焉。东明之母初妊时，见气从天下，及生，弃之，猪马以气吁之而生之。长大，王欲杀之，以弓击水，鱼鳖为桥。天命不当死，故有猪马之救；命当都王夫馀，故有鱼鳖为桥之助也。

伊尹且生之时，其母梦人谓己曰："臼出水，疾东走。"母顾明旦视臼出水，即东走十里，顾其乡皆为水矣。伊尹命不当没，故其母感梦而走。推此以论，历阳之都，其策命若伊尹之类，必有先时感动在他地之效。

齐襄公之难，桓公为公子，与子纠争立。管仲辅子纠，鲍叔佐桓公。管仲与桓公争，引弓射之，中其带钩。夫人身长七尺，带约其要，钩挂于带，在身所掩不过一寸之内，既微小难中，又滑泽铦靡，锋刃中钩者，莫不蹉跌。管仲射之，正中其钩中，矢触因落，不跌中旁肉。命当富贵，有神灵之助，故有射钩不中之验。

楚共王有五子：子招、子圉、子干、子皙、弃疾。五人皆有宠，共王无適立，乃望祭山川，请神决之。乃与巴姬埋璧于太室之庭，令五子齐而入拜。康王跨之；子圉肘加焉；子干、子皙皆远之；弃疾弱，抱而入，再拜皆压纽。故共王死，招为康王，至子失之；围为灵王，及身而弑；子干为王，十有馀日；子晳不立，又惧诛死，皆绝无后。弃疾后立，竟续楚祀，如其神符。其王日之长短，与拜去璧远近相应也。夫璧在地中，五子不知，相随入拜，远近不同，压纽若神将教跽之矣。

晋屠岸贾作难，诛赵盾之子朔死，其妻有遗腹子。及岸贾闻之，索于宫，母置儿于裤中，祝曰："赵氏宗灭乎？若当啼。即不灭，若无声。"及索之而终不啼，遂脱得活。程婴负之，匿于山中。至景公时，韩厥言于景公。景公乃与韩厥共立赵孤，续赵氏祀，是为文子。当赵孤之无声，若有掩其口者矣。由此言之，赵文子立，命也。

高皇帝母曰刘媪，尝息大泽之陂，梦与神遇。是时，雷电晦冥，蛟龙在上。及生而有美〔质〕。性好用酒，尝从王媪、武负贳酒，饮醉，止卧，媪、负见其身常有神怪。每留饮醉，酒售数倍。后行泽中，手斩大蛇，一妪当道而哭，云："赤帝子杀吾子。"此验既著闻矣。秦始皇帝常曰："东南有天子气。"于是东游以厌当之。高祖之气也，与吕后隐于芒、砀山泽间。吕后与人求之，见其上常有气直起，往求辄得其处。后与项羽约：先入秦关王之。高祖先至，项羽怨恨，范增曰："吾令人望其气，气皆为龙，成五采，此皆天子之气也。急击之。"高祖往谢项羽。羽与亚父谋杀高祖，使项庄拔剑起舞。项伯知之，因与项庄俱起。每剑加高祖之上，项伯辄以身覆高祖之身，剑遂不得下，杀势不得成。会有张良、樊哙之救，卒得免脱，遂王天下。初妊身有蛟龙之神；既生，酒舍见云气之怪；夜行斩蛇，蛇妪悲哭；始皇、吕后，望见光气；项羽谋杀，项伯为蔽，谋遂不成，遭得良、哙。盖富贵之验，气见而物应、人助辅援也。

窦太后弟名曰广国，年四五岁。家贫，为人所掠卖。其家不知其所在，传卖十馀家。至宜阳，为其主人入山作炭。暮寒，卧炭下，百馀人炭崩尽压死，广国独得脱。自卜数日当为侯，从其家之长安，闻窦皇后新立，家在清河观津，乃上书自陈。窦(太)〔皇〕后言于

(景)〔文〕帝，召见问其故，果是，乃厚赐之。(文)〔景〕帝立，拜广国为章武侯。夫积炭崩，百馀人皆死，广国独脱，命当富贵，非徒得活，又封为侯。

虞子大，陈留东(莞)〔昏〕人也，其生时以夜，适免母身，母见其上若一匹练状，经上天。明以问人，人皆曰："吉，贵。"气与天通，长大仕宦，位至司徒公。广文伯，河东蒲坂人也，其生亦以夜半时，适生，有人从门呼其父名。父出应之，不见人，有一木杖植其门侧，好善异于众。其父持杖入门以示人，人占曰："吉。"文伯长大学宦，位至广汉太守。文伯当富贵，故父得赐杖。其占者若曰："杖当子力矣。"

光武帝建平元年十二月甲子生于济阳宫后殿第二内中，皇考为济阳令，时夜无火，室内自明。皇考怪之，即召功曹吏充兰，使出问卜工。兰与马下卒苏永俱之卜王长孙所。长孙卜，谓永、兰曰："此吉事也，毋多言。"是岁，有禾生景天(备火)中，三本一茎九穗，长于禾一二尺，盖嘉禾也。元帝之初，有凤凰下济阳宫，故今济阳宫有凤凰庐。始与李父等俱起，到柴界中，遇贼兵，惶惑走济阳旧庐。比到，见光若火正赤，在旧庐道南，光耀憧憧上属天，有顷不见。王莽时，谒者苏伯阿能望气，使过(春)〔舂〕陵，城郭郁郁葱葱。及光武到河北，与伯阿见，问曰："卿前过(春)〔舂〕陵，何用知其气佳也?"伯阿对曰："见其郁郁葱葱耳。"盖天命当兴，圣王当出，前后气验，照察明著。继体守文，因据前基，禀天光气，验不足言。创业龙兴，由微贱起于颠沛，若高祖、光武者，曷尝无天人神怪光显之验乎?

卷三

偶会第十

命，吉凶之主也。自然之道，适偶之数，非有他气旁物厌胜感动使之然也。

世谓子胥伏剑，屈原自沉，子兰、宰嚭诬谗，吴、楚之君冤杀之也。偶二子命当绝，子兰、宰嚭适为谗，而怀王、夫差适信奸也。君适不明，臣适为谗，二子之命偶自不长。二偶三合似若有之，其实自然，非他为也。夏、殷之朝适穷，桀、纣之恶适稔，商、周之数适起，汤、武之德适丰。关龙逢杀，箕子、比干囚死，当桀、纣恶盛之时，亦二子命讫之期也。任伊尹之言，纳吕望之议，汤、武且兴之会，亦二臣当用之际也。人臣命有吉凶，贤不肖之主与之相逢。文王时当昌，吕望命当贵；高宗治当平，傅说德当遂。非文王、高宗为二臣生，吕望、傅说为两君出也。君明臣贤，光曜相察；上修下治，度数相得。

颜渊死，子曰"天丧予"。子路死，子曰"天祝予"。孔子自伤之辞，非实然之道也。孔子命不王，二子寿不长也。不王不长，所禀不同，度数并放，适相应也。二龙之祆当效，周厉适闿椟；褒姒当丧周国，幽王禀性偶恶。非二龙使厉王发孽，褒姒令幽王愚惑也。遭逢会遇，自相得也。僮谣之语当验，斗鸡之变适生；鸜鹆之占当应，鲁昭之恶适成。非僮谣致斗竞，鸜鹆招君恶也。期数自至，人行偶合也。尧命当禅舜，丹朱为无道；虞统当传夏，商均行不轨。非舜、禹当得天下，能使二子恶也；美恶是非，适相逢也。

火星与昴星出入，昴星低时火星出，昴星见时火星伏，非火之性厌服昴也，时偶不并，度转乖也。正月建寅，斗魁破申，非寅建使申破也，转运之衡，偶自应也。父殁而子嗣，姑死而妇代，非子妇嗣代使父姑终殁也，老少年次自相承也。

世谓秋气击杀谷草，谷草不任凋伤而死，此言失实。夫物以春生夏长，秋而熟老，适自枯死，阴气适盛，与之会遇。何以验之？物有秋不死者，生性未极也。人生百岁而终，物生一岁而死。死谓阴气杀之。人终触何气而亡？论者犹或谓鬼丧之。夫人终鬼来，物死寒至，皆适遭也。人终见鬼，或见鬼而不死。物死触寒，或触寒而不枯。坏屋所压，崩崖所坠，非屋精崖气杀此人也。屋老崖沮，命凶之人，遭居适履。月毁于天，螺消于渊。风从虎，云从龙。同类通气，性相感动。若夫物事相遭，吉凶同时，偶适相遇，非气感也。

杀人者罪至大辟。杀者，罪当重；死者，命当尽也。故害气下降，囚命先中；圣王德施，厚禄先逢。是故德令降于殿堂，命长之囚出于牢中。天非为囚未当死，使圣王出德令也。圣王适下赦，拘囚适当免死，犹人以夜卧昼起矣。夜(月)〔日〕光尽，不可以作，人力亦倦，欲壹休息；昼日光明，人卧亦觉，力亦复足。非天以日作之，以夜息之也；作与日相应，息与夜相得也。

雁鹄集于会稽，去避碣石之寒，来遭民田之毕，蹈履民田，啄食草粮。粮尽食索，春雨适作，避热北去，复之碣石。象耕灵陵，亦如此焉。传曰："舜葬苍梧，象为之耕；禹葬会稽，乌为之佃。"失事之实，虚妄之言也。丈夫有短寿之相，娶必得早寡之妻；早寡之妻，嫁亦遇夭折之夫也。世曰："男女早死者，夫贼妻，妻害夫。"非相贼害，命自然也。使火燃，以水沃之，可谓水贼火。火适自灭，水适自覆，两(名)各自败，不为相贼。今男女之早夭，非水沃火之比，适自灭覆之类也。贼父之子，妨兄之弟，与此同召。同宅而处，气相加凌，羸瘠消单，至于死亡，何谓相贼。或客死千里之外，兵烧厌溺，气不相犯，相贼如何？王莽姑(姊)正君许嫁二夫，二夫死，当适赵而王薨。

气未相加，遥贼三家，何其痛也！黄〔次〕公取邻巫之女，卜谓女相贵，故次公位至丞相。其实不然。次公当贵，行与女会；女亦自尊，故入次公门。偶适然自相遭遇，时也。

无禄之人，商而无盈，农而无播，非其性贼货而命妨谷也。命贫，居无利之货；禄恶，殖不滋之谷也。世谓宅有吉凶，徙有岁月。实事则不然。天道难知，假令有命凶之人，当衰之家，治宅遭得不吉之地，移徙适触岁月之忌。一家犯忌，口以十数，坐而死者，必禄衰命泊之人也。推此以论，仕宦进退迁徙，可复见也。时适当退，君用谗口；时适当起，贤人荐己。故仕且得官也，君子辅善；且失位也，小人毁奇。公伯寮诉子路于季孙，孔子称命。鲁人臧仓谗孟子于平公，孟子言天。道未当行，与谗相遇；天未与己，恶人用口。故孔子称命，不怨公伯寮；孟子言天，不尤臧仓，诚知时命当自然也。推此以论，人君治道功化，可复言也。命当贵，时适平；期当乱，禄遭衰。治乱成败之时，与人兴衰吉凶适相遭遇。因此论圣贤迭起，犹此类也。

圣主龙兴于仓卒，良辅超拔于际会。世谓韩信、张良辅助汉王，故秦灭汉兴，高祖得王。夫高祖命当自王，信、良之辈时当自兴，两相遭遇，若故相求。是故高祖起于丰、沛，丰、沛子弟相多富贵，非天以子弟助高祖也，命相小大适相应也。赵简子废太子伯鲁，立庶子无恤。无恤遭贤，命亦当君赵也。世谓伯鲁不肖，不如无恤；伯鲁命当贱，知虑多泯乱也。韩生仕至太傅，世谓赖倪宽。实谓不然。太傅当贵，遭与倪宽遇也。赵武藏于裤中，终日不啼，非或掩其口，阏其声也；命时当生，睡卧遭出也。故军功之侯必斩兵死之头，富家之商必夺贫室之财。削土免侯，罢退令相，罪法明白，禄秩适极。故厉气所中，必加命短之人；凶岁所著，必饥虚耗之家矣。

骨相第十一

人曰命难知。命甚易知。知之何用？用之骨体。人命禀于天，则有表候于体。察表候以知命，犹察斗斛以知容矣。表候者，骨法之谓也。

传言黄帝龙颜，颛顼戴干，帝喾骈齿，尧眉八采，舜目重瞳，禹耳三漏，汤臂再肘，文王四乳，武王望阳，周公背偻，皋陶马口，孔子反羽。斯十二圣者，皆在帝王之位，或辅主忧世，世所共闻，儒所共说，在经传者较著可信。若夫短书俗记、竹帛胤文，非儒者所见，众多非一。苍颉四目，为黄帝史。晋公子重耳仳胁，为诸侯霸。苏秦骨鼻，为六国相。张仪仳胁，亦相秦、魏。项羽重瞳，云虞舜之后，与高祖分王天下。

陈平贫而饮食不足，貌体佼好，而众人怪之，曰："平何食而肥？"及韩信为滕公所鉴，免于铁质，亦以面状有异。面状肥佼，亦一相也。

高祖隆准、龙颜、美须，左股有七十二黑子。单父吕公善相，见高祖状貌，奇之，因以其女妻高祖，吕后是也，卒生孝惠(王)〔帝〕、鲁元公主。高祖为泗上亭长，当去归之田，与吕后及两子居田。有一老公过，请饮，因相吕后曰："夫人，天下贵人也。"令相两子，见孝惠曰："夫人所以贵者，乃此男也。"相鲁元，曰："皆贵。"老公去，高祖从外来，吕后言于高祖。高祖追及老公，止使自相。老公曰："乡者夫人婴儿相皆似君，君相贵不可言也。"后高祖得天下，如老公言。推此以况，一室之人，皆有富贵之相矣。

类同气钧，性体法相固自相似。异气殊类，亦两相遇。富贵之男娶得富贵之妻，女亦得富贵之男。夫二相不钧而相遇，则有立死；若未相适，有豫亡之祸也。王莽姑正君许嫁，至期当行时，夫辄死。

如此者再，乃献之赵王，赵王未取，又薨。清河南宫大有与正君父稚君善者，遇相〔正〕君，曰："贵为天下母。"是时，宣帝世，元帝为太子，稚君乃因魏郡都尉纳之太子，太子幸之，生子君上。宣帝崩，太子立，正君为皇后，君上为太子。元帝崩，太子立，是为成帝，正君为皇太后，竟为天下母。夫正君之相当为天下母，而前所许二家及赵王为无天下父之相，故未行而二夫死，赵王薨。是则二夫、赵王无帝王大命，而正君不当与三家相遇之验也。

丞相黄次公故为阳夏游徼，与善相者同车俱行，见一妇人年十七八，相者指之曰："此妇人当大富贵，为封侯者夫人。"次公止车，审视之，相者曰："今此妇人不富贵，卜书不用也。"次公问之，乃其旁里人巫家子也，即娶以为妻。其后，次公果大富贵，位至丞相，封为列侯。夫次公富贵，妇人当配之，故果相遇，遂俱富贵。使次公命贱，不得妇人为偶，不宜为夫妇之时，则有二夫、赵王之祸。

夫举家皆富贵之命，然后乃任富贵之事。骨法形体，有不应者，则必别离死亡，不得久享介福。故富贵之家，役使奴僮，育养牛马，必有与众不同者矣。僮奴则有不死亡之相，牛马则有数字乳之性，田则有种孳速熟之谷，商则有居善疾售之货。是故知命之人，见富贵于贫贱，睹贫贱于富贵。

案骨节之法，察皮肤之理，以审人之性命，无不应者。赵简子使姑布子卿相诸子，莫吉，至翟婢之子无恤，而以为贵。无恤最贤，又有贵相，简子后废太子而立无恤，卒为诸侯，襄子是矣。相工相黥布当先刑而乃王，后竟被刑乃封王。卫青父郑季与杨信公主家僮卫媪通，生青，在建章宫时，钳徒相之，曰："贵至封侯。"青曰："人奴之道，得不笞骂足矣！安敢望封侯？"其后青为军吏，战数有功，超封增官，遂为大将军，封为万户侯。周亚夫未封侯之时，许负相之，曰："君后三岁而入将相，持国秉，贵重矣，于人臣无两。其后九岁而君饿死。"亚夫笑曰："臣之兄已代侯矣，有如父卒子当代，亚夫何说侯乎？然既已贵，如负言，又何说饿死？指示我！”许负指其口，有纵理入口，曰：“此饿死法也。”居三岁，其兄绛侯胜有罪，文帝择绛侯子贤者，推亚夫，乃封条侯，续绛侯后。文帝之后六年，匈奴入边，乃以亚夫为将军。至景帝之时，亚夫为丞相，后以疾免。其子为亚夫买工官尚方甲盾五百被可以为葬者，取庸苦之，不与钱。庸知其盗买官器，怨而上告其子。景帝下吏责问，因不食五日，呕血而死。当邓通之幸文帝也，贵在公卿之上，赏赐亿万，与上齐体。相工相之曰：“当贫贱饿死。”文帝崩，景帝立，通有盗铸钱之罪，景帝考验，通亡，寄死人家，不名一钱。韩太傅为诸生时，借相工五十钱，与之俱入璧雍之中，相璧雍弟子谁当贵者。相工指倪宽曰：“彼生当贵，秩至三公。”韩生谢遣相工，通刺倪宽，结胶漆之交，尽筋力之敬，徙舍从宽，深自附纳之。宽尝甚病，韩生养视如仆状，恩深逾于骨肉，后名闻于天下。倪宽位至御史大夫，州郡丞旨召请，擢用举在本朝，遂至太傅。夫钳徒、许负及相邓通、倪宽之工，可谓知命之工矣。故知命之工，察骨体之证，睹富贵贫贱，犹人见盘盂之器，知所设用也。善器必用贵人，恶器必施贱者；尊鼎不在陪厕之侧，匏瓜不在堂殿之上，明矣。富贵之骨，不遇贫贱之苦；贫贱之相，不遭富贵之乐，亦犹此也。器之盛物，有斗石之量，犹人爵有高下之差也。器过其量，物溢弃遗；爵过其差，死亡不存。论命者如比之于器，以察骨体之法，则命在于身形，定矣。

非徒富贵贫贱有骨体也，而操行清浊亦有法理。贵贱贫富，命也。操行清浊，性也。非徒命有骨法，性亦有骨法。惟知命有明相，莫知性有骨法，此见命之表证，不见性之符验也。范蠡去越，自齐遗大夫种书曰：“飞鸟尽，良弓藏，狡兔死，走犬烹。越王为人长颈鸟喙，可与共患难，不可与共荣乐。子何不去？”大夫种不能去，称病不朝，赐剑而死。大梁人尉缭说秦始皇以并天下之计，始皇从其册，与之亢礼，衣服饮食与之齐同。缭曰：“秦王为人，隆准长目，鸷膺豺声,少恩,虎视狼心,居约易以下人,得志亦轻视人。我布衣也,然见我,常身自下我。诚使秦王(须)得志,天下皆为虏矣。不可与交游。”乃亡去。故范蠡、尉缭见性行之证,而以定处来事之实,实有其效,如其法相。由此言之,性命系于形体明矣。以尺书所载,世所共见,准况古今,不闻者必众多非一,皆有其实。

禀气于天,立形于地,察在地之形,以知在天之命,莫不得其实也。有传孔子相澹台子羽,唐举占蔡泽不验之文,此失之不审,何隐匿微妙之表也?相或在内,或在外,或在形体,或在声气,察外者遗其内,在形体者亡其声气。孔子适郑,与弟子相失,孔子独立郑东门。郑人或问子贡曰:“东门有人,其头似尧,其项若皋陶,肩类子产。然自腰以下,不及禹三寸,儽儽若丧家之狗。”子贡以告孔子,孔子欣然笑曰:“形状未也。如丧家狗,然哉!然哉!”夫孔子之相,郑人失其实。郑人不明,法术浅也。孔子之失子羽,唐举惑于蔡泽,犹郑人相孔子,不能具见形状之实也。以貌取人,失于子羽;以言取人,失于宰予也。

初禀第十二

人生性命当富贵者,初禀自然之气,养育长大,富贵之命效矣。

文王得赤雀,武王得白鱼、赤乌。儒者论之,以为雀则文王受命,鱼、乌则武王受命;文、武受命于天,天用雀与鱼乌命授之也;天用赤雀命文王,文王不受,天复用鱼乌命武王也。若此者谓本无命于天,修已行善,善行闻天,天乃授以帝王之命也。故雀与鱼乌,天使为王之命也,王所奉以行诛者也。如实论之,非命也。命,谓初所禀得而生也。人生受性,则受命矣。性命俱禀,同时并得,非先禀性,后乃受命也。何以明之?弃事尧为司马,居稷官,故为后稷。曾孙公刘居邰,后徙居邠。后孙古公亶甫三子太伯、仲雍、季历,季历生文王昌。昌在襁褓之中，圣瑞见矣。故古公曰："我世当有兴者，其在昌乎！"于是太伯知之，乃辞之吴，文身断发，以让王季。文王受命，谓此时也，天命在人本矣，太王古公见之早也。此犹为未，文王在母身之中已受命也。王者一受命，内以为性，外以为体。体者，面辅骨法，生而禀之。

吏秩百石以上，王侯以下，郎将大夫以至元士，外及刺史、太守，居禄秩之吏，禀富贵之命，生而有表见于面，故许负、姑布子卿辄见其验。仕者随秩迁转，迁转之人或至公卿，命禄尊贵，位望高大。王者尊贵之率，高大之最也，生有高大之命，其时身有尊贵之奇。古公知之，见四乳之怪也。夫四乳，圣人证也。在母身中，禀天圣命，岂长大之后，修行道德，四乳乃生？以四乳论望羊，亦知为胎之时，已受之矣。刘媪息于大泽，梦与神遇，遂生高祖，此时已受命也。光武生于济阳宫，夜半无火，内中光明。军下卒苏永谓公曹史充兰曰："此吉事也，毋多言。"此时已受命。独谓文王、武王得赤雀、鱼乌乃受命，非也。

上天壹命，王者乃兴，不复更命也。得富贵大命，自起王矣。何以验之？富家之翁，资累千金。生有富骨，治生积货，至于年老，成为富翁矣。夫王者，天下之翁也。禀命定于身中，犹鸟之别雄雌于卵壳之中也。卵壳孕而雌雄生，日月至而骨节强，强则雄自率将雌。雄非生长之后，或教使为雄，然后乃敢将雌，此气性刚强自为之矣。夫王者，天下之雄也，其命当王。王命定于怀妊，犹富贵骨生，有鸟雄卵成也。非唯人鸟也，万物皆然。草木生于实核，出土为栽蘖，稍生茎叶，成为长短巨细，皆由实核。王者，长巨之最也。朱草之茎如针，紫芝之栽如豆，成为瑞矣。王者禀气而生，亦犹此也。

或曰："王者生禀天命，及其将王，天复命之，犹公卿以下，诏书封拜，乃敢即位。赤雀鱼乌，上天封拜之命也。天道人事，有相命使之义。"自然无为，天之道也。命文以赤雀，武以白鱼，是有为也。管仲与鲍叔分财取多,鲍叔不与,管仲不求。内有以相知,视彼犹我,取之不疑。圣人起王,犹管之取财也。朋友彼我,无有授与之义;上天自然,有命使之验。是则天道有为,朋友自然也。当汉祖斩大蛇之时,谁使斩者?岂有天道先至,而乃敢斩之哉!勇气奋发,性自然也。夫斩大蛇,诛秦,杀项,同一实也。周之文、武受命伐殷,亦一义也。高祖不受命使之将,独谓文、武受雀鱼之命,误矣。

难曰:《康王之诰》曰:"冒,闻于上帝,帝休,天乃大命文王。"如无命,史经何为言"天乃大命文王"?所谓大命者,非天乃命文王也,圣人动作,天命之意也,与天合同,若天使之矣。《书》方激劝康叔,勉使为善,故言文王行道,上闻于天,天乃大命之也。《诗》曰:"乃眷西顾,此惟予度。"与此同义。天无头面,眷顾如何?人有顾睨,以人效天,事易见,故曰眷顾。天乃大命文王,眷顾之义,实天不命也。何以验之?夫大人与天地合其德,与日月合其明,与四时合其序,与鬼神合其吉凶,先天而天不违,后天而奉天时。如必须天有命,乃以从事,安得先天而后天乎?以其不待天命,直以心发,故有"先天""后天"之勤。言合天时,故有"不违""奉天"之文。《论语》曰:"大哉尧之为君,唯天为大,唯尧则之。"王者则天,"不违""奉天"之义也。推自然之性,与天合同。是则所谓大命文王也。自文王意,文王自为,非天驱赤雀,使告文王,云当为王,乃敢起也。然则文王赤雀,及武王白鱼,非天之命,昌炽祐也。

吉人举事,无不利者。人徒不召而至,瑞物不召而来。黯然谐合,若或使之,出门闻(告)〔吉〕,顾睨见善,自然道也。文王当兴,赤雀适来;鱼跃乌飞,武王偶见:非天使雀至白鱼来也,吉物动飞而圣遇也。白鱼入于王舟,王阳曰:"偶适也。"光禄大夫刘琨前为弘农太守,虎渡河。光武皇帝曰:"偶适自然,非或使之也。"故夫王阳之言适,光武之曰偶,可谓合于自然也。

本性第十三

情性者，人治之本，礼乐所由生也。故原情性之极，礼为之防，乐为之节。性有卑谦辞让，故制礼以适其宜；情有好恶喜怒哀乐，故作乐以通其敬。礼所以制，乐所为作者，情与性也。昔儒旧生，著作篇章，莫不论说，莫能实定。

周人世硕，以为人性有善有恶，举人之善性，养而致之则善长；性恶，养而致之则恶长。如此，则〔情〕性各有阴阳，善恶在所养焉。故世子作《养〔性〕书》一篇。（密）〔宓〕子贱、漆雕开、公孙尼子之徒，亦论情性，与世子相出入，皆言性有善有恶。

孟子作性善之篇，以为人性皆善，及其不善，物乱之也。谓人生于天地，皆禀善性，长大与物交接者，放纵悖乱，不善日以生矣。若孟子之言，人幼小之时，无有不善也。微子曰："我旧云孩子，王子不出。"纣为孩子之时，微子睹其不善之性。性恶不出众庶，长大为乱不变，故云也。羊舌食我初生之时，叔姬视之，及堂，闻其啼声而还，曰："其声，豺狼之声也。野心无亲，非是莫灭羊舌氏。"遂不肯见。及长，祁胜为乱，食我与焉。国人杀食我。羊舌氏由是灭矣。纣之恶在孩子之时，食我之乱见始生之声。孩子始生，未与物接，谁令悖者？丹朱（土）〔生〕于唐宫，商均生于虞室。唐、虞之时，可比屋而封，所与接者，必多善矣。二帝之旁，必多贤也。然而丹朱傲，商均虐，并失帝统，历世为戒。且孟子相人以眸子焉，心清而眸子瞭，心浊而眸子眊。人生目辄眊瞭，眊瞭禀之于天，不同气也；非幼小之时瞭，长大与人接，乃更眊也。性本自然，善恶有质。孟子之言情性，未为实也。然而性善之论，亦有所缘。（或仁或义，性术乖也。动作趋翔，性识诡也。面色或白或黑，身形或长或短，至老极死，不可变易，天性然也。皆知水土物器形性不同，而莫知善恶禀之异也。）一岁婴儿无争夺之心，长大之后，或渐利色，狂心悖行，由此生也。

告子与孟子同时，其论性无善恶之分，譬之湍水，决之东则东，决之西则西。夫水无分于东西，犹人无分于善恶也。夫告子之言，谓人之性与水同也。使性若水，可以水喻性，犹金之为金，木之为木也。人善因善，恶亦因恶。初禀天然之姿，受纯壹之质，故生而兆见，善恶可察。无分于善恶，可推移者，谓中人也，不善不恶，须教成者也。故孔子曰："中人以上，可以语上也；中人以下，不可以语上也。"告子之以决水喻者，徒谓中人，不指极善极恶也。孔子曰："性相近也，习相远也。"夫中人之性，在所习焉。习善而为善，习恶而为恶也。至于极善极恶，非复在习。故孔子曰："惟上智与下愚不移。"性有善不善，圣化贤教，不能复移易也。孔子道德之祖，诸子之中最卓者也，而曰"上智下愚不移"，故知告子之言，未得实也。夫告子之言，亦有缘也。《诗》曰："彼姝之子，何以与之？"其传曰："譬犹练丝，染之蓝则青，染之朱则赤。"夫决水使之东西，犹染丝令之青赤也。丹朱，商均已染于唐虞之化矣，然而丹朱傲而商均虐者，至恶之质，不受蓝朱变也。

孙卿有反孟子，作《性恶》之篇。以为人性恶，其善者伪也。性恶者，以为人生皆得恶性也。伪者，长大之后，勉使为善也。若孙卿之言，人幼小无有善也。稷为儿，以种树为戏；孔子能行，以俎豆为弄。石生而坚，兰生而香。禀善气，长大就成，故种树之戏为唐司马，俎豆之弄为周圣师。禀兰石之性，故有坚香之验。夫孙卿之言，未为得实。然而性恶之言，有缘也。一岁婴儿，无推让之心，见食，号欲食之；睹好，啼欲玩之。长大之后，禁情割欲，勉厉为善矣。刘子政非之曰："如此，则天无气也。阴阳善恶不相当，则人之为善安从生？"

陆贾曰："天地生人也，以礼义之性。人能察己所以受命则顺，顺之谓道。"夫陆贾知人礼义为性，人亦能察己所以受命。性善者，不待察而自善;性恶者,虽能察之,犹背礼畔义。义挹于善,不能为也。故贪者能言廉,乱者能言治。盗跖非人之窃也,庄蹻刺人之滥也,明能察已,口能论贤,性恶不为,何益于善?陆贾之言未能得实。

董仲舒览孙、孟之书,作情性之说曰:“天之大经,一阴一阳。人之大经,一情一性。性生于阳,情生于阴。阴气鄙,阳气仁。曰性善者,是见其阳也。谓恶者,是见其阴者也。”若仲舒之言,谓孟子见其阳,孙卿见其阴也。处二家各有见,可也。不处人情性,情性有善有恶,未也。夫人情性同生于阴阳,其生于阴阳,有渥有泊。玉生于石,有纯有驳,情性〔生〕于阴阳,安能纯善?仲舒之言,未能得实。

刘子政曰:“性,生而然者也,在于身而不发。情,接于物而然者也,出形于外。形外则谓之阳,不发者则谓之阴。”夫子政之言,谓性在身而不发,情接于物,形出于外,故谓之阳;性不发,不与物接,故谓之阴。夫如子政之言,乃谓情为阳、性为阴也;不据本所生起,苟以形出与不发见定阴阳也。必以形出为阳,性亦与物接,造次必于是,颠沛必于是。恻隐,不忍;不忍,仁之气也。卑谦辞让,性之发也。有与接会,故恻隐卑谦,形出于外。谓性在内不与物接,恐非其实。不论性之善恶,徒议外内阴阳,理难以知。且从子政之言,以性为阴,情为阳,夫人禀情,竟有善恶不也?

自孟子以下至刘子政,鸿儒博生,闻见多矣。然而论情性,竟无定是。唯世硕(儒)、公孙尼子之徒颇得其正。由此言之,事易知,道难论也。酆文茂记,繁如荣华,恢谐剧谈,甘如饴蜜,未必得实。实者,人性有善有恶,犹人才有高有下也。高不可下,下不可高。谓性无善恶,是谓人才无高下也。禀性受命,同一实也。命有贵贱,性有善恶。谓性无善恶,是谓人命无贵贱也。

九州田土之性,善恶不均,故有黄赤黑之别,上中下之差。水潦不同,故有清浊之流,东西南北之趋。人禀天地之性,怀五常之气,或仁或义,性术乖也;动作趋翔,或重或轻,性识诡也;面色或白或黑,身形或长或短,至老极死不可变易,天性然也。〔皆知水土物器形性不同,而莫知善恶禀之异也。〕余固以孟轲言人性善者,中人以上者也;孙卿言人性恶者,中人以下者也;扬雄言人性善恶混者,中人也。若反经合道,则可以为教;尽性之理,则未也。

物势第十四

儒者论曰:"天地故生人。"此言妄也。夫天地合气,人偶自生也。犹夫妇合气,子则自生也。夫妇合气,非当时欲得生子;情欲动而合,合而生子矣。且夫妇不故生子,以知天地不故生人也。然则人生于天地也,犹鱼之于渊,虮虱之于人也。因气而生,种类相产,万物生天地之间,皆一实也。

传曰:"天地不故生人,人偶自生。"若此,论事者何故云天地为炉、万物为铜、阴阳为火、造化为工乎?案陶冶者之用火烁铜燔器,故为之也。而云天地不故生人,人偶自生耳,可谓陶冶者不故为器而器偶自成乎?夫比不应事,未可谓喻;文不称实,未可谓是也。曰:"是喻人禀气不能纯一,若烁铜之下形,燔器之得火也,非谓天地生人与陶冶同也。"兴喻,人皆引人事,人事有体,不可断绝。以目视头,头不得不动;以手相足,足不得不摇。目与头同形,手与足同体。今夫陶冶者初埏埴作器,必模范为形,故作之也;燃炭生火,必调和炉灶,故为之也。及铜烁不能皆成,器燔不能尽善,不能故生也。夫天不能故生人,则其生万物,亦不能故也。天地合气,物偶自生矣。夫耕耘播种,故为之也;及其成与不熟,偶自然也。何以验之?如天故生万物,当令其相亲爱,不当令之相贼害也。

或曰:"五行之气,天生万物,以万物含五行之气,五行之气更相贼害。"曰:"天自当以一行之气生万物,令之相亲爱,不当令五行之气反使相贼害也。"

或曰："欲为之用，故令相贼害，贼害相成也。故天用五行之气生万物，人用万物作万事。不能相制，不能相使，不相贼害，不成为用。金不贼木，木不成用。火不烁金，金不成器。故诸物相贼相利，含血之虫相胜服、相啮噬、相啖食者，皆五行气使之然也。"曰："天生万物欲令相为用，不得不相贼害也。则生虎狼蝮蛇及蜂虿之虫，皆贼害人，天又欲使人为之用邪？且一人之身，含五行之气，故一人之行，有五常之操。五常，五常之道也。五藏在内，五行气俱。如论者之言，含血之虫，怀五行之气，辄相贼害。一人之身，胸怀五藏，自相贼也？一人之操，(行)〔仁〕义之心，自相害也？且五行之气相贼害，含血之虫相胜服，其验何在？"曰："寅，木也，其禽，虎也；戌，土也，其禽，犬也；丑、未，亦土也，丑禽牛，未禽羊也。木胜土，故犬与牛羊为虎所服也。亥，水也，其禽，豕也；巳，火也，其禽，蛇也；子，亦水也，其禽，鼠也；午，亦火也，其禽，马也。水胜火，故豕食蛇；火为水所害，故马食鼠屎而腹胀。"曰："审如论者之言，含血之虫，亦有不相胜之效。午，马也，子，鼠也，酉，鸡也，卯，兔也。水胜火，鼠何不逐马？金胜木，鸡何不啄兔？亥，豕也，未，羊也，丑，牛也。土胜水，牛羊何不杀豕？巳，蛇也，申，猴也。火胜金，蛇何不食猕猴？猕猴者，畏鼠也。啮猕猴者，犬也。鼠，水；猕猴，金也。水不胜金，猕猴何故畏鼠也？戌，土也，申，猴也。土不胜金，猴何故畏犬？东方，木也，其星仓龙也。西方，金也，其星白虎也。南方，火也，其星朱鸟也。北方，水也，其星玄武也。天有四星之精，降生四兽之体。含血之虫，以四兽为长，四兽含五行之气最较著。案龙虎交不相贼，鸟龟会不相害。以四兽验之，以十二辰之禽效之，五行之虫以气性相刻，则尤不相应。凡万物相刻贼，含血之虫则相服，至于相啖食者，自以齿牙顿利，筋力优劣，动作巧便，气势勇桀。若人之在世，势不与适，力不均等，自相胜服。以力相服，则以刃相贼矣。夫人以刃相贼，犹物以齿角爪牙相触刺也。力强角利，势烈牙长，则能胜；气微爪短(诛)，胆小距顿,则服畏也。人有勇怯,故战有胜负,胜者未必受金气,负者未必得木精也。孔子畏阳虎,却行流汗,阳虎未必色白,孔子未必面青也。鹰之击鸠雀,鸮之啄鹄雁,未必鹰,鸮生于南方而鸠雀、鹄雁产于西方也,自是筋力勇怯相胜服也。"

一堂之上,必有论者;一乡之中,必有讼者。讼必有曲直,论必有是非。非而曲者为负,是而直者为胜。亦或辩口利舌,辞喻横出为胜;或诎弱缀跲,蹥蹇不比者为负。以舌论讼,犹以剑戟斗也。利剑长戟,手足健疾者胜;顿刀短矛,手足缓留者负。(天)〔夫〕物之相胜,或以筋力,或以气势,或以巧便。小有气势,口足有便,则能以小而制大;大无骨力,角翼不劲,则以大而服小。鹊食蝟皮,博劳食蛇,蝟蛇不便也。蚊虻之力不如牛马,牛马困于蚊虻,蚊虻乃有势也。鹿之角足以触犬,猕猴之手足以搏鼠,然而鹿制于犬,猕猴服于鼠,角爪不利也。故十年之牛,为牧竖所驱;长仞之象,为越僮所钩,无便故也。故夫得其便也,则以小能胜大,无其便也,则以强服于羸也。

奇怪第十五

儒者称圣人之生,不因人气,更禀精于天。禹母吞薏苡而生禹,故夏姓曰姒。卨母吞燕卵而生卨,故殷姓曰子。后稷母履大人迹而生后稷,故周姓曰姬。《诗》曰:"不坼不副,是生后稷。"说者又曰:禹、卨逆生,闿母背而出。后稷顺生,不坼不副,不感动母体。故曰"不坼不副"。逆生者子孙逆死,顺生者子孙顺亡。故桀、纣诛死,赧王夺邑。言之有头足,故人信其说;明事以验证,故人然其文。谶书又言:尧母庆都野出,赤龙感己,遂生尧。《高祖本纪》言:"刘媪尝息大泽之陂,梦与神遇。是时,雷电晦冥,太公往视,见蛟龙于上。已而有身,遂生高祖。其言神验,文又明著。世儒学者,莫谓不然。如实论之，虚妄言也。

彼《诗》言“不坼不副”，言其不感动母体，可也；言其闿母背而出，妄也。夫蝉之生复育也，闿背而出，天之生圣子，与复育同道乎？兔吮毫而怀子，及其子生，从口而出。案禹母吞薏苡，卨母咽燕卵，与兔吮毫同实也。禹、卨之母生，宜皆从口，不当闿背。夫如是，闿背之说，竟虚妄也。世间血刃死者多，未必其先祖初为人者生时逆也。秦失天下，阎乐斩胡亥，项羽诛子婴。秦之先祖伯翳，岂逆生乎？如是为顺逆之说，以验三家之祖，误矣。

且夫薏苡，草也；燕卵，鸟也；大人迹，土也。三者皆形，非气也，安能生人？说圣者以为禀天精微之气，故其为有殊绝之知。今三家之生，以草、以鸟、以土，可谓精微乎？天地之性，唯人为贵，则物贱矣。今贵人之气，更禀贱物之精，安能精微乎？夫令鸠雀施气于雁鹄，终不成子者，何也？鸠雀之身小，雁鹄之形大也。今燕之身不过五寸，薏苡之茎不过数尺，二女吞其卵实，安能成七尺之形乎？烁一鼎之铜，以灌一钱之形，不能成一鼎，明矣。今谓大人天神，故其迹巨。巨迹之人，一鼎之烁铜也；姜原之身，一钱之形也。使大人施气于姜原，姜原之身小，安能尽得其精？不能尽得其精，则后稷不能成人。

尧、高祖审龙之子，子性类父，龙能乘云，尧与高祖亦宜能焉。万物生于土，各似本种；不类土者，生不出于土，土徒养育之也。母之怀子，犹土之育物也。尧、高祖之母，受龙之施，犹土受物之播也。物生自类本种，夫二帝宜似龙也。且夫含血之类，相与为牝牡；牝牡之会，皆见同类之物。精感欲动，乃能授施。若夫牡马见雌牛，（雀见雄）〔雄雀见〕牝鸡，不相与合者，异类故也。今龙与人异类，何能感于人而施气？

或曰：夏之衰，二龙斗于庭，吐漦于地。龙亡漦在，椟而藏之。至周幽王发出龙漦，化为玄鼋，入于后宫，与处女交，遂生褒姒。玄鼋与人异类,何以感于处女而施气乎?夫玄鼋所交非正,故褒姒为祸,周国以亡。以非类妄交,则有非道妄乱之子。今尧、高祖之母不以道接会,何故二帝贤圣,与褒姒异乎?

或曰:"赵简子病,五日不知人。觉言,我之帝所,有熊来,帝命我射之,中,熊死;有罴来,我又射之,中罴,罴死。后问当道之鬼,鬼曰:熊罴,晋二卿之先祖也。"熊罴物也,与人异类,何以施类于人,而为二卿祖?夫简子所射熊罴,二卿祖当亡、简子当昌之(秋)〔祆〕也。简子见之,若寝梦矣。空虚之象,不必有实。假令有之,或时熊罴先化为人,乃生二卿。鲁公牛哀病化为虎。人化为兽,亦如兽为人。玄鼋入后宫,殆先化为人。天地之间,异类之物,相与交接,未之有也。

天人同道,好恶均心。人不好异类,则天亦不与通。人虽生于天,犹虮虱生于人也。人不好虮虱,天无故欲生于人。何则?异类殊性,情欲不相得也。天地,夫妇也,天施气于地以生物。人转相生,精微为圣,皆因父气,不更禀取。如更禀者为圣,卨、后稷不圣。如圣人皆当更禀,十二圣不皆然也。黄帝、帝喾、帝颛顼、帝舜之母,何所受气?文王、武王、周公、孔子之母,何所感吞?

此或时见三家之姓,曰姒氏、子氏、姬氏,则因依放,空生怪说,犹见鼎湖之地,而著黄帝升天之说矣。失道之意,还反其字。苍颉作书,与事相连。姜原履大人迹。迹者基也,姓当为"其"下"土",乃为"女"旁(巨)〔"臣"〕,非基迹之字,不合本事,疑非实也。以周姬况夏殷,亦知子之与姒,非燕子、薏苡也。或时禹、契、后稷之母适欲怀妊,遭吞薏苡、燕卵,履大人迹也。世好奇怪,古今同情。不见奇怪,谓德不异,故因以为姓。世间诚信,因以为然。圣人重疑,因不复定。世士浅论,因不复辨。儒生是古,因生其说。彼《诗》言"不坼不副"者,言后稷之生不感动母身也。儒生穿凿,因造禹、契逆生之说。感于龙,梦与神遇,犹此率也。尧、高祖之母适欲怀妊,遭逢雷龙载云雨而行,人见其形,遂谓之然。梦与神遇,得圣子之象也。梦见鬼合之,非梦与神遇乎,安得其实!野出感龙,及蛟龙居上,或尧、高祖受富贵之命。龙为吉物,遭加其上,吉祥之瑞,受命之证也。光武皇帝产于济阳宫,凤凰集于地,嘉禾生于屋。圣人之生,奇鸟吉物之为瑞应。必以奇吉之物见而子生谓之物之子,是则光武皇帝嘉禾之精,凤凰之气欤?

案《帝系》之篇及《三代世表》,禹,鲧之子也:卨、稷皆帝喾之子,其母皆帝喾之妃也,及尧亦喾之子。帝王之妃,何为适草野?古时虽质,礼已设制,帝王之妃,何为浴于水?夫如是,言圣人更禀气于天,母有感吞者,虚妄之言也。实者,圣人自有种(世)族,(仁)如文、武各有类。孔子吹律,自知殷后;项羽重瞳,自知虞舜苗裔也。五帝、三王皆祖黄帝。黄帝圣人,本禀贵命,故其子孙皆为帝王。帝王之生,必有怪奇,不见于物,则效于梦矣。

卷四

书虚第十六

世信虚妄之书，以为载于竹帛上者，皆贤圣所传，无不然之事，故信而是之，讽而读之。睹真是之传与虚妄之书相违，则并谓短书，不可信用。夫幽冥之实尚可知，沉隐之情尚可定，显文露书，是非易见，笼总并传非实事，用精不专，无思于事也。

夫世间传书诸子之语，多欲立奇造异。作惊目之论，以骇世俗之人；为谲诡之书，以著殊异之名。

传书言：延陵季子出游，见路有遗金。当夏五月，有披裘而薪者。季子呼薪者曰："取彼地金来！"薪者投镰于地，瞋目拂手而言曰："何子居之高，视之下，仪貌之壮，语言之野也！吾当夏五月，披裘而薪，岂取金者哉！"季子谢之，请问姓字。薪者曰："子皮相之士也，何足语姓名！"遂去不顾。世以为然，殆虚言也。夫季子耻吴之乱，吴欲共立以为主，终不肯受，去之延陵，终身不还，廉让之行，终始若一。许由让天下，不嫌贪封侯。伯夷委国饥死，不嫌贪刀钩。廉让之行，大可以况小，小难以况大。季子能让吴位，何嫌贪地遗金？季子使于上国，道过徐。徐君好其宝剑，未之即予。还而徐君死，解剑带冢树而去。廉让之心，耻负其前志也。季子不负死者，弃其宝剑，何嫌一叱生人取金于地？季子未去吴乎，公子也；已去吴乎，延陵君也。公子与君，出有前后，车有附从，不能空行于涂，明矣。既不耻取金，何难使左右而烦披裘者？世称柳下惠之行，言其能以幽冥自修洁也。贤者同操，故千岁交志。置季子于冥昧之处，尚不取金，况以白日，前后备具，取金于路，非季子之操也。或时季子实见遗金，怜披裘薪者欲以益之；或时言取彼地金，欲以予薪者，不自取也。世俗传言，则言季子取遗金也。

传书或言：颜渊与孔子俱上鲁太山，孔子东南望吴（阊）〔昌〕门外有系白马，引颜渊指以示之曰："若见吴昌门乎？"颜渊曰："见之。"孔子曰："门外何有？"曰："有如系练之状。"孔子抚其目而正之，因与俱下。下而颜渊发白齿落，遂以病死。盖以精神不能若孔子，强力自极，精华竭尽，故早夭死。世俗闻之，皆以为然。如实论之，殆虚言也。案《论语》之文，不见此言。考《六经》之传，亦无此语。夫颜渊能见千里之外，与圣人同，孔子诸子何讳不言？盖人目之所见，不过十里。过此不见，非所明察，远也。传曰："太山之高巍然，去之百里，不见[illegible]（螺）〔块〕，远也。"案鲁去吴，千有馀里，使离朱望之，终不能见，况使颜渊，何能审之？如才庶几者，明目异于人，则世宜称亚圣，不宜言离朱。人目之视也，物大者易察，小者难审。使颜渊处昌门之外，望太山之形，终不能见。况从太山之上，察白马之色，色不能见，明矣。非颜渊不能见，孔子亦不能见也。何以验之？耳目之用，均也。目不能见百里，则耳亦不能闻也。陆贾曰："离娄之明，不能察帷薄之内；师旷之聪，不能闻百里之外。"昌门之与太山，非直帷薄之内、百里之外也。秦武王与孟说举鼎不任，绝脉而死。举鼎用力，力由筋脉，筋脉不堪，绝伤而死，道理宜也。今颜渊用目望远，望远目睛不任，宜盲眇，发白齿落，非其致也。发白齿落，用精于学，勤力不休，气力竭尽，故至于死。伯奇放流，首发早白。《诗》云："惟忧用老。"伯奇用忧，而颜渊用睛，暂望仓卒，安能致此？

儒书言：舜葬于苍梧，禹葬于会稽者，巡狩年老，道死边土。圣人以天下为家，不别远近，不殊内外，故遂止葬。夫言舜、禹，实也；言其巡狩，虚也。舜之与尧，俱帝者也。共五千里之境，同四海之内。二帝之道，相因不殊。《尧典》之篇，舜巡狩东至岱宗，南至霍山,西至太华,北至恒山,以为四岳者,四方之中,诸侯之来,并会岳下,幽深远近,无不见者,圣人举事求其宜适也。禹王如舜,事无所改,巡狩所至,以复如舜。舜至苍梧,禹到会稽,非其实也。实舜、禹之时,鸿水未治,尧传于舜,舜受为帝,与禹分部,行治鸿水。尧崩之后,舜老,亦以传于禹。舜南治水,死于苍梧;禹东治水,死于会稽。贤圣家天下,故因葬焉。

吴君高说:"会稽本山名,夏禹巡狩,会计于此山,因以名郡,故曰会稽。"夫言因山名郡可也,言禹巡狩会计于此山,虚也。巡狩本不至会稽,安得会计于此山?宜听君高之说,诚会稽为会计,禹到南方,何所会计?如禹始东,死于会稽,舜亦巡狩至于苍梧,安所会计?百王治定则出巡,巡则辄会计,是则四方之山皆会计也。百王太平,升封太山。太山之上,封可见者七十有二,纷纶湮灭者,不可胜数。如审帝王巡狩则辄会计,会计之地如太山封者,四方宜多。夫郡国成名,犹万物之名,不可说也。独为会稽立欤?周时旧名吴越也,为吴越立名,从何往哉?六国立名,状当如何?天下郡国且百馀,县邑出万,乡亭聚里皆有号名,贤圣之才莫能说。君高能说会稽,不能辨定方名。会计之说,未可从也。巡狩考正法度,禹时,吴为裸国,断发文身,考之无用,会计如何?

传书言:舜葬于苍梧,象为之耕;禹葬会稽,鸟为之田。盖以圣德所致,天使鸟兽报祐之也。世莫不然。考实之,殆虚言也。夫舜、禹之德不能过尧,尧葬于冀州,或言葬于崇山,冀州鸟兽不耕,而鸟兽独为舜、禹耕,何天恩之偏驳也?或曰:"舜、禹治水,不得宁处,故舜死于苍梧,禹死于会稽。勤苦有功,故天报之;远离中国,故天痛之。"夫天报舜、禹,使鸟田象耕,何益舜、禹?天欲报舜、禹,宜使苍梧、会稽常祭祀之。使鸟兽田耕,不能使人祭。祭加舜、禹之墓,田施人民之家,天之报祐圣人,何其拙也,且无益哉!由此言之,鸟田象耕,报祐舜、禹,非其实也。实者,苍梧多象之地,会稽众鸟所居。

《禹贡》曰:“彭蠡既潴,阳鸟攸居。”天地之情,鸟兽之行也。象自蹈土,鸟自食苹。土蹶草尽,若耕田状,壤靡泥易,人随种之,世俗则谓为舜、禹田。海陵麋田,若象耕状,何尝帝王葬海陵者邪?

传书言:吴王夫差杀伍子胥,煮之于镬,乃以鸱夷橐投之于江。子胥恚恨,驱水为涛,以溺杀人。今时会稽、丹徒大江、钱唐浙江,皆立子胥之庙。盖欲慰其恨心,止其猛涛也。夫言吴王杀子胥投之于江,实也;言其恨恚驱水为涛者,虚也。屈原怀恨,自投湘江,湘江不为涛;申徒狄蹈河而死,河水不为涛。世人必曰屈原、申徒狄不能勇猛,力怒不如子胥。夫卫菹子路而汉烹彭越,子胥勇猛不过子路、彭越。然二士不能发怒于鼎镬之中,以烹汤菹汁湔泚旁人。子胥亦自先入镬,乃入江;在镬中之时,其神安居?岂怯于镬汤、勇于江水哉!何其怒气前后不相副也?且投于江中,何江也?有丹徒大江,有钱唐浙江,有吴通陵江。或言投于丹徒大江,无涛;欲言投于钱唐浙江,浙江、山阴江、上虞江皆有涛,三江有涛,岂分橐中之体,散置三江中乎?人若恨恚也,仇雠未死,子孙遗在,可也。今吴国已灭,夫差无类,吴为会稽,立置太守。子胥之神,复何怨苦,为涛不止,欲何求索?吴、越在时,分会稽郡,越治山阴,吴都今吴,馀暨以南属越,钱唐以北属吴。钱唐之江,两国界也。山阴、上虞在越界中,子胥入吴之江,为涛当自上吴界中,何为入越之地?怨恚吴王、发怒越江,违失道理,无神之验也。且夫水难驱而人易从也。生任筋力,死用精魂。子胥之生,不能从生人营卫其身,自令身死,筋力消绝,精魂飞散,安能为涛?使子胥之类数百千人,乘船渡江,不能越水。一子胥之身,煮汤镬之中,骨肉糜烂,成为羹菹,何能有害也?周宣王杀其臣杜伯,(赵简子)〔燕简公〕杀其臣庄子义。其后杜伯射宣王,庄子义害简(子)〔公〕,事理似然,犹为虚言。今子胥不能完体,为杜伯、子义之事以报吴王,而驱水往来,岂报仇之义有知之验哉?俗语不实,成为丹青;丹青之文,贤圣惑焉!夫地之有百川也,犹人之有血脉也。血脉流行,泛扬动静,自有节度。百川亦然,其朝夕往来,犹人之呼吸气出入也。天地之性,上古有之,《经》曰:"江、汉朝宗于海。"唐、虞之前也,其发海中之时,漾驰而已;入三江之中,殆小浅狭,水激沸起,故腾为涛。广陵曲江有涛,文人赋之。大江浩洋,曲江有涛,竟以隘狭也。吴杀其身,为涛广陵,子胥之神,竟无知也。溪谷之深,流者安洋,浅多沙石,激扬为濑。夫涛、濑,一也。谓子胥为涛,谁居溪谷为濑者乎?案涛入三江,岸沸踊,中央无声。必以子胥为涛,子胥之身聚岸(漼)〔涯〕也。涛之起也,随月盛衰,小大满损不齐同。如子胥为涛,子胥之怒,以月为节也。三江时风,扬疾之波亦溺杀人,子胥之神,复为风也?秦始皇渡湘水,遭风,问湘山何祠?左右对曰:"尧之女,舜之妻也。"始皇大怒,使刑徒三千人斩湘山之树而履之。夫谓子胥之神为涛,犹谓二女之精为风也。

传书言:孔子当泗水之葬,泗水为之却流。此言孔子之德,能使水却,不湍其墓也。世人信之。是故儒者称论,皆言孔子之后当封,以泗水却流为证。如原省之,殆虚言也。夫孔子死,孰与其生?生能操行,慎道应天;死,操行绝。天祐至德,故五帝、三王招致瑞应,皆以生存,不以死亡。孔子生时推排不容,故叹曰:"凤鸟不至,河不出图,吾已矣夫!"生时无祐,死反有报乎?孔子之死,五帝、三王之死也。五帝、三王无祐,孔子之死独有天报,是孔子之魂圣,五帝之精不能神也?泗水无知,为孔子却流,天神使之。然则,孔子生时,天神不使人尊敬。如泗水却流,天欲封孔子之后,孔子生时,功德应天,天不封其身,乃欲封其后乎?是盖水偶自却流。江河之流,有回复之处;百川之行,或易道更路,与却流无以异。则泗水却流,不为神怪也。

传书称:魏公子之德,仁惠下士,兼及鸟兽。方与客饮,有鹯击鸠。鸠走,巡于公子案下。鹯追击,杀于公子之前。公子耻之,即使人多设罗,得鹯数十枚,责让以击鸠之罪。击鸠之鹯,低头不敢仰视,公子乃杀之。世称之曰:"魏公子为鸠报仇。"此虚言也。夫鹯物也,情心不同,音语不通。圣人不能使鸟兽为义理之行,公子何人,能使鹯低头自责?鸟为鹯者以千万数,向击鸠蜚去,安可复得?能低头自责,是圣鸟也。晓公子之言,则知公子之行矣。知公子之行,则不击鸠于其前。人犹不能改过,鸟与人异,谓之能悔,世俗之语,失物类之实也。或时公子实捕鹯,鹯得。人持其头,变折其颈,疾痛低垂,不能仰视。缘公子惠义之人,则因褒称,言鹯服过。盖言语之次,空生虚妄之美;功名之下,常有非实之加。

传书言:齐桓公妻姑姊妹七人。此言虚也。夫乱骨肉,犯亲戚,无上下之序者,禽兽之性,则乱不知伦理。案桓公九合诸侯,一正天下,道之以德,将之以威,以故诸侯服从,莫敢不率,非内乱怀鸟兽之性者所能为也。夫率诸侯朝事王室,耻上无势而下无礼也。外耻礼之不存,内何犯礼而自坏?外内不相副,则功无成而威不立矣。世称桀、纣之恶,不言淫于亲戚。实论者谓夫桀、纣恶微于亡秦,亡秦过泊于王莽,无淫乱之言。桓公妻姑姊〔妹〕七人,恶浮于桀、纣,而过重于秦、莽也。《春秋》采毫毛之美,贬纤芥之恶。桓公恶大,不贬何哉?鲁文姜,齐襄公之妹也,襄公通焉。《春秋》经曰:"庄二年冬,夫人姜氏会齐侯于郜。"《春秋》何尤于襄公而书其奸?何宥于桓公,隐而不讥?如《经》失之,传家左丘明、公羊、穀梁何讳不言?案桓公之过多内宠,内嬖如夫人者六,有五公子争立,齐乱,公薨三月乃讣。世闻内嬖六人,嫡庶无别,则言乱于姑姊妹七人矣。

传书言:齐桓公负妇人而朝诸侯,此言桓公之淫乱无礼甚也。夫桓公大朝之时,负妇人于背,其游宴之时,何以加此?方修士礼,崇厉肃敬,负妇人于背,何以能率诸侯朝事王室?葵丘之会,桓公骄矜,当时诸侯畔者九国。睚眦不得,九国畔去;况负妇人淫乱之行,何以肯留?或曰:"管仲告诸侯:吾君背有疽创,不得妇人,疮不衰愈。诸侯信管仲,故无畔者。"夫十室之邑,必有忠信若孔子。当时诸侯千人以上，必知方术，治疽不用妇人。管仲为君讳也，诸侯知仲为君讳而欺己，必恚怒而畔去，何以能久统会诸侯，成功于霸？或曰："桓公实无道，任贤相管仲，故能霸天下。"夫无道之人，与狂无异，信谗远贤，反害仁义，安能任管仲，能养人，令之成事？桀杀关龙逢，纣杀王子比干，无道之君莫能用贤。使管仲贤，桓公不能用；用管仲，故知桓公无乱行也。有贤明之君，故有贞良之臣。臣贤，君明之验，奈何谓之有乱？难曰："卫灵公无道之君，时知贤臣。管仲为辅，何明桓公不为乱也？"夫灵公无道，任用三臣，仅以不丧，非有功行也。桓公尊九九之人，拔宁戚于车下，责苞茅不贡，运兵攻楚，九合诸侯，一匡天下，千世一出之主也。而云负妇人于背，虚矣。说《尚书》者曰："周公居摄，带天子之绶，戴天子之冠，负扆南面而朝诸侯。"户牖之间曰扆，南面之坐位也。负扆南面乡坐，扆在后也。桓公朝诸侯之时，或南面坐，妇人立于后也。世俗传云，则曰负妇人于背矣。此则夔一足、宋丁公凿井得一人之语也。唐虞时，夔为大夫，性知音乐，调声悲善。当时人曰："调乐如夔一足矣。"世俗传言夔一足。案秩宗官缺，帝舜博求，众称伯夷，伯夷稽首让于夔、龙。秩宗卿官，汉之宗正也。断足，足非其理也。且一足之人，何用行也？夏后孔甲田于东[illegible]（一作莫）山，天雨晦冥，入于民家，主人方乳，或曰："后来之子必贵。"或曰："不胜之子必贱。"孔甲曰；"为余子，孰能贱之？"遂载以归，析橑，斧斩其足，卒为守者。孔甲之欲贵之子，有馀力矣，断足无宜，故为守者。今夔一足，无因趋步，坐调音乐，可也。秩宗之官，不宜一足，犹守者断足，不可贵也。孔甲不得贵之子，伯夷不得让于夔焉。宋丁公者，宋人也。未凿井时，常有寄汲，计之，日去一人作。自凿井后，不复寄汲，计之，日得一人之作。故曰："宋丁公凿井得一人。"俗传言曰："丁公凿井得一人于井中。"夫人生于人，非生于土也。穿土凿井，无为得人。推此以论，负妇人之语，犹此类也。负妇人而坐，则云妇人在背。知妇人在背非道，则生管仲以妇人治疽之言矣。使桓公用妇人彻胤服,妇人于背,女气疮,可(去)〔云〕以妇人治疽。方朝诸侯,桓公重衣,妇人袭裳,女气分隔,负之何益?桓公思士,作庭燎而夜坐,以思致士,反以白日负妇人见诸侯乎?

传书言:聂政为严翁仲刺杀韩王。此虚也。夫聂政之时,韩列侯也。列侯之三年,聂政刺韩相侠累。十二年,列侯卒。与聂政杀侠累,相去十七年。而言聂政刺杀韩王,短书小传,竟虚不可信也。

传书又言:燕太子丹使刺客荆轲刺秦王不得,诛死。后高渐丽复以击筑见秦王,秦王说之,知燕太子之客,乃冒其眼,使之击筑。渐丽乃置铅于筑中以为重。当击筑,秦王膝进,不能自禁。渐丽以筑击秦王颡,秦王病伤三月而死。夫言高渐丽以筑击秦王,实也;言中秦王病伤三月而死,虚也。夫秦王者,秦始皇帝也。始皇二十年,燕太子丹使荆轲刺始皇,始皇杀轲明矣。二十一年,使将军王翦攻燕,得太子首。二十五年,遂伐燕而虏燕王(嘉)〔喜〕。后不审何年,高渐丽以筑击始皇不中,诛渐丽。当二十七年,游天下,到会稽,至琅邪,北至劳、盛山,并海,西至平原津而病,到沙丘平台,始皇崩。夫谶书言始皇还,到沙丘而亡;传书又言病筑疮三月而死于秦。一始皇之身,世或言死于沙丘,或言死于秦,其死言恒病疮。传书之言多失其实,世俗之人不能定也。

变虚第十七

传书曰:宋景公之时,荧惑守心,公惧,召子韦而问之曰:“荧惑在心,何也?”子韦曰:“荧惑,天罚也,心,宋分野也,祸当君。虽然,可移于宰相。”公曰:“宰相所使治国家也,而移死焉,不祥。”子韦曰:“可移于民。”公曰:“民死,寡人将谁为也?宁独死耳。”子韦曰:“可移于岁。”公曰:“民饥,必死。为人君而欲杀其民以自活也,其谁以我为君者乎？是寡人命固尽也，子毋复言。”子韦退走，北面再拜曰：“臣敢贺君，天之处高而耳卑，君有君人之言三，天必三赏君。今夕星必徙三舍，君延命二十一年。”公曰：“奚知之？”对曰：“君有三善，故有三赏，星必三徙。（三）〔一〕徙行七星，星当一年，三七二十一，故君命延二十一岁。臣请伏于殿下以伺之，星必不徙，臣请死耳。”是夕也，火星果徙三舍。如子韦之言，则延年审得二十一岁矣。星徙审则延命，延命明则景公为善，天祐之也。则夫世间人能为景公之行者，则必得景公祐矣。此言虚也。何则？皇天迁怒，使荧惑本景公身有恶而守心，则虽听子韦言，犹无益也。使其不为景公，则虽不听子韦之言，亦无损也。

齐景公时有彗星，使人禳之。晏子曰：“无益也，只取诬焉。天道不暗，不贰其命，若之何禳之也？且天之有彗，以除秽也。君无秽德，又何禳焉？若德之秽，禳之何益？《诗》曰：‘惟此文王，小心翼翼，昭事上帝，聿怀多福；厥德不回，以受方国。’君无回德，方国将至，何患于彗？《诗》曰：‘我无所监，夏后及商，用乱之故，民卒流亡。’若德回乱，民将流亡，祝史之为，无能补也。”公说，乃止。齐君欲禳彗星之凶，犹子韦欲移荧惑之祸也。宋君不听，犹晏子不肯从也。则齐君为子韦，晏子为宋君也。同变共祸，一事二人。天犹贤宋君，使荧惑徙三舍，延二十一年，独不多晏子使彗消而增其寿，何天祐善偏驳不齐一也？人君有善行〔善言〕，善行动于心，善言出于意，同由共本，一气不异。宋景公出三善言，则其先三善言之前，必有善行也。有善行，必有善政，政善则嘉瑞臻，福祥至；荧惑之星无为守心也。使景公有失误之行，以致恶政，恶政发，则妖异见，荧〔惑〕之守心，桑谷之生朝。高宗消桑谷之变，以政不以言；景公却荧惑之异，亦宜以行。景公有恶行，故荧惑守心。不改政修行，坐出三善言，安能动天！天安肯应！何以效之？使景公出三恶言，能使荧惑守心乎？夫三恶言不能使荧惑守心，三善言安能使荧惑退徙三舍？以三善言获二十一年，如有百善言，得千岁之寿乎？非天祐善之意，应诚为福之实也。

子韦之言："天处高而听卑，君有君人之言三，天必三赏君。"夫天体也，与地无异。诸有体者，耳咸附于首。体与耳殊，未之有也。天之去人，高数万里，使耳附天，听数万里之语，弗能闻也。人坐楼台之上，察地之蝼蚁，尚不见其体，安能闻其声？何则？蝼蚁之体细，不若人形大，声音孔气不能达也。今天之崇高，非直楼台，人体比于天，非若蝼蚁于人也。（谓天非若蝼蚁于人也。）谓天闻人言，随善恶为吉凶，误矣。四夷入诸夏，因译而通。同形均气，语不相晓，虽五帝三王不能去译独晓四夷，况天与人异体、音与人殊乎？人不晓天所为，天安能知人所行？使天体乎，耳高不能闻人言；使天气乎，气若云烟，安能听人辞？说灾变之家曰："人在天地之间，犹鱼在水中矣。其能以行动天地，犹鱼鼓而振水也，鱼动而水荡气变。"此非实事也。假使真然，不能至天。鱼长一尺，动于水中，振旁侧之水，不过数尺，大若不过与人同，所振荡者不过百步，而一里之外淡然澄静，离之远也。今人操行变气远近，宜与鱼等；气应而变，宜与水均。以七尺之细形，形中之微气，不过与一鼎之蒸火同。从下地上变皇天，何其高也！且景公贤者也。贤者操行，上不及圣，下不过恶人。世间圣人莫不尧、舜，恶人莫不桀、纣。尧、舜操行多善，无移荧惑之效；桀、纣之政多恶，（有）反〔有〕景公脱祸之验。景公出三善言，延年二十一岁，是则尧、舜宜获千岁，桀、纣宜为殇子。今则不然，各随年寿，尧、舜、桀、纣皆近百载。是竟子韦之言妄，延年之语虚也。且子韦之言曰："荧惑，天使也；心，宋分野也。祸当君。"若是者，天使荧惑加祸于景公也，如何可移于将相、若岁与国民乎？天之有荧惑也，犹王者之有方伯也。诸侯有当死之罪，使方伯围守其国，国君问罪于臣，臣明罪在君。虽然，可移于臣子与人民。设国君计其言，令其臣归罪于国，方伯闻之，肯听其言，释国君之罪，更移以付国人乎？方伯不听者，自国君之罪，非国人之辜也。方伯不听，自国君之罪，荧惑安肯移祸于国人？若此，子韦之言妄也。曰景公听乎言，庸何能动天？使诸侯不听其臣言，引过自予，方伯闻其言，释其罪委之去乎？方伯不释诸侯之罪，荧惑安肯徙去三舍？夫听与不听，皆无福善，星徙之实，未可信用。天人同道，好恶不殊。人道不然，则知天无验矣。

宋、卫、陈、郑之俱灾也，气变见天。梓慎知之，请于子产有以除之，子产不听。天道当然，人事不能却也。使子产听梓慎，四国能无灾乎？尧遭鸿水时，臣必有梓慎、子韦之知矣。然而不却除者，尧与子产同心也。案子韦之言曰："荧惑，天使也；心，宋分野也。祸当君。"审如此言，祸不可除，星不可却也。若夫寒温失和，风雨不时，政事之家，谓之失误所致，可以善政贤行变而复也。若荧惑守心，若必死犹亡，祸安可除？修政改行，安能却之？善政贤行，尚不能却，出虚华之三言，谓星却而祸除，增寿延年，享长久之福，误矣。观子韦之言景公，言荧惑之祸，非寒暑风雨之类，身死命终之祥也。国且亡，身且死，祆气见于天，容色见于面。面有容色，虽善操行不能灭，死征已见也。在体之色，不可以言行灭；在天之妖，安可以治除乎？人病且死，色见于面，人或谓之曰："此必死之征也。虽然，可移于五邻，若移于奴役。"当死之人正言不可，容色肯为善言之故灭，而当死之命肯为之长乎？气不可灭，命不可长。然则荧惑安可却，景公之年安可增乎？由此言之，荧惑守心，未知所为，故景公不死也。

且言星徙三舍者，何谓也？星三徙于一舍乎？一徙历于三舍也？案子韦之言曰："君有君人之言三，天必三赏君，今夕星必徙三舍。"若此星竟徙三舍也。夫景公一坐有三善言，星徙三舍，如有十善言，星徙十舍乎？荧惑守心，为善言却，如景公复出三恶言，荧惑食心乎？为善言却，为恶言进，无善无恶，荧惑安居不行动乎？或时荧惑守心为旱灾，不为君薨。子韦不知，以为死祸，信俗至诚之感。

荧惑之处，星必偶自当去，景公自不死，世则谓子韦之言审，景公之诚感天矣。亦或时子韦知星行度适自去，自以著己之知，明君臣推让之所致；见星之数七，因言星七舍，复得二十一年，因以星舍计年之数。是与齐太卜无以异也。齐景公问太卜曰："子之道何能？"对曰："能动地。"晏子往见公，公曰："寡人问太卜曰，'子道何能？'对曰：'能动地。'地固可动乎？"晏子嘿然不对，出见太卜曰："昔吾见钩星在房、心之间，地其动乎？"太卜曰："然。"晏子出，太卜走见公："臣非能动地，地固将自动。"夫子韦言星徙，犹太卜言地动也。地固且自动，太卜言己能动之。星固将自徙，子韦言君能徙之。使晏子不言钩星在房、心，则太卜之奸对不觉。宋无晏子之知臣，故子韦之一言，遂为其是。

案《子韦书录序(秦)〔奏〕》，亦言子韦曰："群出三善言，荧惑宜有动。于是候之，果徙舍。"不言三。或时星当自去，子韦以为验，实动离舍，世增言三。既空增三舍之数，又虚生二十一年之寿也。

卷五

异虚第十八

殷高宗之时，桑谷俱生于朝，七日而大拱。高宗召其相而问之，相曰："吾虽知之，弗能言也。"问祖己，祖己曰："夫桑谷者，野草也，而生于朝，意朝亡乎！"高宗恐骇，侧身而行道，思索先王之政，明养老之义，兴灭国，继绝世，举佚民。桑谷亡。三年之后，诸侯以译来朝者六国，遂享百年之福。高宗，贤君也，而感桑谷生，而问祖己，行祖己之言，修政改行。桑谷之妖亡，诸侯朝而年长久。修善之义笃，故瑞应之福渥。此虚言也。

祖己之言，朝当亡哉？夫朝之当亡，犹人当死。人欲死，怪出；国欲亡，期尽。人死命终，死不复生，亡不复存。祖己之言政，何益于不亡？高宗之修行，何益于除祸？夫家人见凶修善，不能得吉；高宗见妖改政，安能除祸？除祸且不能，况能招致六国，延期至百年乎！故人之死生，在于命之夭寿，不在行之善恶；国之存亡，在期之长短，不在于政之得失。案祖己之占，桑谷为亡之妖，亡象已见，虽修孝行，其何益哉！何以效之？

鲁昭公之时，鸜鹆来巢。师已采文、成之世童谣之语有鸜鹆之言，见今有来巢之验，则占谓之凶。其后，昭公为季氏所逐，出于齐，国果空虚，都有虚验。故野鸟来巢，师已处之，祸(意)〔竟〕如占。使昭公闻师已之言，修行改政为善，居高宗之操，终不能消。何则？鸜鹆之谣已兆，出奔之祸已成也。鸜鹆之兆，已出于文、成之世矣。根生，叶安得不茂？源发，流安得不广？此尚为近，未足以言之。夏将衰也，二龙战于庭，吐漦而去，夏王椟而藏之。夏亡，传于殷；殷亡，传于周，皆莫之发。至幽王之时，发而视之，漦流于庭，化为玄鼋，走入后宫，与妇人交，遂生褒姒。褒姒归周，厉王惑乱，国遂灭亡。幽、厉王之去夏世，以为千数岁，二龙战时，幽、厉、褒姒等未为人也。周亡之妖，已出久矣。妖出，祸安得不就？瑞见，福安得不至？若二龙战时言曰："余，褒之二君也。"是则褒姒当生之验也。龙称褒，褒姒不得不生，生则厉王不得不恶，恶则国不得不亡。征已见，虽五圣十贤相与却之，终不能消。善恶同实，善祥出，国必兴；恶祥见，朝必亡。谓恶异可以善行除，是谓善瑞可以恶政灭也。

河源出于昆仑，其流播于九河。使尧、禹却以善政，终不能还者，水势当然，人事不能禁也。河源不可禁，二龙不可除，则谷榖不可却也。王命之当兴也，犹春气之当为夏也。其当亡也，犹秋气之当为冬也。见春之微叶，知夏有茎叶。睹秋之零实，知冬之枯萃。桑谷之生，其犹春叶秋实也，必然犹验之。今详修政改行，何能除之？夫以周亡之祥，见于夏时，又何以知桑谷之生，不为纣亡出乎！或时祖己言之，信野草之占，失远近之实。高宗问祖己之后，侧身行道，六国诸侯偶朝而至，高宗之命自长未终，则谓起桑谷之问，改政修行，享百年之福矣。夫桑谷之生，殆为纣出，亦或时吉而不凶，故殷朝不亡，高宗寿长。祖己信野草之占，谓之当亡之征。

汉孝武皇帝之时，获白麟，戴两角而共觝，使谒者终军议之。军曰："夫野兽而共一角，象天下合同为一也。"麒麟野兽也，桑谷野草也，俱为野物，兽草何别？终军谓兽为吉，祖己谓野草为凶。高宗祭成汤之庙，有蜚雉升鼎而雊。祖己以为远人将有来者，说《尚书》家谓雉凶，议驳不同。且从祖己之言，雉来吉也。雉伏于野草之中，草覆野鸟之形，若民人处草庐之中，可谓其人吉而庐凶乎？民人入都，不谓之凶；野草生朝，何故不吉？雉则民人之类。如谓含血者吉，长狄来至，是吉也，何故谓之凶？如以从夷狄来者不吉，介葛卢来朝，是凶也。如以草木者为凶,朱草蓂荚出,是不吉也。朱草蓂荚,皆草也,宜生于野而生于朝,是为不吉,何故谓之瑞?一野之物来至或出,吉凶异议。朱草蓂荚,善草,故为吉,则是以善恶为吉凶,不以都野为好丑也。周时天下太平,越尝献雉于周公。高宗得之而吉。雉亦草野之物,何以为吉?如以雉(所分)有似于士,则麞亦仍有似君子;公孙术得白鹿,占何以凶?然则雉之吉凶未可知,则夫桑谷之善恶未可验也。桑谷或善物,象远方之士将皆立于高宗之庙,故高宗获吉福,享长久也。

说灾异之家以为天有灾异者,所以谴告王者,信也。夫王者有过,异见于国;不改,灾见草木;不改,灾见于五谷;不改,灾至身。《左氏春秋传》曰:"国之将亡,鲜不五稔。"灾见于五谷,五谷安得熟?不熟,将亡之征。灾亦有且亡五谷不熟之应。天不熟,或为灾,或为福。祸福之实未可知,桑谷之言安可审?论说之家著于书记者皆云:"天雨谷者凶。"书传曰:"苍颉作书,天雨谷,鬼夜哭。"此方凶恶之应和者,天何用成谷之道,从天降而和,且犹谓之善,况所成之谷从雨下乎?极论订之,何以为凶?夫阴阳和则谷稼成,不则被灾害。阴阳和者,谷之道也,何以谓之凶?丝成帛,缕成布。赐人丝缕,犹为重厚,况遗人以成帛与织布乎!夫丝缕犹阴阳,帛布犹成谷也,赐人帛不谓之恶,天与之谷何故谓之凶?夫雨谷吉凶未可定,桑谷之言未可知也。

使畅草生于周之时,天下太平,人来献畅草。畅草亦草野之物也,与彼桑谷何异?如以夷狄献之则为吉,使畅草生于周家,肯谓之善乎!夫畅草可以炽酿,芬香畅达者,将祭灌畅降神。设自生于周朝,与嘉禾、朱草、蓂荚之类不殊矣。然则桑亦食蚕,蚕为丝,丝为帛,帛为衣。衣以入宗庙为朝服,与畅无异。何以谓之凶?

卫献公太子至灵台,蛇绕左轮。御者曰:"太子下拜,吾闻国君之子,蛇绕车轮左者速得国。"太子遂不下,反乎舍。御人见太子,太子曰:“吾闻为人子者,尽和顺于君,不行私欲,共严承令,不逆君安。今吾得国,是君失安也。见国之利而忘君安,非子道也。得国而拜,其非君欲。废子道者不孝,逆君欲则不忠。而欲我行之,殆吾欲国之危明也。”投殿将死,其御止之不能禁,遂伏剑而死。夫蛇绕左轮,审为太子速得国,太子宜不死,献公宜疾薨。今献公不死,太子伏剑,御者之占,俗之虚言也。或时蛇为太子将死之妖,御者信俗之占,故失吉凶之实。夫桑谷之生,与蛇绕左轮相似类也。蛇至实凶,御者以为吉。桑谷实吉,祖己以为凶。

禹南济于江,有黄龙负舟。舟中之人,五色无主。禹乃嘻笑而称曰:“我受命于天,竭力以劳万民。生,寄也;死,归也。死归也,何足以滑和,视龙犹蝘蜓也。”龙去而亡。案古今龙至皆为吉。而禹独谓黄龙凶者,见其负舟,舟中之人恐也。夫以桑谷比于龙,吉凶虽反,盖相似。野草生于朝,尚为不吉,殆有若黄龙负舟之异。故为吉而殷朝不亡。

晋文公将与楚成王战于城濮,彗星出楚,楚操其柄。以问咎犯,咎犯对曰:“以彗斗,倒之者胜。”文公梦与成王搏,成王在上,盬其脑。问咎犯,咎犯曰:“君得天而成王伏其罪,战必大胜。”文公从之,大破楚师。向令文公问庸臣,必曰:“不胜。”何则?彗星无吉,搏在上,无凶也。夫桑谷之占,占为凶,犹晋当彗末搏在下为不吉也。然而吉者,殆有若对彗见天之诡。故高宗长久,殷朝不亡。使文公不问咎犯,咎犯不明其吉,战以大胜,世人将曰:“文公以至贤之德,破楚之无道。天虽见妖,卧有凶梦,犹灭妖消凶以获福。”殷无咎犯之异知,而有祖己信常之占,故桑谷之文,传世不绝,转祸为福之言,到今不实。

感虚第十九

儒者传书言：尧之时，十日并出，万物焦枯。尧上射十日，九日去，一日常出。此言虚也。夫人之射也，不过百步，矢力尽矣。日之行也，行天星度。天之去人以万里数，尧上射之，安能得日？使尧之时，天地相近不过百步，则尧射日，矢能及之；过百步，不能得也。假使尧时天地相近，尧射得之，犹不能伤日。伤日何肯去？何则？日，火也。使在地之火，附一把炬，人从旁射之，虽中，安能灭之？地火不为见射而灭，天火何为见射而去？此欲言尧以精诚射之，精诚所加，金石为亏，盖诚无坚则亦无远矣。夫水与火，各一性也。能射火而灭之，则当射水而除之。洪水之时，流滥中国，为民大害。尧何不推精诚射而除之？尧能射日，使火不为害，不能射河，使水不为害。夫射水不能却水，则知射日之语虚非实也。或曰："日，气也。射虽不及，精诚灭之。"夫天亦远，使其为气，则与日月同；使其为体，则与金石等。以尧之精诚灭日亏金石，上射日则能穿天乎？世称桀、纣之恶，射天而殴地；誉高宗之德，政消桑谷。今尧不能以德灭十日，而必射之；是德不若高宗，恶与桀、纣同也。安能以精诚获天之应也？

传书言：武王伐纣，渡孟津，阳侯之波逆流而去，疾风晦冥，人马不见。于是武王左操黄钺，右执白旄，瞋目而麾之曰："余在，天下谁敢害吾意者？"于是风霁波罢。此言虚也。武王渡孟津时，士众喜乐，前歌后舞。天人同应，人喜天怒，非实宜也。前歌后舞，未必其实。麾风而止之，迹近为虚。夫风者，气也；论者以为天地之号令也。武王诛纣是乎，天当安静以祐之；如诛纣非乎，而天风者，怒也。武王不奉天令，求索己过，瞋目言曰："余在，天下谁敢害吾意者。"重天怒，增己之恶也，风何肯止？父母怒，子不改过，瞋目大言，父母肯贯之乎？如风天所为，祸气自然，是亦无知，不为瞋目麾之故止。夫风犹雨也，使武王瞋目以旄麾雨而止之乎！武王不能止雨，则亦不能止风。或时武王适麾之，风偶自止，世褒武王之德，则谓武王能止风矣。

传书言：鲁(襄)〔阳〕公与韩战，战酣日暮，公援戈而麾之，日为之反三舍。此言虚也。凡人能以精诚感动天，专心一意，委务积神，精通于天，天为变动，然尚未可谓然。(襄)〔阳〕公志在战，为日暮一麾，安能令日反？使圣人麾日，日终不反。(襄)〔阳〕公何人，而使日反乎！《鸿范》曰："星有好风，星有好雨。日月之行，则有冬有夏。月之从星，则有风雨。"夫星与日月同精，日月不从星，星辄复变。明日月行有常度，不得从星之好恶也，安得从(襄)〔阳〕公之所欲？星之在天也，为日月舍，犹地有邮亭，为长吏廨也。二十八舍有分度，一舍十度，或增或减。言日反三舍，乃三十度也。日，日行一度。一麾之间，反三十日时所在度也。如谓舍为度，三度亦三日行也。一麾之间，令日却三日也。宋景公推诚，出三善言，荧惑徙三舍。实论者犹谓之虚。(襄)〔阳〕公争斗，恶日之暮，以此一戈麾，无诚心善言，日为之反，殆非其意哉！且日，火也，圣人麾火，终不能却；(襄)〔阳〕公麾日，安能使反？或时战时日正卯，战迷，谓日之暮，麾之转左，曲道日若却。世好神怪，因谓之反，不道所谓也。

传书言：荆轲为燕太子谋刺秦王，白虹贯日。卫先生为秦画长平之事，太白蚀昴。此言精感天，天为变动也。夫言白虹贯日，太白蚀昴，实也。言荆轲之谋，卫先生之画，感动皇天，故白虹贯日，太白蚀昴者，虚也。夫以箸撞钟，以筭击鼓，不能鸣者，所用撞击之者，小也。今人之形不过七尺，以七尺形中精神，欲有所为，虽积锐意，犹箸撞钟、筭击鼓也，安能动天？精非不诚，所用动者小也。且所欲害者人也，人不动，天反动乎！

问曰："人之害气，能相动乎？"曰："不能！""豫让欲害赵襄子，襄子心动。贯高欲篡高祖，高祖亦心动。二子怀精，故两主振感。”曰：“祸变且至，身自有怪，非适人所能动也。何以验之？时或遭狂人于途，以刃加己，狂人未必念害己身也，然而己身先时已有妖怪矣。由此言之，妖怪之至，祸变自凶之象，非欲害己者之所为也。且凶之人卜得恶兆，筮得凶卦，出门见不吉，占危睹祸气，祸气见于面，犹白虹太白见于天也。变见于天，妖出于人，上下适然，自相应也。”

传书言：燕太子丹朝于秦，不得去，从秦王求归。秦王执留之，与之誓曰：“使日再中，天雨粟，令乌白头，马生角，厨门木象生肉足，乃得归。”当此之时，天地祐之，日为再中，天雨粟，乌白头，马生角，厨门木象生肉足。秦王以为圣，乃归之。此言虚也。燕太子丹何人，而能动天？圣人之拘，不能动天，太子丹贤者也，何能致此？夫天能祐太子，生诸瑞以免其身，则能和秦王之意以解其难。见拘一事而易，生瑞五事而难。合一事之易，为五事之难，何天之不惮劳也？汤困夏台，文王拘羑里，孔子厄陈、蔡。三圣之困，天不能祐，使拘之者睹祐知圣，出而尊厚之。或曰：“拘三圣者不与（三）〔之〕誓，三圣心不愿，故祐圣之瑞无因而至。天之祐人，犹借人以物器矣。人不求索，则弗与也。”曰：“太子愿天下瑞之时，岂有语言乎！”心愿而已。然汤闭于夏台，文王拘于羑里，时心亦愿出；孔子厄陈、蔡，心愿食。天何不令夏台、羑里关钥毁败，汤、文涉出；雨粟陈、蔡，孔子食饱乎？太史公曰：“世称太子丹之令天雨粟、马生角，大抵皆虚言也。”太史公书汉世实事之人，而云虚言，近非实也。

传书言：杞梁氏之妻向城而哭，城为之崩。此言杞梁从军不还，其妻痛之，向城而哭，至诚悲痛，精气动城，故城为之崩也。夫言向城而哭者，实也。城为之崩者，虚也。夫人哭悲莫过雍门子。雍门子哭对孟尝君，孟尝君为之于邑，盖哭之精诚，故对向之者凄怆感恸也。夫雍门子能动孟尝之心，不能感孟尝衣者，衣不知恻怛，不以人心相关通也。今城，土也。土犹衣也，无心腹之藏，安能为悲哭感恸而崩？使至诚之声能动城土，则其对林木哭，能折草破木乎？向水火而泣，能涌水灭火乎？夫草木水火与土无异，然杞梁之妻不能崩城，明矣。或时城适自崩，杞梁妻适哭。下世好虚，不原其实，故崩城之名，至今不灭。

传书言：邹衍无罪，见拘于燕，当夏五月，仰天而叹，天为陨霜。此与杞梁之妻哭而崩城，无以异也。言其无罪见拘，当夏仰天而叹，实也。言天为之雨霜，虚也。夫万人举口并解吁嗟，犹未能感天，邹衍一人冤而壹叹，安能下霜？邹衍之冤不过曾子、伯奇。曾子见疑而吟，伯奇被逐而歌。疑、〔逐〕与拘同，吟、歌与叹等。曾子、伯奇不能致寒，邹衍何人，独能雨霜？被逐之冤，尚未足言。申生伏剑，子胥刎颈。实孝而赐死，诚忠而被诛。且临死时皆有声辞，声辞出口，与仰天叹无异。天不为二子感动，独为邹衍动，岂天痛见拘，不悲流血哉？伯奇〔何其〕冤痛相似而感动不同也？夫熯一炬火，爨一镬水，终日不能热也；倚一尺冰置庖厨中，终夜不能寒也。何则？微小之感不能动大巨也。今邹衍之叹，不过如一炬、尺冰，而皇天巨大，不徒镬水、庖厨之丑类也。一仰天叹，天为陨霜。何天之易感，霜之易降也？夫哀与乐同，喜与怒均。衍兴怨痛，使天下霜。使衍蒙非望之赏，仰天而笑，能以冬时使天热乎？变复之家曰："人君秋赏则温，夏罚则寒。"寒不累时则霜不降，温不兼日则冰不释。一夫冤而一叹，天辄下霜，何气之易变，时之易转也！寒温自有时，不合变复之家。且从变复之说，或时燕王好用刑，寒气应至；而衍因拘而叹，叹时霜适自下。世见适叹而霜下，则谓邹衍叹之致也。

传书言：师旷奏《白雪》之曲，而神物下降，风雨暴至。平公因之癃病，晋国赤地。或言师旷《清角》之曲，一奏之，有云从西北起；再奏之，大风至，大雨随之，裂帷幕，破俎豆，堕廊瓦，坐者散走。平公恐惧，伏乎廊室；晋国大旱，赤地三年；平公癃病。夫《白雪》与《清角》，或同曲而异名，其祸败同一实也。传书之家，载以为是；世俗观见,信以为然。原省其实,殆虚言也。夫《清角》,何音之声而致此?《清角》,木音也,故致风。而如木为风,雨与风俱,三尺之木,数弦之声,感动天地,何其神也!此复一哭崩城、一叹下霜之类也。师旷能鼓《清角》,必有所受,非能质性生出之也。其初受学之时,宿昔习弄,非直一再奏也。审如传书之言,师旷学《清角》时,风雨当至也。

传书言:瓠芭鼓瑟,渊鱼出听;师旷鼓琴,六马仰秣。或言:师旷鼓《清角》,一奏之,有玄鹤二八自南方来,集于廊门之危;再奏之而列;三奏之,延颈而鸣,舒翼而舞,音中宫商之声,声吁于天。平公大悦,坐者皆喜。《尚书》曰:"击石拊石,百兽率舞。"此虽奇怪,然尚可信。何则?鸟兽好悲声,耳与人耳同也。禽兽见人欲食,亦欲食之;闻人之乐,何为不乐?然而鱼听、仰秣、玄鹤延颈、百兽率舞,盖且其实。风雨之至、晋国大旱、赤地三年、平公癃病,殆虚言也。或时奏《清角》时,天偶风雨,风雨之后,晋国适旱;平公好乐,喜笑过度,偶发癃病。传书之家,信以为然,世人观见,遂以为实。实者乐声不能致此。何以验之?风雨暴至,是阴阳乱也。乐能乱阴阳,则亦能调阴阳也。王者何须修身正行,扩施善政?使鼓调阴阳之曲,和气自至,太平自立矣。

传书言:汤遭七年旱,以身祷于桑林,自责以六过,天乃雨。或言五年。祷辞曰:"余一人有罪,无及万夫。万夫有罪,在余一人。(天)〔无〕以一人之不敏,使上帝鬼神伤民之命。"于是剪其发,丽其手,自以为牲,用祈福于上帝。上帝甚说,时雨乃至。言汤以身祷于桑林自责,若言剪发丽手,自以为牲,用祈福于帝者,实也。言雨至,为汤自责以身祷之故,殆虚言也。孔子疾病,子路请祷。孔子曰:"有诸?"子路曰:"有之。诔曰:'祷尔于上下神祇。'"孔子曰:"丘之祷久矣。"圣人修身正行,素祷之日久,天地鬼神知其无罪,故曰祷久矣。《易》曰:"大人与天地合其德,与日月合其明,与四时合其叙,与鬼神合其吉凶。"此言圣人与天地、鬼神同德行也。即须祷以得福,是不同也。汤与孔子俱圣人也，皆素祷之日久。孔子不使子路祷以治病，汤何能以祷得雨？孔子素祷，身犹疾病。汤亦素祷，岁犹大旱。然则天地之有水旱，犹人之有疾病也。疾病不可以自责除，水旱不可以祷谢去，明矣。汤之致旱，以过乎？是不与天地同德也。今不以过致旱乎？自责祷谢，亦无益也。人形长七尺，形中有五常，有瘅热之病，深自克责，犹不能愈，况以广大之天，自有水旱之变。汤用七尺之形，形中之诚，自责祷谢，安能得雨邪？人在层台之上，人从层台下叩头，求请台上之物。台上之人闻其言，则怜而与之；如不闻其言，虽至诚区区，终无得也。夫天去人，非徒层台之高也，汤虽自责，天安能闻知而与之雨乎？夫旱，火变也；湛，水异也。尧遭洪水，可谓湛矣。尧不自责以身祷祈，必舜、禹治之，知水变必须治也。除湛不以祷祈，除旱亦宜如之。由此言之，汤之祷祈不能得雨。或时旱久，时当自雨；汤以旱久，亦适自责。世人见雨之下，随汤自责而至，则谓汤以祷祈得雨矣。

传书言："仓颉作书，天雨粟，鬼夜哭。"此言文章兴而乱渐见，故其妖变，致天雨粟、鬼夜哭也。夫言天雨粟、鬼夜哭，实也。言其应仓颉作书，虚也。夫河出图，洛出书，圣帝明王之瑞应也。图书文章，与仓颉所作字画何以异？天地为图书，仓颉作文字，业与天地同，指与鬼神合，何非何恶而致雨粟、神哭之怪？使天地、鬼神恶人有书，则其出图书，非也；天不恶人有书，作书何非而致此怪？或时仓颉适作书，天适雨粟，鬼偶夜哭，而雨粟、鬼神哭自有所为。世见应书而至，则谓作书生乱败之象，应事而动也。天雨谷，论者谓之从天而下，〔应〕变而生。如以云雨论之，雨谷之变，不足怪也。何以验之？夫云(雨)〔气〕出于丘山，降散则为雨矣。人见其从上而坠，则谓之天雨水也。夏日则雨水，冬日天寒则雨凝而为雪，皆由云气发于丘山，不从天上降集于地，明矣。夫谷之雨，犹复云布之亦从地起，因与疾风俱飘，参于天，集于地。人见其从天落也，则谓之天雨谷。建武三十一年中，陈留雨谷，谷下蔽地。案视谷形，若茨而黑，有似于稗实也。此或时夷狄之地，生出此谷。夷狄不粒食，此谷生于草野之中，成熟垂委于地，遭疾风暴起，吹扬与之俱飞，风衰谷集，坠于中国。中国见之，谓之雨谷。何以效之？野火燔山泽，山泽之中，草木皆烧，其叶为灰，疾风暴起，吹扬之，参天而飞，风衰叶下，集于道路。夫天雨谷者，草木叶烧飞而集之类也。而世以为雨谷，作传书者以变怪。天主施气，地主产物。有叶、实可啄食者，皆地所生，非天所为也。今谷非气所生，须土以成。虽云怪变，怪变因类。生地之物，更从天集，生天之物，可从地出乎？地之有万物，犹天之有列星也。星不更生于地，谷何独生于天乎？

传书又言：伯益作井，龙登玄云，神栖昆仑。言（龙）井有害，故龙神为变也。夫言龙登玄云，实也。言神栖昆仑，又言为作井之故，龙登神去，虚也。夫作井而饮，耕田而食，同一实也。伯益作井，致有变动。始为耕耘者，何故无变？神农之桡木为耒，教民耕耨，民始食谷，谷始播种。耕土以为田，凿地以为井？井出水以救渴，田出谷以拯饥，天地、鬼神所欲为也，龙何故登玄云？神何故栖昆仑？夫龙之登玄云，古今有之，非始益作井而乃登也。方今盛夏，雷雨时至，龙多登云。云龙相应，龙乘云雨而行，物类相致，非有为也。尧时，五十之民击壤于涂。观者曰："大哉，尧之德也！"击壤者曰："吾日出而作，日入而息，凿井而饮，耕田而食。尧何等力？"尧时已有井矣。唐、虞之时，豢龙御龙，龙常在朝。夏末政衰，龙乃隐伏。非益凿井，龙登云也。所谓神者，何神也？百神皆是。百神何故恶人为井？使神与人同，则亦宜有饮之欲。有饮之欲，憎井而去，非其实也。夫益殆不凿井，龙不为凿井登云，神不栖于昆仑。传书意妄，造生之也。

传书言：梁山崩，壅河三日不流，晋君忧之。晋伯宗以辇者之言，令景公素缟而哭之，河水为之流通。此虚言也。夫山崩壅河，犹人之有痈肿，血脉不通也。治痈肿者，可复以素服哭泣之声治乎？

尧之时,洪水滔天,怀山襄陵。帝尧吁嗟,博求贤者。水变甚于河壅,尧忧深于景公,不闻以素缟哭泣之声能厌胜之。尧无贤人若辇者之术乎?将洪水变大,不可以声服除也?如素缟而哭,悔过自责也,尧、禹之治水以力役,不自责。梁山,尧时山也;所壅之河,尧时河也。山崩河壅,天雨水踊,二者之变无以殊也。尧、禹治洪水以力役,辇者治壅河用自责。变同而治异,人钧而应殊,殆非贤圣变复之实也。凡变复之道,所以能相感动者,以物类也。有寒则复之以温,温复解之以寒。故以龙致雨,以刑逐暑,皆缘五行之气用相感胜之。山崩壅河,素缟哭之,于道何意乎?此或时河壅之时,山初崩,土积聚,水未盛。三日之后,水盛土散,稍坏沮矣。坏沮水流,竟注东去。遭伯宗得辇者之言,因素缟而哭,哭之因流,流时谓之河变起此而复,其实非也。何以验之?使山恒自崩乎,素缟哭无益也。使其天变应之,宜改政治。素缟而哭,何政所改而天变复乎!

传书言:曾子之孝,与母同气。曾子出薪于野,有客至而欲去,曾母曰:"愿留,参方到。"即以右手扼其左臂。曾子左臂立痛,即驰至问母:"臂何故痛?"母曰:"今者客来欲去,吾扼臂以呼汝耳。"盖以至孝,与父母同气,体有疾病,精神辄感。曰:此虚也。夫"孝悌之至,通于神明",乃谓德化至天地。俗人缘此而说,言孝悌之至,精气相动。如曾母臂痛,曾子臂亦辄痛,曾母病(乎),曾子亦病;曾母死,曾子辄死乎?考事,曾母先死,曾子不死矣。此精气能小相动,不能大相感也。世称申喜夜闻其母歌,心动,开关问歌者为谁,果其母。盖闻母声,声音相感,心悲意动,开关而问,盖其实也。今曾母在家,曾子在野,不闻号呼之声,母小扼臂,安能动子?疑世人颂成,闻曾子之孝天下少双,则为空生母扼臂之说也。

世称南阳卓公为缑氏令,蝗不入界。盖以贤明至诚,灾虫不入其县也。此又虚也。夫贤明至诚之化,通于同类,能相知心,然后慕服。蝗虫,闽虻之类也,何知何见而能知卓公之化?使贤者处深野之中,闽虻能不入其舍乎?闽虻不能避贤者之舍,蝗虫何能不入卓公之县?如谓蝗虫变与闽虻异,夫寒温亦灾变也,使一郡皆寒,贤者长一县,一县之界能独温乎?夫寒温不能避贤者之县,蝗虫何能不入卓公之界?夫如是,蝗虫适不入界,卓公贤名称于世,世则谓之能却蝗虫矣。何以验之?夫蝗之集于野,非能普博尽蔽地也,往往积聚多少有处。非所积之地,则盗跖所居;所少之野,则伯夷所处也。集过有多少,不能尽蔽覆也。夫集地有多少,则其过县有留去矣。多少,不可以验善恶;有无,安可以明贤不肖也?盖时蝗自过,不谓贤人界不入,明矣。

卷六

福虚第二十

世论行善者福至，为恶者祸来。福祸之应，皆天也，人为之，天应之。阳恩，人君赏其行；阴惠，天地报其德。无贵贱贤愚，莫谓不然。徒见行事有其文传，又见善人时遇福，故遂信之，谓之实然。斯言或时贤圣欲劝人为善，著必然之语，以明德报；或福时适，遇者以为然。如实论之，安得福祐乎？

楚惠王食寒菹而得蛭，因遂吞之，腹有疾而不能食。令尹问："王安得此疾也？"王曰："我食寒菹而得蛭，念谴之而不行其罪乎，是废法而威不立也，非所以使国人闻之也；谴而行诛乎，则庖厨监食者法皆当死，心又不忍也。吾恐左右见之也，因遂吞之。"令尹避席再拜而贺曰："臣闻天道无亲，唯德是辅。王有仁德，天之所奉也，病不为伤。"是夕也，惠王之后而蛭出，及久患心腹之积皆愈。故天之亲德也，可谓不察乎！曰：此虚言也。案惠王之吞蛭，不肖之主也。有不肖之行，天不祐也。何则？惠王不忍谴蛭，恐庖厨监食法皆诛也。一国之君，专擅赏罚；而赦，人君所为也。惠王通谴菹中何故有蛭，庖厨监食皆当伏法，然能终不以饮食行诛于人，赦而不罪，惠莫大焉。庖厨罪觉而不诛，自新而改后。惠王赦细而活微，身安不病。今则不然，强食害己之物，使监食之臣不闻其过，失御下之威，无御非之心，不肖一也。使庖厨监食失甘苦之和，若尘土落于菹中，大如虮虱，非意所能览，非目所能见，原心定罪，不明其过，可谓惠矣。今蛭广有分数，长有寸度，在寒菹中，眇目之人犹将见之，臣不畏敬，择濯不谨,罪过至重。惠王不谴,不肖二也。菹中不当有蛭,不食投地;如恐左右之见,怀屏隐匿之处,足以使蛭不见,何必食之?如不可食之物,误在菹中,可复隐匿而强食之?不肖三也。有不肖之行,而天祐之,是天报祐不肖人也。不忍谴蛭,世谓之贤。贤者操行,多若吞蛭之类。吞蛭天除其病,是则贤者常无病也。贤者德薄,未足以言。圣人纯道,操行少非,为推不忍之行,以容人之过,必众多矣。然而武王不豫,孔子疾病,天之祐人,何不实也?或时惠王吞蛭,蛭偶自出。食生物者无有不死,腹中热也。初吞蛭时未死,而腹中热,蛭动作,故腹中痛。须臾蛭死,腹中痛亦止。蛭之性食血,惠王心腹之积,殆积血也。故食血之虫死,而积血之病愈。犹狸之性食鼠,人有鼠病,吞狸自愈。物类相胜,方药相使也。食蛭虫而病愈,安得怪乎?食生物无不死,死无不出,之后蛭出,安得祐乎?令尹见惠王有不忍之德,知蛭入腹中必当死出,(臣)因再拜贺病不为伤。著已知来之德,以喜惠王之心,是与子韦之言星徙、太卜之言地动无以异也。

宋人有好善行者,三世不解家无故黑牛生白犊。以问孔子,孔子曰:"此吉祥也,以享鬼神。"即以犊祭。一年,其父无故而盲,牛又生白犊。其父又使其子问孔子,孔子曰:"吉祥也,以享鬼神。"复以犊祭。一年,其子无故而盲。其后楚攻宋,围其城。当此之时,易子而食之,析骸而炊之。此独以父子俱盲之故,得毋乘城。军罢围解,父子俱视。此修善积行神报之效也。曰:此虚言也。夫宋人父子修善如此,神报之,何必使之先盲后视哉?不盲常视,不能护乎?此神不能护不盲之人,则亦不能以盲护人矣。使宋、楚之君,合战顿兵,流血僵尸,战夫禽获,死亡不还;以盲之故,得脱不行,可谓神报之矣。今宋、楚相攻,两军未合,华元、子反结言而退,二军之众,并全而归,兵矢之刃无顿用者;虽有乘城之役,无死亡之患。为善人报者为乘城之间乎?使时不盲,亦犹不死。盲与不盲,俱得脱免,神使之盲,何益于善?当宋国乏粮之时也,盲人之家,岂独富哉?俱与乘城之家易子析骸,反以穷厄独盲无见,则神报祐人,失善恶之实也。宋人父子前偶自以风寒发盲,围解之后,盲偶自愈。世见父子修善,又用二白犊祭,宋、楚相攻独不乘城,围解之后父子皆视,则谓修善之报、获鬼神之祐矣。

楚相孙叔敖为儿之时,见两头蛇,杀而埋之,归对其母泣。母问其故,对曰:"我闻见两头蛇死。向者出,见两头蛇,恐去母死,是以泣也。"其母曰:"今蛇何在?"对曰:"我恐后人见之,即杀而埋之。"其母曰:"吾闻有阴德者,天必报之。汝必不死,天必报汝。"叔敖竟不死,遂为楚相。埋一蛇,获二祐,天报善明矣。曰:此虚言矣。夫见两头蛇辄死者,俗言也;有阴德天报之福者,俗议也。叔敖信俗言而埋蛇,其母信俗议而必报,是谓死生无命,在一蛇之死。齐孟尝君田文以五月五日生,其父田婴让其母曰:"何故举之?"曰:"君所以不举五月子,何也?"婴曰:"五月子长与户同,杀其父母。"曰:"人命在天乎?在户乎?如在天,君何忧也;如在户,则宜高其户耳,谁而及之者!"后文长与一户同,而婴不死。是则五月举子之忌,无效验也。夫恶见两头蛇,犹五月举子也。五月举子,其父不死,则知见两头蛇者,无殃祸也。由此言之,见两头蛇自不死,非埋之故也。埋一蛇,获二福,如埋十蛇,得几祐乎?埋蛇恶人复见,叔敖贤也。贤者之行,岂徒埋蛇一事哉?前埋蛇之时,多所行矣。禀天善性,动有贤行。贤行之人,宜见吉物,无为乃见杀人之蛇。岂叔敖未见蛇之时有恶,天欲杀之;见其埋蛇,除其过,天活之哉?石生而坚,兰生而香。如谓叔敖之贤在埋蛇之时,非生而禀之也。

儒家之徒董无心,墨家之役缠子,相见讲道。缠子称墨家(佑)〔右〕鬼神,是引秦穆公有明德,上帝赐之(九十)〔十九〕年。(缠)〔董〕子难以尧、舜不赐年,桀、纣不夭死。尧、舜、桀、纣犹为尚远,且近难以秦穆公、晋文公。夫谥者行之迹也,迹生时行以为死谥。

“穆”者误乱之名,“文”者德惠之表。有误乱之行,天赐之年;有德惠之操,天夺其命乎？案穆公之霸不过晋文,晋文之谥美于穆公。天不加晋文以命,独赐穆公以年,是天报误乱,与“穆公”同也。天下善人寡,恶人众。善人顺道,恶人违天。然夫恶人之命不短,善人之年不长。天不命善人常享一百载之寿,恶人为殇子恶死,何哉？

祸虚第二十一

世谓受福祐者既以为行善所致,又谓被祸害者为恶所得。以为有沉恶伏过,天地罚之,鬼神报之。天地所罚,小大犹发;鬼神所报,远近犹至。

传曰:“子夏丧其子而丧其明,曾子吊之,哭。子夏曰:‘天乎,予之无罪也!’曾子怒曰:‘商,汝何无罪也？吾与汝事夫子于洙、泗之间,退而老于西河之上,使西河之民疑汝于夫子,尔罪一也;丧尔亲,使民未有异闻,尔罪二也;丧尔子,丧尔明,尔罪三也。而曰汝何无罪欤?’子夏投其杖而拜,曰:‘吾过矣,吾过矣!吾离群而索居,亦以久矣!’”夫子夏丧其明,曾子责以罪,子夏投杖拜曾子之言,盖以天实罚过,故目失其明,已实有之,故拜受其过。始闻暂见,皆以为然;熟考论之,虚妄言也。夫失明犹失听也。失明则盲,失听则聋。病聋不谓之有过,失明谓之有罪,惑也。盖耳目之病,犹心腹之有病也。耳目失明听,谓之有罪,心腹有病,可谓有过乎？伯牛有疾,孔子自牖执其手,曰:“亡之命矣夫!斯人也而有斯疾也!”原孔子言,谓伯牛不幸,故伤之也。如伯牛以过致疾,天报以恶与子夏同,孔子宜陈其过,若曾子谓子夏之状。今乃言命,命非过也。且天之罚人,犹人君罪下也。所罚服罪,人君赦之。子夏服过,拜以自悔,天德至明,宜愈其盲。如非天罪,子夏失明,亦无三罪。且丧明之病,孰与被厉之病？丧明有三罪,被厉有十过乎？颜渊早夭,子路菹醢。早死、菹醢,极祸也。以丧明言之,颜渊、子路有百罪也。由此言之,曾子之言误矣。然子夏之丧明,丧其子也。子者人情所通,亲者人所力报也。丧亲民无闻,丧子失其明,此恩损于亲而爱增于子也。增则哭泣无数,数哭中风,目失明矣。曾子因俗之议,以著子夏三罪。子夏亦缘俗议,因以失明故拜受其过。曾子、子夏未离于俗,故孔子门叙行未在上第也。

秦〔昭〕襄王赐白起剑,白起伏剑将自刎,曰:“我有何罪于天乎?”良久曰:“我固当死。长平之战,赵卒降者数十万,我诈而尽坑之,是足以死。”遂自杀。白起知己前罪,服更后罚也。夫白起知己所以罪,不知赵卒所以坑。如天审罚有过之人,赵降卒何辜于天?如用兵妄伤杀,则四十万众必有不亡。不亡之人,何故以其善行无罪而竟坑之?卒不得以善蒙天之祐?白起何故独以其罪伏天之诛?由此言之,白起之言过矣。

秦二世使使者诏杀蒙恬,蒙恬喟然叹曰:“我何过于天,无罪而死?”良久,徐曰:“恬罪故当死矣。夫起临洮属之辽东,城径万里,此其中不能毋绝地脉。此乃恬之罪也。”即吞药自杀。太史公非之曰:“夫秦初灭诸侯,天下心未定,夷伤未瘳,而恬为名将,不以此时强谏,救百姓之急,养老矜孤,修众庶之和,阿意兴功,此其(子)〔兄〕弟(过)〔遇〕诛,不亦宜乎?何与乃罪地脉也?”夫蒙恬之言既非,而太史公非之亦未是。何则?蒙恬绝脉,罪至当死。地养万物,何过于人,而蒙恬绝其脉?知己有绝地脉之罪,不知地脉所以绝之过。自非如此,与不自非何以异?太史公为非恬之为名将,不能以强谏,故致此祸。夫当谏不谏,故致受死亡之戮。身任李陵,坐下蚕室,如太史公之言,所任非其人,故残身之戮,天命而至也。非蒙恬以不强谏,故致此祸,则己下蚕室,有非者矣。己无非,则其非蒙恬,非也。作伯夷之传,(则)〔列〕善恶之行云:“七十子之徒,仲尼独荐颜渊好学。然回也屡空,糟糠不厌,卒夭死。天之报施善人,如何哉!盗跖日杀不辜，肝人之肉，暴戾恣睢，聚党数千，横行天下，竟以寿终。是独遵何哉！”若此言之，颜回不当早夭，盗跖不当全活也。不怪颜渊不当夭，而独谓蒙恬当死，过矣。

汉将李广与望气王朔燕语曰：“自汉击匈奴，而广未常不在其中。而诸校尉以下，才能不及中，然以胡军(攻)〔功〕取侯者数十人。而广不为(侯)后人，然终无尺土之功以得(见)封邑者，何也？岂吾相不当侯，且固命也？”朔曰：“将军自念，岂常有恨者乎？”广曰：“吾为陇西太守，羌常反，吾诱而降之八百馀人；吾诈而同日杀之。至今恨之，独此矣。”朔曰：“祸莫大于杀已降，此乃将军所以不得侯者也。”李广然之，闻者信之。夫不侯，犹不王者也。不侯何恨、不王何负乎？孔子不王，论者不谓之有负；李广不侯，王朔谓之有恨。然则王朔之言，失论之实矣。论者以为人之封侯，自有天命。天命之符，见于骨体。大将军卫青在建章宫时，钳徒相之，曰：“贵至封侯。”后竟以功封万户侯。卫青未有功，而钳徒见其当封之证。由此言之，封侯有命，非人操行所能得也。钳徒之言实而有效，王朔之言虚而无验也。多横恣而不罹祸，顺道而违福，王朔之说，白起自非、蒙恬自咎之类也。仓卒之世，以财利相劫杀者众。同车共船，千里为商，至阔迥之地，杀其人而并取其财，尸捐不收，骨暴不葬，在水为鱼鳖之食，在土为蝼蚁之粮。惰窳之人，不力农勉商，以积谷货，遭岁饥馑，腹饿不饱，椎人若畜，割而食之，无君子小人，并为鱼肉：人所不能知，吏所不能觉。千人以上，万人以下，计一聚之中，生者百一，死者十九。可谓无道，至痛甚矣；皆得阳达，富厚安乐。天不责其无仁义之心，道相并杀；非其无力作而仓卒以人为食，加以渥祸，使之夭命，章其阴罪，明示世人，使知不可为非之验，何哉？王朔之言，未必审然。

传书：李斯妒同才，幽杀韩非于秦，后被车裂之罪；商鞅欺旧交，擒魏公子卬，后受诛死之祸。彼欲言其贼贤欺交，故受患祸之报也。

夫韩非何过而为李斯所幽，公子卬何罪而为商鞅所擒？车裂诛死，贼贤欺交；幽死见擒，何以致之？如韩非、公子卬有恶，天使李斯、商鞅报之，则李斯、商鞅为天奉诛，宜蒙其赏，不当受其祸。如韩非、公子卬无恶，非天所罚，李斯、商鞅不得幽擒。论者说曰："韩非、公子卬有阴恶伏罪，人不闻见，天独知之，故受戮殃。"夫诸有罪之人，非贼贤则逆道。如贼贤，则被所贼者何负？如逆道，则被所逆之道何非？

凡人穷达祸福之至，大之则命，小之则时。太公穷贱，遭周文而得封。宁戚隐厄，逢齐桓而见官。非穷贱隐厄有非，而得封见官有是也。穷达有时，遭遇有命也。太公、宁戚贤者也，尚可谓有非。圣人纯道者也，虞舜为父弟所害，几死再三；有遇唐尧，尧禅舜，立为帝。尝见害，未有非；立为帝，未有是。前时未到，后则命时至也。案古人君臣困穷，后得达通。未必初有恶，天祸其前；卒有善，神祐其后也。一身之行，一行之操，结发终死，前后无异。然一成一败，一进一退，一穷一通，一全一坏，遭遇适然，命时当也。

龙虚第二十二

盛夏之时，雷电击折破树木，发坏室屋，俗谓天取龙。谓龙藏于树木之中，匿于屋室之间也。雷电击折树木，发坏屋室，则龙见于外。龙见，雷取以升天。世无愚智贤不肖，皆谓之然。如考实之，虚妄言也。

夫天之取龙何意邪？如以龙神为天使，犹贤臣为君使也，反报有时，无为取也。如以龙遁逃不还，非神之行，天亦无用为也。如龙之性当在天，在天上者固当生子，无为复在地。如龙有升降，降龙生子于地，子长大，天取之；则世名雷电为天怒，取龙之子，无为怒也。且龙之所居，常在水泽之中，不在木中屋间。何以知之？叔向之母曰:“深山大泽,实生龙蛇。”传曰:“山致其高,云雨起焉。水致其深,蛟龙生焉。”传又言:“禹渡于江,黄龙负船。荆次非渡淮,两龙绕舟。东海之上有(菑)〔蓝〕丘䜣,勇而有力,出过神渊,使御者饮马,马饮因没。䜣怒,拔剑入渊追马,见两蛟方食其马,手剑击杀两蛟。”由是言之,蛟与龙常在渊水之中,不在木中屋间明矣。在渊水之中,则鱼鳖之类。鱼鳖之类,何为上天?天之取龙,何用为哉?如以天神乘龙而行,神恍惚无形,出入无间,无为乘龙也。如仙人骑龙,天为仙者取龙,则仙人含天精气,形轻飞腾,若鸿鹄之状,无为骑龙也。世称黄帝骑龙升天,此言盖虚,犹今谓天取龙也。

且世谓龙升天者,必谓神龙。不神,不升天;升天,神之效也。天地之性人为贵,则龙贱矣。贵者不神,贱者反神乎?如龙之性有神与不神,神者升天,不神者不能。龟蛇亦有神与不神,神龟神蛇复升天乎?且龙禀何气而独神?天有苍龙、白虎、朱鸟、玄武之象也,地亦有龙虎鸟龟之物。四星之精,降生四兽。虎鸟与龟不神,龙何故独神也?人为倮虫之长,龙为鳞虫之长。俱为物长,谓龙升天,人复升天乎?龙与人同,独谓能升天者,谓龙神也。世或谓圣人神而先知,犹谓神龙能升天也。因谓圣人先知之明,论龙之才,谓龙升天,故其宜也。

天地之间,恍惚无形,寒暑风雨之气乃为神。今龙有形,有形则行,行则食,食则物之性也。天地之性,有形体之类,能行食之物,不得为神。何以言之龙有体也?传言鳞虫三百,龙为之长。龙为鳞虫之长,安得无体?何以言之〔龙行食也〕?孔子曰:“龙食于清,游于清。龟食于清,游于浊。鱼食于浊,游于清。丘上不及龙,下不为鱼,中止其龟与!”

《山海经》言四海之外,有乘龙蛇之人。世俗画龙之象,马首蛇尾。由此言之,马蛇之类也。慎子曰:“蜚龙乘云,腾蛇游雾,云罢雨霁,与蚓蚁同矣。”韩子曰:“龙之为虫也(鸣)〔柔〕,可狎而骑也。然喉下有逆鳞尺馀，人或婴之，必杀人矣。”比之为螾蚁，又言虫可狎而骑，蛇马之类明矣。传曰：“纣作象箸而箕子泣。泣之者，痛其极也。夫有象箸，必有玉杯。玉杯所盈，象箸所挟，则必龙肝豹胎。夫龙肝可食，其龙难得。难得则愁下，愁下则祸生，故从而痛之。”如龙神，其身不可得杀，其肝何可得食？禽兽肝胎非一，称龙肝豹胎者，人得食而知其味美也。春秋之时，龙见于绛郊。魏献子问于蔡墨曰：“吾闻之，虫莫智于龙，以其不生得也。谓之智，信乎？”对曰：“人实不知，非龙实智。古者畜龙，故国有豢龙氏，有御龙氏。”献子曰：“是二者吾亦闻之，而不知其故。是何谓也？”对曰：“昔者飂叔(宋)〔安〕，有裔子曰董父，实甚好龙，能求其嗜欲以饮食之，龙多归之。乃扰畜龙，以服事舜，而锡之姓曰董，氏曰豢龙，封诸鬷川，鬷夷氏是其后也。故帝舜氏世有畜龙。及有夏，孔甲扰于帝，帝赐之乘龙，河、汉各二，各有雌雄，孔甲不能食也，而未获豢龙氏。有陶唐氏既衰，其后有刘累学扰龙于豢龙氏，以事孔甲，能饮食龙。夏后嘉之，赐氏曰御龙，以更豕韦之后。龙一雌死，潜醢以食夏后，夏后(烹)〔享〕之。既而使求，惧而不得，迁于鲁县，范氏其后也。”献子曰：“今何故无之？”对曰：“夫物有其官，官修其方，朝夕思之。一日失职，则死及之，失官不食。官宿其业，其物乃至。若泯弃之，物乃(低)〔坻〕伏，郁湮不育。”由此言之，龙可畜又可食也。可食之物，不能神矣。世无其官，又无董父、后刘之人，故潜藏伏匿，出见希疏；出又乘云，与人殊路，人谓之神。如存其官而有其人，则龙，牛之类也，何神之有？以《山海经》言之，以慎子、韩子证之，以俗世之画验之，以箕子之泣订之，以蔡墨之对论之，知龙不能神，不能升天，天不以雷电取龙，明矣。世俗言龙神而升天者，妄矣。

世俗之言，亦有缘也。短书言龙无尺木，无以升天。又曰升天，又言尺木，谓龙从木中升天也。彼短书之家，世俗之人也。见雷电发时，龙随而起，当雷电〔击〕树木(击)之时，龙适与雷电俱在树木之侧，雷电去，龙随而上，故谓从树木之中升天也。实者，雷龙同类，感气相致，故《易》曰："云从龙，风从虎。"又言："虎啸谷风至，龙兴景云起。"龙与云相招，虎与风相致，故董仲舒雩祭之法，设土龙以为感也。夫盛夏太阳用事，云雨干之。太阳，火也；云雨，水也。〔水〕火激薄，则鸣而为雷。龙闻雷声则起，起而云至，云至而龙乘之。云雨感龙，龙亦起云而升天。天极（雷）〔云〕高，云消复降。人见其乘云则谓"升天"，见天为雷电则为"天取龙"。世儒读《易》文，见传言，皆知龙者云之类。拘俗人之议，不能通其说；又见短书为证，故遂谓"天取龙"。

天不取龙，龙不升天。当（蔷）〔菑〕丘䜣之杀两蛟也，手把其尾，拽而出之，至渊之外，雷电击之。蛟则龙之类也。蛟龙见而云雨至，云雨至则雷电击。如以天实取龙，龙为天用，何以死蛟为取之？且鱼在水中，亦随云雨蜚，而乘云雨非升天也。龙，鱼之类也，其乘雷电犹鱼之飞也。鱼随云雨不谓之神，龙乘雷电独谓之神。世俗之言，失其实也。物在世间，各有所乘。水蛇乘雾，龙乘云，鸟乘风。见龙乘云，独谓之神，失龙之实，诬龙之能也。

然则龙之所以为神者，以能屈伸其体，存亡其形。屈伸其体，存亡其形，未足以为神也。豫让吞炭，漆身为厉，人不识其形。子贡灭须为妇人，人不知其状。龙变体自匿，人亦不能觉，变化藏匿者巧也。物性亦有自然，狌狌知往，乾鹊知来，鹦鹉能言，三怪比龙，性变化也。如以巧为神，豫让、子贡神也。孔子曰："游者可为网，飞者可为矰。至于龙也，吾不知其乘风云上升。今日见老子，其犹龙乎！"夫龙乘云而上，云消而下。物类可察，上下可知；而云孔子不知。以孔子之圣，尚不知龙，况俗人智浅，好奇之性，无实可之心，谓之龙神而升天，不足怪也。

雷虚第二十三

盛夏之时,雷电迅疾,击折树木,坏败室屋,时犯杀人。世俗以为击折树木、坏败室屋者,天取龙;其犯杀人也,谓之阴过,饮食人以不洁净,天怒,击而杀之。隆隆之声,天怒之音,若人之呴吁矣。世无愚智,莫谓不然。推人道以论之,虚妄之言也。

夫雷之发动,一气一声也,折木坏屋,亦犯杀人;犯杀人时亦折木坏屋。独谓折木坏屋者,天取龙;犯杀人,罚阴过,与取龙吉凶不同,并时共声,非道也。论者以为隆隆者,天怒呴吁之声也。此便于罚过,不宜于取龙。罚过,天怒可也。取龙,龙何过而怒之?如龙神,天取之,不宜怒。如龙有过,与人同罪,龙杀而已,何为取也?杀人,怒可也。取龙,龙何过而怒之?杀人,不取;杀龙,取之。人龙之罪何别,而其杀之何异?然则取龙之说既不可听,罚过之言复不可从。

何以效之?案雷之声迅疾之时,人仆死于地,隆隆之声临人首上,故得杀人。审隆隆者天怒乎?怒,用口之怒气杀人也?口之怒气,安能杀人?人为雷所杀,询其身体,若燔灼之状也。如天用口怒,口怒生火乎?且口着乎体,口之动与体俱。当击折之时,声着于地;其衰也,声着于天。夫如是,声着地之时,口至地,体亦宜然。当雷迅疾之时,仰视天,不见天之下。不见天之下,则夫隆隆之声者,非天怒也。天之怒与人无异。人怒,身近人则声疾,远人则声微。今天声近,其体远,非怒之实也。且雷声迅疾之时,声东西或南北,如天怒体动,口东西南北,仰视天亦宜东西南北。或曰:“天已东西南北矣,云雨冥晦,人不能见耳。”夫千里不同风,百里不共雷。《易》曰:“震惊百里。”雷电之地,(雷)〔云〕雨晦冥,百里之外无雨之处,宜见天之东西南北也。口着于天,天宜随口,口一移普天皆移,非独雷雨之地,天随口动也。且所谓怒者,谁也?天神邪?苍苍之天也?如谓天神,神怒无声;如谓苍苍之天,天者体不怒,怒用口。且天地相与,夫妇也,其即民父母也。子有过,父怒,笞之致死,而母不哭乎?今天怒杀人,地宜哭之。独闻天之怒,不闻地之哭。如地不能哭,则天亦不能怒。且有怒则有喜。人有阴过,亦有阴善。有阴过,天怒杀之;如有阴善,天亦宜以(善)〔喜〕赏之。隆隆之声谓天之怒,如天之喜亦哂然而笑。人有喜怒,故谓天喜怒。推人以知天,知天本于人。如人不怒,则亦无缘谓天怒也。缘人以知天,宜尽人之性。人性怒则呴吁,喜则歌笑。比闻天之怒,希闻天之喜;比见天之罚,希见天之赏。岂天怒不喜,贪于罚、希于赏哉?何怒罚有效,喜赏无验也?

且雷之击也,折木坏屋,时犯杀人,以为天怒。时或徒雷,无所折败,亦不杀人,天空怒乎?人君不空喜怒,喜怒必有赏罚。无所罚而空怒,是天妄也。妄则失威,非天行也。政事之家,以寒温之气为喜怒之候,人君喜即天温,(即)〔怒〕则天寒。雷电之日,天必寒也。高祖之先刘媪,曾息大泽之陂,梦与神遇,此时雷电晦冥。天方施气,宜喜之时也,何怒而雷?如用击折者为怒,不击折者为喜,则夫隆隆之声,不宜同音。人怒喜异声,天怒喜同音,与人乖异,则人何缘谓之天怒?

且饮食人以不洁净,小过也。以至尊之身,亲罚小过,非尊者之宜也。尊不亲罚过,故王不亲诛罪。天尊于王,亲罚小过,是天德劣于王也。且天之用心,犹人之用意。人君罪恶,初闻之时,怒以非之;及其诛之,哀以怜之。故《论语》曰:“如得其情,则哀怜而勿喜。”纣至恶也,武王将诛,哀而怜之。故《尚书》曰:“予惟率夷怜尔。”人君诛恶,怜而杀之;天之罚过,怒而击之。是天少恩而人多惠也。

说雨者以为天施气。天施气,气渥为雨,故雨润万物,名曰澍。人不喜,不施恩。天不说,不降雨。谓雷,天怒;雨者,天喜也。雷起常与雨俱,如论之言,天怒且喜也。人君赏罚不同日,天之怒喜不殊时,天人相违,赏罚乖也。且怒喜具形,乱也。恶人为乱,怒罚其过;罚之以乱,非天行也。冬雷人谓之阳气泄,春雷谓之阳气发。夏雷不谓阳气盛,谓之天怒,竟虚言也。

人在天地之间,物也。物,亦物也。物之饮食,天不能知。人之饮食,天独知之。万物于天,皆子也;父母于子,恩德一也。岂为贵贤加意,贱愚不察乎?何其察人之明、省物之暗也?犬豕食人腐臭,食之天不杀也。如以人贵而独禁之,则鼠涔人饮食,人不知,误而食之,天不杀也。如天能原鼠,则亦能原人。人误以不洁净饮食人,人不知而食之耳,岂故举腐臭以予之哉?如故予之,人亦不肯食。吕后断戚夫人手,去其眼,置于厕中,以为人豕。呼人示之,人皆伤心;惠帝见之,病卧不起,吕后故为,天不罚也。人误不知,天辄杀之,不能原误失而责故,天治悖也。

夫人食不净之物,口不知有其涔也;如食已,知之,名曰肠涔。戚夫人入厕,身体辱之,与涔何以别?肠之与体何以异?为肠不为体,伤涔不病辱,非天意也。且人闻人食不清之物,心平如故;观戚夫人者,莫不伤心。人伤,天意悲矣。夫悲戚夫人则怨吕后,案吕后之崩,未必遇雷也。道士刘春荧惑楚王英,使食不清。春死,未必遇雷也。建初四年夏六月,雷击(杀)会稽(靳专日食)〔鄞县〕羊五头,皆死。夫羊何阴过而雷杀之?舟人涔溪上流,人饮下流,舟人不雷死。

天神之处天,犹王者之居〔地〕也。王者居重关之内,则天之神宜在隐匿之中。王者居宫室之内,则天亦有太微、紫宫、轩辕、文昌之坐。王者与人相远,不知人之阴恶。天神在四宫之内,何能见人暗过?王者闻人过,以人知。天知人恶,亦宜因鬼。使天问过于鬼神,则其诛之,宜使鬼神。如使鬼神,则天怒,鬼神也,非天也。

且王断刑以秋,天之杀用夏,此王者用刑违天时。奉天而行,其诛杀也,宜法象上天。天杀用夏,王诛以秋,天人相违,非奉天之义也。或论曰:“饮食不洁净,天之大恶也。杀大恶,不须时。”王者大恶,谋反大逆无道也。天之大恶,饮食人不洁清。天之所恶,小大不均等也。如小大同,王者宜法天,制饮食人不洁清之法为死刑也。圣王有天下,制刑不备此法。圣王阙略,有遗失也?或论曰:“鬼神治阴,王者治阳。阴过暗昧,人不能觉,故使鬼神主之。”曰:阴过非一也,何不尽杀?案一过,非治阴之义也。天怒不旋日,人怨不旋踵。人有阴过,或时有用冬,未必专用夏也。以冬过误,不辄击杀,远至于夏,非不旋日之意也。

图画之工,图雷之状,累累如连鼓之形;又图一人,若力士之容,谓之雷公,使之左手引连鼓,右手推椎,若击之状。其意以为雷声隆隆者,连鼓相扣击之(意)〔音〕也;其魄然若敝裂者,椎所击之声也;其杀人也,引连鼓、(相)〔推〕椎,并击之矣。世又信之,莫谓不然。如复原之,虚妄之象也。夫雷,非声则气也。声与气,安可推引而为连鼓之形乎?如审可推引,则是物也。相扣而音鸣者,非鼓即钟也。夫隆隆之声,鼓与钟邪?如审是也,钟鼓而不空悬,须有笋虡,然后能安,然后能鸣。今钟鼓无所悬着,雷公之足无所蹈履,安得而为雷?或曰:“如此固为神。如必有所悬着,足有所履,然后而为雷,是与人等也,何以为神?”曰:神者,恍惚无形,出入无门,上下无(报)〔垠〕,故谓之神。今雷公有形,雷声有器,安得为神?如无形,不得为之图像;如有形,不得谓之神。谓之神龙升天,实事者谓之不然,以人时或见龙之形也。以其形见,故图画升龙之形也;以其可画,故有不神之实。

难曰:“人亦见鬼之形,鬼复神乎?”曰:人时见鬼,有见雷公者乎?鬼名曰神,其行蹈地,与人相似。雷公头不悬于天,足不蹈于地,安能为雷公?飞者皆有翼,物无翼而飞,谓仙人。画仙人之形,为之作翼。如雷公与仙人同,宜复着翼。使雷公不飞,图雷家言其飞,非也。使实飞,不为着翼,又非也。夫如是,图雷之家画雷之状,皆虚妄也。且说雷之家,谓雷,天怒呴吁也;图雷之家,谓之雷公怒引连鼓也。审如说雷之家,则图雷之家非;审如图雷之家,则说雷之家误。二家相违也,并而是之,无是非之分。无是非之分,故无是非之实。无以定疑论,故虚妄之论胜也。

《礼》曰:"刻尊为雷之形,一出一入,一屈一伸,为相校轸则鸣。"校轸之状,郁律嵔垒之类也,此象类之矣。气相校轸分裂,则隆隆之声,校轸之音也。魄然若褩裂者,气射之声也。气射中人,人则死矣。实说,雷者太阳之激气也。何以明之?正月阳动,故正月始雷。五月阳盛,故五月雷迅。秋冬阳衰,故秋冬雷潜。盛夏之时,太阳用事,阴气乘之。阴阳分(事)〔争〕,则相校轸。校轸则激射。激射为毒,中人辄死,中木木折,中屋屋坏。人在木下屋间,偶中而死矣。何以验之?试以一斗水灌冶铸之火,气激褩裂,若雷之音矣。或近之,必灼人体。天地为炉大矣,阳气为火猛矣,云雨为水多矣,分争激射,安得不迅?中伤人身,安得不死?当冶工之消铁也,以土为形,燥则铁下,不则跃溢而射。射中人身,则皮肤灼剥。阳气之热,非直消铁之烈也;阴气激之,非直土泥之湿也;(阳)〔激〕气中人,非直灼剥之痛也。

夫雷,火也。〔火〕气剡人,人不得无迹。如炙处状似文字,人见之,谓天记书其过,以示百姓。是复虚妄也。使人尽有过,天用雷杀人。杀人当彰其恶,以惩其后,明著其文字,不当暗昧。图出于河,书出于洛。《河图》《洛书》,天地所为,人读知之。今雷死之书,亦天所为也,何故难知?如以(一)人皮不可书,鲁惠公夫人仲子,宋武公女也,生而有文在掌,曰"为鲁夫人",文明可知,故仲子归鲁。雷书不著,故难以惩后。夫如是,火剡之迹,非天所刻画也。或颇有而增其语,或无有而空生其言,虚妄之俗,好造怪奇。何以验之?雷者火也。以人中雷而死,即询其身,中头则须发烧焦,中身则皮肤灼焚,临其尸上闻火气,一验也。道术之家,以为雷烧石色赤,投于井中,石焦井寒,激声大鸣,若雷之状,二验也。人伤于寒,寒气入腹,腹中素温,温寒分争,激气雷鸣,三验也。当雷之时,电光时见,大若火之耀,四验也。当雷之击,时或燔人室屋及地草木,五验也。夫论雷之为火有五验,言雷为天怒无一效。然则雷为天怒,虚妄之言。

(虽)〔难〕曰:"《论语》云,'迅雷风烈必变。'《礼记》曰:'有疾风迅雷甚雨则必变,虽夜必兴,衣服、冠而坐。'惧天怒,畏罚及己也。如雷不为天怒,其击不为罚过,则君子何为为雷变动朝服而正坐(子)〔乎〕?"曰:天之与人犹父子,有父为之变,子安能忽?故天变,己亦宜变。顺天时,示己不违也。人闻犬声于外,莫不惊骇,竦身侧耳以审听之。况闻天变异常之声,轩磕迅疾之音乎?《论语》所指,《礼记》所谓,皆君子也。君子重慎,自知无过,如日月之蚀,无阴暗食人以不洁清之事,内省不惧,何畏于雷?审如不畏雷,则其变动不足以效天怒。何则?不为己也。如审畏雷,亦不足以效罚阴过。何则?雷之所击,多无过之人。君子恐偶遇之,故恐惧变动。夫如是,君子变动,不能明雷为天怒,而反著雷之妄击也。妄击不罚过,故人畏之。如审罚有过,小人乃当惧耳,君子之人无为恐也。宋王问唐鞅曰:"寡人所杀戮者众矣,而群臣愈不畏,其故何也?"唐鞅曰:"王之所罪,尽不善者也。罚不善,善者胡为畏?王欲群臣之畏也,不若毋辨其善与不善而时罪之,斯群臣畏矣。"宋王行其言,群臣畏惧,宋(王)〔国〕大(怒)〔恐〕。夫宋王妄刑,故宋国大恐。惧雷电妄击,故君子变动。君子变动,宋国大恐之类也。

卷七

道虚第二十四

儒书言：黄帝采首山铜，铸鼎于荆山下。鼎既成，有龙垂胡髯下迎黄帝。黄帝上骑龙，群臣、后宫从上七十馀人，龙乃上去。馀小臣不得上，乃悉持龙髯。龙髯拔，堕黄帝之弓，百姓仰望黄帝既上天，乃抱其弓与龙胡髯吁号。故后世因其处曰鼎湖，其弓曰乌号。《太史公记》诔五帝，亦云黄帝封禅已，仙去。群臣朝其衣冠，因葬埋之。

曰：此虚言也。实"黄帝"者，何等也？号乎？谥也？如谥，臣子所诔列也。诔生时所行为之谥。黄帝好道，遂以升天，臣子诔之，宜以仙升，不当以"黄"谥。谥法曰："静民则法曰黄。"黄者，安民之谥，非得道之称也。百王之谥，文则曰文，武则曰武。文武不失实，所以劝操行也。如黄帝之时质，未有谥乎，名之为黄帝，何世之人也？使黄帝之臣子知君，使后世之人迹其行。黄帝之世，号谥有无，虽疑未定，"黄"非升仙之称，明矣。

龙不升天，黄帝骑之，乃明黄帝不升天也。龙起云雨，因乘而行；云散雨止，降复入渊。如实黄帝骑龙，随溺于渊也。案黄帝葬于桥山，犹曰群臣葬其衣冠。审骑龙而升天，衣不离形；如封禅已仙去，衣冠亦不宜遗。黄帝实仙不死，而升天，臣子百姓所亲见也。见其升天，知其不死必也。葬不死之衣冠，与实死者无以异，非臣子实事之心，别生于死之意也。

载太山之上者七十有二君，皆劳情苦思，忧念王事，然后功成事立，致治太平。太平则天下和安，乃升太山而封禅焉。夫修道求仙，与忧职勤事不同。心思道则忘事，忧事则害性。世称尧若腊，舜若腒，心愁忧苦，形体羸癯。使黄帝致太平乎？则其形体宜如尧、舜。尧、舜不得道，黄帝升天，非其实也。使黄帝废事修道，则心意调和，形体肥劲，是与尧、舜异也，异则功不同矣。功不同，天下未太平而升封，又非实也。五帝、三王皆有圣德之优者，黄帝（不）〔亦〕在上焉。如圣人皆仙，仙者非独黄帝；如圣人不仙，黄帝何为独仙？世见黄帝好方术，方术仙者之业，则谓帝仙矣。又见鼎湖之名，则言黄帝采首山铜铸鼎，而龙垂胡髯迎黄帝矣。是与说会稽之山无以异也。夫山名曰会稽，即云夏禹巡狩，会计于此山上，故曰"会稽"。夫禹至会稽治水不巡狩，犹黄帝好方伎不升天也。无会计之事，犹无铸鼎龙垂胡髯之实也。里名胜母，可谓实有子胜其母乎？邑名朝歌，可谓民朝起者歌乎？

儒书言：淮南王学道，招会天下有道之人，倾一国之尊，下道术之士。是以道术之士，并会淮南，奇方异术，莫不争出。王遂得道，举家升天，畜产皆仙，犬吠于天上，鸡鸣于云中。此言仙药有馀，犬鸡食之，并随王而升天也。好道学仙之人，皆谓之然。此虚言也。

夫人，物也，虽贵为王侯，性不异于物。物无不死，人安能仙？鸟有毛羽，能飞不能升天。人无毛羽，何用飞升？使有毛羽，不过与鸟同；况其无有，升天如何？案能飞升之物，生有毛羽之兆；能驰走之物，生有蹄足之形。驰走不能飞升，飞升不能驰走。禀性受气，形体殊别也。今人禀驰走之性，故生无毛羽之兆，长大至老，终无奇怪。好道学仙，中生毛羽，终以飞升。使物性可变，金木水火，可革更也。虾蟆化为鹑，雀入水为蜃蛤，禀自然之性，非学道所能为也。好道之人，恐其或若等之类，故谓人能生毛羽，毛羽备具，能升天也。且夫物之生长，无卒成暴起，皆有浸渐。为道学仙之人，能先生数寸之毛羽，从地自奋，升楼台之陛，乃可谓升天。今无小升之兆，卒有大飞之验，何方术之学成无浸渐也？

毛羽大效,难以观实。且以人髯发、物色少老验之。物生也色青,其熟也色黄。人之少也发黑,其老也发白。黄为物熟验,白为人老效。物黄,人虽灌溉壅养,终不能青;发白,虽吞药养性,终不能黑。黑青不可复还,老衰安可复却?黄之与白,犹肉腥炙之焦,鱼鲜煮之熟也。焦不可复令腥,熟不可复令鲜。鲜腥犹少壮,焦熟犹衰老也。天养物,能使物畅至秋,不得延之至春。吞药养性,能令人无病,不能寿之为仙。为仙体轻气强,犹未能升天,令见轻强之验,亦无毛羽之效,何用升天?

天之与地,皆体也。地无下,则天无上矣。天无上,升之路何如?穿天之体,人力不能入。如天之门在西北,升天之人,宜从昆仑上。淮南之国,在地东南。如审升天,宜举家先从昆仑,乃得其阶。如鼓翼邪飞,趋西北之隅,是则淮南王有羽翼也。今不言其从之昆仑,亦不言其身生羽翼,空言升天,竟虚非实也。

案淮南王刘安,孝武皇帝之时也。父长,以罪迁蜀严道,至雍道死。安嗣为王,恨父徙死,怀反逆之心,招会术人,欲为大事。伍被之属充满殿堂,作道术之书,发怪奇之文,合景乱首。八公之(传)〔俦〕欲示神奇若得道之状,道终不成,效验不立,乃与伍被谋为反事,事觉自杀,或言诛死。诛死、自杀,同一实也。世见其书深冥奇怪,又观八公之(传)〔俦〕似若有效,则传称淮南王仙而升天,失其实也。

儒书言:卢敖游乎北海,经乎太阴,入乎玄关,至于蒙谷之上,见一士焉:深目玄准,雁颈而(戴)〔鸢〕肩,浮上而杀下,轩轩然方迎风而舞。顾见卢敖,樊然下其臂,遁逃乎碑下。敖乃视之,方卷然龟背而食合(梨)〔蜊〕。卢敖仍与之语曰:“吾子唯以敖为倍俗,去群离党,穷观于六合之外者,非敖而已。敖幼而游,至长不(伦)〔偷〕解,周行四极,唯北阴之未窥。今卒睹夫子于是,殆可与敖为友乎?”若士者悖然而笑曰:“嘻!子中州之民也,不宜远至此。此犹光日月而戴列星，四时之所行，阴阳之所生也。此其比夫不名之地，犹崊屼也。若我南游乎罔浪之野，北息乎沉薶之乡，西穷乎杳冥之党，而东贯（须懞之先）〔鸿濛之光〕。此其下无地，上无天，听焉无闻，而视焉则营；此其外犹有状，有状之馀，壹举而能千万里，吾犹未能之在。今子游始至于此，乃语穷观，岂不亦远哉！然子处矣。吾与汗漫期于九垓之上，吾不可久。”若士者举臂而纵身，遂入云中。卢敖目仰而视之，不见，乃止（喜）〔驾〕，心不怠，怅若有丧，曰：“吾比夫子也，犹黄鹄之与壤虫也，终日行而不离咫尺，而自以为远，岂不悲哉，若卢敖者！”

唯龙无翼者升则乘云，卢敖言若士者有翼，言乃可信。今不言有翼，何以升云？且凡能轻举入云中者，饮食与人殊之故也。龙食与蛇异，故其举措与蛇不同。闻为道者服金玉之精，食紫芝之英，食精身轻，故能神仙。若士者食合蜊之肉，与庸民同食，无精轻之验，安能纵体而升天？闻食气者不食物，食物者不食气。若士者食物如不食气，则不能轻举矣。

或时卢敖学道求仙，游乎北海，离众远去，无得道之效，惭于乡里，负于论议。自知以必然之事见责于世，则作夸诞之语，云见一士，其意以为有〔仙〕，求（仙）之未得，期数未至也。淮南王刘安坐反而死，天下并闻，当时并见，儒书尚有言其得道仙去，鸡犬升天者；况卢敖一人之身，独行绝迹之地，空造幽冥之语乎？是与河东蒲坂项曼都之语，无以异也。曼都好道学仙，委家亡去，三年而返。家问其状，曼都曰：“去时不能自知，忽见若卧形，有仙人数人，将我上天，离月数里而止。见月上下幽冥，幽冥不知东西。居月之旁，其寒凄怆。口饥欲食，仙人辄饮我以流霞一杯，每饮一杯，数月不饥。不知去几何年月，不知以何为过，忽然若卧，复下至此。”河东号之曰“斥仙”。实论者闻之，乃知不然。夫曼都能上天矣，何为不仙？已三年矣，何故复还？夫人去民间，升皇天之上，精气形体，有变于故者矣。万物变化，无复还者。复育化为蝉，羽翼既成，不能复化为复育。能升之物，皆有羽翼，升而复降，羽翼如故。见曼都之身有羽翼乎，言乃可信；身无羽翼，言虚妄也。虚则与卢敖同一实也。或时闻曼都好道，默委家去，周章远方，终无所得。力倦望极，默复归家，惭愧无言，则言上天。其意欲言道可学得，审有仙人；己殆有过，故成而复斥，升而复降。

儒书言：齐王疾痟，使人之宋迎文挚。文挚至，视王之疾，谓太子曰："王之疾，必可已也。虽然，王之疾已，则必杀挚也。"太子曰："何故？"文挚对曰："非怒王，疾不可治也。王怒，则挚必死。"太子顿首强请曰："苟已王之疾，臣与臣之母以死争之于王，必幸臣之母。愿先生之勿患也。"文挚曰："诺！请以死为王。"与太子期，将往不至者三。齐王固已怒矣。文挚至，不解屦登床履衣，问王之疾。王怒而不与言。文挚因出辞以重王怒。王叱而起，疾乃遂已。王大怒不悦，将生烹文挚。太子与王后急争之而不能得，果以鼎生烹文挚，爨之三日三夜，颜色不变。文挚曰："诚欲杀我，则胡不覆之以绝阴阳之气？"王使覆之，文挚乃死。夫文挚，道人也，入水不濡，入火不焦，故在鼎三日三夜，颜色不变。此虚言也。

夫文挚而烹三日三夜，颜色不变，为一覆之故，绝气而死，非得道之验也。诸生息之物，气绝则死。死之物，烹之辄烂。致生息之物密器之中，覆盖其口，漆涂其隙，中外气隔，息不得泄，有顷死也。如置汤镬之中，亦辄烂矣。何则？体同气均，禀性于天，共一类也。文挚不息乎，与金石同，入汤不烂，是也。令文挚息乎，烹之不死，非也。令文挚言，言则以声，声以呼吸。呼吸之动，因血气之发。血气之发，附于骨肉。骨肉之物，烹之辄死。今言烹之不死，一虚也。既能烹煮不死，此真人也，与金石同。金石虽覆盖，与不覆盖者无以异也。今言文挚覆之则死，二虚也。置人寒水之中，无汤火之热，鼻中口内不通于外，斯须之顷，气绝而死矣。寒水沉人，尚不得生，况在沸汤之中,有猛火之烈乎？言其人汤不死,三虚也。人没水中,口不见于外,言音不扬。烹文挚之时,身必没于鼎中。没则口不见,口不见则言不扬。文挚之言,四虚也。烹辄死之人,三日三夜颜色不变,痴愚之人,尚知怪之。使齐王无知,太子群臣宜见其奇。奇怪文挚,则请出尊宠敬事,从之问道。今言三日三夜,无臣子请出之言,五虚也。此或时闻文挚实烹,烹而辄死。世见文挚为道人也,则为虚生不死之语矣。犹黄帝实死也,传言升天;淮南坐反,书言度世。世好传虚,故文挚之语传至于今。

世无得道之效,而有有寿之人。世见长寿之人,学道为仙,逾百不死,共谓之仙矣。何以明之？如武帝之时,有李少君以祠灶辟谷却老方见上,上尊重之。少君匿其年及所生长,常自谓七十,而能使物却老。其游以方遍诸侯,无妻。人闻其能使物及不老,更馈遗之,常馀钱金衣食。人皆以为不治产业饶给,又不知其何许人,愈争事之。少君资好方,善为巧发奇中。尝从武安侯饮,座中有年九十馀者,少君乃言其王父游射处。老人为儿时,从父识其处。一座尽惊。少君见上,上有古铜器,问少君。少君曰:"此器齐桓公十五年陈于柏寝。"已而案其刻,果齐桓公器,一宫尽惊,以为少君数百岁人也。久之,少君病死。今世所谓得道之人,李少君之类也。少君死于人中,人见其尸,故知少君性寿之人也。如少君处山林之中,入绝迹之野,独病死于岩石之间,尸为虎狼狐狸之食,则世复以为真仙去矣。

世学道之人无少君之寿,年未至百,与众俱死。愚夫无知之人,尚谓之尸解而去,其实不死。所谓尸解者,何等也？谓身死精神去乎,谓身不死得免去皮肤也？如谓身死精神去乎,是与死无异,人亦仙人也;如谓不死免去皮肤乎,诸学道死者骨肉具在,与恒死之尸无以异也。夫蝉之去复育,龟之解甲,蛇之脱皮,鹿之堕角,壳皮之物解壳皮,持骨肉去,可谓尸解矣。今学道而死者,尸与复育相似,尚未可谓尸解。何则？案蝉之去复育,无以神于复育,况不相似复育,谓之尸解,盖复虚妄失其实矣。太史公与李少君同世并时,少君之死,临尸者虽非太史公,足以见其实矣。如实不死,尸解而去,太史公宜纪其状,不宜言死。其处座中年九十老父为儿时者,少君老寿之效也。或少君年十四五,老父为儿,随其王父。少君年(二)〔一〕百岁而死,何为不识?武帝去桓公铸铜器,且非少君所及见也。或时闻宫殿之内有旧铜器,或案其刻以告之者,故见而知之。今时好事之人,见旧剑古钩,多能名之,可复谓目见其铸作之时乎?

世或言东方朔亦道人也,姓金氏,字曼倩。变姓易名,游宦汉朝。外有仕宦之名,内乃度世之人。此又虚也。夫朔与少君并在武帝之时,太史公所及见也。少君有(教)〔谷〕道、祠灶、却老之方,又名齐桓公所铸鼎,知九十老人王父所游射之验,然尚无得道之实,而徒性寿迟死之人也。况朔无少君之方术效验,世人何见谓之得道?案武帝之时,道人文成、五利之辈,入海求仙人,索不死之药,有道术之验,故为上所信。朔无入海之使,无奇怪之效也。如使有奇,不过少君之类及文成、五利之辈耳,况谓之有道?此或时偶复若少君矣,自匿所生之处,当时在朝之人不知其故,朔盛称其年长,人见其面状少,性又恬淡,不好仕宦,善达占卜、射覆,为怪奇之戏,世人则谓之得道之人矣。

世或以老子之道为可以度世,恬淡无欲,养精爱气。夫人以精神为寿命,精神不伤则寿命长而不死。成事,老子行之,逾百度世,为真人矣。夫恬淡少欲,孰与鸟兽?鸟兽亦老而死。鸟兽含情欲,有与人相类者矣,未足以言。草木之生何情欲,而春生秋死乎?夫草木无欲,寿不逾岁;人多情欲,寿至于百。此无情欲者反夭,有情欲者寿也。夫如是,老子之术以恬淡无欲延寿度世者,复虚也。或时老子,李少君之类也,行恬淡之道,偶其性命亦自寿长。世见其命寿,又闻其恬淡,谓老子以术度世矣。

世或以辟谷不食为道术之人,谓王子乔之辈以不食谷,与恒人殊食,故与恒人殊寿,逾百度世,遂为仙人。此又虚也。夫人之生也,禀食饮之性,故形上有口齿,形下有孔窍。口齿以噍食,孔窍以注泻。顺此性者为得天正道,逆此性者为违所禀受。失本气于天,何能得久寿?使子乔生无齿口孔窍,是禀性与人殊;禀性与人殊,尚未可谓寿,况形体均同而以所行者异,言其得度世,非性之实也。夫人之不食也,犹身之不衣也。衣以温肤,食以充腹。肤温腹饱,精神明盛。如饥而不饱,寒而不温,则有冻饿之害矣。冻饿之人,安能久寿?且人之生也,以食为气,犹草木生以土为气矣。拔草木之根,使之离土,则枯而蚤死。闭人之口,使之不食,则饿而不寿矣。

道家相夸曰:真人食气,以气而为食。故传曰:"食气者寿而不死,虽不谷饱,亦以气盈。"此又虚也。夫气,谓何气也?如谓阴阳之气,阴阳之气不能饱人,人或咽气,气满腹胀,不能餍饱。如谓百药之气,人或服药,食一合屑,吞数十丸,药力烈盛,胸中愦毒,不能饱人。食气者必谓吹呴呼吸、吐故纳新也。昔有彭祖尝行之矣,不能久寿,病而死矣。

道家或以导气养性度世而不死;以为血脉在形体之中,不动摇屈伸,则闭塞不通。不通积聚,则为病而死。此又虚也。夫人之形,犹草木之体也。草木在高山之巅,当疾风之冲,昼夜动摇者,能复胜彼隐在山谷间,鄣于疾风者乎?案草木之生,动摇者伤而不畅,人之导引动摇形体者,何故寿而不死?夫血脉之藏于身也,犹江河之流地。江河之流,浊而不清,血脉之动,亦扰不安。不安,则犹人勤苦无聊也,安能得久生乎?

道家或以服食药物,轻身益气,延年度世。此又虚也。夫服食药物,轻身益气,颇有其验。若夫延年度世,世无其效。百药愈病,病愈而气复,气复而身轻矣。凡人禀性,身本自轻,气本自长,中于风湿,百病伤之,故身重气劣也。服食良药,身气复故,非本气少身重,得药而乃气长身更轻也。禀受之时,本自有之矣。故夫服食药物除百病,令身轻气长,复其本性;安能延年至于度世?有血脉之类,无有不生,生无不死。以其生,故知其死也。天地不生,故不死;阴阳不生,故不死。死者,生之效;生者,死之验也。夫有始者必有终,有终者必有始。唯无终始者,乃长生不死。人之生,其犹(水)〔冰〕也。水凝而为冰,气积而为人。冰极一冬而释,人竟百岁而死。人可令不死,冰可令不释乎?诸学仙术为不死之方,其必不成,犹不能使冰终不释也。

语增第二十五

传语曰:“圣人忧世深,思事勤,愁扰精神,感动形体,故称尧若腊,舜若腒,桀、纣之君垂腴尺馀。”夫言圣人忧世念人,身体羸恶,不能身体肥泽,可也。言尧、舜若腊与腒,桀、纣垂腴尺馀,增之也。

齐桓公云:“寡人未得仲父极难,既得仲父甚易。”桓公不及尧、舜,仲父不及禹、契,桓公犹易,尧、舜反难乎?以桓公得管仲易,知尧、舜得禹、契不难。夫易则少忧,少忧则不愁,不愁则身体不臞。舜承尧太平,尧、舜袭德,功假荒服,尧尚有忧,舜安能无事。故《经》曰“上帝引逸”,谓虞舜也。舜承安继治,任贤使能,恭己无为而天下治。故孔子曰:“巍巍乎,舜、禹之有天下而不与焉。”夫不与尚谓之臞若腒,如德劣承衰,若孔子栖栖,周流应聘,身不得容,道不得行,可骨立(跛)〔皮〕附、僵仆道路乎?纣为长夜之饮,糟丘酒池,沉湎于酒,不舍昼夜,是必以病。病则不甘饮食,不甘饮食则肥腴不得至尺。《经》曰:“惟湛乐是从,时亦罔有克寿。”魏公子无忌为长夜之饮,困毒而死。纣虽未死,宜羸臞矣。然桀、纣同行则宜同病,言其腴垂过尺馀,非徒增之,又失其实矣。

传语又称纣力能索铁伸钩,抚梁易柱。言其多力也。蜚廉、恶来之徒,并幸受宠。言好伎力之主致伎力之士也。或言武王伐纣,兵不血刃。夫以索铁伸钩之力，辅以蜚廉、恶来之徒，与周军相当，武王德虽盛，不能夺纣素所厚之心，纣虽恶，亦不失所与同行之意。虽为武王所擒，时亦宜杀伤十百人。今言不血刃，非纣多力之效，蜚廉、恶来助纣之验也。

案武王之符瑞不过高祖。武王有白鱼、赤乌之祐，高祖有断大蛇、老妪哭于道之瑞。武王有八百诸侯之助，高祖有天下义兵之佐。武王之相，望羊而已；高祖之相，龙颜隆准，项紫，美须髯，身有七十二黑子。高祖又逃吕后于泽中，吕后辄见上有云气之验，武王不闻有此。夫相多于望羊，瑞明于鱼乌，天下义兵并来会汉，助强于诸侯。武王承纣，高祖袭秦。二世之恶，隆盛于纣，天下畔秦，宜多于殷。案高祖伐秦，还破项羽，战场流血，暴尸万数，失军亡众，几死一再，然后得天下，用兵苦，诛乱剧。独云周兵不血刃，非其实也。言其易，可也；言不血刃，增之也。案周取殷之时，太公《阴谋》之书，食小儿丹，教云“亡殷”；兵到牧野，晨举脂烛。察《武成》之篇，牧野之战，血流浮杵，赤地千里。由此言之，周之取殷，与汉、秦一实也。而云取殷易，兵不血刃，美武王之德，增益其实也。凡天下之事，不可增损，考察前后，效验自列。自列，则是非之实有所定矣。世称纣力能索铁伸钩；又称武王伐之，兵不血刃。夫以索铁伸钩之力当人，则是孟贲、夏育之匹也；以不血刃之德取人，是则三皇、五帝之属也。以索铁之力，不宜受服；以不血刃之德，不宜顿兵。今称纣力，则武王德贬；誉武王，则纣力少。索铁、不血刃，不得两立，殷、周之称，不得二全。不得二全，则必一非。

孔子曰：“纣之不善，不若是之甚也。是以君子恶居下流，天下之恶皆归焉。”孟子曰：“吾于《武成》，取二三策耳。以至仁伐不仁，如何其血之浮杵也？”若孔子言，殆沮浮杵；若孟子之言，近不血刃。浮杵过其实，不血刃亦失其正。一圣一贤，共论一纣，轻重殊称，多少异实。纣之恶不若王莽。纣杀比干，莽鸩平帝；纣以嗣立，莽盗汉位。杀主隆于诛臣，嗣立顺于盗位，士众所畔，宜甚于纣。汉诛王莽，兵顿昆阳，死者万数；军至渐台，血流没趾。而独谓周取天下，兵不血刃，非其实也。

传语曰："文王饮酒千钟，孔子百觚。"欲言圣人德盛，能以德将酒也。如一坐千钟百觚，此酒徒，非圣人也。饮酒有法，胸腹小大，与人均等。饮酒用千钟，用肴宜尽百牛，百觚则宜用十羊。夫以千钟百牛、百觚十羊言之，文王之身如防风之君，孔子之体如长狄之人，乃能堪之。案文王、孔子之体，不能及防风、长狄。以短小之身，饮食众多，是缺文王之广，贬孔子之崇也。

案《酒诰》之篇："朝夕曰：祀，兹酒。"此言文王戒慎酒也。朝夕戒慎，则民化之。外出戒慎之教，内饮酒尽千钟，导民率下，何以致化？承纣疾恶，何以自别？且千钟之效，百觚之验，何所用哉？使文王、孔子因祭用酒乎？则受福胙不能厌饱；因飨射之用酒乎？飨射饮酒自有礼法；如私燕赏赐饮酒乎？则赏赐饮酒，宜与下齐。赐尊者之前，三觞而退，过于三觞，醉酗生乱。文王、孔子，率礼之人也，赏赉左右，至于醉酗乱身；自用酒千钟百觚，大之则为桀、纣，小之则为酒徒，用何以立德成化，表名垂誉乎？世闻"德将毋醉"之言，见圣人有多德之效，则虚增文王以为千钟，空益孔子以百觚矣。

传语曰："纣沉湎于酒，以糟为丘，以酒为池，牛饮者三千人，为长夜之饮，亡其甲子。"夫纣虽嗜酒，亦欲以为乐。令酒池在中庭乎？则不当言为长夜之饮。坐在深室之中，闭窗举烛，故曰长夜。令坐于室乎？每当饮者起之中庭，乃复还坐，则是烦苦相踖藉，不能甚乐。令池在深室之中？则三千人宜临池坐，前俯饮池酒，仰食肴膳，倡乐在前，乃为乐耳。如审临池而坐，则前饮害于肴膳，倡乐之作不得在前。夫饮食既不以礼，临池牛饮，则其啖肴不复用杯，亦宜就鱼肉而虎食。则知夫酒池牛饮，非其实也。

传又言：纣悬肉以为林，令男女倮而相逐其间，是为醉乐淫戏无节度也。夫肉当内于口，口之所食，宜洁不辱；今言男女倮相逐其间，何等洁者？如以醉而不计洁辱，则当共浴于酒中。而倮相逐于肉间，何为不肯浴于酒中？以不言浴于酒，知不倮相逐于肉间。

传者之说，或言："车行酒，骑行炙，百二十日为一夜。"夫言用酒为池，则言其车行酒非也；言其悬肉为林，即言骑行炙非也。或时纣沉湎覆酒，滂沱于地，即言以酒为池。酿酒糟积聚，则言糟为丘。悬肉以林，则言肉为林。林中幽冥，人时走戏其中，则言倮相逐。或时载酒用鹿车，则言车行酒、骑行炙。或时十数夜，则言其百二十。或时醉不知问日数，则言其亡甲子。周公封康叔，告以纣用酒期于悉极，欲以戒之也。而不言糟丘酒池，悬肉为林，长夜之饮，亡其甲子。圣人不言，殆非实也。

传言曰："纣非时与三千人牛饮于酒池。"夫夏官百，殷二百，周三百。纣之所与相乐，非民，必臣也；非小臣，必大官，其数不能满三千人。传书家欲恶纣，故言三千人，增其实也。

传语曰："周公执贽下白屋之士。"谓候之也。夫三公，鼎足之臣，王者之贞干也；白屋之士，闾巷之微贱者也。三公倾鼎足之尊，执贽候白屋之士，非其实也。时或待士卑恭，不骄白屋，人则言其往候白屋。或时起白屋之士，以璧迎礼之，人则言其执贽以候其家也。

传语曰："尧、舜之俭，茅茨不剪，采椽不斫。"夫言茅茨采椽，可也；言不剪不斫，增之也。《经》曰"弼成五服"，五服，五采服也。服五采之服，又茅茨采椽，何宫室衣服之不相称也？服五采，画日月星辰，茅茨采椽，非其实也。

传语曰："秦始皇帝燔烧诗书，坑杀儒士。"言燔烧诗书，灭去《五经》文书也。坑杀儒士者，言其皆挟经传文书之人也。烧其书，坑其人，诗书绝矣。言烧燔诗书、坑杀儒士，实也；言其欲灭诗书，故坑杀其人，非其诚，又增之也。秦始皇帝三十四年，置酒咸阳台，儒士七十人前为寿。仆射周青臣进颂始皇之德。齐淳于越进谏始皇不封子弟功臣自为(狭)〔挟〕辅,刺周青臣以为面谀。始皇下其议于丞相李斯。李斯非淳于越曰:“诸生不师今而学古,以非当世,惑乱黔首。臣请敕史官,非秦记皆烧之,非博士官所职,天下有敢藏诗书、百家语、诸刑书者,悉诣守尉集烧之;有敢偶语诗书,弃市;以古非今者,族灭。吏见知弗举,与同罪。”始皇许之。明年三十五年,诸生在咸阳者多为妖言。始皇使御史案问诸生,诸生传相告引者,自除犯禁者四百六十七人,皆坑之。燔诗书,起淳于越之谏;坑儒士,起自诸生为妖言,见坑者四百六十七人。传增言坑杀儒士,欲绝诗书,又言尽坑之。此非其实而又增之。

传语曰:“町町若荆轲之闾。”言荆轲为燕太子丹刺秦王,后诛轲九族,其后恚恨不已,复夷轲之一里,一里皆灭,故曰町町。此言增之也。夫秦虽无道,无为尽诛荆轲之里。始皇幸梁山之宫,从山上望见丞相李斯车骑甚盛,恚,出言非之。其后左右以告李斯,李斯立损车骑。始皇知左右泄其言,莫知为谁,尽捕诸在旁者皆杀之。其后坠星下东郡,至地为石,民或刻其石曰:“始皇帝死,地分。”皇帝闻之,令御史逐问,莫服,尽取石旁人诛之。夫诛从行于梁山宫及诛石旁人,欲得泄言、刻石者,不能审知,故尽诛之。荆轲之闾何罪于秦而尽诛之?如刺秦王在闾中,不知为谁,尽诛之可也。荆轲已死,刺者有人,一里之民,何为坐之?始皇二十年,燕使荆轲刺秦王,秦王觉之,体解轲以徇,不言尽诛其闾。彼或时诛轲九族,九族众多,同里而处,诛其九族,一里且尽,好增事者则言町町也。

卷八

儒增第二十六

儒书称尧、舜之德，至优至大，天下太平，一人不刑；又言文、武之隆，遗在成、康，刑错不用四十馀年。是欲称尧、舜，褒文、武也。夫为言不益，则美不足称；为文不渥，则事不足褒。尧、舜虽优，不能使一人不刑；文、武虽盛，不能使刑不用。言其犯刑者少，用刑希疏，可也；言其一人不刑，刑错不用，增之也。夫能使一人不刑，则能使一国不伐；能使刑错不用，则能使兵寝不施。案尧伐丹水，舜征有苗，四子服罪，刑兵设用。成王之时，四国篡畔，淮夷、徐戎，并为患害。夫刑人用刀，伐人用兵，罪人用法，诛人用武。武、法不殊，兵、刀不异。巧论之人，不能别也。夫德劣故用兵，犯法故施刑。刑与兵，犹足与翼也，走用足，飞用翼。形体虽异，其行身同。刑之与兵，全众禁邪，其实一也。称兵之不用，言刑之不施，是犹人耳缺目完，以目完称人体全，不可从也。人桀于刺虎，怯于击人，而以刺虎称谓之勇，不可听也。身无败缺，勇无不进，乃为全耳。今称一人不刑，不言一兵不用；褒刑错不用，不言一人不畔：未得为优，未可谓盛也。

儒书称楚养由基善射，射一杨叶，百发能百中之。是称其巧于射也。夫言其时射一杨叶中之，可也；言其百发而百中，增之也。夫一杨叶射而中之，中之一再，行败穿不可复射矣。如就叶悬于树而射之，虽不欲射叶，杨叶繁茂，自中之矣。是必使上取杨叶，一一更置地而射之也？射之数十行，足以见巧；观其射之者亦皆知射工，亦必不至于百，明矣。言事者好增巧美，数十中之，则言其百中矣。百与千,数之大者也。实欲言十则言百,百则言千矣。是与《书》言“协和万邦”,《诗》曰“子孙千亿”,同一意也。

儒书言:卫有忠臣弘演,为卫哀公使,未还,狄人攻哀公而杀之,尽食其肉,独舍其肝。弘演使还,致命于肝,痛哀公之死,身肉尽,肝无所附,引刀自刳其腹,尽出其腹实,乃内哀公之肝而死。言此者,欲称其忠矣。言其自刳内哀公之肝而死,可也。言尽出其腹实乃内哀公之肝,增之也。人以刃相刺,中五藏辄死。何则?五藏气之主也,犹头脉之凑也。头一断,手不能取他人之头着之于颈,奈何独能先出其腹实,乃内哀公之肝?腹实出辄死,则手不能复把矣。如先内哀公之肝,乃出其腹实,则文当言内哀公之肝出其腹实。今先言尽出其腹实,内哀公之肝,又言尽,增其实也。

儒书言:楚熊渠子出,见寝石,以为伏虎,将弓射之,矢没其卫。或曰:养由基见寝石,以为兕也,射之,矢饮羽。或言李广。便是熊渠、养由基、李广主名不审,无实也。或以为虎,或以为兕,兕、虎俱猛,一实也。或言没卫,或言饮羽,羽则卫,言不同耳。要取以寝石似虎、兕,畏惧加精,射之入深也。夫言以寝石为虎,射之矢入,可也;言其没卫,增之也。夫见似虎者意以为是,张弓射之,盛精加意,则其见真虎与是无异。射似虎之石,矢入没卫,若射真虎之身,矢洞度乎?石之质难射,肉易射也。以射难没卫言之,则其射易者,洞不疑矣。善射者能射远中微,不失毫厘,安能使弓弩更多力乎?养由基从军,射晋侯,中其目。夫以匹夫射万乘之主,其加精倍力,必与射寝石等。当中晋侯之目也,可复洞达于项乎?如洞达于项,晋侯宜死。车张十石之弩,恐不能入一寸,(失)〔矢〕摧为三,况以一人之力引微弱之弓,虽加精诚,安能没卫?人之精乃气也,气乃力也。有水火之难,惶惑恐惧,举徙器物,精诚至矣,素举一石者,倍举二石。然则见伏石射之,精诚倍故,不过入一寸,如何谓之没卫乎?如有好用剑者,见寝石,惧而斫之,可复谓能断石乎?以勇夫空拳而暴虎者，卒然见寝石，以手椎之，能令石有迹乎？巧人之精与拙人等，古人之诚与今人同。使当今射工射禽兽于野，其欲得之，不馀精力乎？及其中兽，不过数寸，跌误中石，不能内锋，箭摧折矣。夫如是，儒书之言楚熊渠子、养由基、李广射寝石，矢没卫饮羽者，皆增之也。

儒书称鲁般、墨子之巧，刻木为鸢，飞之三日而不集。夫言其以木为鸢飞之，可也；言其三日不集，增之也。夫刻木为鸢以象鸢形，安能飞而不集乎？既能飞翔，安能至于三日？如审有机关，一飞遂翔，不可复下，则当言遂飞，不当言三日。犹世传言曰："鲁般巧，亡其母也。"言巧工为母作木车马、木人御者，机关备具，载母其上，一驱不还，遂失其母。如木鸢机关备具，与木车马等，则遂飞不集。机关为须臾间，不能远过三日，则木车等亦宜三日止于道路，无为径去以失其母。二者必失实者矣。

书说：孔子不能容于世，周流游说七十馀国，未尝得安。夫言周流不遇，可也；言干七十国，增之也。案《论语》之篇、诸子之书，孔子自卫反鲁，在陈绝粮，削迹于卫，忘味于齐，伐树于宋，并费与顿牟，至不能十国。传言七十国，非其实也。或时干十数国也，七十之说，文书传之，因言干七十国矣。《论语》曰："孔子问公叔文子于公明贾曰，'信乎，夫子不言、不笑、不取乎？'公明贾对曰：'以告者，过也。夫子时然后言，人不厌其言也；乐然后笑，人不厌其笑也；义然后取，人不厌其取也。'子曰：'岂其然乎！岂其然乎！'"夫公叔文子实时言、时笑、义取，人传说称之；言其不言、不笑、不取也，俗言竟增之也。

书言：秦缪公伐郑，过晋不假途，晋襄公率羌戎要击于崤塞之下，匹马只轮无反者。时秦遣三大夫孟明视、西乞术、白乙丙皆得复还。夫三大夫复还，车马必有归者；文言匹马只轮无反者，增其实也。

书称齐之孟尝，魏之信陵，赵之平原，楚之春申君，待士下客，招会四方,各三千人。欲言下士之至,趋之者众也。夫言士多,可也;言其三千,增之也。四君虽好士,士至虽众,不过各千馀人。书则言三千矣。夫言众必言千数,言少则言无一。世俗之情,言事之失也。

传记言:高子羔之丧亲,泣血三年,未尝见齿。君子以为难,难为故也。夫不以为非实,而以为难,君子之言误矣。高子泣血,殆必有之。何则?荆和献宝于楚,楚刖其足,痛宝不进,己情不达,泣涕,涕尽因续以血。今高子痛亲哀极,涕竭血随而出,实也。而云三年未尝见齿,是增之也。言未尝见齿,欲言其不言、不笑也。孝子丧亲不笑,可也,安得不言?言,安得不见齿?孔子曰:“言不文。”或时不言,传则言其不见齿;或时〔不笑〕,传则言其不见齿三年矣。高宗谅阴,三年不言。尊为天子不言,而其文言“不言”,犹疑于增;况高子位贱而曰未尝见齿,是必增益之也!

儒书言:禽息荐百里奚,缪公未听,禽息出,当门仆头碎首而死。缪公痛之,乃用百里奚。此言贤者荐善,不爱其死,仆头碎首而死,以达其友也。世士相激,文书传称之,莫谓不然。夫仆头以荐善,古今有之。禽息仆头,盖其实也;言碎首而死,是增之也。夫人之扣头,痛者血流,虽忿恨惶恐,无碎首者。非首不可碎,人力不能自碎也。执刃刎颈,树锋刺胸,锋刃之助,故手足得成势也。言禽息举椎自击首碎,不足怪也;仆头碎首,力不能自将也。有扣头而死者,未有使头破首碎者也。此时或扣头荐百里奚,世空言其死;若或扣头而死,世空言其首碎也。

儒书言:荆轲为燕太子刺秦王,操匕首之剑,刺之不得,秦王拔剑击之。轲以匕首擿秦王不中,中铜柱,入尺。欲言匕首之利,荆轲势盛,投锐利之刃,陷坚强之柱,称荆轲之勇,故增益其事也。夫言入铜柱,实也;言其入尺,增之也。夫铜虽不若匕首坚刚,入之不过数寸,殆不能入尺。以入尺言之,设中秦王,匕首洞过乎?车张十石之弩,射垣木之表,尚不能入尺。以荆轲之手力,投轻小之匕首,身被龙渊之剑刃，入坚刚之铜柱，是荆轲之力劲于十石之弩，铜柱之坚不若木表之刚也。世称荆轲之勇，不言其多力。多力之人，莫若孟贲。使孟贲擿铜柱，能（渊）〔洞〕出一尺乎？此亦或时匕首利若干将、莫邪，所刺无前，所击无下，故有入尺之效。夫称干将、莫邪，亦过其实。刺击无前下，亦入铜柱尺之类也。

儒书言：董仲舒读《春秋》，专精一思，志不在他，三年不窥园菜。夫言不窥园菜，实也；言三年，增之也。仲舒虽精，亦时解休，解休之间，犹宜游于门庭之侧；则能至门庭，何嫌不窥园菜？闻用精者察物不见，存道以亡身；不闻不至门庭，坐思三年，不及窥园也。《尚书·毋佚》曰"君子所其毋逸，先知稼穑之艰难，乃佚"者也。人之筋骨非木非石，不能不解。故张而不弛，文王不为；弛而不张，文王不行；一弛一张，文王以为常。圣人材优，尚有弛张之时。仲舒材力劣于圣，安能用精三年不休？

儒书言：夏之方盛也，远方图物，贡金九牧，铸鼎象物而为之备，故入山泽不逢恶物，用辟神奸，故能叶于上下，以承天休。夫金之性，物也，用远方贡之为美，铸以为鼎，用象百物之奇，安能入山泽不逢恶物，辟除神奸乎？周时天下太平，越裳献白雉，倭人贡鬯草。食白雉，服鬯草，不能除凶；金鼎之器，安能辟奸？且九鼎之来，德盛之瑞也。服瑞应之物，不能致福。男子服玉，女子服珠。珠玉于人，无能辟除。宝奇之物，使为兰服，作牙身，或言有益者，九鼎之语也。夫九鼎无能辟除，传言能辟神奸，是则书增其文也。

世俗传言：周鼎不爨自沸；不投物，物自出。此则世俗增其言也，儒书增其文也，是使九鼎以无怪空为神也。且夫谓周之鼎神者，何用审之？周鼎之金，远方所贡，禹得铸以为鼎也。其为鼎也，有百物之象。如为远方贡之为神乎？远方之物安能神？如以为禹铸之为神乎？禹圣不能神，圣人身不能神，铸器安能神？如以金之物为神乎？则夫金者石之类也，石不能神，金安能神？以有百物之象为神乎？夫百物之象犹雷樽也，雷樽刻画云雷之形，云雷在天，神于百物，云雷之象不能神，百物之象安能神也？

传言：秦灭周，周之九鼎入于秦。案本事，周赧王之时，秦昭王使将军摎攻王赧，王赧惶惧奔秦，顿首受罪，尽献其邑三十六、口三万。秦受其献还王赧。王赧卒，秦王取九鼎宝器矣。若此者，九鼎在秦也。始皇二十八年，北游至琅邪，还过彭城，斋戒祷祠，欲出周鼎，使千人没泗水之中，求弗能得。案时，昭王之后三世得始皇帝，秦无危乱之祸，鼎宜不亡，亡时殆在周。传言王赧奔秦，秦取九鼎，或时误也。传又言宋太丘社亡，鼎没水中彭城下，其后二十九年秦并天下。若此者，鼎未入秦也。其亡，从周去矣，未为神也。

春秋之时，五石陨于宋。五石者，星也。星之去天，犹鼎之亡于地也。星去天不为神，鼎亡于地何能神？春秋之时，三山亡，犹太丘社之去宋，五星之去天。三山亡，五石陨，太丘社去，皆自有为。然鼎亡，亡亦有应也。未可以亡之故，乃谓之神。如鼎与秦三山同乎，亡不能神。如有知欲辟危乱之祸乎，则更桀、纣之时矣。衰乱无道，莫过桀、纣，桀、纣之时，鼎不亡去。周之衰乱，未若桀、纣。留无道之桀、纣，去衰末之周，非止去之宜、神有知之验也。或时周亡之时，将军摎人众见鼎盗取，奸人铸烁以为他器，始皇求不得也，后因言有神名，则空生没于泗水之语矣。

孝文皇帝之时，赵人新垣平上言："周鼎亡在泗水中，今河溢通于泗水，臣望东北，汾阴直有金气，意周鼎出乎？兆见弗迎则不至。"于是文帝使使治庙汾阴，南临河，欲祠出周鼎。人有上书告新垣平所言神器事皆诈也，于是下平事于吏。吏治，诛新垣平。夫言鼎在泗水中，犹新垣平诈言鼎有神气见也。

艺增第二十七

世俗所患，患言事增其实；著文垂辞，辞出溢其真，称美过其善，进恶没其罪。何则？俗人好奇。不奇，言不用也。故誉人不增其美，则闻者不快其意；毁人不益其恶，则听者不惬于心。闻一增以为十，见百益以为千。使夫纯朴之事，十剖百判；审然之语，千反万畔。墨子哭于练丝，杨子哭于歧道，盖伤失本，悲离其实也。蜚流之言，百传之语，出小人之口，驰闾巷之间，其犹是也。诸子之文，笔墨之疏，大贤所著，妙思所集，宜如其实，犹或增之。傥经艺之言如其实乎？言审莫过圣人，经艺万世不易，犹或出溢，增过其实。增过其实，皆有事为，不妄乱误以少为多也。然而必论之者，方言经艺之增与传语异也。经增非一，略举较著，令恍惑之人，观览采择，得以开心通意，晓解觉悟。

《尚书》"协和万国"，是美尧德致太平之化，化诸夏并及夷狄也。言协和方外，可也；言万国，增之也。夫唐之与周，俱治五千里内。周时诸侯千七百九十三国，荒服、戎服、要服及四海之外不粒食之民，若穿胸、儋耳、焦侥、跂踵之辈，并合其数，不能三千。天之所覆，地之所载，尽于三千之中矣。而《尚书》云万国，褒增过实以美尧也。欲言尧之德大，所化者众，诸夏夷狄，莫不雍和，故曰万国。犹《诗》言"子孙千亿"矣，美周宣王之德能慎（一作顺）天地，天地祚之，子孙众多，至于千亿。言子孙众多，可也；言千亿，增之也。夫子孙虽众，不能千亿，诗人颂美，增益其实。案后稷始受郃封，讫于宣王，宣王以至外族内属，血脉所连，不能千亿。夫千与万，数之大名也。万言众多，故《尚书》言万国，《诗》言千亿。

《诗》云："鹤鸣九皋，声闻于天。"言鹤鸣九折之泽，声犹闻于天，以喻君子修德穷僻，名犹达朝廷也。其闻高远，可矣；言其闻于天，增之也。彼言声闻于天,见鹤鸣于云中,从地听之,度其声鸣于地,当复闻于天也。夫鹤鸣云中,人闻声仰而视之,目见其形。耳目同力,耳闻其声,则目见其形矣。然则耳目所闻见,不过十里,使参天之鸣,人不能闻也。何则?天之去人以万数远,则目不能见,耳不能闻。今鹤鸣从下闻之,鹤鸣近也。以从下闻其声,则谓其鸣于地,当复闻于天,失其实矣。其鹤鸣于云中,人从下闻之。如鸣于九皋,人无在天上者,何以知其闻于天上也?无以知,意从准况之也。诗人或时不知,至诚以为然;或时知而欲以喻事,故增而甚之。

《诗》曰:“维周黎民,靡有孑遗。”是谓周宣王之时,遭大旱之灾也。诗人伤旱之甚,民被其害,言无有孑遗一人不愁痛者。夫旱甚,则有之矣;言无孑遗一人,增之也。夫周之民,犹今之民也。使今之民也,遭大旱之灾,贫羸无蓄积,扣心思雨;若其富人,谷食饶足者,廪囷不空,口腹不饥,何愁之有?天之旱也,山林之间不枯,犹地之水,丘陵之上不湛也。山林之间,富贵之人,必有遗脱者矣,而言靡有孑遗,增益其文,欲言旱甚也。

《易》曰:“丰其屋,蔀其家,窥其户,阒其无人也。”非其无人也,无贤人也。《尚书》曰:“毋旷庶官。”旷,空;庶,众也。毋空众官,置非其人,与空无异,故言空也。夫不肖者皆怀五常,才劣不逮,不成纯贤,非狂妄顽嚚,身中无一知也。德有大小,材有高下,居官治职,皆欲勉效在官。《尚书》之官,《易》之户中,犹能有益,如何谓之空而无人?《诗》曰:“济济多士,文王以宁。”此言文王得贤者多而不肖者少也。今《易》宜言阒其少人,《尚书》宜言无少众官。以少言之,可也;言空而无人,亦尤甚焉。五谷之于人也,食之皆饱。稻粱之味,甘而多腴。豆麦虽粝,亦能愈饥。食豆麦者,皆谓粝而不甘,莫谓腹空无所食。竹木之杖,皆能扶病。竹杖之力,弱劣不及木。或操竹杖,皆谓不劲,莫谓手空无把持。夫不肖之臣,豆麦、竹杖之类也。《易》持其具臣在户,言无人者,恶之甚也。《尚书》众官,亦容小材,而云无空者，刺之甚也。

《论语》曰：“大哉，尧之为君也！荡荡乎民无能名焉。”传曰：“有年五十击壤于路者，观者曰，‘大哉，尧德乎！’击壤者曰：‘吾日出而作，日入而息，凿井而饮，耕田而食，尧何等力！’”此言荡荡无能名之效也。言荡荡，可也；乃欲言民无能名，增之也。四海之大，万民之众，无能名尧之德者，殆不实也。夫击壤者曰：“尧何等力！”欲言民无能名也。观者曰：“大哉，尧之德乎！”此何等民者，犹能知之。实有知之者，云无，竟增之。

儒书又言：“尧、舜之民，可比屋而封。”言其家有君子之行，可皆官也。夫言可封，可也；言比屋，增之也。人年五十为人父，为人父而不知君，何以示子？太平之世，家为君子，人有礼义，父不失礼，子不废行。夫有行者有知，知君莫如臣，臣贤能知君，能知其君，故能治其民。今不能知尧，何可封官？年五十击壤于路，与竖子未成人者为伍，何等贤者？子路使子羔为郈宰，孔子以为不可；未学，无所知也。击壤者无知，官之如何？称尧之荡荡，不能述其可比屋而封；言贤者可比屋而封，不能议让其愚而无知之。夫击壤者，难以言比屋，比屋难以言荡荡，二者皆增之。所由起，美尧之德也。

《尚书》曰：“祖伊谏纣曰，今我民罔不欲丧。”罔，无也；我天下民无不欲王亡者。夫言欲王之亡，可也；言无不，增之也。纣虽恶，民臣蒙恩者非一，而祖伊增语，欲以惧纣也。故曰：“语不益，心不惕；心不惕、行不易。”增其语欲以惧之，冀其警悟也。

苏秦说齐王曰：“临菑之中，车毂击，人肩磨，举袖成幕，连衽成帷，挥汗成雨。”齐虽炽盛，不能如此。苏秦增语，激齐王也。祖伊之谏纣，犹苏秦之说齐王也。贤圣增文，外有所为，内未必然。何以明之？夫《武成》之篇，言武王伐纣，血流浮杵。助战者多，故至血流如此。皆欲纣之亡也，土崩瓦解，安肯战乎？然祖伊之言民无不欲，如苏秦增语。《武成》言血流浮杵，亦太过焉。死者血流，安能浮杵？

案武王伐纣于牧之野。河北地高，壤靡不干燥。兵顿血流，辄燥入土，安得杵浮？且周、殷士卒，皆赍盛粮，无杵臼之事，安得杵而浮之？言血流杵，欲言诛纣，惟兵顿士伤，故至浮杵。

《春秋》庄公七年："夏四月辛卯，夜中恒星不见，星陨如雨。"《公羊传》曰："如雨者何？非雨也。非雨则曷为谓之如雨？不修《春秋》曰，如雨星不及地尺而复。君子修之，星陨如雨。"不修《春秋》者，未修《春秋》时鲁史记，曰"雨星不及地尺如复"。君子者，谓孔子也。孔子修之，"星陨如雨"。如雨者，如雨状也。山气为云，上不及天，下而为(云)〔雨〕。雨星，星陨不及地，上复在天，故曰如雨。孔子正言也。夫星陨或时至地，或时不能，尺丈之数，难审也。史记言尺，亦以太甚矣。夫地有楼台山陵，安得言尺？孔子言如雨，得其实矣。孔子作《春秋》，故正言如雨。如孔子不作，"不及地尺"之文，遂传至今。

光武皇帝之时，郎中汝南贲光上书，言孝文皇帝时居明光宫，天下断狱三人。颂美文帝，陈其效实。光武皇帝曰："孝文时不居明光宫，断狱不三人。"积善修德，美名流之，是以君子恶居下流。夫贲光上书于汉，汉为今世，增益功美，犹过其实，况上古帝王久远，贤人从后褒述，失实离本，独已多矣。不遭光武论，千世之后，孝文之事载在经艺之上，人不知其增，"居明光宫断狱三人"，而遂为实事也。

卷九

问孔第二十八

世儒学者，好信师而是古，以为贤圣所言皆无非，专精讲习，不知难问。夫贤圣下笔造文，用意详审，尚未可谓尽得实，况仓卒吐言，安能皆是？不能皆是，时人不知难；或是，而意沉难见，时人不知问。案贤圣之言，上下多相违；其文，前后多相伐者。世之学者，不能知也。

论者皆云："孔门之徒，七十子之才，胜今之儒。"此言妄也。彼见孔子为师，圣人传道，必授异才，故谓之殊。夫古人之才，今人之才也。今谓之英杰，古以为圣神，故谓七十子历世希有。使当今有孔子之师，则斯世学者，皆颜、闵之徒也；使无孔子，则七十子之徒，今之儒生也。

何以验之？以学于孔子，不能极问也。圣人之言，不能尽解。说道陈义，不能辄形。不能辄形，宜问以发之；不能尽解，宜难以极之。皋陶陈道帝舜之前，浅略未极。禹问难之，浅言复深，略指复分。盖起问难，此说激而深切、触而著明也。孔子笑子游之弦歌，子游引前言以距孔子。自今案《论语》之文，孔子之言多若笑弦歌之辞，弟子寡若子游之难，故孔子之言，遂结不解。以七十子不能难，世之儒生，不能实道是非也。

凡学问之法，不为无才，难于距师，核道实义，证定是非也。问难之道，非必对圣人及生时也。世之解说说人者，非必须圣人教告，乃敢言也。苟有不晓解之问，(迢)〔追〕难孔子，何伤于义？诚有传圣业之知,伐孔子之说,何逆于理?谓问孔子之言,难其不解之文,世间弘才大知生,能答问解难之人,必将贤吾世间难问之言是非。

孟懿子问孝。子曰:“毋违。”樊迟御,子告之曰:“孟孙问孝于我,我对曰‘毋违’。”樊迟曰:“何谓也?”子曰:“生,事之以礼;死,葬之以礼。”

问曰:孔子之言毋违,毋违者,礼也。孝子亦当先意承志,不当违亲之欲。孔子言毋违,不言违礼。懿子听孔子之言,独不为嫌于无违志乎?樊迟问何谓,孔子乃言“生,事之以礼;死,葬之以礼,祭之以礼”,使樊迟不问,毋违之说遂不可知也;懿子之才,不过樊迟,故《论语》篇中不见言行,樊迟不晓,懿子必能晓哉?

孟武伯问孝,子曰:“父母,唯其疾之忧。”武伯善忧父母,故曰“唯其疾之忧”。武伯忧亲,懿子违礼。攻其短,答武伯云“父母,唯其疾之忧”,对懿子亦宜言“唯水火之变乃违礼”。周公告小才敕,大材略。子游之大材也,孔子告之敕;懿子小材也,告之反略。违周公之志,攻懿子之短,失道理之宜。弟子不难,何哉?如以懿子权尊,不敢极言,则其对武伯,亦宜但言毋忧而已。(但)〔俱〕孟氏子也,权尊钧同,形武伯而略懿子,未晓其故也。使孔子对懿子极言毋违礼,何害之有?专鲁莫过季氏,讥八佾之舞庭,刺太山之旅祭,不惧季氏(增邑)〔憎悒〕不隐讳之害,独畏答懿子极言之罪,何哉?且问孝者非一,皆有御者,对懿子言不但心服臆肯,故告樊迟。

孔子曰:“富与贵,是人之所欲也,不以其道得之,不居也;贫与贱,是人之所恶也,不以其道得之,不去也。”此言人当由道义得,不当苟取也;当守节安贫,不当妄去也。

夫言不以其道,得富贵不居,可也;不以其道,得贫贱如何?富贵顾可去,去贫贱何之?去贫贱,得富贵也。不得富贵,不去贫贱。如谓得富贵不以其道,则不去贫贱邪?则所得富贵,不得贫贱也。贫贱何故当言得之?顾当言贫与贱是人之所恶也,不以其道去之,则不去也。当言去,不当言得。得者,施于得之也。今去之,安得言得乎?独富贵当言得耳。何者?得富贵,乃去贫贱也。是则以道去贫贱如何?修身行道,仕得爵禄、富贵。得爵禄、富贵,则去贫贱矣。不以其道去贫贱如何?毒苦贫贱,起为奸盗,积聚货财,擅相官秩,是为不以其道。七十子既不问,世之学者亦不知难。使此言意不解而文不分,是谓孔子不能吐辞也;使此言意结文又不解,是孔子相示未形悉也。弟子不问,世俗不难,何哉?

孔子曰:"公冶长可妻也,虽在缧绁之中,非其罪也。"以其子妻之。

问曰:孔子妻公冶长者,何据见哉?据年三十可妻邪?见其行贤可妻也?如据其年三十,不宜称在缧绁;如见其行贤,亦不宜称在缧绁。何则?诸入孔子门者,皆有善行,故称备徒役。徒役之中无妻,则妻之耳,不须称也。如徒役之中多无妻,公冶长尤贤,故独妻之,则其称之宜列其行,不宜言其在缧绁也。何则?世间强受非辜者多,未必尽贤人也。恒人见枉,众多非一,必以非辜为孔子所妻,则是孔子不妻贤,妻冤也。案孔子之称公冶长,有非辜之言,无行能之文,实不贤,孔子妻之,非也;实贤,孔子称之不具,亦非也。诚似妻南容云"国有道不废,国无道免于刑戮",具称之矣。

子谓子贡曰:"汝与回也,孰愈?"曰:"赐也,何敢望回?回也,闻一以知十;赐也,闻一以知二。"子曰:"弗如也,吾与汝俱不如也。"是贤颜渊,试以问子贡也。

问曰:孔子所以教者,礼让也。子路,为国以礼,其言不让,孔子非之。使子贡实愈颜渊,孔子问之,犹曰不如;使实不及,亦曰不如。非失对欺师,礼让之言宜谦卑也。今孔子出言,欲何趣哉?使孔子知颜渊愈子贡,则不须问子贡。使孔子实不知,以问子贡,子贡谦让亦不能知。使孔子徒欲表善颜渊,称颜渊贤,门人莫及,于名多矣,何须问于子贡?子曰:"贤哉,回也!"又曰:"吾与回言终日,不违如愚。”又曰：“回也，其心三月不违仁。”三章皆直称，不以他人激。至是一章，独以子贡激之，何哉？

或曰：“欲抑子贡也。当此之时，子贡之名凌颜渊之上，孔子恐子贡志骄意溢，故抑之也。”夫名在颜渊之上，当时所为，非子贡求胜之也。实子贡之知何如哉？使颜渊才在己上，己自服之，不须抑也。使子贡不能自知，孔子虽言，将谓孔子徒欲抑己。由此言之，问与不问，无能抑扬。

宰我昼寝。子曰：“朽木不可雕也，粪土之墙不可圬也，于予，予何诛？”是恶宰予之昼寝。

问曰：昼寝之恶也，小恶也；朽木粪土，败毁不可复成之物，大恶也。责小过以大恶，安能服人？使宰我性不善，如朽木粪土，不宜得入孔子之门，序在四科之列；使性善，孔子恶之，恶之太甚，过也。“人之不仁，疾之已甚，乱也”。孔子疾宰予，可谓甚矣。使下愚之人涉耐罪之狱，吏令以大辟之罪，必冤而怨邪？将服而自咎也？使宰我愚，则与涉耐罪之人同志；使宰我贤，知孔子责(人)〔之〕，几微自改矣。明文以识之，流言以过之，以其言示端而已自改。自改不在言之轻重，在宰予能更与否。

《春秋》之义，采毫毛之善，贬纤介之恶。褒毫毛以巨大，以巨大贬纤介，观《春秋》之义，肯是之乎？不是，则宰我不受；不受，则孔子之言弃矣。圣人之言与文相副，言出于口，文立于策，俱发于心，其实一也。孔子作《春秋》，不贬小以大；其非宰予也，以大恶细。文语相违，服人如何？

子曰：“始吾于人也，听其言而信其行；今吾于人也，听其言而观其行。于予，予改是。”盖起宰予昼寝，更知人之术也。

问曰：人之昼寝，安足以毁行？毁行之人，昼夜不卧，安足以成善？以昼寝而观人善恶，能得其实乎？案宰予在孔子之门，序于四科，列在赐上。如性情怠，不可雕琢，何以致此？使宰我以昼寝自致此,才复过人远矣。如未成就,自谓已足,不能自知,知不明耳,非行恶也。晓敕而已,无为改术也。如自知未足,倦极昼寝,是精神索也。精神索至于死亡,岂徒寝哉?且论人之法,取其行则弃其言,取其言则弃其行。今宰予虽无力行,有言语。用言,令行缺,有一概矣。今孔子起宰予昼寝,听其言,观其行,言行相应,则谓之贤。是孔子备取人也。"毋求备于一人"之义,何所施?

子张问:"令尹子文三仕为令尹,无喜色;三已之,无愠色;旧令尹之政,必以告新令尹。何如?"子曰:"忠矣。"曰:"仁矣乎?"曰:"未知,焉得仁?子文曾举楚子玉代己位而伐宋,以百乘败而丧其众,不知如此,安得为仁?"

问曰:子文举子玉,不知人也。智与仁,不相干也。有不知之性,何妨为仁之行?五常之道,仁、义、礼、智、信也。五者各别,不相须而成。故有智人,有仁人者;有礼人,有义人者。人有信者未必智,智者未必仁,仁者未必礼,礼者未必义。子文智蔽于子玉,其仁何毁?谓仁,焉得不可?且忠者,厚也。厚人,仁矣。孔子曰:"观过,斯知仁矣。"子文有仁之实矣。孔子谓忠非仁,是谓父母非二亲,配匹非夫妇也。

哀公问:"弟子孰谓好学?"孔子对曰:"有颜回者,不迁怒,不贰过,不幸短命死矣。今也则亡,未闻好学者也。"

夫颜渊所以死者,审何用哉?令自以短命,犹伯牛之有疾也。人生受命,皆全当洁。今有恶疾,故曰无命。人生皆当受天长命,今得短命,亦宜曰无命。如命有短长,则亦有善恶矣。言颜渊短命,则宜言伯牛恶命;言伯牛无命,则宜言颜渊无命。一死一病,皆痛云命。所禀不异,文语不同。未晓其故也。

哀公问孔子孰为好学。孔子对曰:"有颜回者好学,今也则亡。不迁怒,不贰过。"何也?曰:"并攻哀公之性,迁怒、贰过故也。因其问则并以对之,兼以攻上之短,不犯其罚。"

问曰：康子亦问好学，孔子亦对之以颜渊。康子亦有短，何不并对以攻康子？康子，非圣人也，操行犹有所失。成事，康子患盗，孔子对曰："苟子之不欲，虽赏之不窃。"由此言之，康子以欲为短也。不攻，何哉？

孔子见南子，子路不悦。子曰："予所鄙（一作否）者，天厌之！天厌之！"南子，卫灵公夫人也。聘孔子，子路不说，谓孔子淫乱也。孔子解之曰："我所为鄙陋者，天厌杀我！"至诚自誓，不负子路也。

问曰：孔子自解，安能解乎？使世人有鄙陋之行，天曾厌杀之，可引以誓；子路闻之，可信以解。今未曾有为天所厌者也，曰天厌之，子路肯信之乎？行事，雷击杀人，水火烧溺人，墙屋压填人。如曰雷击杀我，水火烧溺我，墙屋压填我，子路颇信之；今引未曾有之祸，以自誓于子路，子路安肯晓解而信之？行事，适有卧厌不悟者，谓此为天所厌邪？案诸卧厌不悟者，未皆为鄙陋也。子路入道虽浅，犹知事之实。事非实，孔子以誓，子路必不解矣。

孔子称曰："死生有命，富贵在天。"若此者，人之死生自有长短，不在操行善恶也。成事，颜渊蚤死，孔子谓之短命。由此知短命夭死之人，〔未〕必有邪行也。子路入道虽浅，闻孔子之言，知死生之实。孔子誓以"予所鄙者，天厌之"，独不为子路言"夫子惟命未当死，天安得厌杀之乎"。若此，誓子路以天厌之，终不见信。不见信，则孔子自解，终不解也。《尚书》曰："毋若丹朱敖，惟慢游是好。"谓帝舜敕禹毋子不肖子也。重天命，恐禹私其子，故引丹朱以敕戒之。禹曰："予娶若时，辛、壬、癸、甲，开呱呱而泣，予弗子。"陈己行事以往推来，以见卜隐，效己不敢私不肖子也。不曰天厌之者，知俗人誓好引天也。孔子为子路（行）所疑，不引行事效己不鄙，而云天厌之，是与俗人解嫌引天祝诅，何以异乎？

孔子曰："凤鸟不至，河不出图，吾已矣夫！"夫子自伤不王也。已王，致太平；太平则凤鸟至，河出图矣。今不得王，故瑞应不至，悲心自伤，故曰“吾已矣夫”。

问曰：凤鸟、河图，审何据始起？始起之时，鸟、图未至；如据太平，太平之帝，未必常致凤鸟与河图也。五帝、三王，皆致太平。案其瑞应，不皆凤皇为必然之瑞。于太平，凤皇为未必然之应；孔子，圣人也，思未必然以自伤，终不应矣。

或曰：“孔子不自伤不得王也，伤时无明王，故己不用也。凤鸟、河图，明王之瑞也。瑞应不至，时无明王，明王不存，己遂不用矣。”

夫致瑞应，何以致之？任贤使能，治定功成；治定功成，则瑞应至矣。瑞应至后，亦不须孔子。孔子所望，何其末也！不思其本而望其末也，不相其主而名其物。治有未定，物有不至，以至而效明王，必失之矣。孝文皇帝可谓明矣，案其本纪，不见凤鸟与河图。使孔子在孝文之世，犹曰“吾已矣夫”。

子欲居九夷，或曰：“陋，如之何？”子曰：“君子居之，何陋之有！”孔子疾道不行于中国，（志）〔恚〕恨失意，故欲之九夷也。或人难之曰：“夷狄之鄙陋无礼义，如之何？”孔子曰：“君子居之，何陋之有？”言以君子之道居而教之，何为陋乎！

问之曰：孔子欲之九夷者，何起乎？起道不行于中国，故欲之九夷。夫中国且不行，安能行于夷狄？“夷狄之有君，不若诸夏之亡。”言夷狄之难，诸夏之易也。不能行于易，能行于难乎？且孔子云“以君子居之者，何谓陋邪”，谓修君子之道自容乎？谓以君子之道教之也？如修君子之道苟自容，中国亦可，何必之夷狄？如以君子之道教之，夷狄安可教乎？禹入裸国，裸入衣出，衣服之制不通于夷狄也。禹不能教裸国衣服，孔子何能使九夷为君子？

或孔子实不欲往，患道不行，动发此言。或人难之，孔子知其陋，然而犹曰“何陋之有”者，欲遂已然，距或人之谏也。实不欲往，志动发言，是伪言也。“君子于言无所苟矣。”如知其陋，苟欲自遂，此子路对孔子以子羔也。子路使子羔为费宰，子曰：“贼夫人之子。”

子路曰:“有社稷焉,有民人焉,何必读书,然后为学?”子曰:“是故恶夫佞者。”子路知其不可,苟对自遂,孔子恶之,比夫佞者。孔子亦知其不可,苟应或人。孔子、子路,皆以佞也。

孔子曰:“赐不受命而货殖焉,亿则屡中。”何谓不受命乎?说曰:“〔不〕受当富之命,自以术知,数亿中时也。”

夫人,富贵在天命乎?在人知也?如在天命,知术求之不能得;如在人,孔子何为言“死生有命,富贵在天”?夫谓富不受命而自〔以〕知术得之,贵亦可不受命而自以努力求之。世无不受贵命而自得贵,亦知无不受富命而自得富者。成事,孔子不得富贵矣,周流应聘,行说诸侯,智穷策困,还定《诗》《书》,望绝无(异)〔冀〕,称“已矣夫”;自知无贵命,周流无补益也。孔子知己不受贵命,周流求之不能得,而谓赐不受富命,而以术知得富,言行相违,未晓其故。

或曰:“欲攻子贡之短也。子贡不好道德而徒好货殖,故攻其短,欲令穷服而更其行节。”夫攻子贡之短,可言赐不好道德而货殖焉,何必立“不受命”,与前言“富贵在天”相违反也?

颜渊死,子曰:“噫!天丧予!”此言人将起,天与之辅;人将废,天夺其祐。孔子有四友,欲因而起,颜渊早夭,故曰“天丧予”。

问曰:颜渊之死,孔子不王,天夺之邪,不幸短命自为死也?如短命不幸,不得不死,孔子虽王,犹不得生。辅之于人,犹杖之扶疾也。人有病,须杖而行;如斩杖本得短,可谓天使病人不得行乎?如能起行,杖短能使之长乎?夫颜渊之短命,犹杖之短度也。且孔子言“天丧予”者,以颜渊贤也。案贤者在世,未必为辅也。夫贤者未必为辅,犹圣人未必受命也。为帝有不圣,为辅有不贤。何则?禄命、骨法,与才异也。由此言之,颜渊生未必为辅,其死未必有丧,孔子云“天丧予”,何据见哉?且天不使孔子王者,本意如何?本禀性命之时,不使之王邪?将使之王,复中悔之也?如本不使之王,颜渊死,何丧?如本使之王,复中悔之,此王无骨法,便宜自在天也。且本何善所见而使之王？后何恶所闻，中悔不命？天神论议，误不谛也。

孔子之卫，遇旧馆人之丧，入而哭之，出使子贡脱骖而赙之。子贡曰："于门人之丧，未有所脱骖。脱骖于旧馆，毋乃已重乎？"孔子曰："予乡者入而哭之，遇于一哀而出涕，予恶夫涕之无从也，小子行之。"

孔子脱骖以赙旧馆者，恶情不副礼也。副情而行礼，情起而恩动，礼情相应，君子行之。颜渊死，子哭之恸。门人曰："子恸矣。""吾非斯人之恸而谁为？"夫恸，哀之至也。哭颜渊恸者，殊之众徒，哀痛之甚也。死有棺无椁，颜路请车以为之椁，孔子不予，为大夫不可以徒行也。吊旧馆脱骖以赙，恶涕无从；哭颜渊恸，请车不与，使恸无副。岂涕与恸殊，马与车异邪？于彼则礼情相副，于此则恩义不称，未晓孔子为礼之意。

孔子曰："鲤也死，有棺无椁。吾不徒行以为之椁。"鲤之恩深于颜渊，鲤死无椁，大夫之仪，不可徒行也。鲤，子也；颜渊，他姓也。子死且不礼，况其礼他姓之人乎？

曰：是盖孔子实恩之效也。副情于旧馆，不称恩于子，岂以前为士，后为大夫哉？如前为士，士乘二马；如为大夫，大夫乘三马。大夫不可去车徒行，何不截卖两马以为椁，乘其一乎？为士时乘二马，截一以赙旧馆，今亦何不截其二以副恩，乘一以解不徒行乎？不脱马以赙旧馆，未必乱制。葬子有棺无椁，废礼伤法。孔子重赙旧人之恩，轻废葬子之礼。此礼得于他人，制失亲子也。然则孔子不粥车以为鲤椁，何以解于贪官好仕恐无车？而自云"君子杀身以成仁"，何难退位以成礼？

子贡问政，子曰："足食，足兵，民信之矣。"曰："必不得已而去，于斯三者何先？"曰："去兵。"曰："必不得已而去，于斯二者何先？"曰："去食。自古皆有死，民无信不立。"信最重也。

问：使治国无食，民饿，弃礼义；礼义弃，信安所立？传曰："仓廪实，知礼节；衣食足，知荣辱。让生于有馀，争生于不足。"今言去食，信安得成？春秋之时，战国饥饿，易子而食，析骸而炊，口饥不食，不暇顾恩义也。夫父子之恩，信矣。饥饿弃信，以子为食。孔子教子贡去食存信，如何？夫去信存食，虽不欲信，信自生矣；去食存信，虽欲为信，信不立矣。

子适卫，冉子仆，子曰："庶矣哉！"曰："既庶矣，又何加焉？"曰："富之。"曰："既富矣，又何加焉？"曰："教之。"语冉子先富而后教之，教子贡去食而存信。食与富何别？信与教何异？二子殊教，所尚不同，孔子为国，意何定哉？

蘧伯玉使人于孔子，孔子曰："夫子何为乎？"对曰："夫子欲寡其过而未能也。"使者出，孔子曰："使乎！使乎！"非之也。说《论语》者曰："非之者，非其代人谦也。"

夫孔子之问使者曰"夫子何为"，问所治为，非问操行也。如孔子之问也，使者宜对曰"夫子为某事，治某政"，今反言"欲寡其过而未能也"，何以知其对(不)失指孔子非之也？且实孔子何以非使者：非其代人谦之乎？其非乎对失指也？所非犹有一实，不明其过，而徒云"使乎使乎"，后世疑惑，不知使者所以为过。韩子曰："书约则弟子辨。"孔子之言"使乎"，何其约也？

或曰："《春秋》之义也，为贤者讳。蘧伯玉贤，故讳其使者。"夫欲知其子，视其友；欲知其君，视其所使。伯玉不贤，故所使过也。《春秋》之义，为贤者讳，亦贬纤介之恶。今不非而讳，贬纤介安所施哉？使孔子为伯玉讳，宜默而已。扬言曰"使乎使乎"，时人皆知孔子之非也。出言如此，何益于讳？

佛肸召，子欲往。子路不说，曰："昔者，由也闻诸夫子曰，'亲于其身为不善者，君子不入也。'佛肸以中牟畔，子之往也如之何？"子曰："有是也。不曰坚乎，磨而不磷？不曰白乎，涅而不淄？吾岂匏瓜也哉？焉能系而不食也？”

子路引孔子往时所言以非孔子也。往前孔子出此言，欲令弟子法而行之，子路引之以谏。孔子晓之，不曰“前言戏”，若非而不可行，而曰“有是言”者，审有，当行之也。“不曰坚乎磨而不磷？不曰白乎涅而不淄”，孔子言此言者，能解子路难乎？“亲于其身为不善者，君子不入也”，解之，宜〔曰〕“佛肸未为不善，尚犹可入”；而曰“坚磨而不磷，白涅而不淄”。如孔子之言，有坚白之行者可以入之，君子之行软而易污邪？何以独不入也？孔子不饮盗泉之水，曾子不入胜母之闾，避恶去污，不以义，耻辱名也。盗泉、胜母有空名，而孔、曾耻之；佛肸有恶实，而子欲往。不饮盗泉是，则欲对佛肸非矣。“不义而富且贵，于我如浮云”，枉道食篡畔之禄，所谓“浮云”者非也？或权时欲行道也？即权时行道，子路难之，当云“行道”不言“食”。有权时以行道，无权时以求食。“吾岂匏瓜也哉，焉能系而不食”，自比以匏瓜者，言人当仕而食禄。我非匏瓜系而不食，非子路也。孔子之言，不解子路之难。子路难孔子，岂孔子不当仕也哉？当择善国而入之也。孔子自比匏瓜，孔子欲安食也。且孔子之言，何其鄙也！何彼仕为食哉？君子不宜言也。匏瓜系而不食，亦系而不仕等也。距子路可云“吾岂匏瓜也哉，系而不仕也”。今吾“系而不食”，孔子之仕，不为行道，徒求食也。人之仕也，主贪禄也。礼义之言，为行道也。犹人之娶也，主为欲也，礼义之言，为供亲也。仕而直言食，娶可直言欲乎？孔子之言，解情而无依违之意，不假义理之名，是则俗人，非君子也。儒者说孔子周流，应聘不济，闵道不行，失孔子情矣。

公山弗扰以费畔，召，子欲往。子路曰：“末如也已，何必公山氏之之也？”子曰：“夫召我者，而岂徒哉？如用我，吾其为东周乎！”

为东周，欲行道也。公山、佛肸俱畔者，行道于公山，求食于佛肸，孔子之言无定趋也。言无定趋，则行无常务矣。周流不用，岂独有以乎？阳货欲见之不见，呼之仕不仕，何其清也！公山、佛肸召之欲往，何其浊也！公山不扰与阳虎俱畔，执季桓子，二人同恶，呼召礼等。独对公山，不见阳虎，岂公山尚可，阳虎不可乎？子路难公山之(名)〔召〕，孔子宜解以尚及佛肸未甚恶之状也。

卷十

非韩第二十九

韩子之术,明法尚功。贤,无益于国不加赏;不肖,无害于治不施罚。责功重赏,任刑用诛。故其论儒也,谓之“不耕而食”,比之于一蠹,论有益与无益也。比之于鹿马,马之似鹿者千金,天下有千金之马,无千金之鹿。鹿无益,马有用也。儒者犹鹿,有用之吏犹马也。

夫韩子知以鹿马喻,不知以冠履譬。使韩子不冠,徒履而朝,吾将听其言也。加冠于首而立于朝,受无益之服,增无益之仕,言与服相违,行与术相反,吾是以非其言而不用其法也。烦劳人体,无益于人身,莫过跪拜。使韩子逢人不拜,见君父不谒,未必有贼于身体也。然须拜谒以尊亲者,礼义至重,不可失也。故礼义在身,身未必肥;而礼义去身,身未必瘠而化衰。以谓有益,礼义不如饮食。使韩子赐食君父之前,不拜而用,肯为之乎?夫拜谒,礼义之效,非益身之实也。然而韩子终不失者,不废礼义以苟益也。夫儒生,礼义也;耕战,饮食也。贵耕战而贱儒生,是弃礼义求饮食也。使礼义废,纲纪败,上下乱而阴阳缪,水旱失时,五谷不登,万民饥死,农不得耕,士不得战也。子贡去告朔之饩羊,孔子曰:“赐也,尔爱其羊,我爱其礼。”子贡恶费羊,孔子重废礼也。故以旧防为无益而去之,必有水灾;以旧礼为无补而去之,必有乱患。

儒者之在世,礼义之旧防也,有之无益,无之有损。庠序之设,自古有之。重本尊始,故立官置吏。官不可废,道不可弃。儒生,道官之吏也,以为无益而废之,是弃道也。夫道无成效于人,成效者须道而成。然足蹈路而行,所蹈之路,须不蹈者。身须手足而动,待不动者。故事或无益而益者须之,无效而效者待之。儒生,耕战所须待也,弃而不存,如何也?

韩子非儒,谓之无益有损,盖谓俗儒无行操,举措不重礼,以儒名而俗行,以实学而伪说,贪官尊荣,故不足贵。夫志洁行显,不徇爵禄,去卿相之位若脱蹝者,居位治职,功虽不立,此礼义为业者也。国之所以存者,礼义也。民无礼义,倾国危主。今儒者之操,重礼爱义,率无礼之士,激无义之人。人民为善,爱其主上,此亦有益也。闻伯夷风者,贪夫廉,懦夫有立志;闻柳下惠风者,薄夫敦,鄙夫宽。此上化也,非人所见。段干木阖门不出,魏文敬之,表式其闾,秦军闻之,卒不攻魏。使魏无干木,秦兵入境,境土危亡。秦,强国也,兵无不胜,兵加于魏,魏国必破,三军兵顿,流血千里。今魏文式阖门之士,却强秦之兵,全魏国之境,济三军之众,功莫大焉,赏莫先焉。齐有高节之士,曰狂谲、华士,二人昆弟也,义不降志,不仕非其主。太公封于齐,以此二子解沮齐众,开不为上用之路,同时诛之。韩子善之,以为二子无益而有损也。夫狂谲、华士,段干木之类也,太公诛之,无所却到;魏文侯式之,却强秦而全魏。功孰大者?使韩子善干木阖门高节,魏文式之,是也;狂谲、华士之操,干木之节也,善太公诛之,非也。使韩子非干木之行,下魏文之式,则干木以此行而有益,魏文用式之道为有功;是韩子不赏功、尊有益也。

论者或曰:"魏文式段干木之闾,秦兵为之不至,非法度之功;一功特然,不可常行,虽全国有益,非所贵也。"夫法度之功者,谓何等也?养三军之士,明赏罚之命,严刑峻法,富国强兵,此法度也。案秦之强,肯为此乎?六国之亡,皆灭于秦兵。六国之兵非不锐,士众之力非不劲也,然而不胜,至于破亡者,强弱不敌,众寡不同,虽明法度,其何益哉?使童子变孟贲之意,孟贲怒之,童子操刃与孟贲战,童子必不胜，力不如也。孟贲怒，而童子修礼尽敬，孟贲不忍犯也。秦之与魏，孟贲之与童子也。魏有法度，秦必不畏，犹童子操刃，孟贲不避也。其尊士式贤者之闾，非徒童子修礼尽敬也。夫力少则修德，兵强则奋威。秦以兵强，威无不胜，却军还众，不犯魏境者，贤干木之操，高魏文之礼也。夫敬贤，弱国之法度，力少之强助也。谓之非法度之功，如何？高皇帝议欲废太子，吕后患之，即召张子房而取策，子房教以敬迎四皓而厚礼之。高祖见之，心消意沮，太子遂安。使韩子为吕后议，进不过强谏，退不过劲力。以此自安，取诛之道也，岂徒易哉？夫太子敬厚四皓以消高帝之议，犹魏文式段干木之闾，却强秦之兵也。

治国之道，所养有二：一曰养德，二曰养力。养德者，养名高之人，以示能敬贤；养力者，养气力之士，以明能用兵。此所谓文、武张设，德、力(且)〔具〕足者也。事或可以德怀，或可以力摧。外以德自立，内以力自备。慕德者不战而服，犯德者畏兵而却。徐偃王修行仁义，陆地朝者三十二国，强楚闻之，举兵而灭之。此有德守，无力备者也。夫德不可独任以治国，力不可直任以御敌也。韩子之术不养德，偃王之操不任力。二者偏驳，各有不足。偃王有无力之祸，知韩子必有无德之患。

凡人禀性也，清浊贪廉，各有操行，犹草木异质，不可复变易也。狂谲、华士不仕于齐，犹段干木不仕于魏矣。性行清廉，不贪富贵，非时疾世，义不苟仕，虽不诛此人，此人行不可随也。太公诛之，韩子是之，是谓人无性行，草木无质也。太公诛二子，使齐有二子之类，必不为二子见诛之故，不清其身；使无二子之类，虽养之，终无其化。尧不诛许由，唐民不皆樔处；武王不诛伯夷，周民不皆隐饿；魏文侯式段干木之闾，魏国不皆阖门。由此言之，太公不诛二子，齐国亦不皆不仕。何则？清廉之行，人所不能为也。夫人所不能为，养使为之，不能使劝；人所能为，诛以禁之，不能使止。然则太公诛二子,无益于化,空杀无辜之民。赏无功,杀无辜,韩子所非也。太公杀无辜,韩子是之,以韩子之术杀无辜也。

夫执不仕者,未必有正罪也,太公诛之。如出仕未有功,太公肯赏之乎?赏须功而加,罚待罪而施。使太公不赏出仕未有功之人,则其诛不仕未有罪之民,非也;而韩子是之,失误之言也。且不仕之民,性廉寡欲;好仕之民,性贪多利。利欲不存于心,则视爵禄犹粪土矣。廉则约省无极,贪则奢泰不止;奢泰不止,则其所欲不避其主。案古篡畔之臣,希清白廉洁之人。贪,故能立功;骄,故能轻生。积功以取大赏,奢泰以贪主位。太公遗此法而去,故齐有陈氏劫杀之患。太公之术,致劫杀之法也;韩子善之,是韩子之术亦危亡也。

周公闻太公诛二子,非而不是,然而身执贽以下白屋之士。白屋之士,二子之类也。周公礼之,太公诛之,二子之操,孰为是者?宋人有御马者不进,拔剑刭而弃之于沟中;又驾一马,马又不进,又刭而弃之于沟。若是者三。以此威马,至矣,然非王良之法也。王良登车,马无罢驽。尧、舜治世,民无狂悖。王良驯马之心,尧、舜顺民之意。人同性,马殊类也。王良能调殊类之马,太公不能率同性之士。然则周公之所下白屋,王良之驯马也;太公之诛二子,宋人之刭马也。举王良之法与宋人之操,使韩子平之,韩子必是王良而非宋人矣。王良全马,宋人贼马也。马之贼,则不若其全;然则民之死,不若其生。使韩子非王良,自同于宋人,贼善人矣。如非宋人,宋人之术与太公同。非宋人,是太公,韩子好恶无定矣。

治国,犹治身也。治一身,省恩德之行,多伤害之操,则交党疏绝,耻辱至身。推治身以况治国,治国之道当任德也。韩子任刑独以治世,是则治身之人任伤害也。韩子岂不知任德之为善哉?以为世衰事变,民心靡薄,故作法术,专意于刑也。夫世不乏于德,犹岁不绝于春也。谓世衰难以德治,可谓岁乱不可以春生乎?人君治一国,犹天地生万物。天地不为乱岁去春,人君不以衰世屏德。孔子曰:“斯民也,三代所以直道而行也。”

周穆王之世,可谓衰矣,任刑治政,乱而无功;甫侯谏之,穆王存德,享国久长,功传于世。夫穆王之治,初乱终治,非知昏于前,才妙于后也;前任蚩尤之刑,后用甫侯之言也。夫治人不能舍恩,治国不能废德,治物不能去春。韩子欲独任刑用诛,如何?

鲁缪公问于子思曰:“吾闻庞擱是子不孝,不孝,其行奚如?”子思对曰:“君子尊贤以崇德,举善以劝民。若夫过行,是细人之所识也,臣不知也。”子思出,子服厉伯见,君问庞擱是子,子服厉伯对以其过,皆君(子)〔之〕所未曾闻。自是之后,君贵子思而贱子服厉伯。韩子闻之,以非缪公,以为明君求奸而诛之,子思不以奸闻,而厉伯以奸对,厉伯宜贵,子思宜贱。今缪公贵子思,贱厉伯,失贵贱之宜,故非之也。

夫韩子所尚者,法度也。人为善,法度赏之;恶,法度罚之。虽不闻善恶于外,善恶有所制矣。夫闻恶不可以行罚,犹闻善不可以行赏也。非人不举奸者,非韩子之术也。使韩子闻善,必将试之;试之有功,乃肯赏之。夫闻善不辄加赏,虚言未必可信也。若此,闻善与不闻,无以异也。夫闻善不辄赏,则闻恶不辄罚矣。闻善必试之,闻恶必考之。试有功乃加赏,考有验乃加罚。虚闻空见,实试未立,赏罚未加。赏罚未加,善恶未定,未定之事,须术乃立。则欲耳闻之,非也。

郑子产晨出,过东匠之宫,闻妇人之哭也,抚其仆之手而听之。有间,使吏执而问之:手杀其夫者也。翼日,其仆问曰:“夫子何以知之?”子产曰:“其声不恸。凡人于其所亲爱也,知病而忧,临死而惧,已死而哀。今哭夫已死,不哀而惧,是以知其有奸也。”韩子闻而非之,曰:“子产不亦多事乎!奸必待耳目之所及而后知之,则郑国之得奸寡矣。不任典城之吏,察参伍之正,不明度量,待尽聪明、劳知虑而以知奸,不亦无术乎!”韩子之非子产,是也。其非缪公,非也。

夫妇人之不哀,犹庞(扪)〔㨉是〕子不孝也。非子产持耳目以知奸,独欲缪公须问以定邪。子产不任典城之吏,而以耳〔闻〕定实;缪公亦不任吏,而以口问立诚。夫耳闻口问,一实也,俱不任吏,皆不参伍。厉伯之对不可以立实,犹妇人之哭不可以定诚矣。不可定诚,使吏执而问之。不可以立实,不使吏考,独信厉伯口,以罪不考之奸,如何?

韩子曰:"子思不以过闻,缪公贵之。子服厉伯以奸闻,缪公贱之。人情皆喜贵而恶贱,故季氏之乱成而不上闻。此鲁君之所以劫也。"夫鲁君所以劫者,以不明法度邪,以不早闻奸也?夫法度明,虽不闻奸,奸无由生;法度不明,虽日求奸,决其源障之以掌也。御者无衔,见马且奔,无以制也。使王良持辔,马无欲奔之心,御之有数也。今不言鲁君无术,而曰"不闻奸",不言〔不〕审法度,而曰"不通下情",韩子之非缪公也,与术意而相违矣。

庞(扪)〔㨉〕是子不孝,子思不言。缪公贵之,韩子非之,以为明君求善而赏之,求奸而诛之。夫不孝之人,下愚之才也。下愚无礼,顺情从欲,与鸟兽同。谓之恶,可也;谓奸,非也。奸人外善内恶,色厉内荏,作为操止象类贤行,以取升进,容媚于上,安肯作不孝、著身为恶以取弃殉之咎乎?庞(扪)〔㨉〕是子可谓不孝,不可谓奸。韩子谓之奸,失奸之实矣。

韩子曰:"布帛寻常,庸人不择;烁金百镒,盗跖不搏。"以此言之,法明,民不敢犯也。设明法于邦,有盗贼之心,不敢犯矣;不测之者,不敢发矣。奸心藏于胸中,不敢以犯罪法,罪法恐之也。明法恐之,则不须考奸求邪于下矣。使法峻,民无奸者;使法不峻,民多为奸。而不言明王之严刑峻法,而云求奸而诛之。言求奸,是法不峻,民或犯之也。世不专意于明法,而专心求奸。韩子之言,与法相违。

人之释沟渠也,知(者)〔其〕必溺身。不塞沟渠而缮船楫者,知水之性不可阏,其势必溺人也。臣子之性欲奸君父,犹水之性溺人也。不教所以防奸,而非其不闻知,是犹不备水之具,而徒欲早知水之溺人也。溺于水,不责水而咎己者,己失防备也。然则人君劫于臣,己失法也。备溺不阏水源,防劫不求臣奸,韩子所宜用教己也。水之性胜火,如裹之以釜,水煎而不得胜,必矣。夫君犹火也,臣犹水也,法度釜也。火不求水之奸,君亦不宜求臣之罪也。

刺孟第三十

孟子见梁惠王,王曰:“叟!不远千里而来,将何以利吾国乎?”孟子曰:“仁义而已,何必曰利?”夫利有二,有货财之利,有安吉之利。惠王曰“何以利吾国”,何以知不欲安吉之利,而孟子径难以货财之利也?《易》曰:“利见大人”,“利涉大川”,“乾,元亨利贞。”《尚书》曰:“黎民亦尚有利哉!”皆安吉之利也。行仁义,得安吉之利。孟子不且语问惠王“何谓利吾国”,惠王言货财之利,乃可答。若设令惠王之问,未知何趣,孟子径答以货财之利。如惠王实问货财,孟子无以验效也;如问安吉之利,而孟子答以货财之利,失对上之指,违道理之实也。

齐王问时子:“我欲中国而授孟子室,养弟子以万钟,使诸大夫国人皆有所矜式。子盍为我言之?”时子因陈子而以告孟子。孟子曰:“夫时子恶知其不可也?如使予欲富,辞十万而受万,是为欲富乎?”夫孟子辞十万,失谦让之理也。“夫富贵者,人之所欲也,不以其道得之,不居也。”故君子之于爵禄也,有所辞,有所不辞,岂以己不贪富贵之故,而以距逆宜当受之赐乎?

陈臻问曰:“于齐,王馈兼金一百镒而不受;于宋,归七十镒而受;于薛,归五十镒而受。取前日之不受是,则今受之非也。今日之受是,则前日之不受非也。夫(君)子必居一于此矣。”孟子曰:“皆是也。当在宋也,予将有远行,行者必以赆,辞曰‘归赆’,予何为不受?

当在薛也，予有戒心，辞曰‘闻戒，故为兵戒归之备’（乎），予何为不受？若于齐，则未有处也，无处而归之，是货之也，焉有君子而可以货取乎？”夫金归或受或不受，皆有故。非受之时己贪，当不受之时己不贪也。金有受不受之义，而室亦宜有受不受之理。今不曰己无功，若已致仕受室非理；而曰己不贪富，引前辞十万以况后万。前当受十万之多，安得辞之？

彭更问曰：“后车数十乘，从者数百人，以传食于诸侯，不亦泰乎？”孟子曰：“非其道，则一箪食而不可受于人；如其道，则舜受尧之天下，不以为泰。”受尧天下，孰与十万？舜不辞天下者，是其道也。今不曰受十万非其道，而曰己不贪富贵，失谦让也。安可以为戒乎？

沈同以其私问曰：“燕可伐与？”孟子曰：“可。子哙不得与人燕，子之不得受燕于子哙。有士于此，而子悦之，不告于王，而私与之子之爵禄。夫士也，亦无王命而私受之，于子，则可乎？何以异于是？”齐人伐燕，或问曰：“劝齐伐燕，有诸？”曰：“未也。沈同曰：‘燕可伐与？’吾应之曰：‘可。’彼然而伐之。如曰：‘孰可以伐之？’则应之曰：‘为天吏则可以伐之。’今有杀人者，或问之曰：‘人可杀与？’则将应之曰：‘可。’彼如曰：‘孰可以杀之？’则应之曰：‘为士师则可以杀之。’今以燕伐燕，何为劝之也？”夫或问孟子劝王伐燕，不诚是乎？沈同问“燕可伐与”，此挟私意欲自伐之也。知其意慊于是，宜曰：“燕虽可伐，须为天吏乃可以伐之。”沈同意绝，则无伐燕之计矣。不知有此私意而径应之，不省其语，是不知言也。

公孙丑问曰：“敢问夫子恶乎长？”孟子曰：“我知言。”又问：“何谓知言？”曰：“诐辞知其所蔽，淫辞知其所陷，邪辞知其所离，遁辞知其所穷。生于其心，害于其政，发于其政，害于其事，虽圣人复起，必从吾言矣。”孟子知言者也，又知言之所起之祸，其极所致之（福）〔害〕。见彼之问，则知其措辞所欲之矣。知其所之，则知其极所当害矣。

孟子有云:“民举安,王庶几改诸?予日望之。”孟子所去之王,岂前所不朝之王哉?而是,何其前轻之疾而后重之甚也?如非是,前王则不去,而于后去之,是后王不肖甚于前;而去,三日宿,于前不甚,不朝而宿于景丑氏。何孟子之操前后不同,所以为王,终始不一也?

且孟子在鲁,鲁平公欲见之,嬖人臧仓毁孟子,止平公。乐正子以告。曰:“行或使之,止或尼之,行止非人所能也。予之不遇鲁侯,天也!”前不遇于鲁,后不遇于齐,无以异也。前归之天,今则归之于王。孟子论称竟何定哉?夫不行于齐,王不用,则若臧仓之徒毁谗之也。此亦止或尼之也,皆天命不遇,非人所能也。去,何以不径行而留三宿乎?天命不当遇于齐,王不用其言,天岂为三日之间易命使之遇乎?在鲁则归之于天,绝意无冀;在齐则归之于王,庶几有望。夫如是,不遇之议一在人也。或曰:“初去,未可以定天命也,冀三日之间,王复追之,天命或时在三日之间,故可也。”夫言如是,齐王初使之去者,非天命乎?如使天命在三日之间,鲁平公比三日亦时弃臧仓之议,更用乐正子之言,往见孟子,孟子归之于天,何其早乎?如三日之间,公见孟子,孟子奈前言何乎?

孟子去齐,充虞涂问曰:“夫子若不豫色然。前日,虞闻诸夫子曰:君子不怨天,不尤人。”曰:“彼一时也,此一时也。五百年必有王者兴,其间必有名世者矣。由周以来,七百有馀岁矣,以其数则过矣,以其时考之,则可矣。夫天未欲平治天下乎?如欲平治天下,当今之世,舍我而谁也?吾何为不豫哉?”夫孟子言五百年有王者兴,何以见乎?帝喾王者,而尧又王天下;尧传于舜,舜又王天下;舜传于禹,禹又王天下。四圣之王天下也,继踵而兴。禹至汤且千岁,汤至周亦然。始于文王,而卒传于武王。武王崩,成王、周公共治天下。由周至孟子之时,又七百岁而无王者。五百岁必有王者之验,在何世乎?云五百岁必有王者,谁所言乎?论不实事考验,信浮淫之语；不遇去齐，有不豫之色。非孟子之贤效，与俗儒无殊之验也。五百年者，以为天出圣期也，又言以天未欲平治天下也，其意以为天欲平治天下，当以五百年之间生圣王也。如孟子之言，是谓天故生圣人也。然则五百岁者，天生圣人之期乎？如是其期，天何不生圣？圣王非其期，故不生。孟子犹信之，孟子不知天也。

“自周已来，七百馀岁矣，以其数则过矣；以其时考之，则可矣。”何谓数过？何谓〔时〕可乎？数则时，时则数矣。数过，过五百年也。从周到今七百馀岁，逾二百岁矣。设或王者生，失时矣，又言时可，何谓也？云五百年必有王者兴，又言其间必有“名世”，与王者同乎？异也？如同，为再言之；如异，名世者谓何等也？谓孔子之徒、孟子之辈，教授后生，觉悟顽愚乎？已有孔子，已又以生矣。如谓圣臣乎？当与圣〔王〕同时。圣王出，圣臣见矣。言五百年而已，何为言“其间”？如不谓五百年时，谓其中间乎？是谓二三百年之时也。圣〔臣〕不与五百年时圣王相得。夫如是，孟子言其间必有名世者，竟谓谁也？“夫天未欲平治天下也，如欲治天下，舍予而谁也？”言若此者，不自谓当为王者，有王者若为王臣矣。为王者、〔圣〕臣，皆天也。已命不当平治天下，不浩然安之于齐，怀恨有不豫之色，失之矣。

彭更问曰：“士无事而食，可乎？”孟子曰：“不通功易事，以羡补不足，则农有馀粟，女有馀布。子如通之，则梓匠、轮舆，皆得食于子。于此有人焉，入则孝，出则悌，守先王之道，以待后世之学者，而不得食于子。子何尊梓匠、轮舆而轻为仁义者哉？”曰：“梓匠、轮舆，其志将以求食也。君子之为道也，其志亦将以求食与？”孟子曰：“子何以其志为哉？其有功于子，可食而食之矣。且子食志乎，食功乎？”曰：“食志。”曰：“有人于此，毁瓦画墁，其志将以求食也，则子食之乎？”曰：“否。”曰：“然则子非食志，食功也。”夫孟子引毁瓦画墁者，欲以诘彭更之言也。知毁瓦画墁无功而有志，彭更必不食也。虽然，引毁瓦画墁非所以诘彭更也。何则？诸志欲求食者，毁瓦画墁者不在其中。不在其中,则难以诘人矣。夫人无故毁瓦画墁,此不痴狂则遨戏也。痴狂人之志不求食,遨戏之人亦不求食。求食者,皆多人所不得利之事,以作此鬻卖于市,得贾以归,乃得食焉。今毁瓦画墁,无利于人,何志之有?有知之人,知其无利,固不为也。无知之人,与痴狂比,固无其志。夫毁瓦画墁,犹比童子击壤于涂,何以异哉?击壤于涂者,其志亦欲求食乎?此尚童子,未有志也。巨人博戏,亦画墁之类也。博戏之人,其志复求食乎?博戏者尚有相夺钱财,钱财众多,己亦得食,或时有志。夫投石、超距,亦画墁之类也。投石、超距之人,其志有求食者乎?然则孟子之诘彭更也,未为尽之也。如彭更以孟子之言,可谓"御人以口给"矣。

匡章子曰:"陈仲子岂不诚廉士乎?居于于陵,三日不食,耳无闻、目无见也。井上有李,螬食实者过半,扶服往将食之,三咽,然后耳有闻、目有见也。"孟子曰:"于齐国之士,吾必以仲子为巨擘焉。虽然,仲子恶能廉?充仲子之操,则蚓而后可者也。夫蚓上食槁壤,下饮黄泉。仲子之所居室,伯夷之所筑与?抑亦盗跖之所筑与?所食之粟,伯夷之所树与?抑亦盗跖之所树与?是未可知也。"曰:"是何伤哉?彼身织屦,妻辟纑,以易之也。"曰:"仲子,齐之世家,兄戴,盖禄万钟。以兄之禄为不义之禄,而不食也。以兄之室为不义之室,而弗居也。辟兄离母,处于于陵。他日归,则有馈其兄生鹅者也。己频蹙曰:'恶用是鶂鶂者为哉?'他日,其母杀是鹅也,与之食之。其兄自外至,曰:'是鶂鶂之肉也。'出而吐之。以母则不食,以妻则食之;以兄之室则不居,以于陵则居之。是尚能为充其类也乎?若仲子者,蚓而后充其操者也。"夫孟子之非仲子也,不得仲子之短也。仲子之怪鹅如吐之者,岂为"在母不食"乎?乃先谴鹅曰:"恶用鶂鶂者为哉?"他日,其母杀以食之,其兄曰:"是鶂鶂之肉。"仲子耻负前言,即吐而出之。而兄不告则不吐,不吐,则是食于母也。谓之在母则不食,失其意矣。使仲子执不食于母,鹅膳至,不当食也。今既食之,知其为鹅,怪而吐之。故仲子之吐鹅也,耻食不合己志之物也,非负亲亲之恩而欲勿母食也。

又"仲子恶能廉?充仲子之性,则蚓而后可者也"。夫蚓上食槁壤,下饮黄泉,是谓蚓为至廉也。仲子如蚓,乃为廉洁耳。今所居之宅,伯夷之所筑;所食之粟,伯夷之所树。仲子居而食之,于廉洁可也。或时食盗跖之所树粟,居盗跖之所筑室,污廉洁之行矣。用此非仲子,亦复失之。室因人故,粟以屦纑易之,正使盗之所树筑,己不闻知。今兄之不义,有其操矣。操见于众,昭晰议论,故避于陵,不处其宅,织屦辟纑,不食其禄也。而欲使仲子处于陵之地,避若兄之宅,吐若兄之禄,耳闻目见,昭晰不疑,仲子不处不食,明矣。今于陵之宅不见筑者为谁,粟不知树者为谁,何得成室而居之,得成粟而食之?孟子非之,是为太备矣。仲子所居,或时盗之所筑,仲子不知而居之,谓之不充其操,唯蚓然后可者也。夫盗室之地中亦有蚓焉,食盗宅中之槁壤,饮盗宅中之黄泉,蚓恶能为可乎?在仲子之操,满孟子之议,鱼然后乃可。夫鱼处江海之中,食江海之土,海非盗所凿,土非盗所聚也。然则仲子有大非,孟子非之不能得也。夫仲子之去母辟兄,与妻独处于陵,以兄之宅为不义之宅,以兄之禄为不义之禄,故不处不食,廉洁之至也。然则其徙于陵归候母也,宜自赍食而行。鹅膳之进也,必与饭俱。母之所为饭者,兄之禄也。母不自有私粟以食仲子,明矣。仲子食兄禄也。伯夷不食周粟,饿死于首阳之下,岂一食周粟而以污其洁行哉?仲子之操,近不若伯夷,而孟子谓之若蚓乃可,失仲子之操所当比矣。

孟子曰:"莫非天命也,顺受其正。是故知命者不立乎岩墙之下。尽其道而死者,为正命也。桎梏而死者,非正命也。"夫孟子之言,是谓人无触值之命也。顺操行者得正命,妄行苟为得非正,是天命于操行也。夫子不王,颜渊早夭,子夏失明,伯牛为疠。四者行不顺与?何以不受正命?比干剖,子胥烹,子路菹,天下极戮,非徒桎梏也。必以桎梏效非正命，则比干、子胥行不顺也。人禀性命，或当压溺兵烧，虽或慎操修行，其何益哉？窦广国与百人俱卧积炭之下，炭崩，百人皆死，广国独济，命当封侯也。积炭与岩墙何以异？命不压，虽岩崩，有广国之命者犹将脱免。"行或使之，止或尼之"，命当压，犹或使之立于墙下。孔甲所入主人子（之），天命当贱，虽载入宫，犹为守者。不立岩墙之下，与孔甲载子入宫，同一实也。

卷十一

谈天第三十一

儒书言:共工与颛顼争为天子不胜,怒而触不周之山,使天柱折,地维绝。女娲销炼五色石以补苍天,断鳌足以立四极。天不足西北,故日月移焉;地不足东南,故百川注焉。此久远之文,世间是之言也。文雅之人,怪而无以非,若非而无以夺,又恐其实然,不敢正议。

以天道人事论之,殆虚言也。与人争为天子不胜,怒触不周之山,使天柱折,地维绝,有力如此,天下无敌。以此之力,与三军战,则士卒蝼蚁也,兵革毫芒也,安得不胜之恨,怒触不周之山乎?且坚重莫如山,以万人之力,共推小山,不能动也。如不周之山,大山也,使是天柱乎,折之固难;使非柱乎,触不周山而使天柱折,是亦复难信。颛顼与之争,举天下之兵,悉海内之众,不能当也,何不胜之有?且夫天者,气邪?体也?如气乎,云烟无异,安得柱而折之?女娲以石补之,是体也。如审然,天乃玉石之类也。石之质重,千里一柱,不能胜也。如五岳之巅不能上极天,乃为柱。如触不周,上极天乎?不周为共工所折,当此之时,天毁坏也?如审毁坏,何用举之?

断鳌之足以立四极,说者曰:"鳌,古之大兽也,四足长大,故断其足以立四极。"夫不周,山也;鳌,兽也。夫天本以山为柱,共工折之,代以兽足,骨有腐朽,何能立之久?且鳌足可以柱天,体必长大,不容于天地,女娲虽圣,何能杀之?如能杀之,杀之何用?足可以柱天,则皮革如铁石,刀剑矛戟不能刺之,强弩利矢不能胜射也。

察当今天去地甚高，古天与今无异。当共工缺天之时，天非坠于地也。女娲，人也，人虽长，无及天者。夫其补天之时，何登缘阶据而得治之？岂古之天若屋庑之形，去人不远，故共工得败之，女娲得补之乎？如审然者，女娲(多)〔以〕前，齿为人者，人皇最先。人皇之时，天如盖乎？说《易》者曰："元气未分，浑沌为一。"儒书又言："溟涬濛澒，气未分之类也。及其分离，清者为天，浊者为地。"如说《易》之家、儒书之言，天地始分，形体尚小，相去近也。近则或枕于不周之山，共工得折之，女娲得补之也。含气之类，无有不长。天地，含气之自然也；从始立以来，年岁甚多，则天地相去，广狭远近，不可复计。儒书之言，殆有所见。然其言触不周山而折天柱，绝地维，(消)〔销〕炼五石补苍天，断鳌之足以立四极，犹为虚也。何则？山(虽)〔难〕动，共工之力不能折也。岂天地始分之时，山小而人反大乎？何以能触而折之？以五色石补天，尚可谓五石若药石治病之状。至其断鳌之足以立四极，难论言也。从女娲以来久矣，四极之立自若，鳌之足乎？

邹衍之书言：天下有九州，《禹贡》之上所谓九州也；《禹贡》九州，所谓一州也，若《禹贡》以上者九焉。《禹贡》九州，方今天下九州也，在东南隅，名曰赤县神州。复更有八州。每一州者四海环之，名曰裨海。九州之外，更有瀛海。此言诡异，闻者惊骇，然亦不能实然否，相随观读讽述以谈。故虚实之事，并传世间，真伪不别也。世人惑焉，是以难论。

案邹子之知不过禹，禹之治洪水，以益为佐。禹主治水，益(之)〔主〕记物。极天之广，穷地之长，辨四海之外，竟四山之表，三十五国之地，鸟兽草木、金石水土，莫不毕载，不言复有九州。淮南王刘安召术士伍被、左吴之辈，充满宫殿，作道术之书，论天下之事。《地形》之篇，道异类之物，外国之怪，列三十五国之异，不言更有九州。邹子行地不若禹、益，闻见不过被、吴，才非圣人，事非天授，安得此言？案禹之《山经》、淮南之《地形》，以察邹子之书，虚妄之言也。

太史公曰："《禹本纪》言河出昆仑，其高三千五百馀里，日月所(于)〔相〕辟隐为光明也，其上有玉泉、华池。今自张骞使大夏之后，穷河源，恶睹《本纪》所谓昆仑者乎？故言九州山川，《尚书》近之矣。至《禹本纪》《山经》所有怪物，余不敢言也。"夫弗敢言者，谓之虚也。昆仑之高，玉泉、华池，世所共闻，张骞亲行无其实。案《禹贡》九州山川怪奇之物，金玉之珍，莫不悉载，不言昆仑山上有玉泉、华池。案太史公之言，《山经》《禹纪》虚妄之言。

凡事难知，是非难测。极为天中，方今天下在(禹)〔天〕极之南，则天极北必高多民。《禹贡》东渐于海，西被于流沙，此则天地之极际也。日刺径千里，今从东海之上会稽鄞、(郧)〔鄮〕，则察日之初出径二尺，尚远之验也，远则东方之地尚多。东方之地尚多，则天极之北，天地广长，不复訾矣。夫如是，邹衍之言未可非，《禹纪》《山海》《淮南·地形》未可信也。邹衍曰："方今天下在地东南，名赤县神州。"天极为天中，如方今天下在地东南，视极当在西北。今正在北方，今天下在极南也。以极言之，不在东南，邹衍之言非也。如在东南，近日所出，日如出时，其光宜大。今从东海上察日，及从流沙之地视日，小大同也。相去万里，小大不变，方今天下得地之广少矣。洛阳，九州之中也，从洛阳北顾，极正在北。东海之上，去洛阳三千里，视极亦在北。推此以度，从流沙之地，视极亦必复在北焉。东海、流沙，九州东西之际也，相去万里，视极犹在北者，地小居狭，未能辟离极也。日南之郡，去洛且万里。徙民还者，问之，言日中之时，所居之地，未能在日南也。度之复南万里，日在(日)〔南〕之南，是则去洛阳二万里，乃为日南也。今从洛地察日之去远近，非与极同也，极为远也。今欲北行三万里，未能至极下也。假令之至，是则名为距极下也。以至日南五万里，极北亦五万里也。极北亦五万里，极东西亦皆五万里焉。东西十万，南北十万，相承百万里。邹衍之言:“天地之间,有若天下者九。”案周时九州,东西五千里,南北亦五千里。五五二十五,一州者二万五千里。天下若此九之;乘二万五千里,二十二万五千里。如邹衍之书,若谓之多,计度验实,反为少焉。

儒者曰:“天,气也,故其去人不远。人有是非,阴为德害,天辄知之,又辄应之,近人之效也。”如实论之,天体非气也。人生于天,何嫌天无气?犹有体在上,与人相远。秘传或言天之离天下六万馀里。数家计之,三百六十五度一周天。下有周度,高有里数。如天审气,气如云、烟,安得里、度?又以二十八宿效之,二十八宿为日月舍,犹地有邮亭为长吏廨矣。邮亭著地,亦如星舍著天也。案(附)〔传〕书者,天有形体,所据不虚。犹此考之,则无恍惚,明矣。

说日第三十二

儒者曰:“日朝见,出阴中;暮不见,入阴中。阴气晦冥,故没不见。”如实论之,不出入阴中。何以效之?夫夜,阴也,气亦晦冥,或夜举火者,光不灭焉。夜之阴,北方之阴也。朝出日,(入)〔人〕所举之火也。火夜举,光不灭,日暮入,独不见,非气验也。夫观冬日之出入,朝出东南,暮入西南,东南西南非阴,何故谓之出入阴中?且夫星小犹见,日大反灭,世儒之论,竟虚妄也。

儒者曰:“冬日短,夏日长,亦复以阴阳。夏时阳气多,阴气少,阳气光明,与日同耀,故日出辄无障蔽。冬阴气晦冥,掩日之光,日虽出,犹隐不见,故冬日日短,阴多阳少,与夏相反。”如实论之,日之长短,不以阴阳。何以验之?复以北方之星。北方之阴,〔冬〕日之阴也。北方之阴,不蔽星光;冬日之阴,何故犹灭日明?由此言之,以阴阳说者,失其实矣。实者,夏时日在东井,冬时日在牵牛,牵牛去极远,故日道短,东井近极,故日道长。夏北至东井,冬南至牵牛,故冬夏节极,皆谓之至。春秋未至,故谓之分。

或曰:“夏时阳气盛,阳气在南方,故天举而高;冬时阳气衰,天抑而下。高则日道多,故日长;下则日道少,故日短也。”(日)〔曰〕:阳气盛,天南方举而日道长,月亦当复长。案夏日长之时,日出东北,而月出东南;冬日短之时,日出东南,月出东北。如夏时天举南方,日月当俱出东北,冬时天复下,日月亦当俱出东南。由此言之,夏时天不举南方,冬时天不抑下也。然则夏日之长也,其所出之星在北方也;冬日之短也,其所出之星在南方也。

问曰:“当夏五月日长之时在东井,东井近极,故日道长。今案察五月之时,日出于寅,入于戌。日道长,去人远,何以得见其出于寅入于戌乎?”日东井之时,去人极近。夫东井近极,若极旋转,人常见之矣。使东井在极旁侧,得无夜常为昼乎?日昼行十六分,人常见之,不复出入焉。儒者或曰:“日月有九道,故曰日行有近远,昼夜有长短也。”夫复五月之时,昼十一分,夜五分;六月,昼十分,夜六分;从六月往至十一月,月减一分:此则日行月从一分道也,岁日行天十六道也,岂徒九道?

或曰:“天高南方,下北方,日出高故见,入下故不见。天之居,若倚盖矣,故极在人之北,是其效也。极其天下之中,今在人北,其若倚盖,明矣。”(日)〔曰〕:(明)既以倚盖喻,当若盖之形也;极星在上之北,若盖之葆矣;其下之南,有若盖之茎者,正何所乎?夫取盖倚于地不能运,立而树之然后能转。今天运转,其北际不著地者,触碍何以能行?由此言之,天不若倚盖之状,日之出入不随天高下,明矣。

或曰:“天北际下地中,日随天而入地,地密障隐,故人不见。然天地,夫妇也,合为一体。天在地中,地与天合,天地并气,故能生物。北方阴也,合体并气,故居北方。”天运行于地中乎?不则,北方之地低下而不平也?如审运行地中,凿地一丈,转见水源,天行地中，出入水中乎？如北方低下不平，是则九川北注，不得盈满也。实者，天不在地中，日亦不随天隐，天平正与地无异。然而日出上日入下者，随天转运，视天若覆盆之状，故视日上下然，似若出入地中矣。然则日之出，近也。其入远，不复见，故谓之入；运见于东方，近，故谓之出。何以验之？系明月之珠于车盖之橑，转而旋之，明月之珠旋邪？人望不过十里，天地合矣，远非合也。今视日入，非入也，亦远也。当日入西方之时，其下民亦将谓之日中，从日入之下东望今之天下，或时亦天地合，如是，方〔今〕天下在南方也，故日出于东方，入于〔西方〕。北方之地，日出北方，入于南方。各于近者为出，远者为入，实者不入，远矣。临大泽之滨，望四边之际与天属，其实不属，远若属矣。日以远为入，泽以远为属，其实一也。泽际有陆，人望而不见，陆在，察之若(望)〔亡〕；日亦在，视之若入。皆远之故也。太山之高，参天入云，去之百里，不见埵块。夫去百里，不见太山，况日去人以万里数乎？太山之验，则既明矣，试使一人把大炬火夜行于道，平易无险，去人不一里，火光灭矣，非灭也，远也。今日西转不复见者，非入也。

问曰："天平正与地无异，今仰视天，观日月之行，天高南方下北方，何也？"曰：方今天下在东南之上，视天若高，日月道在人之南，今天下在日月道下，故观日月之行，若高南下北也。何以验之？即天高〔南方〕，南方之星亦当高，今视南方之星低下，天复低南方乎？夫视天之居，近者则高，远则下焉，极北方之民以为高，南方为下，极东极西，亦如此焉。皆以近者为高，远者为下。从北塞下近仰视斗极，且在人上。匈奴之北，地之边陲，北上视天，天复高北下南，日月之道，亦在其上。立太山之上，太山高；去下十里，太山下。夫天之高下，犹人之察太山也。平正，四方中央高下皆同。今望天之四边若下者，非也，远也。非徒下，若合矣。

儒者或以旦暮日出入为近，日中为远。或以日中为近，日出入为远。其以日出入为近、日中为远者,见日出入时大,日中时小也。察物近则大,远则小,故日出入为近,日中为远也。其以日出入为远,日中时为近者,见日中时温,日出入时寒也。夫火光近人则温,远人则寒,故以日中为近,日出入为远也。二论各有所见,故是非曲直未有所定。如实论之,日中近而日出入远。何以验之?以植竿于屋下,夫屋高三丈,竿于屋栋之下,正而树之,上扣栋,下抵地,是以屋栋去地三丈。如旁邪倚之,则竿末旁跌,不得扣栋,是为去地过三丈也。日中时,日正在天上,犹竿之正树,去地三丈也。日出入,邪在人旁,犹竿之旁跌,去地过三丈也。夫如是,日中为近,出入为远,可知明矣。试复以屋中堂而坐一人,一人行于屋上,其行中屋之时,正在坐人之上,是为屋上之人,与屋下坐人,相去三丈矣。如屋上人在东危若西危上,其与屋下坐人,相去过三丈矣。日中时犹人正在屋上矣,其始出与入,犹人在东危与西危也。日中去人近故温,日出入远故寒。然则日中时日小,其出入时大者,日中光明故小,其出入时光暗故大,犹昼日察火光小,夜察之火光大也。既以火为效,又以星为验,昼日星不见者,光耀灭之也,夜无光耀,星乃见。夫日月,星之类也。平旦、日入光销,故视大也。

儒者论日旦出扶桑,暮入细柳。扶桑,东方地;细柳,西方野也。桑、柳,天地之际,日月常所出入之处。问曰:岁二月八月时,日出正东,日入正西,可谓日出于扶桑,入于细柳。今夏日长之时,日出于东北,入于西北;冬日短之时,日出东南,入于西南。冬与夏日之出入,在于四隅,扶桑、细柳,正在何所乎?所论之言,犹谓春秋,不谓冬与夏也。如实论之,日不出于扶桑,入于细柳。何以验之?随天而转,近则见,远则不见。当在扶桑、细柳之时,从扶桑、细柳之民,谓之日中。之时从扶桑、细柳察之,或时为日出入。(若)〔皆〕以其上者为中,旁则为旦夕,安得出于扶桑入细柳?

儒者论曰:“天左旋,日月之行,不系于天,各自旋转。”难之曰:

使日月自行,不系于天,日行一度,月行十三度,当日月出时,当进而东旋,何还始西转?系于天,随天四时转行也。其喻若蚁行于硙上,日月行迟天行疾,天持日月转,故日月实东行,而反西旋也。

或问:"日、月、天皆行,行度不同,三者舒疾,验之人物,为以何喻?"曰:天,日行一周。日行一度二千里,日昼行千里,夜行千里,(麒麟)〔骐骥〕昼日亦行千里。然则日行舒疾,与(麒麟)〔骐骥〕之步相似类也。月行十三度,十度二万里,三度六千里,月一(旦)〔日一〕夜行二万六千里,与晨凫飞相类似也。天行三百六十五度,积凡七十三万里也,其行甚疾,无以为验,当与陶钧之运,弩矢之流,相类似乎!天行已疾,去人高远,视之若迟,盖望远物者,动若不动,行若不行。何以验之?乘船江海之中,顺风而驱,近岸则行疾,远岸则行迟,船行一实也,或疾或迟,远近之视,使之然也。仰视天之运,不若(麒麟)〔骐骥〕负日而驰,(皆)〔比日〕暮而日在其前,何则?(麒麟)〔骐骥〕近而日远也。远则若迟,近则若疾。六万里之程,难以得运行之实也。

儒者说曰:"日行一度,天一日一夜行三百六十五度,天左行,日月右行,与天相迎。"问:日月之行也,系著于天也,日月附天而行,不直行也。何以言之?《易》曰:"日月星辰丽乎天,百果草木丽于土。"丽者,附也。附天所行,若人附地而圆行,其取喻若蚁行于硙上焉。问曰:"何知不离天直自行也?"如日能直自行,当自东行,无为随天而西转也。月行与日同,亦皆附天。何以验之?验之(似)〔以〕云。云不附天,常止于所处,使〔日〕不附天,亦当自止其处。由此言之,日行附天明矣。

问曰:"日,火也。火在地不行,日在天,何以为行?"曰:附天之气行,附地之气不行。火附地,地不行,故火不行。难曰:"附地之气不行,水何以行?"曰:水之行也,东流入海也。西北方高,东南方下,水性归下,犹火性趋高也。使地不高西方,则水亦不东流。难曰:

"附地之气不行,人附地何以行?"曰:人之行,求有为也。人道有为,故行求。古者质朴,邻国接境,鸡犬之声相闻,终身不相往来焉。难曰:"附天之气行,列星亦何以不行?"曰:列星著天,天已行也,随天而转,是亦行也。难曰:"人道有为故行,天道无为何行?"曰:天之行也,施气自然也,施气则物自生,非故施气以生物也。不动,气不施,气不施,物不生,与人行异。日月五星之行,皆施气焉。

儒者曰:"日中有三足乌,月中有兔、蟾蜍。"夫日者,天之火也,与地之火,无以异也。地火之中无生物,天火之中何故有乌?火中无生物,生物入火中,焦烂而死焉,乌安得立?夫月者,水也,水中有生物,非兔、蟾蜍也。兔与蟾蜍久在水中,无不死者。(日)月毁于天,螺蚌(汨)〔泊〕于渊,同气审矣,所谓兔、蟾蜍者,岂反螺与蚌邪?且问儒者:乌、兔、蟾蜍,死乎?生也?如死,久在日月,焦枯腐朽。如生,日蚀时既,月晦常尽,乌、兔、蟾蜍皆何在?夫乌、兔、蟾蜍,日月气也,若人之腹脏,万物之心膂也。月尚可察也,人之察日无不眩,不能知日审何气,通而见其中有物名曰乌乎?审日不能见乌之形,通而能见其足有三乎?此已非实。且听儒者之言,虫物非一,日中何为有乌,月中何为有兔、蟾蜍?

儒者谓"日蚀,月蚀也"。彼见日蚀常于晦朔,晦朔月与日合,故得蚀之。夫春秋之时,日蚀多矣。《经》曰:"某月朔,日有蚀之。"日有蚀之者,未必月也。知月蚀之,何讳不言月?〔或〕说:"日蚀之变,阳弱阴强也。"人物在世,气力劲强,乃能乘凌。案月晦光既,朔则如尽,微弱甚矣,安得胜日?夫"日之蚀,月蚀也",日蚀谓月蚀之,月谁蚀之者?无蚀月也,月自损也。以月论日,亦(如)〔知〕日蚀光自损也。大率四十一二月,日一食;百八十日,月一蚀。蚀之皆有时,非时为变,及其为变,气自然也。日时晦朔,月复为之乎?夫日当实满,以亏为变,必谓有蚀之者,山崩地动,蚀者谁也?或说:"日食者,月掩之也,日在上,月在下,障于(日)〔月〕之形也。日月合相袭,月在上日在下者，不能掩日。日在上，月在日下，障于日，月光掩日光，故谓之食也。障于月也，若阴云蔽日月不见矣。其端合者，相食是也。其合相当如袭(辟)〔璧〕者，日既是也。”日月合于晦朔，天之常也。日食，月掩日光，非也。何以验之？使日月合，月掩日光，其初食崖当与(旦)〔且〕复时易处。假令日在东，月在西，月之行疾，东及日，掩日崖，须臾过日而东，西崖初掩之处光当复，东崖未掩者当复食。今察日之食，西崖光缺，其复也，西崖光复，过掩东崖复西崖，谓之合袭相掩障，如何？

儒者谓日月之体皆至圆。彼从下望见其形，若斗筐之状，状如正圆。不如望远光气，气(不)〔若〕圆矣。夫日月不圆，视若圆者，〔去〕人远也。何以验之？夫日者，火之精也；月者，水之精也。在地水火不圆，在天水火何故独圆？日月在天犹五星，五星犹列星，列星不圆，光耀若圆，去人远也。何以明之？春秋之时，星陨宋都，就而视之，石也，不圆。以星不圆，知日月五星亦不圆也。

儒者说日及工伎之家，皆以日为一。禹、(贡)〔益〕《山海经》言日有十，在海外东方有汤谷，上有扶桑、十日浴沐水中，有大木，九日居下枝，一日居上枝。《淮南书》又言烛十日；尧时十日并出，万物焦枯，尧上射十日，以故不并一日见也。世俗又名甲乙为日，甲至癸凡十日，日之有十，犹星之有五也。通人谈士，归于难知，不肯辨明，是以文二传而不定，世两言而无主。诚实论之，且无十焉。何以验之？夫日犹月也，日而有十，月有十二乎？星有五，五行之精，金木水火土各异光色。如日有十，其气必异。今观日光无有异者，察其小大前后若一。如审气异，光色宜殊；如诚同气，宜合为一，无为十也。验日阳遂，火从天来。日者、大火也。察火在地，一气也，地无十火，天安得十日？然则所谓十日者，殆更自有他物，光质如日之状，居汤谷中水，时缘据扶桑。禹、益见之，则纪十日。数家度日之光，数日之质，刺径千里，假令日出是扶桑木上之日，扶桑木宜覆万里，乃能受之。何则？一日径千里，十日宜万里也。天之去人万里馀也，仰察之，日光眩耀，火光盛明，不能堪也。使日出是扶桑木上之日，禹、益见之，不能知其为日也。何则？仰察一日，目犹眩耀，况察十日乎？当禹、益见之，若斗筐之状，故名之为日。夫火如斗筐，望六万之形，非就见之即察之体也。由此言之，禹、益所见，意似日非日也。天地之间，物气相类，其实非者多。海外西南有珠树焉，察之是珠，然非鱼中之珠也。夫十日之日，犹珠树之珠也，珠树似珠非真珠，十日似日非实日也。淮南见《山海经》，则虚言真人烛十日，妄纪尧时十日并出。且日，火也；汤谷，水也。水火相贼，则十日浴于汤谷，当灭败焉。火燃木，扶桑，木也，十日处其上，宜焦枯焉。今浴汤谷而光不灭，登扶桑而枝不焦不枯。与今日出同，不验于五行，故知十日非真日也。且禹、益见十日之时，终不以夜，犹以昼也，则一日出，九日宜留，安得俱出十日？如平旦日未出，且天行有度数，日随天转行，安得留扶桑枝间，浴汤谷之水乎？留则失行度，行度差跌不相应矣。如行出之日与十日异，是意似日而非日也。

《春秋》庄公七年"夏四月辛卯，夜中恒星不见，星陨如雨"者，《公羊传》曰："如雨者何？非雨也。非雨则曷为谓之如雨？不修《春秋》曰：'雨星，不及地尺而复。'君子修之曰：星陨如雨。"不修《春秋》者，未修《春秋》时鲁史记，曰："（星陨如）雨〔星〕，不及地尺而复"。君子者，孔子。孔子修之曰"星陨如雨"。孔子之意以为地有山陵楼台，云不及地尺，恐失其实，更正之曰如雨。如雨者，为从地上而下，星亦从天陨而复，与同，故曰如。夫孔子虽（云）〔去〕"不及地尺"，但言如雨，其谓陨之者，皆是星也。孔子虽定其位，著其文，谓陨为星，与史同焉。从平地望泰山之巅，鹤如乌，乌如爵者，泰山高远，物之小大失其实。天之去地六万馀里，高远非直泰山之巅；星著于天，人察之，失星之实，非直望鹤乌之类也。数（等）星之质百里，体大光盛，故能垂耀；人望见之，若凤卵之状，远失其实也。如星陨审者,天之星陨而至地,人不知其为星也。何则?陨时小大不与在天同也。今见星陨如在天时,是时星也非星,则气为之也。人见鬼如死人之状,其实气象聚,非真死人。然则陨星之形,其实非星。孔子(云)〔未〕正陨者非星,而(徙)〔徒〕正言如雨非雨之文,盖俱失星之实矣。

《春秋左氏传》曰:"四月辛卯,夜中恒星不见,夜明也;星陨如雨,与雨俱也。"其言夜明,故不见,与《易》之言"日中见斗"相依类也。日中见斗,幽不明也;夜中星不见,夜光明也。事异义同,盖其实也。其言与雨俱之,集也。夫辛卯之夜明,故星不见,明则不雨之验也,雨气阴暗安得明?明则无雨,安得与雨俱?夫如是,言与雨俱者非实。且言夜明不见,安得见星与雨俱?又僖公十六年正月戊申,陨石于宋五,《左氏传》曰:"星也。"夫谓陨石为星,则谓陨为石矣。辛卯之夜星陨,为星则实为石矣。辛卯之夜,星陨如是石,地有楼台,楼台崩坏。孔子虽不合言及地尺。(虽)〔离〕地必有实数,鲁史目见,不空言者也。云与雨俱,雨集于地,石亦宜然,至地而楼台不坏,非星明矣。且左丘明谓石为星,何以审之?当时石陨轻然,何以其从天坠也?秦时三山亡,亡(有)〔者〕不消散,有在其集下时必有声音;或时夷狄之山从集于宋,宋闻石陨,则谓之星也。左丘明省,则谓之星。夫星,万物之精,与日月同。说五星者,谓五行之精之光也。五星众星同光耀,独谓列星为石,恐失其实。实者辛卯之夜,陨星若雨而非星也,与彼汤谷之十日,若日而非日也。

儒者又曰:"雨从天下。"谓正从天坠也。如当论之,雨从地上不从天下,见雨从上集,则谓从天下矣,其实地上也。然其出地起于山。何以明之?《春秋传》曰:"触石而出,肤寸而合,不崇朝而遍天下,惟太山也。"太山雨天下,小山雨一国,各以小大为近远差。雨之出山,或谓云载而行,云散水坠,名为雨矣。夫云则雨,雨则云矣,初出为云,云繁为雨。犹甚而泥露濡污衣服,若雨之状;非云与俱,云载行雨也。或曰,《尚书》曰:“月之从星,则以风雨。”《诗》曰:“月丽于毕,俾滂沲矣。”二经咸言,所谓为之非天,如何?夫雨从山发,月经星丽毕之时;丽毕之时当雨也。时不雨,月不丽,山不云,天地上下自相应也。月丽于上,山烝于下,气体偶合,自然道也。云雾,雨之征也,夏则为露,冬则为霜,温则为雨,寒则为雪。雨露冻凝者,皆由地发,不从天降也。

答佞第三十三

或问曰:“贤者行道,得尊官厚禄矣;何必为佞以取富贵?”曰:佞人知行道可以得富贵,必以佞取爵禄者,不能禁欲也;知力耕可以得谷,勉贸可以得货,然而必盗窃,情欲不能禁者也。以礼进退也,人莫不贵,然而违礼者众,尊义者希,心情贪欲,志虑乱溺也。夫佞与贤者同材,佞以情自败;偷盗与田商同知,偷盗以欲自劾也。

问曰:“佞与贤者同材,材行宜钧,而佞人曷为独以情自败?”曰:富贵皆人所欲也,虽有君子之行,犹有饥渴之情。君子则以礼防情,以义割欲,故得循道,循道则无祸。小人纵贪利之欲,逾礼犯义,故进得苟佞,苟佞则有罪。夫贤者,君子也;佞人,小人也。君子与小人本殊操异行,取舍不同。

问曰:“佞与谗者同道乎?有以异乎?”曰:谗与佞,俱小人也,同道异材,俱以嫉妒为性,而施行发动之异。谗以口害人,佞以事危人;谗人以直道不违,佞人依违匿端;谗人无诈虑,佞人有术数。故人君皆能远谗亲仁,莫能知贤别佞。难曰:“人君皆能远谗亲仁,而莫能知贤别佞,然则佞人意不可知乎?”曰:佞可知,人君不能知。庸庸之君,不能知贤;不能知贤,不能知佞。唯圣贤之人,以九德检其行,以事效考其言。行不合于九德,言不验于事效,人非贤则佞矣。夫知佞以知贤,知贤以知佞,知佞则贤智自觉,知贤则奸佞自得。贤佞异行,考之一验;情心不同,观之一实。

问曰:“九德之法,张设久矣,观读之者,莫不晓见。斗斛之量多少,权衡之县轻重也。然而居国有土之君,曷为常有邪佞之臣与常有欺惑之患?”〔曰〕:无患斗斛过,所量非其谷;不患无铨衡,所铨非其物故也。在人君位者,皆知九德之可以检行,事效可以知情,然而惑乱不能见者,则明不察之故也。人有不能行,行无不可检;人有不能考,情无不可知。

问曰:“行不合于九德,效不检于考功,进近非贤,非贤则佞。夫庸庸之材,无高之知,不能及贤。贤功不效,贤行不应,可谓佞乎?”曰:材有不相及,行有不相追,功有不相袭。若知无相袭,人材相什百,取舍宜同。贤佞殊行,是是非非。实名俱立,而效有成败;是非之言俱当,功有正邪。言合行违,名盛行废,佞人。

问曰:“行合九德则贤,不合则佞。世人操行者可尽谓佞乎?”曰:诸非皆恶,恶中之逆者,谓之无道;恶中之巧者,谓之佞人。圣王刑宪,佞在恶中;圣王赏劝,贤在善中。纯洁之贤,善中殊高,贤中之圣也;(善)〔恶〕中大佞,恶中之雄也。故曰:观贤由善,察佞由恶。善恶定成,贤佞形矣。

问曰:“聪明有蔽塞,推行有谬误,今以是者为贤,非者为佞,殆不得贤之实乎?”曰:聪明蔽塞,推行谬误,人之所歉也。故曰:刑故无小,宥过无大。圣君原心省意,故诛故贳误。故贼加增,过误减损,一狱吏所能定也,贤者见之不疑矣。

问曰:“言行无功效,可谓佞乎?”〔曰〕:苏秦约六国为从,强秦不敢窥兵于关外。张仪为横,六国不敢同攻于关内。六国约从,则秦畏而六国强;三秦称横,则秦强而天下弱。功著效明,载纪竹帛,虽贤何以加之?太史公叙言众贤,仪、秦有篇,无嫉恶之文,功钧名敌,不异于贤。夫功之不可以效贤,犹名之不可实也。仪、秦,排难之人也,处扰攘之世,行揣摩之术。当此之时,稷、契不能与之争计,禹、皋陶不能与之比效。若夫阴阳调和,风雨时适,五谷丰熟,盗贼衰息,人举廉让,家行道德之功,命禄贵美,术数所致,非道德之所成也。太史公记功,故高来祀,记录成则著效明验,揽载高卓,以仪、秦功美,故列其状。由此言之,佞人亦能以权说立功为效。无效,未可为佞也。难曰:"恶中立功者谓之佞。能为功者,材高知明。思虑远者,必傍义依仁,乱于大贤。故《觉佞》之篇曰:'人主好辨,佞人言利;人主好文,佞人辞丽。'心合意同,偶当人主,说而不见其非,何以知其伪而伺其奸乎?"曰:是谓庸庸之君也,材下知昏,蔽惑不见。(后又)贤〔圣〕之君,察之审明,若视俎上之脯,指掌中之理,数局上之棋,摘辕中之马。鱼鳖匿渊,捕渔者知其源;禽兽藏山,畋猎者见其脉。佞人异行于世,世不能见,庸庸之主,无高材之人也。难曰:"人君好辨,佞人言利;人主好文,佞人辞丽。言操合同,何以觉之?"曰:文王官人法曰,"推其往行以揆其来言,听其来言以省其往行,观其阳以考其阴,察其内以揆其外。"是故诈善设节者可知,饰伪无情者可辨,质诚居善者可得,含忠守节者可见也。人之旧性不辨,人君好辨,佞人学求合于上也。人之故能不文,人君好文,佞人意欲称上。上奢,己丽服;上俭,己不饬。今操与古殊,朝行与家别。考乡里之迹,证朝庭之行;察共亲之节,明事君之操。外内不相称,名实不相副,际会发见,奸为觉露也。

问曰:"人操行无恒,权时制宜。信者欺人,直者曲挠。权变所设,前后异操;事有所应,左右异语。儒书所载,权变非一。今以素故考之,毋乃失实乎?"曰:贤者有权,佞者有权。贤者之有权,后有应。佞人之有权,亦反经,后有恶。故贤人之权,为事为国;佞人之权,为身为家。观其所权,贤佞可论。察其发动,邪正可名。

问曰:"佞人好毁人,有诸?"曰:佞人不毁人。如毁人,是谗人也。何则?佞人求利,故不毁人。苟利于己,曷为毁之?苟不利于己,毁之无益。以计求便,以数取利,利则便得。妒人共事,然后危人。其危人也非毁之,而其害人也非泊之。誉而危之,故人不知;厚而害之,故人不疑。是故佞人危而不怨,害人之败而不仇。隐情匿意,为之功也。如毁人,人亦毁之,众不亲,士不附也,安能得容世取利于上?

问曰:"佞人不毁人于世间,毁人于将前乎?"曰:佞人以人欺将,不毁人于将。"然则佞人奈何?"曰:佞人毁人,誉之;危人,安之。"毁危奈何?"假令甲有高行奇知,名声显闻,将恐人君召问,扶而胜己,欲故废不言,常腾誉之。荐之者众,将议欲用,问(人)〔佞〕人,必(不)对曰:"甲贤而宜召也。何则?甲意不欲留县,前闻其语矣,声望欲入府,在郡则望欲入州。志高则操与人异,望远则意不顾近。屈而用之,其心不满,不则卧病。贱而命之则伤贤,不则损威。"故人君所以失名损誉者,好臣所常臣也。自耐下之,用之可也。自度不能下之,用之不便。夫用之不两相益,舍之不两相损。人君畏其志,信佞人之言,遂置不用。

问曰:"佞人直以高才洪知考上世人乎?将有师学检也?"曰:〔佞〕人自有知以诈人,及其说人主,须术以动上。犹上人自有勇威人,及其战斗,须兵法以进众。术则从横,师则鬼谷也。传曰:"苏秦、张仪从横习之鬼谷先生。掘地为坑,曰:'下,说令我泣,出则耐分人君之地。'苏秦下,说鬼谷先生泣下沾襟,张仪不若。苏秦相赵,并相六国。张仪贫贱,往归苏秦,座之堂下,食以仆妾之食,数让激怒,欲令相秦。仪忿恨,遂西入秦。苏秦使人厚送。其后觉知,曰:'此在其术中,吾不知也,此吾所不及苏君者。'"知深有术,权变锋出,故身尊崇荣显,为世雄杰。深谋明术,深浅不能并行,明暗不能并知。

问曰:"佞人养名作高,有诸?"曰:佞人食利专权,不养名作高。贪权据凡,则高名自立矣。称于小人,不行于君子。何则?利义相伐,正邪相反。义动君子,利动小人。佞人贪利名之显,君子不安下则身危。举世为佞者,皆以祸众,不能养其身,安能养其名?上世列传,弃宗养身,违利赴名,竹帛所载,伯成子高委国而耕,于陵子辞位灌园,近世兰陵王仲子、东(都)〔郡〕昔庐君阳,寝位久病,不应上征,可谓养名矣。夫不以道进,必不以道出身;不以义止,必不以义立名。佞人怀贪利之心,轻祸重身,倾死为僇矣,何名之养?义废德坏,操行随辱,何云作高?

问曰:“大佞易知乎,小佞易知也?”曰:大佞易知,小佞难知。何则?大佞材高,其迹易察;小佞知下,其效难省。何以明之?成事,小盗难觉,大盗易知也。攻城袭邑,剽劫虏掠,发则事觉,道路皆知盗也。穿凿垣墙,狸步鼠窃,莫知谓谁。曰:“大佞奸深惑乱,其人如大盗易知,人君何难?《书》曰:‘知人则哲,惟帝难之。’虞舜大圣,驩兜大佞。大圣难知大佞,大佞不忧大圣。何易之有?”是谓下知之,上知之。上知之大难小易,下知之大易小难。何则?佞人材高,论说丽美。因丽美之说,人主之威,人(立)〔主〕心并不能责,知或不能觉。小佞材下,对乡失漏,际会不密,人君警悟,得知其故。大难小易也。屋漏在上,知者在下。漏大,下见之著;漏小,下见之微。或曰:“雍也仁而不佞。”孔子曰:“焉用佞!御人以口给,屡憎于民。”误设计数,烦扰农商,损下益上,愁民说主。损上益下,忠臣之说也;损下益上,佞人之义也。季氏富于周公,而求也为之聚敛而附益之。〔子曰〕:“小子鸣鼓而攻之可也。”聚敛,季氏不知其恶,不知百姓所共非也。

卷十二

程材第三十四

论者多谓儒生不及彼文吏，见文吏利便而儒生陆落，则诋訾儒生以为浅短，称誉文吏谓之深长。是不知儒生，亦不知文吏也。

儒生、文吏皆有材智，非文吏材高而儒生智下也，文吏更事，儒生不习也。谓文吏更事，儒生不习，可也；谓文吏深长，儒生浅短，知妄矣。

世俗共短儒生，儒生之徒亦自相少。何则？并好仕学宦，用吏为绳表也。儒生有阙，俗共短之；文吏有过，俗不敢訾。归非于儒生，付是于文吏也。夫儒生材非下于文吏，又非所习之业非所当为也，然世俗共短之者，见将不好用也。将之不好用之者，事多，己不能理，须文吏以领之也。夫论善谋材，施用累能，期于有益。文吏理烦，身役于职，职判功立，将尊其能。儒生栗栗，不能当剧，将有烦疑，不能效力。力无益于时，则官不及其身也。将以官课材，材以官为验，是故世俗常高文吏，贱下儒生。儒生之下，文吏之高，本由不能之将。世俗之论，缘将好恶。

今世之将，材高知深，通达众(凡)〔事〕，举纲持领，事无不定。其置文吏也，备数满员，足以辅己志。志在修德，务在立化，则夫文吏瓦石，儒生珠玉也。夫文吏能破坚理烦，不能守身，(身)则亦不能辅将。儒生不习于职，长于匡救，将相倾侧，谏难不惧。案世间能建蹇蹇之节，成三谏之议，令将检身自敕，不敢邪曲者，率多儒生。阿意苟取容幸，将欲放失，低嘿不言者，率多文吏。文吏以事胜，以忠负;儒生以节优,以职劣。二者长短,各有所宜。世之将相,各有所取。取儒生者,必轨德立化者也;取文吏者,必优事理乱者也。

材不自能则须助,须助则待劲。官之立佐,为力不足也;吏之取能,为材不及也。日之照幽,不须灯烛;贲、育当敌,不待辅佐。使将相知力若日之照幽,贲、育之难敌,则文吏之能无所用也。病作而医用,祸起而巫使。如自能案方和药,入室求祟,则医不售而巫不进矣。桥梁之设也,足不能越沟也;车马之用也,走不能追远也。足能越沟,走能追远,则桥梁不设、车马不用矣。天地事物,人所重敬,皆力劣知极,须仰以给足者也。今世之将相,不责己之不能,而贱儒生之不习;不原文吏之所得得用,而尊其材谓之善吏。非文吏,忧不除;非文吏,患不救:是以选举取常故,案吏取无害。儒生无阀阅,所能不能任剧,故陋于选举,佚于朝庭。

聪慧捷疾者,随时变化,学知吏事,则踵文吏之后,未得良善之名。守古循志,案礼修义,辄为将相所不任,文吏所毗戏。不见任则执欲息退,见毗戏则意不得。临职不劝,察事不精,遂为不能,斥落不习。有俗材而无雅度者,学知吏事,乱于文吏,观将所知,适时所急,转志易务,昼夜学问,无所羞耻,期于成能名文而已。其高志妙操之人,耻降意损崇,以称媚取进,深疾才能之儒。洎入文吏之科,坚守高志,不肯下学。亦时或精暗不及,意疏不密,临事不识;对向谬误,拜起不便,进退失度;奏记言事,蒙士解过,援引古义;割切将欲,直言一指,触讳犯忌;封蒙约缚,简绳检署,事不如法;文辞卓诡,辟刺离实,曲不应义。故世俗轻之,文吏薄之,将相贱之。

是以世俗学问者,不肯竟经明学,深知古今;急欲成一家章句,义理略具,同(超)〔趋〕学史书,读律讽令,治作情奏,习对向,滑习跪拜,家成室就,召署辄能。徇今不顾古,趋雠不存志,竞进不案礼,废经不念学。是以古经废而不修,旧学暗而不明,儒者寂于空室,文吏哗于朝堂。材能之士,随世驱驰;节操之人,守隘屏窜。驱驰日以巧,屏窜日以拙。非材顿知不及也,希见阙为,不狎习也。盖足未尝行,尧、禹问曲折;目未尝见,孔、墨问形象。

齐部世刺绣,恒女无不能;襄邑俗织锦,钝妇无不巧。日见之,日为之,手狎也。使材士未尝见,巧女未尝为,异事诡手,暂为卒睹,显露易为者,犹愦愦焉。方今论事不谓希更,而曰材不敏;不曰未尝为,而曰知不达。失其实也。儒生材无不能敏,业无不能达,志不(有)〔肯〕为,今俗见不习谓之不能,睹不为谓之不达。

科用累能,故文吏在前,儒生在后。是从朝庭谓之也。如从儒堂订之,则儒生在上,文吏在下矣。从农论田,田夫胜;从商讲贾,贾人贤。今从朝庭谓之,文吏,朝庭之人也,幼为干吏,以朝庭为田亩,以刀笔为耒耜,以文书为农业,犹家人子弟生长宅中,其知曲折愈于宾客也。宾客暂至,虽孔、墨之材,不能分别。儒生犹宾客,文吏犹子弟也。以子弟论之,则文吏晓于儒生,儒生暗于文吏。今世之将相,知子弟以(文吏)〔久〕为慧,不能知文吏以狎为能;知宾客以暂为固,不知儒生以希为拙;惑蔽暗昧,不知类也。

一县佐史之材,任郡掾史。一郡修行之能,堪州从事。然而郡不召佐史,州不取修行者,巧习无害,文少德高也。五曹自有条品,簿书自有故事,勤力玩弄,成为巧吏,安足多矣。贤明之将,程吏取材,不求习论高,存志不顾文也。

称良吏曰忠,忠之所以为效,非簿书也。夫事可学而知,礼可习而善,忠节公行,不可立也。文吏、儒生皆有所志,然而儒生务忠良,文吏趋理事。苟有忠良之业,疏拙于事,无损于高。论者以儒生不晓簿书,置之于下第。法令比例,吏断决也。文吏治事,必问法家。县官事务,莫大法令。必以吏职程高,是则法令之家宜最为上。或曰:“固然。法令,汉家之经,吏议决焉。事定于法,诚为明矣。”曰:夫《五经》亦汉家之所立,儒生善政大义,皆出其中。董仲舒表《春秋》之义,稽合于律,无乖异者。然则《春秋》,汉之经,孔子制作,垂遗于汉。论者徒尊法家,不高《春秋》,是暗蔽也。《春秋》《五经》,义相关穿,既是《春秋》,不大《五经》,是不通也。《五经》以道为务,事不如道,道行事立,无道不成。然则儒生所学者,道也;文吏所学者,事也。假使材同,当以道学。如比于文吏,洗洿泥者以水,燔腥生者用火。水火,道也,用之者事也,事末于道。儒生治本,文吏理末,道本与事末比,定尊卑之高下,可得程矣。

尧以俊德致黎民雍。孔子曰:"孝悌之至,通于神明。"张释之曰:"秦任刀笔小吏,陵迟至于二世,天下土崩。"张汤、赵禹,汉之惠吏,太史公序累置于酷部。而致土崩,孰与通于神明?令人填膺也!将相知经学至道,而不尊经学之生,彼见经学之生能不及治事之吏也。牛刀可以割鸡,鸡刀难以屠牛。刺绣之师,能缝帷裳。纳缕之工,不能织锦。儒生能为文吏之事,文吏不能立儒生之学。文吏之能,诚劣不及;儒生之不习,实优而不为。禹决江河,不秉镬锸;周公筑洛,不把筑杖。夫笔墨簿书,镬锸筑杖之类也。而欲合志大道者躬亲为之,是使将军战而大匠斫也。

说一经之生,治一曹之事,旬月能之。典一曹之吏,学一经之业,一岁不能立也。何则?吏事易知,而经学难见也。儒生擿经,穷竟圣意。文吏摇笔,考迹民事。夫能知大圣之意,晓细民之情,孰者为难?以立难之材,含怀章句,十万以上,行有馀力。博学览古今,计胸中之颖,出溢十万。文吏所知,不过辨解簿书。富累千金,孰与赀直百十也?京廪如丘,孰与委聚如坻也?世名材为名器,器大者盈物多。然则儒生所怀,可谓多矣。

蓬生麻间,不扶自直;白纱入缁,不染自黑。此言所习善恶,变易质性也。儒生之性,非能皆善也,被服圣教,日夜讽咏,得圣人之操矣。文吏幼则笔墨,手习而行,无篇章之诵,不闻仁义之语。长大成吏,舞文巧法,徇私为己,勉赴权利。考事则受赂,临民则采渔,处右则弄权,幸上则卖将。一旦在位,鲜冠利剑,一岁典职,田宅并兼。

性非皆恶,所习为者违圣教也。故习善儒路,归化慕义,志操则励变从高。明将见之,显用儒生:东海相宗叔(犀犀)〔庠〕,广召幽隐,春秋会飨,设置三科,以第补吏。一府员吏,儒生什九。陈留太守陈子瑀,开广儒路,列曹掾史,皆能教授。簿书之吏,什置一二。两将知道事之理,晓多少之量,故世称褒其名,书记纪累其行也。

量知第三十五

《程材》所论,论材能行操,未言学知之殊奇也。夫儒生之所以过文吏者,学问日多,简练其性,雕琢其材也。故夫学者所以反情治性,尽材成德也。材尽德成,其比于文吏亦雕琢者,程量多矣。贫人与富人,俱赍钱百,并为赙礼死哀之家。知之者知贫人劣能共百,以为富人饶羡有奇馀也;不知之者,见钱俱百,以为财货贫富皆若一也。文吏、儒生(皆)有似于此。皆为掾吏,并典一曹,将知之者,知文吏、儒生笔同,而儒生胸中之藏,尚多奇馀;不知之者,以为皆吏,深浅多少同一量,失实甚矣。地性生草,山性生木。如地种葵韭,山树枣栗,名曰美园茂林,不复与一恒地庸山比矣。文吏、儒生,有似于此。俱有材能,并用笔墨,而儒生奇有先王之道。先王之道,非徒葵韭枣栗之谓也。恒女之手,纺绩织经;如或奇能,织锦刺绣,名曰卓殊,不复与恒女科矣。夫儒生与文吏程材,而儒生侈有经传之学,犹女工织锦刺绣之奇也。

贫人好滥而富人守节者,贫人不足而富人饶侈。儒生不为非而文吏好为奸者,文吏少道德而儒生多仁义也。贫人富人并为宾客,受赐于主人,富人不惭而贫人常愧者,富人有以效,贫人无以复也。儒生、文吏,俱以长吏为主人者也。儒生受长吏之禄,报长吏以道;文吏空胸无仁义之学,居住食禄,终无以效,所谓尸位素餐者也。素者,空也;空虚无德,餐人之禄,故曰素餐。无道艺之业,不晓政治,默坐朝庭,不能言事,与尸无异,故曰尸位。然则文吏所谓尸位素餐者也。居右食嘉,见将倾邪,岂能举记陈言得失乎?一则不能见是非,二则畏罚不敢直言。《礼》曰:“情欲巧。”其能力言者,文丑不好(者),有骨无肉,脂腴不足,犯干将相指,遂取间郤。为地战者不能立功名,贪爵禄者不能谏于上。文吏贪爵禄,一日居位,辄欲图利以当资用,侵渔徇身,不为将(贪)官显义。虽见太山之恶,安肯扬举毛发之言?事理如此,何用自解于尸位素餐乎?儒生学大义,以道事将,不可则止,有大臣之志,以经勉为公正之操,敢言者也。位又疏远,远而近谏,礼谓之谄,此则郡县之府庭所以常廓无人者也。

或曰:“文吏笔札之能,而治定簿书,考理烦事,虽无道学,筋力材能尽于朝庭,此亦报上之效验也。”曰:此有似于贫人负官重责,贫无以偿,则身为官作,责乃毕竟。夫官之作,非屋庑则墙壁也。屋庑则用斧斤,墙壁则用筑锸。荷斤斧,把筑锸,与彼握刀持笔何以殊?苟谓治文书者报上之效验,此则治屋庑墙壁之人,亦报上也。俱为官作,刀笔、斧斤筑锸钧也。抱布贸丝,交易有亡,各得所愿。儒生抱道贸禄,文吏无所抱,何用贸易?农商殊业,所畜之货,货不可同,计其精粗,量其多少,其出溢者名曰富人。富人在世,乡里愿之。夫先王之道,非徒农商之货也;其为长吏立功致化,非徒富多出溢之荣也。且儒生之业,岂徒出溢哉?其身简练,知虑光明,见是非审,尤可奇也!

蒸所与众山之材干同也,(代)〔伐〕以为蒸,熏以火,(烟)〔熛〕热究浃,光色泽润,焫之于堂,其耀浩广,火灶之效加也。绣之未刺,锦之未织,恒丝庸帛,何以异哉?加五采之巧,施针缕之饰,文章炫耀,黼黻华虫,山龙日月。学士有文章之学,犹丝帛之有五色之巧也。本质不能相过,学业积聚,超逾多矣。物实无中核者谓之郁,无刀斧之断者谓之朴。文吏不学世之教,无核也。郁朴之人,孰与程哉?骨曰切,象曰瑳,玉曰琢,石曰磨,切瑳琢磨,乃成宝器。人之学问知能成就,犹骨象玉石切瑳琢磨也。虽欲勿用,贤君其舍诸?孙武、阖庐,世之善用兵者也,(知)〔如〕或学其法者,战必胜。不晓什伯之阵,不知击刺之术者,强使之军,军覆师败,无其法也。谷之始熟曰粟。舂之于臼,簸其粃糠;蒸之于甑,爨之以火,成熟为饭,乃甘可食。可食而食之,味生肌腴成也。粟未为米,米未成饭,气腥未熟,食之伤人。夫人之不学,犹谷未成粟,米未为饭也。知心乱少,犹食腥谷,气伤人也。学士简练于学,成熟于师,身之有益,犹谷成饭,食之生肌腴也。铜锡未采,在众石之间,工师凿掘,炉橐〔橐〕铸铄乃成器。未更炉(橐)〔橐〕,名曰积石,积石与彼路畔之瓦、山间之砾,一实也。故夫谷未舂蒸曰粟,铜未铸铄曰积石,人未学问曰矇。矇者,竹木之类也。夫竹生于山,木长于林,未知所入。截竹为筒,破以为牒,加笔墨之迹,乃成文字,大者为经,小者为传记。断木为椠,析之为板,力加刮削,乃成奏牍。夫竹木,粗苴之物也,雕琢刻削,乃成为器用。况人含天地之性,最为贵者乎!

不入师门,无经传之教,以郁朴之实,不晓礼义,立之朝庭,植笮树表之类也,其何益哉?山野草茂,钩镰斩刈,乃成道路也。士未入道门,邪恶未除,犹山野草木未斩刈,不成路也。染练布帛,名之曰采,贵吉之服也。无染练之治名縠粗,縠粗不吉,丧人服之。人无道学,仕宦朝庭,其不能招致也,犹丧人服粗不能招吉也。能斫削柱梁,谓之木匠。能穿凿穴坎,谓之土匠。能雕琢文书,谓之史匠。夫文史之学,学治文书也,当与木土之匠同科,安得程于儒生哉?御史之遇文书,不失分铢。有司之陈笾豆,不误行伍。其巧习者,亦先学之,人不贵者也,小贱之能,非尊大之职也。无经艺之本,有笔墨之末,大道未足而小伎过多,虽曰吾多学问,御史之知、有司之惠也。饭黍梁者餍,餐糟糠者饱,虽俱曰食,为腴不同。儒生文吏,学俱称习,其于朝庭,有益不钧。郑子皮使尹何为政,子产比于未能操刀使之割也。子路使子羔为费宰,孔子曰:“贼夫人之子。”皆以未学不见大道也。医无方术，云："吾能治病。"问之曰："何用治病？"曰："用心意。"病者必不信也。吏无经学，曰："吾能治民。"问之曰："何用治民？"曰："以材能。"是医无方术，以心意治病也，百姓安肯信向，而人君任用使之乎！手中无钱之市，使货主问曰"钱何在"，对曰"无钱"，货主必不与也。夫胸中不学，犹手中无钱也。欲人君任使之，百姓信向之，奈何也！

谢短第三十六

《程材》《量知》，言儒生、文吏之材，不能相过；以儒生修大道，以文吏晓簿书，道胜于事，故谓儒生颇愈文吏也。此职业外相程相量也。其内各有所以为短，未实谢也。夫儒生能说一经，自谓通大道以骄文吏；文吏晓簿书，自谓文无害以戏儒生。各持满而自(藏)〔臧〕，非彼而是我，不知所为短，不悟于己未足。《论衡》训之，将使㦗然各知所(之)〔乏〕。

夫儒生所短，不徒以不晓簿书；文吏所劣，不徒以不通大道也。反以闭暗不览古今，不能各自知其所业之事未具足也。二家各短，不能自知也。世之论者，而亦不能训之，如何？

夫儒生之业，《五经》也，南面为师，旦夕讲授章句，滑习义理，究备于《五经》可也。《五经》之后，秦、汉之事，(无)不能知者，短也。夫知古不知今，谓之陆沉，然则儒生，所谓陆沉者也。《五经》之前，至于天地始开、帝王初立者，主名为谁，儒生又不知也。夫知今不知古，谓之盲瞽。《五经》比于上古，犹为今也。徒能说经，不晓上古，然则儒生，所谓盲瞽者也。

儒生犹曰："上古久远，其事暗昧，故经不载而师不说也。"夫三王之事虽近矣，经虽不载，义所连及，《五经》所当共知，儒生所当审说也。夏自禹向国，几载而至于殷？殷自汤几祀而至于周？周自文王几年而至于秦？桀亡夏而纣弃殷，灭周者何王也？周犹为远，秦则汉之所伐也。夏始于禹，殷本于汤，周祖后稷，秦初为人者谁？秦燔《五经》，坑杀儒士，《五经》之家所共闻也。秦何起而燔《五经》，何感而坑儒生？秦则前代也。汉国自儒生之家也，从高祖至今朝几世？历年讫今几载？初受何命？复获何瑞？得天下难易孰与殷、周？家人子弟，学问历几岁，人问之曰："居宅几年？祖先何为？"不能知者，愚子弟也。然则儒生不能知汉事，世之愚蔽人也。"温故知新，可以为师。"古今不知，称师如何！彼人问曰："二尺四寸，圣人文语，朝夕讲习，义类所及，故可务知。汉事未载于经，名为尺籍短书，比于小道，其能知，非儒者之贵也。"儒不能都晓古今，欲各别说其经，经事义类，乃以不知为贵也。

事不晓，不以为短，请复别问儒生，各以其经旦夕之所讲说。先问《易》家："《易》本何所起？造作之者为谁？"彼将应曰："伏羲作八卦，文王演为六十四，孔子作《彖》《象》《系辞》。三圣重业，《易》乃具足。"问之曰："《易》有三家，一曰《连山》，二曰《归藏》，三曰《周易》。伏羲所作，文王所造，《连山》乎？《归藏》《周易》也？秦燔《五经》，《易》何以得脱？汉兴几年而复立？宣帝之时，河内女子坏老屋，得《易》一篇，名为何《易》？此时《易》具足未？"问《尚书》家曰："今旦夕所授二十九篇，奇有百二篇，又有百篇。二十九篇何所起？百二篇何所造？秦焚诸书之时，《尚书》诸篇皆何在？汉兴，始录《尚书》者何帝？初受学者何人？"问《礼》家曰："前孔子时，周已制礼，殷礼，夏礼，凡三王因时损益，篇有多少，文有增减。不知今《礼》，周乎？殷、夏也？"彼必以汉承周，将曰："周礼。"夫周礼六典，又六转，六六三十六，三百六十，是以周官三百六十也。案今《礼》不见六典，无三百六十官，又不见天子。天子礼废何时？岂秦灭之哉？宣帝时河内女子坏老屋，得佚《礼》一篇，（六十）〔十六〕篇中，是何篇是者？高祖诏叔孙通制作《仪品》，十六篇何在？而复定仪礼？见在十六篇，秦火之馀也。更秦之时，篇凡有几？问《诗》家曰："《诗》作何帝王时也？"彼将曰："周衰而《诗》作，盖康王时也。康王德缺于房，大臣刺晏，故《诗》作。"夫文、武之隆贵在成、康，康王未衰，《诗》安得作？周非一王，何知其康王也？二王之末皆衰，夏、殷衰时，《诗》何不作？《尚书》曰"诗言志，歌咏言"，此时已有诗也。断取周以来而谓兴于周。古者采诗，诗有文也，今《诗》无书，何知非秦燔《五经》，《诗》独无馀（礼）〔札〕也？问《春秋》家曰："孔子作《春秋》，周何王时也？自卫反鲁，然后乐正，《春秋》作矣。自卫反鲁，哀公时也。自卫，何君也？俟孔子以何礼，而孔子反鲁作《春秋》乎？孔子录史记以作《春秋》，史记本名《春秋》乎？制作以为经乃归《春秋》也？"

法律之家，亦为儒生。问曰："《九章》，谁所作也？"彼闻皋陶作狱，必将曰："皋陶也。"诘曰："皋陶，唐、虞时，唐虞之刑五刑，案今律无五刑之文。"或曰；"萧何也。"诘曰："萧何，高祖时也。孝文之时，齐太仓令淳于（德）〔意〕有罪，征诣长安，其女缇萦为父上书，言肉刑壹施，不得改悔。文帝痛其言，乃改肉刑。案今《九章》象刑，非肉刑也。文帝在萧何后，知时肉刑也。萧何所造，反具（肉）〔象〕刑也？而云《九章》萧何所造乎？"古礼三百，威仪三千，刑亦正刑三百，科条三千。出于礼，入于刑，礼之所去，刑之所取，故其多少同一数也。今《礼经》十六，萧何律有九章，不相应，又何？《五经》题篇，皆以事义别之，至礼与律，（独）〔犹〕经也，题之，礼言《昏礼》，律言《盗律》何？

夫总问儒生以古今之义，儒生不能知，别名以其经事问之，又不能晓，斯则坐守（何言）〔信〕师法、不颇博览之咎也。

文吏自谓知官事，晓簿书，问之曰："晓知其事，当能究达其义，通见其意否？"文吏必将罔然。问之曰："古者封侯各专国土，今置太守令长，何义？古人井田，民为公家耕，今量租刍，何意？一业使民居更一月，何据？年二十三（儒）〔傅〕，十五赋，七岁头钱二十三，何缘？有腊，何帝王时？门户井灶，何立？社稷、先农、灵星，何祠？岁终逐疫，何驱？使立桃象人于门户，何旨？挂芦索于户上，画虎于门阑，何放？除墙壁书画厌火丈夫，何见？步之六尺，冠之六寸，何应？有尉史、令史，无承长史，何制？两郡移书曰'敢告卒人'，两县不言，何解？郡言事二府曰'敢言之'，司空曰'上'，何状？赐民爵八级，何法？名曰簪褭、上造，何谓？吏上功曰伐阅，名籍墨(将)〔状〕，何指？七十赐王杖，何起？著鸠于杖末，不著爵，何杖？苟以鸠为善，不赐鸠而赐鸠杖，而不爵，何说？日分六十，漏之尽(自)〔百〕，鼓之致五，何故？吏衣黑衣，宫阙赤单，何慎？服革于腰，佩刀于右，(舞)〔带〕剑于左，何(人)备？着(钩)〔绚〕于履，冠在于首，何象？吏居城郭，出乘车马，坐治文书；起城郭，何王？造车舆，何工？生马，何地？作书，何人(王)？"造城郭及马所生，难知也，远也。造车作书，易晓也，必将应曰："仓颉作书，奚仲作车。"诘曰："仓颉何感而作书？奚仲何起而作车？"又不知也。文吏所当知，然而不知，亦不博览之过也。

夫儒生不览古今，(何)〔所〕知(一永)不过守信经文，滑习章句，解剥互错，分明乖异。文吏不晓吏道，所能不过案狱考事，移书下记，对(卿)〔乡〕便给。(之)准〔之〕，无一阅备，皆浅略不及，偏驳不纯，俱有阙遗，何以相言？

卷十三

效力第三十七

《程才》《量知》之篇，徒言知学，未言才力也。人有知学，则有力矣。文吏以理事为力，而儒生以学问为力。或问扬子云曰："力能扛鸿鼎、揭华旗，知德亦有之乎？"答曰："百人矣。"夫知德百人者，与彼扛鸿鼎、揭华旗者为料敌也。夫壮士力多者，扛鼎揭旗；儒生力多者，博达疏通。故博达疏通，儒生之力也；举重拔坚，壮士之力也。《梓材》曰："强人有王开贤，厥率化民。"此言贤人亦壮强于礼义，故能开贤，其率化民。化民须礼义，礼义须文章，"行有馀力，则以学文"，能学文，有力之验也。

问曰："说一经之儒，可谓有力者？"曰：非有力者也。陈留庞少都每荐诸生之吏，常曰："王甲某子，才能百人。"太守非其能，不答。少都更曰："言之尚少，王甲某子，才能百万人。"太守怒曰："亲吏妄言。"少都曰："文吏不通一经一文，不调师一言。诸生能说百万章句，非才知百万人乎！"太守无以应。夫少都之言，实也，然犹未也。何则？诸生能传百万言，不能览古今，守信师法，虽辞说多，终不为博。殷、周以前，颇载《六经》，儒生所不能说也。秦、汉之事，儒生不见，力劣不能览也。周监二代，汉监周、秦，周秦以来，儒生不知；汉欲观览，儒生无力。使儒生博观览，则为文儒。文儒者，力多于儒生，如少都之言，文儒才能千万人矣。

曾子曰："士不可以不弘毅，任重而道远。仁以为己任，不亦重乎？死而后已，不亦远乎！"由此言之，儒者所怀，独己重矣，志所欲至,独已远矣。身载重任,至于终死,不倦不衰,力独多矣。夫曾子载于仁而儒生载于学,所载不同,轻重均也。夫一石之重,一人挈之,十石以上,二人不能举也。世多挈一石之任,寡有举十石之力。儒生所载,非徒十石之重也。地力盛者,草木畅茂;一亩之收,当中田五亩之分。苗田,人知出谷多者地力盛。不知出文多者才知茂,失事理之实矣。夫文儒之力过于儒生,况文吏乎? 能举贤荐士,世谓之多力也。然能举贤荐士,上书(日)〔白〕记也。能上书(日)〔白〕记者,文儒也。文儒非必诸生也,贤达用文则是矣。谷子云、唐子高章奏百上,笔有馀力,极言不讳,文不折乏,非夫才知之人不能为也。孔子,周世多力之人也。作《春秋》,删《五经》,秘书微文,无所不定。山大者云多,泰山不崇朝(办)〔辨〕雨雨天下。夫然,则贤者有云雨之知,故(一有曰字)其吐文万牒以上,可谓多力矣。

世称力者,常褒乌获,然则董仲舒、扬子云,文之乌获也。秦武王与孟说举鼎不任,绝脉而死。少文之人,与董仲舒等涌胸中之思,必将不任,有绝脉之变。王莽之时,省《五经》章句皆为二十万,博士弟子郭路夜定旧说,死于烛下,精思不任,绝脉气灭也。颜氏之子,已曾驰过孔子于涂矣,劣倦罢极,发白齿落。夫以庶几之材,犹有仆顿之祸,孔子力优,颜渊不任也。才力不相如,则其知思不相及也。勉自什伯,鬲中呕血,失魂狂乱,遂至气绝。书五行之牍,书十奏之记,其才劣者,笔墨之力尤难,况乃连句结章,篇至十百哉! 力独多矣。

江、河之水,驰涌滑漏,席地长远,无枯竭之流,本源盛矣。知江、河之流远,地中之源盛,不知万牒之人,胸中之才茂,迷惑者也。故望见骥足,不异于众马之蹄,蹑平陆而驰骋;千里之迹,斯须可见。夫马足人手,同一实也,称骥之足,不荐文人之手,不知类也。夫能论筋力以见比类者,则能取文力之人,立之朝庭。故夫文力之人,助有力之将,乃能以力为功。有力无助,以力为祸。何以验之? 长巨之物，强力之人，乃能举之。重任之车，强力之牛，乃能挽之。是任车上阪，强牛引前，力人推后，乃能升逾。如牛羸人罢，任车退却，还堕坑谷，有破覆之败矣。文儒怀先王之道，含百家之言，其难推引，非徒任车之重也。荐致之者，罢羸无力，遂却退窜于岩穴矣。

河发昆仑，江起岷山，水力盛多，滂沛之流，浸下益盛，不得广岸低地，不能通流入乎东海。如岸狭地仰，沟洫决泆，散在丘墟矣。文儒之知，有似于此。文章滂沛，不遭有力之将援引荐举，亦将弃遗于衡门之下，固安得升陟圣主之庭，论说政事之务乎？火之光也，不举不明。有人于斯，其知如京，其德如山，力重不能自称，须人乃举，而莫之助，抱其盛高之力，窜于闾巷之深，何时得达？羿、育，古之多力者，身能负荷千钧，手能决角伸钩，使之自举，不能离地。智能满胸之人，宜在王阙，须三寸之舌，一尺之笔，然后自动，不能自进，进之又不能自安，须人能动，待人能安。道重知大，位地难适也。小石附于山，山力能得持之；在沙丘之间，小石轻微，亦能自安。至于大石，沙土不覆，山不能持，处危峭之际，则必崩坠于坑谷之间矣。大智之重，遭小才之将，无左右沙土之助，虽在显位，将不能持，则有大石崩坠之难也。或伐薪于山，轻小之木，合能束之。至于大木，十围以上，引之不能动，推之不能移，则委之于山林，收所束之小木而归。由斯以论，知能之大者，其犹十围以上木也。人力不能举荐，其犹薪者不能推引大木也。孔子周流，无所留止，非圣才不明，道大难行，人不能用也！故夫孔子，山中巨木之类也。

桓公九合诸侯，一匡天下，管仲之力。管仲有力，桓公能举之，可谓壮强矣。吴不能用子胥，楚不能用屈原，二子力重，两主不能举也。举物不胜，委地而去可也；时或恚怒，斧斫破败，此则子胥、屈原所取害也。渊中之鱼，递相吞食，度口所能容，然后咽之；口不能受，哽咽不能下。故夫商鞅三说孝公，后说者用，前二难用，后一易行也。观管仲之明法，察商鞅之耕战，固非弱劣之主所能用也。六国之时，贤才之臣，入楚楚重，出齐齐轻，为赵赵完，畔魏魏伤。韩用申不害，行其三符，兵不侵竟，盖十五年；不能用之，又不察其书，兵挫军破，国并于秦。殷、周之世，乱迹相属，亡祸比肩，岂其心不欲为治乎？力弱智劣，不能纳至言也。是故塠重，一人之迹，不能蹈也；礚大，一人之掌，不能推也。贤臣有劲强之优，愚主有不堪之劣，以此相求，禽鱼相与游也。干将之刃，人不推顿，苽瓠不能伤；筱簵之箭，机不(能)动发，鲁缟不能穿。非无干将、筱簵之才也，无推顿发动之主。苽瓠、鲁缟不穿伤，焉望斩旗穿革之功乎？故引弓之力不能引强弩，弩力五石，引以三石，筋绝骨折，不能举也。故力不任强引，则有变恶折脊之祸；知不能用贤，则有伤德毁名之败。

论事者不曰才大道重，上不能用，而曰不肖不能自达。自达者(带)〔滞〕绝不抗，自衒者贾贱不雠。案诸为人用之物，须人用之，功力乃立。凿所以入木者，槌叩之也，锸所以能撅地者，跖蹈之也。诸有锋刃之器，所以能断斩割削者，手能把持之也，力能推引之也。韩信去楚入汉，项羽不能安，高祖能持之也。能用其善，能安其身，则能量其力、能别其功矣。樊、郦有攻城野战之功，高祖行封，先及萧何，则比萧何于猎人，同樊、郦于猎犬也。夫萧何安坐，樊、郦驰走，封不及驰走而先安坐者，萧何以知为力，而樊、郦以力为功也。萧何所以能使樊、郦者，以入秦收敛文书也。众将拾金，何独掇书，坐知秦之形势，是以能图其利害。众将驰走者，何驱之也。故叔孙通定仪，而高祖以尊；萧何造律，而汉室以宁。案仪律之功，重于野战；斩首之力，不及尊主。故夫垦草殖谷，农夫之力也；勇猛攻战，士卒之力也；构架斫削，工匠之力也；治书定簿，佐史之力也；论道议政，贤儒之力也。人生莫不有力，所以为力者，或尊或卑。孔子能举北门之关，不以力自章，知夫筋骨之力，不如仁义之力荣也。

别通第三十八

富人之宅，以一丈之地为内。内中所有，柙匮所（羸）〔赢〕，缣布丝（绵）〔帛〕也。贫人之宅，亦以一丈为内。内中空虚，徒四壁立，故名曰贫。夫通人犹富人，不通者犹贫人也。俱以七尺为形，通人胸中怀百家之言，不通者空腹无一牒之诵。贫人之内，徒四所壁立也。慕料贫富不相如，则夫通与不通不相及也。世人慕富，不荣通；羞贫，不贱不贤，不推类以况之也。夫富人可慕者，货财多则饶裕，故人慕之。夫富人不如儒生，儒生不如通人。通人积文十箧以上，圣人之言，贤者之语，上自黄帝，下至秦、汉，治国肥家之术，刺世讥俗之言备矣。使人通明博见，其为可荣，非徒缣布丝（绵）〔帛〕也。萧何入秦，收拾文书，汉所以能制九州者，文书之力也。以文书御天下，天下之富，孰与家人之财？

人目不见青黄曰盲，耳不闻宫商曰聋，鼻不知香臭曰痈。痈聋与盲，不成人者也。人不博览者，不闻古今，不见事类，不知然否，犹目盲、耳聋、鼻痈者也。儒生不览，犹为闭暗，况庸人无篇章之业，不知是非，其为闭暗甚矣！此则土木之人，耳目俱足，无闻见也。涉浅水者见虾，其颇深者察鱼鳖，其尤甚者观蛟龙。足行迹殊，故所见之物异也。入道浅深，其犹此也，浅者则见传记谐文，深者入圣室观秘书。故入道弥深，所见弥大。人之游也，必欲入都，都多奇观也；入都必欲见市，市多异货也。百家之言，古今行事，其为奇异，非徒都邑大市也。游于都邑者心厌，观于大市者意饱，况游于道艺之际哉！大川旱不枯者，多所疏也。潢汙兼日不雨，泥辄见者，无所通也。是故大川相间，小川相属，东流归海，故海大也。海不通于百川，安得巨大之名？夫人含百家之言，犹海怀百川之流也，不谓之大者，是谓海小于百川也。夫海大于百川也，人皆知之，通者明于不通，莫之能别也。润下作咸，水之滋味也。东海水咸，流广大也；西州盐井，源泉深也。人或无井而食，或穿井不得泉，有盐井之利乎？不与贤圣通业，望有高世之名，难哉！法令之家，不见行事，议罪不可审。章句之生，不览古今，论事不实。

或以说一经为是，何须博览？夫孔子之门，讲习《五经》。《五经》皆习，庶几之才也。颜渊曰："博我以文。"才智高者，能为博矣。颜渊之曰博者，岂徒一经哉？我不能博《五经》，又不能博众事，守信一学，不好广观，无温故知新之明，而有守愚不览之暗。其谓一经是者，其宜也。开户内日之光，日光不能照幽，凿窗启牖，以助户明也。夫一经之说，犹日明也，助以传书，犹窗牖也。百家之言令人晓明，非徒窗牖之开，日光之照也。是故日光照室内，道术明胸中。开户内光，坐高堂之上，眇升楼台，窥四邻之廷，人之所愿也。闭户幽坐，向冥冥之内，穿圹穴卧，造黄泉之际，人之所恶也。夫闭心塞意，不高瞻览者，死人之徒也哉！孝武皇帝时，燕王旦在明光宫，欲入所卧，（户三百）〔三户〕尽闭，使侍者二十人开户，户不开。其后旦坐谋反自杀。夫户闭，燕王旦死之状也。死者，凶事也，故以闭塞为占。齐庆封不通，六国大夫会而赋《诗》，庆封不晓，其后果有楚灵之祸也。夫不开通于学者，尸尚能行者也。亡国之社，屋其上、柴其下者，示绝于天地。春秋薄社，周以为（城）〔戒〕。夫经艺传书，人当览之，犹社当通气于天地也。故人之不通览者，薄社之类也。是故气不通者，强壮之人死，荣华之物枯。

东海之中，可食之物，集糅非一，以其大也。夫水精气渥盛，故其生物也众多奇异。故夫大人之胸怀非一，才高知大，故其于道术无所不包。学士同门，高业之生，众共宗之。何则？知经指深，晓师言多也。夫古今之事，百家之言，其为深多也，岂徒师门高业之生哉！甘酒醴不（酤）〔酤〕饴蜜，未为能知味也。耕夫多殖嘉谷，谓之上农夫；其少者，谓之下农夫。学士之才，农夫之力，一也。能多种谷，谓之上农；能博学问，〔不〕谓之上儒，是称牛之服重，不誉马速也。誉手毁足，孰谓之慧矣？县道不通于野，野路不达于邑，骑马乘舟者，必不由也。故血脉不通，人以甚病。夫不通者，恶事也，故其祸变致不善。是故盗贼宿于秽草，邪心生于无道，无道者，无道术也。医能治一病谓之巧，能治百病谓之良。是故良医服百病之方，治百人之疾；大才怀百家之言，故能治百族之乱。扁鹊之众方，孰若巧之一伎？子贡曰："不得其门而入，不见宗庙之美，百官之富。"盖以宗庙百官喻孔子道也。孔子道美，故譬以宗庙，众多非一，故喻以百官。由此言之，道达广博者，孔子之徒也。

殷、周之地，极五千里，荒服、要服，勤能牧之。汉氏廓土，牧万里之外，要荒之地，褒衣博带。夫德不优者不能怀远，才不大者不能博见。故多闻博识，无顽鄙之訾；深知道术，无浅暗之毁也。人好观图画者，图上所画，古之列人也。见列人之面，孰与观其言行？置之空壁，形容具存，人不激劝者，不见言行也。古贤之遗文，竹帛之所载粲然，岂徒墙壁之画哉？空器在厨，金银涂饰，其中无物益于饥，人不顾也。肴膳甘醢，土釜之盛，入者乡之。古贤文之美善可甘，非徒器中之物也，读观有益，非徒膳食有补也。故器空无实，饥者不顾；胸虚无怀，朝廷不御也。剑伎之家，斗战必胜者，得曲城、越女之学也。两敌相遭，一巧一拙，其必胜者，有术之家也。孔、墨之业，贤圣之书，非徒曲城、越女之功也。成人之操，益人之知，非徒战斗必胜之策也。故剑伎之术，有必胜之名；贤圣之书，有必尊之声。县邑之吏，召诸治下，将相问以政化，晓慧之吏，陈所闻见，将相觉悟，得以改政右文。圣贤言行，竹帛所传，练人之心，聪人之知，非徒县邑之吏对向之语也。

禹、益并治洪水，禹主治水，益主记异物，海外山表，无远不至，以所闻见作《山海经》。非禹、益，不能行远，《山海》不造。然则《山海》之造，见物博也。董仲舒睹重常之鸟，刘子政晓贰负之尸，皆见

《山海经》，故能立二事之说。使禹、益行地不远，不能作《山海经》，董、刘不读《山海经》，不能定二疑。实沉、臺台，子产博物，故能言之。龙见绛郊，蔡墨晓占，故能御之。父兄在千里之外，且死，遗教戒之书，子弟贤者求索观读，服臆不舍，重先敬长，谨慎之也。不肖者轻慢佚忽，无原察之意。古圣先贤遗后人文字，其重非徒父兄之书也，或观读采取，或弃捐不录，二者之相高下也，行路之人，皆能论之，况辩照然否者不能别之乎？孔子病，商瞿卜期日中。孔子曰："取书来，比至日中何事乎？"圣人之好学也，且死不休，念在经书，不以临死之故，弃忘道艺，其为百世之圣，师法祖修，盖不虚矣。自孔子以下，至汉之际，有才能之称者，非有饱食终日无所用心也，不说《五经》则读书传。书传文大，难以备之。卜卦占射凶吉，皆文、武之道，昔有商瞿能占爻卦，末有东方朔、翼少君能达占射覆，道虽小，亦圣人之术也。曾又不知人生禀五常之性，好道乐学，故辨于物。今则不然，饱食快饮，虑深求卧，腹为饭坑，肠为酒囊，是则物也。倮虫三百，人为之长，天地之性，人为贵，贵其识知也。今闭暗脂塞，无所好欲，与三百倮虫何以异？而谓之为长而贵之乎！

诸夏之人所以贵于夷狄者，以其通仁义之文，知古今之学也。如徒（作）〔任〕其胸中之知以取衣食，经历年月，白首没齿，终无晓知，夷狄之次也。观夫蜘蛛之经丝以罔飞虫也，人之用作，安能过之？任胸中之知，舞权利之诈，以取富寿之乐，无古今之学，蜘蛛之类也。含血之虫，无饿死之患，皆能以知求索饮食也。人不通者，亦能自供，仕官为吏，亦得高官。将相长吏，犹吾大夫高子也，安能别之？随时积功，以命得官，不晓古今，以位为贤。与文（之）〔人〕异术，安得识别通人俟以不次乎？将相长吏，不得若右扶风蔡伯偕、郁林太守张孟尝、东莱太守李季公之徒，心自通明，览达古今，故其敬通人也如见大宾。燕昭为邹衍拥篲，彼独受何性哉？东成令董仲绥知为儒枭，海内称通。故其接人能别奇（律）〔伟〕，是以钟离产公以编户之民,受圭璧之敬,知之明也。故夫能知之也,凡石生光气;不知之也,金玉无润色。

自武帝以至今朝,数举贤良,令人射策甲乙之科,若董仲舒、唐子高、谷子云、丁伯玉,策既中实,文说美善,博览膏腴之所生也。使四者经徒能摘,笔徒能记疏,不见古今之书,安能建美善于圣王之庭乎?孝明之时,读《苏武传》,见武官名曰栘中监,以问百官,百官莫知。夫仓颉之章,小学之书,文字备具,至于无能对圣国之问者,是皆美命随牒之人多在官也。“木”旁“多”文字,且不能知,其欲及若董仲舒之知重常,刘子政之知贰负,难哉!或曰:“通人之官,兰台令史,职校书定字,比夫太史太祝,职在文书,无典民之用,不可施设。是以兰台之史,班固、贾逵、杨终、傅毅之徒,名香文美,委积不继,(大)〔失〕用于世。”曰:此不(继)〔然〕。周世通览之人,邹衍之徒,孙卿之辈,受时王之宠,尊显于世。董仲舒虽无鼎足之位,知在公卿之上。周监二代,汉监周、秦,然则兰台之官,国所监得失也。以心如丸卵,为体内藏;眸子如豆,为身光明。令史虽微,典国道藏,通人所由进。犹博士之官,儒生所由兴也。委积不继,岂圣国微遇之哉?殆以书未定而职未毕也。

超奇第三十九

通书千篇以上,万卷以下,弘畅雅闲,审定文读,而以教授为人师者,通人也。杼其义旨,损益其文句,而以上书奏记,或兴论立说,结连篇章者,文人鸿儒也。好学勤力,博闻强识,世间多有;著书表文,论说古今,万不耐一。然则著书表文,博通所能用之者也。入山见木,长短无所不知;入野见草,大小无所不识。然而不能伐木以作室屋,采草以和方药,此知草木所不能用也。夫通人览见广博,不能掇以论说,此为匿(生)书主人,孔子所谓“诵诗三百,授之以政不达”

者也,与彼草木不能伐采,一实也。孔子得史记以作《春秋》,及其立义创意,褒贬赏诛,不复因史记者,眇思自出于胸中也。凡贵通者,贵其能用之也,即徒诵读,读诗讽术虽千篇以上,鹦鹉能言之类也。衍传书之意,出膏腴之辞,非俶傥之才,不能任也。夫通览者,世间比有;著文者,历世希然。近世刘子政父子、扬子云、桓君山,其犹文、武、周公,并出一时也。其馀直有,往往而然,譬珠玉不可多得,以其珍也。故夫能说一经者为儒生,博览古今者为通人,采掇传书以上书奏记者为文人,能精思著文连结篇章者为鸿儒。故儒生过俗人,通人胜儒生,文人逾通人,鸿儒超文人。故夫鸿儒,所谓超而又超者也。以超之奇,退与儒生相料,文轩之比于敝车,锦绣之方于缊袍也,其相过远矣。如与俗人相料,太山之巅、墆,长狄之项、跖,不足以喻。故夫丘山以土石为体,其有铜铁,山之奇也。铜铁既奇,或出金玉。然鸿儒,世之金玉也,奇而又奇矣。奇而又奇,才相超乘,皆有品差。

儒生说名于儒门,过俗人远也。或不能说一经,教诲后生;或带徒聚众,说论洞溢,称为经明。或不能成牍,治一说;或能陈得失,奏便宜,言应经传,文如星月。其高第若谷子云、唐子高者,说书于牍奏之上,不能连结篇章。或抽列古今,纪著行事,若司马子长、刘子政之徒,累积篇第,文以万数,其过子云、子高远矣。然而因成纪前,无胸中之造。若夫陆贾、董仲舒论说世事,由意而出,不假取于外,然而浅露易见,观读之者犹曰传记。阳成子长作《乐经》,扬子云作《太玄经》,造于(助)〔眇〕思,极窅冥之深,非庶几之才,不能成也。孔子作《春秋》,二子作两经,所谓卓尔蹈孔子之迹,鸿茂参贰圣之才者也。

王公(子)问于桓君山以扬子云,君山对曰:"汉兴以来,未有此人。"君山差才,可谓得高下之实矣。采玉者心羡于玉,钻龟能知神于龟。能差众儒之才,累其高下,贤于所累。又作《新论》,论世间事,辩照然否,虚妄之言,伪饰之辞,莫不证定。彼子长、子云说论之徒,君山为甲。自君山以来,皆为鸿眇之才,故有嘉令之文。笔能著文,则心能谋论,文由胸中而出,心以文为表。观见其文,奇伟俶傥,可谓得论也。由此言之,繁文之人,人之杰也。

有根株于下,有荣叶于上;有实核于内,有皮壳于外。文墨辞说,士之荣叶、皮壳也。实诚在胸臆,文墨著竹帛,外内表里,自相副称,意奋而笔纵,故文见而实露也。人之有文也,犹禽之有毛也。毛有五色,皆生于体。苟有文无实,是则五色之禽,毛妄生也。选士以射,心平体正,执弓矢审固,然后射中。论说之出,犹弓矢之发也;论之应理,犹矢之中的。夫射以矢中效巧,论以文墨验奇。奇巧俱发于心,其实一也。文有深指巨略,君臣治术,身不得行,口不能绁,表著情心,以明己之必能为之也。孔子作《春秋》,以示王意。然则孔子之《春秋》,素王之业也;诸子之传书,素相之事也。观《春秋》以见王意,读诸子以睹相指。故曰:陈平割肉,丞相之端见;(叔孙)〔孙叔〕敖决期思,令(君)〔尹〕之兆著。观读传书之文,治道政务,非徒割肉决水之占也。足不强则迹不远,锋不铦则割不深。连结篇章,必大才智鸿懿之俊也。

或曰:“著书之人,博览多闻,学问习熟,则能推类兴文。文由外而兴,未必实才学文相副也。且浅意于华叶之言,无根核之深,不见大道体要,故立功者希。安危之际,文人不与,无能建功之验,徒能笔说之效也。”曰:此不然。周世著书之人皆权谋之臣,汉世直言之士皆通览之吏,岂谓文非华叶之生,根核推之也?心思为谋,集札为文,情见于辞,意验于言。商鞅相秦,致功于霸,作耕战之书。虞卿为赵决计定说行,退作春秋之思,起城中之议。耕战之书,秦堂上之计也。陆贾消吕氏之谋,与《新语》同一意。桓君山易晁错之策,与《新论》共一思。观谷永之陈说,唐林之宜言,刘向之切议,以知为本,笔墨之文,将而送之,岂徒雕文饰辞,苟为华叶之言哉?精诚由中,故其文语感动人深。是故鲁连飞书,燕将自杀;邹阳上疏,梁孝开牢。书疏文义,夺于肝心,非徒博览者所能造,习熟者所能为也。夫鸿儒希有,而文人比然,将相长吏,安可不贵?岂徒用其才力,游文于牒牍哉?州郡有忧,能治章上奏,解理结烦,使州郡(连)〔无〕事。有如唐子高、谷子云之吏,出身尽思,竭笔牍之力,烦忧适有不解者哉?

古昔之远,四方辟匿,文墨之士,难得纪录。且近自以会稽言之。周长生者,文士之雄也,在州为刺史任安举奏,在郡为太守孟观上书,事解忧除,州郡无事,二将以全。长生之身不尊显,非其才知少、功力薄也,二将怀俗人之节,不能贵也。使遭前世燕昭,则长生已蒙邹衍之宠矣。长生死后,州郡遭忧,无举奏之吏,以故事结不解,征诣相属,文轨不尊,笔疏不续也。岂无忧上之吏哉?乃其中文笔不足类也。长生之才,非徒锐于牒牍也,作《洞历》十篇,上自黄帝,下至汉朝,锋芒毛发之事,莫不纪载,与太史公《表》《纪》相似类也。上通下达,故曰“洞历”。然则长生非徒文人,所谓鸿儒者也。前世有严夫子,后有吴君(商)〔高〕,末有周长生。白雉贡于越,畅草献于宛,雍州出玉,荆、扬生金。珍物产于四远幽辽之地,未可言无奇人也。孔子曰:“文王既没,文不在兹乎!”文王之文在孔子,孔子之文在仲舒。仲舒既死,岂在长生之徒与?何言之卓殊,文之美丽也!唐勒、宋玉,亦楚文人也,竹帛不纪者,屈原在其上也。会稽文才,岂独周长生哉?所以未论列者,长生尤逾出也。九州多山,而华、岱为岳,四方多川,而江、河为渎者,华、岱高而江、河大也。长生,州郡高大者也。同姓之伯贤,舍而誉他族之孟,未为得也。长生说文辞之伯,文人之所共宗,独纪录之,《春秋》记元于鲁之义也。

俗好高古而称所闻,前人之业,菜果甘甜;后人新造,蜜酪辛苦。长生家在会稽,生在今世,文章虽奇,论者犹谓稚于前人。天禀元气,人受元精,岂为古今者差杀哉?优者为高,明者为上,实事之人,见然否之分者，睹非却前退置于后，见是推今进置于古，心明知昭，不惑于俗也。班叔皮续《太史公书》百篇以上，记事详悉，义(浅)〔浃〕理备，观读之者以为甲，而太史公乙。子男孟坚为尚书郎，文比叔皮，非徒五百里也，乃夫周、召、鲁、卫之谓也。苟可高古，而班氏父子不足纪也。

周有郁郁之文者，在百世之末也。汉在百世之后，文论辞说，安得不茂？喻大以小，推民家事，以睹王廷之义：庐宅始成，桑麻才有，居之历岁，子孙相续，桃李梅杏，菴丘蔽野。根茎众多，则华叶繁茂。汉氏治定久矣，土广民众，义兴事起，华叶之言，安得不繁？夫华与实俱成者也，无华生实，物希有之。山之秃也，孰其茂也？地之泻也，孰其滋也？文章之人，滋茂汉朝者，乃夫汉家炽盛之瑞也。天晏，列宿焕炳。阴雨，日月蔽匿。方今文人并出见者，乃夫汉朝明明之验也。

高祖读陆贾之书，叹称万岁；徐乐、主父偃上疏，征拜郎中。方今未闻。膳无苦酸之肴，口所不甘味，手不举以啖人。诏书每下，文义经传四科，诏书斐然，郁郁好文之明验也。上书不实核，著书无义指，万岁之声，征拜之恩，何从发哉？饰面者皆欲为好，而运目者希；文音者皆欲为悲，而惊耳者寡。陆贾之书未奏，徐乐、主父之策未闻，群诸瞽言之徒，言事粗丑，文不美润，不指所谓，文辞淫滑。不被涛沙之谪，幸矣，焉蒙征拜为郎中之宠乎？

卷十四

状留第四十

论贤儒之才，既超程矣，世人怪其仕宦不进，官爵卑细。以贤才退在俗吏之后，信不怪也。夫如是而适足以见贤不肖之分，睹高下多少之实也。龟生三百岁，大如钱，游于莲叶之上；三千岁青边缘，巨尺二寸。蓍生七十岁生一茎，七百岁生十茎。神灵之物也，故生迟留；历岁长久，故能明审。实贤儒之在世也，犹灵蓍、神龟也。计学问之日，固已尽年之半矣。锐意于道，遂无贪仕之心。及其仕也，纯特方正，无员锐之操。故世人迟取进难也。针锥所穿，无不畅达。使针锥末方，穿物无一分之深矣。贤儒方节而行，无针锥之锐，固安能自穿、取畅达之功乎？

且骥一日行千里者，无所服也；使服任车，(舆)〔与〕驽马同。(音)〔昔〕骥曾以引盐车矣，垂头落汗，行不能进。伯乐顾之，王良御之，空身轻驰，故有千里之名。今贤儒怀古今之学，负荷礼义之重，内累于胸中之知，外劬于礼义之操，不敢妄进苟取，故有稽留之难。无伯乐之友，不遭王良之将，安得驰于清明之朝，立千里之迹乎？

且夫含血气物之生也，行则背在上而腹在下；其病若死，则背在下而腹在上。何则？背肉厚而重，腹肉薄而轻也。贤儒、俗吏，并在当世，有似于此。将明道行，则俗吏载贤儒，贤儒乘俗吏。将暗道废，则俗吏乘贤儒，贤儒处下位，犹物遇害，腹在上而背在下也。且背法天而腹法地，生行得其正，故腹背得其位；病死失其宜，故腹反而在背上。

非唯腹也，凡物仆僵者，足又在上。贤儒不遇，仆废于世，踝足之吏，皆在其上。东方朔曰："目不在面而在于足，救昧不给，能何见乎？"汲黯谓武帝曰："陛下用吏如积薪矣，后来者居上。"原汲黯之言，察东方朔之语，独以非俗吏之得地、贤儒之失职哉！故夫仕宦失地，难以观德；得地，难以察不肖。名生于高官而毁起于卑位，卑位固常贤儒之所在也。遵礼蹈绳，修身守节，在下不汲汲，故有沉滞之留。沉滞在能自济，故有不拔之扼。其积学于身也多，故用心也固。俗吏无以自修，身虽拔进，利心摇动，则有下道侵渔之操矣。

枫桐之树，生而速长，故其皮肌不能坚刚。树檀以五月生叶，后彼春荣之木，其材强劲，车以为轴。殷之桑谷，七日大拱，长速大暴，故为变怪。大器晚成，宝货难售(者)。不崇一朝，辄成贾者，菜果之物也。是故湍濑之流，沙石转而大石不移。何者？大石重而沙石轻也。沙石转积于大石之上，大石没而不见。贤儒俗吏，并在世俗，有似于此。遇暗长吏，转移俗吏超在贤儒之上，贤儒处下，受驰走之使，至或岩居穴处，没身不见。咎在长吏不能知贤，而贤者道大，力劣不能拔举之故也。

夫手指之物器也，度力不能举，则不敢动。贤儒之道，非徒物器之重也。是故金铁在地，(焱)〔猋〕风不能动，毛芥在其间，飞扬千里。夫贤儒所怀，其犹水中大石、在地金铁也。其进不若俗吏速者，长吏力劣，不能用也。毛芥在铁石间也，一口之气，能吹毛芥，非必(焱)〔猋〕风。俗吏之易迁，犹毛芥之易吹也。故夫转沙石者也，湍濑也；飞毛芥者，(焱)〔猋〕风也。(活)〔恬〕水，〔沙石不转〕；洋风，毛芥不动。无道理之将，用心暴猥，察吏不详，遭以好迁，妄授官爵，猛水之转沙石，(焱)〔猋〕风之飞毛芥也。是故毛芥因异风而飞，沙石遭猛流而转，俗吏遇悖将而迁。

且圆物投之于地，东西南北，无之不可。策杖叩动，才微辄停。方物集地，壹投而止；及其移徙，须人动举。贤儒，世之方物也，其难转移者,其动须人也。鸟轻便于人,趋远,人不如鸟;然而天地之性,人为贵。蝗虫之飞,能至万里;麒麟须献,乃达阙下。然而蝗虫为灾,麒麟为瑞。麟有四足,尚不能自致,人有两足,安能自达?故曰:燕飞轻于凤皇,兔走疾于麒麟,蛙跃躁于灵龟,蛇腾便于神龙。吕望之徒,白首乃显;百里奚之知,明于黄发:深为国谋,因为王辅,皆夫沉重难进之人也。轻躁早成,祸害暴疾。故曰:其进锐者退速。阳温阴寒,历月乃至;灾变之气,一朝成怪。故夫河冰结合,非一日之寒;积土成山,非斯须之作。干将之剑,久在炉炭,铦锋利刃,百熟炼厉。久销乃见作留,成迟故能割断。肉暴长者曰肿,泉暴出者曰涌,酒暴熟者易酸,醢暴酸者易臭。由此言之,贤儒迟留,皆有状故。状故云何?学多、道重为身累也。

草木之生者湿,湿者重,死者枯。枯而轻者易举,湿而重者难移也。然元气所在,在生不在枯。是故车行于陆,船行于沟,其满而重者行迟,空而轻者行疾。先王之道,载在胸腹之内,其重不徒船车之任也。任重,其取进疾速,难矣!窃人之物,其得非不速疾也,然而非其有,得之非己之力也。世人早得高官,非不有光荣也,而尸禄素餐之谤,喧哗甚矣。且贤儒之不进,将相长吏不开通也。农夫载谷奔都,贾人赍货赴远,皆欲得其愿也。如门郭闭而不通,津梁绝而不过,虽有勉力趋时之势,奚由早至以得盈利哉?长吏妒贤,不能容善,不被钳赭之刑,幸矣!焉敢望官位升举、道理之早成也?

寒温第四十一

说寒温者曰:“人君喜则温,怒则寒。何则?喜怒发于胸中,然后行出于外,外成赏罚。赏罚,喜怒之效。故寒温渥盛,凋物伤人。”夫寒温之代至也,在数日之间。人君未必有喜怒之气发胸中,然后渥盛于外。见外寒温,则知胸中之气也。当人君喜怒之时,胸中之气未必更寒温也。胸中之气,何以异于境内之气?胸中之气,不为喜怒变;境内寒温,何所生起?六国之时,秦、汉之际,诸侯相伐,兵革满道。国有相攻之怒,将有相胜之志,夫有相杀之气,当时天下未必常寒也;太平之世,唐、虞之时,政得民安,人君常喜,弦歌鼓舞,比屋而有,当时天下未必常温也。岂喜怒之气为小发,不为大动邪?何其不与行事相中得也?

夫近水则寒,近火则温,远之渐微。何则?气之所加,远近有差也。成事,火位在南,水位在北,北边则寒,南极则热。火之在炉,水之在沟,气之在躯,其实一也。当人君喜怒之时,寒温之气,闺门宜甚,境外宜微。今案寒温外内均等,殆非人君喜怒之所致。世儒说称,妄处之也。王者之变在天下,诸侯之变在境内,卿大夫之变在其位,庶人之变在其家。夫家人之能致变,则喜怒亦能致气。父子相怒,夫妻相督,若当怒反喜,纵过饰非,一室之中,宜有寒温。由此言之,变非喜怒所生明矣。

或曰:"以类相招致也。喜者和温,和温赏赐。阳道施予,阳气温,故温气应之。怒者愠恚,愠恚诛杀。阴道肃杀,阴气寒,故寒气应之。虎啸而谷风至,龙兴而景云起。同气共类,动相招致。故曰以形逐影,以龙致雨。雨应龙而来,影应形而去。天地之性,自然之道也。秋冬断刑,小狱微原,大辟盛寒,寒随刑至,相招审矣。"夫比寒温于风云,齐喜怒于龙虎,同气共类,动相招致,可矣。虎啸之时,风从谷中起;龙兴之时,云起百里内。他谷异境,无有风云。今寒温之变,并时皆然。百里用刑,千里皆寒,殆非其验。齐、鲁接境,赏罚同时,设齐赏鲁罚,所致宜殊,当时可齐国温、鲁地寒乎?

案前世用刑者,蚩尤、亡秦甚矣。蚩尤之民,湎湎纷纷;亡秦之路,赤衣比肩。当时天下未必常寒也。帝都之市,屠杀牛羊,日以百数,刑人杀牲,皆有贼心,帝都之市,气不能寒。

或曰:"人贵于物,唯人动气。"夫用刑者动气乎?用受刑者为变也？如用刑者，刑人杀禽，同一心也。如用受刑者，人禽皆物也，俱为万物，百贱不能当一贵乎？或曰："唯人君动气，众庶不能。"夫气感必须人君，世何称于邹衍？邹衍匹夫，一人感气，世又然之。刑一人而气辄寒，生一人而气辄温乎？赦令四下，万刑并除，当时岁月之气不温。往年万户失火，烟焱参天；河决千里，四望无垠。火与温气同，水与寒气类。失火河决之时，不寒不温。然则寒温之至，殆非政治所致。然而寒温之至，遭与赏罚同时，变复之家，因缘名之矣。

春温夏暑，秋凉冬寒，人君无事，四时自然。夫四时非政所为，而谓寒温独应政治。正月之始，正月之后，立春之际，百刑皆断，囹圄空虚。然而一寒一温，当其寒也，何刑所断？当其温也，何赏所施？由此言之，寒温，天地节气，非人所为，明矣。

人有寒温之病，非操行之所及也。遭风逢气，身生寒温，变操易行，寒温不除。夫身近而犹不能变除其疾，国邑远矣，安能调和其气？人中于寒，饮药行解，所苦稍衰；转为温疾，吞发汗之丸而应愈。燕有寒谷，不生五谷。邹衍吹律，寒谷可种，燕人种黍其中，号曰"黍谷"。如审有之，寒温之灾，复以吹律之事调和其气；变政易行，何能灭除？是故寒温之疾，非药不愈；黍谷之气，非律不调。尧遭洪水，使禹治之。寒温与尧之洪水，同一实也。尧不变政易行，知夫洪水非政行所致。洪水非政行所致，亦知寒温非政治所招。

或难曰："《洪范》庶征曰，'急，恒寒若；舒，恒燠若。'若，顺；燠，温；恒，常也。人君急，则常寒顺之。舒，则常温顺之。寒温应急舒，谓之非政，如何？夫岂谓急不寒、舒不温哉？"人君急舒而寒温递至，偶适自然，若故相应，犹卜之得兆、筮之得数也。人谓天地应令问，其实适然。夫寒温之应急舒，犹兆数之应令问也。外若相应，其实偶然。何以验之？夫天道自然，自然无为。二令参偶，遭适逢会，人事始作，天气已有，故曰道也。使应政事，是有〔为〕，非自然也。《易》京氏布六十四卦，于一岁中，六日七分，一卦用事。卦有阴阳，气有升降。阳升则温,阴升则寒。由此言之,寒温随卦而至,不应政治也。案《易》,无妄之应,水旱之至,自有期节。百灾万变,殆同一曲。变复之家,疑且失实。何以为疑?〔《易》曰:〕“夫大人与天地合德,先天而天不违,后天而奉天时。”《洪范》曰:“急,恒寒若;舒,恒燠若。”如《洪范》之言,天气随人易徙,当“先天而天不违”耳,何故复言“后天而奉天时”乎?后者,天已寒温于前,而人赏罚于后也。由此言之,(人)《易》言与《尚书》不合,一疑也。京氏占寒温以阴阳升降,变复之家以刑赏、喜怒,两家乖迹,二疑也。民间占寒温,今日寒而明日温,朝有繁霜,夕有列光,旦雨气温,旦旸气寒。夫雨者阴,旸者阳也,寒者阴而温者阳也。(雨)旦旸反寒,(旸)旦雨反温,不以类相应,三疑也。三疑不定,自然之说亦未立也。

谴告第四十二

论灾异,谓“古之人君为政失道,天用灾异谴告之也。灾异非一,复以寒温为之效。人君用刑非时则寒,施赏违节则温。天神谴告人君,犹人君责怒臣下也。故楚严王曰:‘天不下灾异,天其忘(子)〔予〕乎!’灾异为谴告,故严王惧而思之也。”曰:此疑也。夫国之有灾异也,犹家人之有变怪也。有灾异,谓天谴人君;有变怪,天复谴告家人乎?家人既明,人之身中亦将可以喻。身中病,犹天有灾异也。血脉不调,人生疾病;风气不和,岁生灾异。灾异谓天谴告国政,疾病天复谴告人乎?酿酒于罂,烹肉于鼎,皆欲其气味调得也。时或咸苦酸淡不应口者,犹人勺药失其和也。夫政治之有灾异也,犹烹酿之有恶味也。苟谓灾异为天谴告,是其烹酿之误,得见谴告也。占大以小,明物事之喻,足以审天。使严王知如孔子,则其言可信。衰世霸者之才,犹夫变复之家也,言未必信,故疑之。

夫天道,自然也,无为。如谴告人,是有为,非自然也。黄、老之家,论说天道,得其实矣,且天审能谴告人君,宜变易其气以觉悟之。用刑非时,刑气寒而天宜为温;施赏违节,赏气温而天宜为寒。变其政而易其气,故君得以觉悟知是非。今乃随寒从温,为寒为温以谴告之,意欲令变更之。且太王亶父以王季之可立,故易名为历。历者,适也。太伯觉悟,之吴、越采药,以避王季。使太王不易季名,而复字之季,太伯岂觉悟以避之哉?今刑赏失法,天欲改易其政,宜为异气,若太王之易季名。今乃重为同气以谴告之,人君何时将能觉悟,以见刑赏之误哉?

鼓瑟者误于张弦设柱,宫商易声,其师知之,易其弦而复移其柱。夫天之见刑赏之误,犹瑟师之睹弦柱之非也。不更变气以悟人君,反增其气以渥其恶,则天无心意,苟随人君为误,非也。纣为长夜之饮,文王朝夕曰:"祀兹酒。"齐奢于祀,晏子祭庙,豚不掩俎。何则?非疾之者,宜有以改易之也。

子弟傲慢,父兄教以谨敬;吏民横悖,长吏示以和顺。是故康叔、伯禽失子弟之道,见于周公,拜起骄悖,三见三笞;往见商子,商子令观桥梓之树,二子见桥梓,心感觉悟,以知(父)子〔弟〕之礼。周公可随为骄,商子可顺为慢,必须加之捶杖,教观于物者,冀二人之见异,以奇自觉悟也。夫人君之失政,犹二子失道也。天不告以政道,令其觉悟,若二子观见桥梓,而顾随刑赏之误,为寒温之报,此则天与人君俱为非也。无相觉悟之感,有相随从之气,非皇天之意,爱下谴告之宜也。

凡物能相割截者,必异性者也;能相奉成者,必同气者也。是故《离》下、《兑》上曰《革》。革,更也。火金殊气,故能相革。如俱火而皆金,安能相成?屈原疾楚之臭洿,故称香洁之辞;渔父议以不随俗,故陈沐浴之言。凡相混者,或教之熏隧,或令之负豕。二言之于除臭洿也。孰是孰非?非有不易,少有以益。夫用寒温,非刑赏也,能易之乎?

西门豹急，佩韦以自宽；董安于缓，带弦以自促。二贤知佩带变己之物，而以攻身之短。(夫)〔天〕至明矣，人君失政，不以他气谴告变易，反随其误，就起其气，此则皇天用意，不若二贤审也。

楚庄王好猎，樊姬为之不食鸟兽之肉；秦缪公好淫乐，华阳后为之不听郑、卫之音。二姬非两主，拂其欲而不顺其行；皇天非赏罚，而顺其操，而渥其气。此盖皇天之德，不若妇人贤也。

故谏之为言间也，持善间恶，必谓之一乱。周缪王任刑，《甫刑篇》曰："报虐用威。"威虐皆恶也，用恶报恶，乱莫甚焉。今刑失赏宽，恶也。(夫)〔天〕复为恶以应之，此则皇天之操与缪王同也。故以善驳恶，以恶惧善，告人之理，劝厉为善之道也。舜戒禹曰："毋若丹朱敖！"周公敕成王曰："毋若殷王纣！"毋者，禁之也。丹朱、殷纣至恶，故曰"毋"以禁之。夫言"毋若"，孰与言"必若"哉？故"毋"、"必"二辞，圣人审之。况肯谴非为非、顺人之过以增其恶哉？天人同道，大人与天合德。圣贤以善反恶，皇天以恶随非，岂道同之效、合德之验哉？

孝武皇帝好仙，司马长卿献《大人赋》，上乃仙仙有凌云之气。孝成皇帝好广宫室，扬子云上《甘泉颂》，妙称神怪，若曰非人力所能为，鬼神力乃可成。皇帝不觉，为之不止。长卿之赋如言仙无实效，子云之颂言奢有害，孝武岂有仙仙之气者，孝成岂有不觉之惑哉？然即天之不为他气以谴告人君，反顺人心以非应之，犹二子为赋颂，令两帝惑而不悟也。

窦婴、灌夫疾时为邪，相与日引绳以纠缨之。心疾之甚，安肯从其欲？太伯教吴冠带，孰与随从其俗与之俱倮也？故吴之知礼义也，太伯改其俗也。苏武入匈奴，终不左衽；赵他入南越，箕踞椎髻。汉朝称苏武而毁赵他。〔越他〕之性，习越土气，畔冠带之制；陆贾说之，夏服雅礼，风告以义，赵他觉悟，运心向内。如陆贾复越服夷谈，从其乱俗，安能令之觉悟，自变从汉制哉？

三教之相违，文质之相反，政失不相反袭也。谴告人君误，不变其失而袭其非，欲行谴告之教，不从如何？管、蔡篡畔，周公告教之，至于再三。其所以告教之者，岂云当篡畔哉？人道善善恶恶，施善以赏，加恶以罪，天道宜然。刑赏失实，恶也；为恶气以应之，恶恶之义，安所施哉？汉正首匿之罪，制亡从之法，恶其随非而与恶人为群党也。如束罪人以诣吏，离恶人与异居，首匿、亡从之法除矣。狄牙之调味也，酸则沃之以水，淡则加之以咸。水火相变易，故膳无咸淡之失也。今刑(罚)〔赏〕失实，不为异气以变其过，而又为寒于寒，为温于温，此犹憎酸而沃之以咸，恶淡而灌之以水也。由斯言之，谴告之言，疑乎？必信也？

今熯薪燃釜，火猛则汤热，火微则汤冷。夫政犹火，寒温犹热冷也。顾可言人君为政，赏罚失中也，逆乱阴阳，使气不和；乃言天为人君为寒为温以谴告之乎？

儒者之说，又言“人君失政，天为异；不改，灾其人民；不改，乃灾其身也。先异后灾，先教后诛之义也”。曰：此复疑也。以夏树物，物枯不生；以(秋)〔冬〕收谷，谷弃不藏。夫为政教，犹树物收谷也。顾可言政治失时，气物为灾；乃言天为异以谴告之，不改为灾以诛伐之乎？儒者之说，俗人言也。盛夏阳气炽烈，阴气干之，激射𩫖裂，中杀人物。谓天罚阴过，外一闻若是，内实不然。夫谓灾异为谴告诛伐，犹为雷杀人罚阴过也。非谓之言，不然之说也。

或曰：“谷子云上书，陈言变异，明天之谴告。不改，后将复有，愿贯械待时。后竟复然。即不为谴告，何故复有？子云之言，故后有以示改也。”曰：夫变异自有占候，阴阳物气自有终始。履霜以知坚冰必至，天之道也。子云识微，知后复然，借变复之说，以效其言，故愿贯械以待时也。犹齐晏子见钩星在房、心之间，则知地且动也。使子云见钩星，则将复曰“天以钩星谴告政治，不改，将有地动之变矣”。然则子云之愿贯械待时，犹子韦之愿伏陛下以俟荧惑徙处。

必然之验,故谴告之言信也。予之谴告,何伤于义?损皇天之德,使自然无为转为人事,故难听之也。

称天之谴告,誉天之聪察也,反以聪察伤损于天德。“何以知其聋也?以其听之聪也。何以知其盲也?以其视之明也。何以知其狂也?以其言之当也。”夫言当、视听、聪明,而道家谓之狂而盲聋。今言天之谴告,是谓天狂而盲聋也。

《易》曰:“大人与天地合其德。”故太伯曰:“天不言,殖其道于贤者之心。”夫大人之德,则天德也;贤者之言,则天言也。大人刺而贤者谏,是则天谴告也,而反归告于灾异,故疑之也。《六经》之文,圣人之语,动言天者,欲化无道,惧愚者。之言非独吾心,亦天意也。及其言天,犹以人心,非谓上天苍苍之体也。变复之家,见诬言天,灾异时至,则生谴告之言矣。

验古以〔今〕,知(今)天以人。“受终于文祖”,不言受终于天,尧之心知天之意也,尧授之,天亦授之,百官臣子皆乡与舜。舜之授禹,禹之传启,皆以人心效天意。《诗》之“眷顾”,《洪范》之“震怒”,皆以人身效天之意。文、武之卒,成王幼少,周道未成,周公居摄,当时岂有上天之教哉?周公推心合天志也。上天之心,在圣人之胸;及其谴告,在圣人之口。不信圣人之言,反然灾异之气,求索上天之意,何其远哉?“世无圣人,安所得圣人之言?”贤人庶几之才,亦圣人之次也。

卷十五

变动第四十三

论灾异者，已疑于天用灾异谴告人矣。更说曰：“灾异之至，殆人君以政动天，天动气以应之。譬之以物击鼓，以椎叩钟，鼓犹天，椎犹政，钟鼓声犹天之应也。人主为于下，则天气随人而至矣。”曰：此又疑也。夫天能动物，物焉能动天？何则？人物系于天，天为人物主也。故曰：“王良策马，车骑盈野。”非车骑盈野，而乃王良策马也。天气变于上，人物应于下矣。故天且雨，商羊起舞，〔非〕使天雨也。商羊者，知雨之物也，天且雨，屈其一足起舞矣。故天且雨，蝼蚁徙，丘蚓出，琴弦缓，固疾发，此物为天所动之验也。故天且风，巢居之虫动；且雨，穴处之物扰。风雨之气，感虫物也。故人在天地之间，犹蚤虱之在衣裳之内，蝼蚁之在穴隙之中。蚤虱、蝼蚁为逆顺横从，能令衣裳穴隙之间气变动乎？蚤虱、蝼蚁不能，而独谓人能，不达物气之理也。

夫风至而树枝动，树枝不能致风。是故夏末，蜻蛩鸣，寒螿啼，感阴气也。雷动而雉惊，发蛰而蛇出，起〔阳〕气也。夜及半而鹤唳，晨将旦而鸡鸣，此虽非变，天气动物，物应天气之验也。顾可言寒温感动人君，人君起气而以赏罚；乃言以赏罚感动皇天，天为寒温以应政治乎？

六情风家言：“风至，为盗贼者感应之而起。”非盗贼之人精气感天，使风至也。风至，怪不轨之心，而盗贼之操发矣。何以验之？盗贼之人，见物而取，睹敌而杀，皆在徙倚漏刻之间，未必宿日有其思也，而天风已以贪狼阴贼之日至矣。

以风占贵贱者，风从王相乡来则贵，从囚死地来则贱。夫贵贱、多少，斗斛故也。风至而（籴）〔粜〕谷之人，贵贱其价，天气动怪人物者也。故谷价低昂，一贵一贱矣。《天官》之书，以正月朝占四方之风：风从南方来者旱，从北方来者湛，东方来者为疫，西方来者为兵。太史公实道言以风占水旱兵疫者，人物吉凶统于天也。使物生者，春也；物死者，冬也。春生而冬杀（也）〔者〕，天（者）〔也〕。如或欲春杀冬生，物终不死生，何也？物生统于阳，物死系于阴也。故以口气吹人，人不能寒；吁人，人不能温。使见吹吁之人，涉冬触夏，将有冻旸之患矣。寒温之气，系于天地而统于阴阳。人事国政，安能动之？

且天本而人末也。登树怪其枝，不能动其株。如伐株，万茎枯矣。人事犹树枝，（能）〔寒〕温犹根株也。生于天，含天之气，以天为主，犹耳目手足系于心矣。心有所为，耳目视听，手足动作。谓天应人，是谓心为耳目手足使乎？旌旗垂旒，旒缀于杆，杆东则旒随而西。苟谓寒温随刑罚而至，是以天气为缀旒也。钩星在房、心之间，地且动之占也。齐太卜知之，谓景公："臣能动地。"景公信之。夫谓人君能致寒温，犹齐景公信太卜之能动地。夫人不能动地，而亦不能动天。

夫寒温，天气也。天至高大，人至卑小。（篙）〔筳〕不能鸣钟，而萤火不爨鼎者，何也？钟长而（篙）〔筳〕短，鼎大而萤小也。以七尺之细形，感皇天之大气，其无分铢之验，必也。占大将且入国邑，气寒则将且怒，温则将喜。夫喜怒起事而发，未入界，未见吏民，是非未察，喜怒未发，而寒温之气已豫至矣。怒喜致寒温，怒喜之后，气乃当至。是竟寒温之气使人君怒喜也。

或曰："未至诚也。行事至诚，若邹衍之呼天而霜降，杞梁妻哭而城崩，何天气之不能动乎？"夫至诚，犹以心意之好恶也。有果蓏之物，在人之前，去口一尺。心欲食之，口气吸之，不能取也。手掇送口，然后得之。夫以果蓏之细，员圌易转，去口不远，至诚欲之，不能得也，况天去人高远，其气莽苍无端末乎！盛夏之时，当风而立；隆冬之月，向日而坐。其夏欲得寒而冬欲得温也，至诚极矣。欲之甚者，至或当风鼓箑，向日燃炉，而天终不为冬夏易气，寒暑有节，不为人变改也。夫正欲得之而犹不能致，况自刑赏，意思不欲求寒温乎？

万人俱叹，未能动天，一邹衍之口，安能降霜？邹衍之状，孰与屈原？见拘之冤，孰与沉江？《离骚》楚辞凄怆，孰与一叹？屈原死时，楚国无霜，此怀、襄之世也。厉、武之时，卞和献玉，刖其两足，奉玉泣出，涕尽续之以血。夫邹衍之诚，孰与卞和？见拘之冤，孰与刖足？仰天而叹，孰与泣血？夫叹固不如泣，拘固不如刖，料计冤情，衍不如和，当时楚地不见霜。李斯、赵高谗杀太子扶苏，并及蒙恬、蒙骜。其时皆吐痛苦之言，与叹声同；又祸至死，非徒（苟徙）〔见拘〕。而其死之地，寒气不生。秦坑赵卒于长平之下，四十万众，同时俱陷。当时啼号，非徒叹也。诚虽不及邹衍，四十万之冤，度当一贤臣之痛；入坑坎之啼，度过拘囚之呼。当时长平之下，不见陨霜。《甫刑》曰："庶僇旁告无辜于天帝。"此言蚩尤之民被冤，旁告无罪于上天也。以众民之叫，不能致霜，邹衍之言，殆虚妄也。

南方至热，煎沙烂石，父子同水而浴。北方至寒，凝冰坼土，父子同穴而处。燕在北边，邹衍时，周之五月，正岁三月也。中州内正月二月，霜雪时降。北边至寒，三月下霜，未为变也。此殆北边三月尚寒，霜适自降，而衍适呼，与霜逢会。传曰："燕有寒谷，不生五谷。邹衍吹律，寒谷复温。"则能使气温，亦能使气复寒。何知衍不令时人知己之冤，以天气表己之诚，窃吹律于燕（谷）狱，令气寒而因呼天乎？即不然者，霜何故降？范雎为须贾所谗，魏齐僇之，折干摺胁。张仪游于楚，楚相掠之，被捶流血。二子冤屈，太史公列记其状。邹衍见拘,睢、仪之比也。且子长何讳不言?案衍列传,不言见拘而使霜降。伪书游言,犹太子丹使日再中、天雨粟也。由此言之,衍呼而降霜,虚矣!则杞梁之妻哭而崩城,妄也!

顿牟叛,赵襄子帅(帅)〔师〕攻之,军到城下,顿牟之城崩者十馀丈,襄子击金而退之。夫以杞梁妻哭而城崩,襄子之军有哭者乎?秦之将灭,都门内崩;霍光家且败,第墙自坏。谁哭于秦宫,泣于霍光家者?然而门崩墙坏,秦、霍败亡之征也。或时杞国且圮,而杞梁之妻适哭城下,犹燕国适寒而邹衍偶呼也。事以类而时相因,闻见之者或而然之。又城老墙朽,犹有崩坏。一妇之哭,崩五丈之城,是(城)则一指摧三仞之楹也。春秋之时山多变。山、城,一类也。哭能崩城,复能坏山乎?女然素缟而哭河,河流通;信哭城崩,固其宜也。案杞梁从军,死不归,其妇迎之。鲁君吊于途,妻不受吊,棺归于家,鲁君就吊,不言哭于城下。本从军死,从军死不在城中,妻向城哭,非其处也。然则杞梁之妻哭而崩城,复虚言也。

因类以及,荆轲〔刺〕秦王,白虹贯日;卫先生为秦画长平之计,太白食昴。复妄言也。夫豫子谋杀襄子,伏于桥下,襄子至桥心动。贯高欲杀高祖,藏人于壁中,高祖至柏人亦动心。二子欲刺两主,两主心动。实论之,尚谓非二子精神所能感也。而况荆轲欲刺秦王,秦王之心不动,而白虹贯日乎?然则白虹贯日,天变自成,非轲之精为虹而贯日也。钩星在房、心间,地且动之占也。地且动,钩星应房、心。夫太白食昴,犹钩星在房、心也。谓卫先生长平之议,令太白食昴,疑矣!岁星害鸟尾,周、楚恶之,綝然之气见,宋、卫、陈、郑灾。案时周、楚未有非,而宋、卫、陈、郑未有恶也。然而岁星先守尾,灾气署垂于天,其后周、楚有祸,宋、卫、陈、郑同时皆然。岁星之害周、楚,天气灾四国也。何知白虹贯日不致刺秦王,太白食昴使长平计起也?

招致第四十四(阙)

明雩第四十五

变复之家,以久雨为湛,久旸为旱。旱应亢阳,湛应沉溺。或难曰:“夫一岁之中,十日者一雨,五日者一风。雨颇留,湛之兆也。旸颇久,旱之渐也。湛之时,人君未必沉溺也;旱之时,未必亢阳也。人君为政,前后若一。然而一湛一旱,时气也。”《范蠡·计然》曰:“太岁在(子)〔于〕水,毁;金,穰;木,饥;火,旱。”夫如是,水旱饥穰,有岁运也。岁直其运,气当其世,变复之家,指而名之。人君用其言,求过自改。旸久自雨,雨久自旸,变复之家,遂名其功;人君然之,遂信其术。试使人君恬居安处不求己过,天犹自雨,雨犹自旸。旸济雨济之时,人君无事,变复之家,犹名其术。是则阴阳之气,以人为主,不说于天也。夫人不能以行感天,天亦不随行而应人。

《春秋》鲁大雩,旱求雨之祭也。旱久不雨,祷祭求福,若人之疾病祭神解祸矣。此变复也。《诗》云:“月离于毕,比滂沱矣。”《书》曰:“月之从星,则以风雨。”然则风雨随月所离从也。房星四表三道,日月之行,出入三道。出北则湛,出南则旱。或言出北则旱,南则湛。案月为天下占,房为九州候。月之南北,非独为鲁也。孔子出,使子路赍雨具。有顷,天果大雨。子路问其故,孔子曰:“昨暮月离于毕。”后日,月复离毕。孔子出,子路请赍雨具,孔子不听,出果无雨。子路问其故,孔子曰:“昔日,月离其阴,故雨。昨暮,月离其阳,故不雨。”夫如是,鲁雨自以月离,岂以政哉?如审以政令,月离于毕为雨占,天下共之。鲁雨,天下亦宜皆雨。六国之时,政治不同，人君所行赏罚异时，必以雨为应政令，月离六七毕星，然后足也？

鲁缪公之时，岁旱。缪公问县子："天旱不雨，寡人欲暴巫，奚如？"县子不听。"欲徙市，奚如？"对曰："天子崩，巷市七日；诸公薨，巷市五日。为之徙市，不亦可乎？"案县子之言，徙市得雨也。案《诗》《书》之文，月离星得雨。日月之行，有常节度，肯为徙市故，离毕之阴乎？夫月毕，天下占。徙鲁之市，安耐移月？月之行天，三十日而周。一月之中，一过毕星，离阳则(阳)〔旸〕。假令徙市之感，能令月离毕阳，其时徙市而得雨乎？夫如县子言，未可用也。

董仲舒求雨，申《春秋》之义，设虚立祀。父不食于枝庶，天不食于下地。诸侯雩礼所祀，未知何神。如天神也，唯王者天乃歆，诸侯及今长吏，天不享也。神不歆享，安耐得神？如云雨者气也，云雨之气，何用歆享？触石而出，肤寸而合，不崇朝而辨雨天下，泰山也。泰山雨天下，小山雨国邑。然则大雩所祭，岂祭山乎？假令审然，而不得也。何以效之？水异川而居，相高分寸，不决不流，不凿不合。诚令人君祷祭水旁，能令高分寸之水流而合乎？夫见在之水，相差无几，人君请之，终不耐行。况雨无形兆，深藏高山，人君雩祭，安耐得之？

夫雨水在天地之间也，犹夫涕泣在人形中也。或赍酒食请于惠人之前，未出其泣，惠人终不为之陨涕。夫泣不可请而出，雨安可求而得？雍门子悲哭，孟尝君为之流涕。苏秦、张仪悲说坑中，鬼谷先生泣下沾襟。或者傥可为雍门之声，出苏、张之说，以感天乎！天又耳目高远，音气不通。杞梁之妻，又已悲哭，天不雨而城反崩。夫如是，竟当何以致雨？雩祭之家，何用感天？

案月出北道，离毕之阴，希有不雨。由此言之，北道，毕星之所在也。北道星肯为雩祭之故，下其雨乎？孔子出，使子路赍雨具之时，鲁未必雩祭也。不祭，沛然自雨；不求，旷然自旸。夫如是，天之旸雨，自有时也。一岁之中，旸雨连属。当其雨也，谁求之者？当其旸也，谁止之者？

人君听请，以安民施恩，必非贤也。天至贤矣，时未当雨，伪请求之，故妄下其雨，人君听请之类也。变复之家，不推类验之，空张法术，惑人君。或未当雨，而贤君求之而不得；或适当自雨，恶君求之，遭遇其时。是使贤君受空责，而恶君蒙虚名也。

世称圣人纯而贤者驳，纯则行操无非，无非则政治无失。然而世之圣君，莫有如尧、汤。尧遭洪水，汤遭大旱。如谓政治所致，尧、汤恶君也；如非政治，是运气也。运气有时，安可请求？世之论者犹谓：尧、汤水旱，水旱者，时也；其小旱湛皆政也。假令审然，何用致〔旱〕湛？审以政致之，不修所以失之，而从请求，安耐复之？世审称尧、汤水旱，天之运气，非政所致。夫天之运气，时当自然，虽雩祭请求，终无补益。而世又称汤以五过祷于桑林，时立得雨。夫言运气，则桑林之说绌；称桑林，则运气之论消。世之说称者，竟当何由？救水旱之术，审当何用？

夫灾变大抵有二：有政治之灾，有无妄之变。政治之灾，须耐求之，求之虽不耐得，而惠愍恻隐之恩，不得已之意也。慈父之于子，孝子之于亲，知病（不）〔必〕祀神，疾痛（不）〔必〕和药，又知病之必不可治，治之无益，然终不肯安坐待绝，犹卜筮求祟、召医和药者，恻痛殷勤，冀有验也。既死气绝，不可如何，升屋之危，以衣招复，悲恨思慕，冀其悟也。雩祭者之用心，慈父孝子之用意也。无妄之灾，百民不知，必归于主。为政治者慰民之望，故亦必雩。

问："政治之灾，无妄之变，何以别之？"曰：德酆政得，灾犹至者，无妄也；德衰政失，变应来者，政治也。夫政治，则外雩而内改，以复其亏；无妄，则内守旧政，外修雩礼，以慰民心。故夫无妄之气，历世时至，当固自一，不宜改政。何以验之？周公为成王陈《立政》之言曰："时则物有间之。自一话一言，我则末，维成德之彦，以乂我受民。"周公立政，可谓得矣。知非常之物，不赈不（至）〔去〕，故敕成王自一话一言，政事无非，毋敢变易。然则非常之变，无妄之气，间而至也。水气间尧，旱气间汤。周宣以贤，遭遇久旱。建初孟(季)〔年〕，北州连旱，牛死民乏，放流就贱。圣主宽明于上，百官共职于下，太平之明时也。政无细非，旱犹有，气间之也。圣主知之，不改政行，转谷赈赡，损酆济耗。斯见之审明，所以救赴之者得宜也。鲁文公间岁大旱，臧文仲曰："修城郭，贬食省用，务啬劝分。"文仲知非政，故徒修备，不改政治。变复之家，见变辄归于政，不揆政之无非，见异惧惑，变易操行，以不宜改而变，只取灾焉！

何以言必当雩也？曰：《春秋》大雩，传家(在宣)〔左丘明〕、公羊、穀梁，无讥之文，当雩明矣。曾皙对孔子言其志曰："暮春者，春服既成，冠者五六人，童子六七人，浴乎沂，风乎舞雩，咏而(归)〔馈〕。"孔子曰："吾与点也！"鲁设雩祭于沂水之上。暮者，晚也；春谓四月也。春服既成，谓四月之服成也。冠者、童子，雩祭乐人也。浴乎沂，涉沂水也，象龙之从水中出也。风乎舞雩，风，歌也。咏而馈，咏歌馈祭也，歌咏而祭也。说论之家，以为浴者，浴沂水中也，风干身也。周之四月，正岁二月也，尚寒，安得浴而风干身？由此言之，涉水不浴，雩祭审矣。

《春秋左氏传》曰："启蛰而雩。"又曰："龙见而雩。"启蛰、龙见，皆二月也。春二月雩，秋八月亦雩。春祈谷雨，秋祈谷实。当今灵星，秋之雩也。春雩废，秋雩在。故灵星之祀，岁雩祭也。孔子曰："吾与点也！"善点之言，欲以雩祭调和阴阳，故与之也。使雩失正，点欲为之，孔子宜非，不当与也。樊迟从游，感雩而问，刺鲁不能崇德而徒雩也。

夫雩，古而有之。故《礼》曰："雩祭，祭水旱也。"故有雩礼，故孔子不讥，而仲舒申之。夫如是，雩祭，祀礼也。雩祭得礼，则大水鼓用牲于社，亦古礼也。得礼无非，当雩一也。礼，祭也社，报生万物之功。土地广远，难得辨祭，故立社为位，主心事之。为水旱者，阴阳之气也,满六合难得尽祀,故修坛设位,敬恭祈求,效事社之义,复灾变之道也。推生事死,推人事鬼。阴阳精气,傥如生人能饮食乎?故共馨香,奉进旨嘉,区区惓惓,冀见答享。推祭社言之,当雩二也。岁气调和,灾害不生,尚犹而雩。今有灵星,古昔之礼也。况岁气有变,水旱不时,人君之惧,必痛甚矣!虽有灵星之祀,犹复雩,恐前不备,肜绎之义也。冀复灾变之亏,获酆穰之报,三也。礼之心悃愊,乐之意欢忻。悃愊以玉帛效心,欢忻以钟鼓验意。雩祭请祈,人君精诚也。精诚在内,无以效外。故雩祀尽己惶惧,关纳精心于雩祀之前。玉帛钟鼓之义,四也。臣得罪于君,子获过于父,比自改更,且当谢罪。惶惧于旱,如政治所致,臣子得罪获过之类也。默改政治,潜易操行,不彰于外,天怒不释,故必雩祭。惶惧之义,五也。汉立博士之官,师弟子相呵难,欲极道之深,形是非之理也。不出横难,不得从说;不发苦诘,不闻甘对。导才(一本作米)低仰,欲求裨也;砥石劘厉,欲求铦也。推《春秋》之义,求雩祭之说;实孔子之心,考仲舒之意。孔子既殁,仲舒已死,世之论者,孰当复问?唯若孔子之徒,仲舒之党,为能说之。

顺鼓第四十六

《春秋》之义:大水,鼓用牲于社。说者曰:"鼓者,攻之也。"或曰:"胁之。"胁则攻矣。(阳)〔阴〕胜,攻社以救之。

或难曰:攻社,谓得胜负之义,未可得顺义之节也。人君父事天,母事地。母之党类为害,可攻母以救之乎?以政令失道,阴阳缪戾者,人君也。不自攻以复之,反逆节以犯尊,天地安肯济?使湛水害伤天,不以地害天,攻之可也。今湛水所伤,物也。万物于地,卑也。害犯至尊之体,于道违逆,论《春秋》者,曾不知难。

案雨出于山,流入于川,湛水之类,山川是矣。大水之灾,不攻山川。社,土也。五行之性,水土不同。以水为害而攻土,土胜水。攻社之义,毋乃如今世工匠之用椎凿也?以椎击凿,令凿穿木。今傥攻土令厌水乎?且夫攻社之义,以为攻阴之类也。甲为盗贼,伤害人民,甲在不亡,舍甲而攻乙之家,耐止甲乎?今雨者,水也。水在,不自攻水,而乃攻社。案天将雨,山先出云,云积为雨,雨流为水。然则山者,父母;水者,子弟也。重罪刑及族属,罪父母子弟乎?罪其朋徒也?计山水与社,俱为雨类也,孰为亲者?社,土也。五行异气,相去远。

殷太戊,桑谷俱生。或曰:“高宗恐骇,侧身行道,思索先王之政,兴灭国,继绝世,举逸民,明养老之义,桑谷消亡,享国长久。”此说者《春秋》所共闻也。水灾与桑谷之变何以异?殷王改政,《春秋》攻社,道相违反,行之何从?

周成王之时,天下雷雨,偃禾拔木,为害大矣。成王开金縢之书,求索行事,〔见〕周公之功,执书以泣,遏雨止风,反禾,大木复起。大雨久湛,其实一也。成王改过,《春秋》攻社,两经二义,行之如何?

月令之家,虫食谷稼,取虫所类象之吏,笞击僇辱以灭其变。实论者谓之未必真是,然而为之,厌合人意。今致雨者,政也、吏也,不变其政,不罪其吏,而徒攻社,能何复塞?苟以为当攻其类,众阴之精,月也。方诸乡月,水自下来;月离于毕,出房北道,希有不雨。月中之兽,兔、蟾蜍也;其类在地,螺与蚄也。月毁于天,螺蚄(舀)〔臽〕缺,同类明矣。雨久不霁,攻阴之类,宜捕斩兔、蟾蜍,椎被螺蚄,为其得实。蝗虫时至,或飞或集。所集之地,谷草枯索。吏卒部民,堑道作坎,榜驱内于堑坎,杷蝗积聚以千斛数。正攻蝗之身,蝗犹不止。况徒攻阴之类,雨安肯霁?

《尚书大传》曰:“烟氛郊社不修,山川不祝,风雨不时,霜雪不降,责于天公;臣多弑主,孽多杀宗,五品不训,责于人公;城郭不缮,沟池不修,水泉不隆,水为民害,责于地公。”王者三公,各有所主;诸侯卿大夫，各有分职。大水不责卿大夫而击鼓攻社，何知不然？鲁国失礼，孔子作经，表以为戒也。公羊高不能实，董仲舒不能定，故攻社之义，至今复行之。使高尚生，仲舒未死，将难之曰："久雨湛水溢，谁致之者？使人君也，宜改政易行，以复塞之。如人臣也，宜罪其人，以过解天。如非君臣，阴阳之气偶时运也，击鼓攻社，而何救止？"

《春秋》说曰："人君亢阳致旱，沉溺致水。"夫如是，旱则为沈溺之行，水则为亢阳之操，何乃攻社？攻社不解，朱丝萦之，亦复未晓。说者以为社阴、朱阳也；水阴也，以阳色萦之，助鼓为救。夫大山失火，灌以(壅)〔瓮〕水，众知不能救之者，何也？火盛水少，热不能胜也。今国湛水，犹大山失火也；以若绳之丝，萦社为救，犹以(壅)〔瓮〕水灌大山也。

原天心以人意，状天治以人事。人相攻击，气不相兼，兵不相负，不能取胜。今一国水，使真欲攻(阳)以绝其气，悉发国人操刀把杖以击之，若岁终逐疫，然后为可。楚、汉之际，六国之时，兵革战攻，力强则胜，弱劣则负。攻社，一人击鼓，无兵革之威，安能救雨？

夫一旸一雨，犹一昼一夜也；其遭若尧、汤之水旱，犹一冬一夏也。如或欲以人事祭祀复塞其变，冬求为夏，夜求为昼也。何以效之？久雨不霁，试使人君高枕安卧，雨犹自止；止久至于大旱，试使人君高枕安卧，旱犹自雨。何则？旸极反阴，阴极反旸。故夫天地之有湛也，何以知不如人之有水病也？其有旱也，何以知不如人有瘅疾也？祷请求福，终不能愈，变操易行，终不能救。使医食药，冀可得愈，命尽期至，医药无效。

尧遭洪水，春秋之大水也，圣君知之，不祷于神，不改乎政，使禹治之，百川东流。夫尧之使禹治水，犹病水者之使医也。然则尧之洪水，天地之水病也；禹之治水，洪水之良医也。说者何以易之？攻社之义，于事不得。雨不霁，祭女娲，于礼何见？伏羲、女娲，俱圣者也。舍伏羲而祭女娲，《春秋》不言。董仲舒之议，其故何哉？夫《春秋经》但言鼓，岂言攻哉？说者见有鼓文，则言攻矣。夫鼓未必为攻，说者用意异也。

“季氏富于周公，而求也为之聚敛而附益之。孔子曰：‘非吾徒也，小子鸣鼓攻之，可也。’攻者，责也，责让之也。六国兵革相攻，不得难此。”此又非也。以卑而责尊，为逆矣。或据天责之也？王者母事地，母有过，子可据父以责之乎？下之于上，宜言谏。若事，臣、子之礼也；责让，上之礼也。乖违礼意，行之如何？夫礼以鼓助号呼，明声响也。古者人君将出，撞钟击鼓，故警戒下也。必以伐鼓为攻此社，此则钟声鼓鸣攻击上也。

大水用鼓，或时再告社。阴之太盛，雨湛不霁。阴盛阳微，非道之宜，口祝不副，以鼓自助，与日食鼓用牲于社，同一义也。俱为告急，彰阴盛也。事大而急者用钟鼓，小而缓者用铃(筴)〔箛〕，彰事告急，助口气也。(大)〔天〕道难知，大水久湛，假令政治所致，犹先告急，乃斯政行。盗贼之发，与此同操。盗贼亦政所致，比求阙失，犹先发告。鼓用牲于社，发觉之也。社者，众阴之长，故伐鼓使社知之。说鼓者以为攻之，故“攻母”“逆义”之难，缘此而至。今言告以阴盛阳微，攻尊之难，奚从来哉？且告宜于用牲，用牲不宜于攻。告事用牲，礼也；攻之用牲，于礼何见？

朱丝如绳，示在旸也。旸气实微，故用物微也。投一寸之针，布一丸之艾于血脉之蹊，笃病有瘳。朱丝如一寸之针、一丸之艾也。吴攻破楚，昭王亡走，申包胥间步赴秦，哭泣求救，卒得助兵，却吴而存楚。击鼓之人，伐如何耳？使诚若申包胥，一人击得。假令一人击鼓，将耐令社与秦王同感，以土胜水之威，却止云雨。云雨气得与吴同恐，消散入山，百姓被害者得蒙霁晏，有楚国之安矣。

迅雷风烈，君子必变，虽夜必兴，衣冠而坐，惧威变异也。夫水旱犹雷风也，虽运气无妄，欲令人君高枕幄(一本作据)卧，以俟其时，无恻怛忧民之心。尧不用牲，或时上世质也。仓颉作书，奚仲作车，可以前代之时，无书车之事，非后世为之乎？时同作殊，事乃可难；异世易俗，相非如何！

俗图画女娲之象为妇人之形，又其号曰"女"。仲舒之意，殆谓女娲古妇人帝王者也。男阳而女阴，阴气为害，故祭女娲求福祐也。传又言："共工与颛顼争为天子，不胜，怒而触不周之山，使天柱折，地维绝。女娲消炼五色石以补苍天，断鳌之足以立四极。"仲舒之祭女娲，殆见此传也。本有补苍天、立四极之神，天气不和，阳道不胜，傥女娲以精神助圣王止雨湛乎！

卷十六

乱龙第四十七

董仲舒申《春秋》之雩，设土龙以招雨，其意以云龙相致。《易》曰："云从龙，风从虎。"以类求之，故设土龙。阴阳从类，云雨自至。儒者或问曰：夫《易》言云从龙者，谓真龙也，岂谓土哉？楚叶公好龙，墙壁槃盂皆画龙，必以象类为若真是，则叶公之国常有雨也。《易》又曰："风从虎"，谓虎啸而谷风至也。风之与虎，亦同气类。设为土虎，置之谷中，风能至乎？夫土虎不能而致风，土龙安能而致雨？古者畜龙，乘车驾龙，故有豢龙氏、御龙氏。夏后之庭，二龙常在；季年夏衰，二龙低伏。真龙在地，犹无云雨，况伪象乎？礼，画雷樽象雷之形，雷樽不闻能致雷，土龙安能而动雨？顿牟掇芥，磁石引针，皆以其真是，不假他类。他类肖似，不能掇取者，何也？气性异殊，不能相感动也。

刘子骏掌雩祭典土龙事，桓君山亦难以顿牟、磁石不能真是，何能掇针、取芥？子骏穷无以应。子骏，汉朝智囊，笔墨渊海，穷无以应者，是事非议误，不得道理实也。

曰：夫以非真难，是也；不以象类说，非也。夫东风至，酒湛溢；鲸鱼死，彗星出。天道自然，非人事也。事与彼云龙相从，同一实也。

日，火也；月，水也。水火感动，常以真气。今伎道之家，铸阳燧取飞火于日，作方诸取水于月，非自然也，而天然之也。土龙亦非真，何为不能感天？一也。

阳燧取火于天，五月丙午日中之时，消炼五石，铸以为器，乃能得火。今妄取刀剑偃月之钩，摩以向日，亦能感天。夫土龙既不得比于阳燧，当与刀剑偃月钩为比。二也。

齐孟尝君夜出秦关，关未开，客为鸡鸣而真鸡鸣和之。夫鸡可以奸声感，则雨亦可以伪象致。三也。

李子长为政，欲知囚情，以梧桐为人，象囚之形。凿地为坎，以卢为椁，卧木囚其中。囚罪正则木囚不动，囚冤侵夺，木囚动出。不知囚之精神着木人乎？将精神之气动木囚也？夫精神感动木囚，何为独不应从土龙？四也。

舜以圣德，入大麓之野，虎狼不犯，虫蛇不害。禹铸金鼎象百物，以入山林，亦辟凶殃。论者以为非实。然而上古久远，周鼎之神，不可无也。夫金与土，同五行也，使作土龙者如禹之德，则亦将有云雨之验。五也。

顿牟掇芥，磁石、钩象之石非顿牟也，皆能掇芥。土龙亦非真，当与磁石、钩象为类。六也。

楚叶公好龙，墙壁盂樽皆画龙象，真龙闻而下之。夫龙与云雨同气，故能感动，以类相从。叶公以为画致真龙，今独何以不能致云雨？七也。

神灵示人以象不以实，故寝卧梦悟见事之象。将吉，吉象来；将凶，凶象至。神灵之气，云雨之类（八）也。神灵以象见实，土龙何独不能以伪致真？〔八〕也。

上古之人，有神荼、郁垒者，昆弟二人，性能执鬼，居东海度朔山上，立桃树下，简阅百鬼。鬼无道理，妄为人祸，荼与郁垒缚以卢索，执以食虎。故今县官斩桃为人，立之户侧；画虎之形，著之门阑。夫桃人非荼、郁垒也，画虎非食鬼之虎也，刻画效象，冀以御凶。今土龙亦非致雨之龙。独信桃人、画虎，不知土龙？九也。此尚因缘昔书，不见实验。

鲁般、墨子刻木为鸢，蜚之三日而不集，为之巧也。使作土龙者若鲁般、墨子，则亦将有木鸢蜚不集之类。夫蜚鸢之气，云雨之气也。气而蜚木鸢，何独不能从土龙？十也。

夫云雨之气也，知于蜚鸢之气，未可以言。钓者以木为鱼，丹漆其身，近之水流而击之，起水动作，鱼以为真，并来聚会。夫丹木非真鱼也，鱼含血而有知，犹为象至。云雨之知，不能过鱼。见土龙之象，何能疑之？十一也。此尚鱼也，知不如人。

匈奴敬畏郅都之威，刻木象都之状，交弓射之，莫能一中。不知都之精神在形象邪？亡(也)将匈奴敬鬼精神在木也？如都之精神在形象，天龙之神亦在土龙。如匈奴精在于木人，则雩祭者之精亦在土龙。十二也。

金翁叔，休屠王之太子也，与父俱来降汉。父道死，与母俱来，拜为骑都尉。母死，武帝图其母于甘泉殿上，署曰"休屠王焉提"。翁叔从上上甘泉，拜谒起立，向之泣涕沾襟，久乃去。夫图画，非母之实身也，因见形象，涕泣辄下，思亲气感，不待实然也。夫土龙，犹甘泉之图画也，云雨见之，何为不动？十三也。此尚夷狄也。

有若似孔子，孔子死，弟子思慕，共坐有若孔子之座。弟子知有若非孔子也，犹共坐而尊事之。云雨之知，使若诸弟子之知，虽知土龙非真，然犹感动，思类而至。十四也。

有若，孔子弟子，疑其体象，则谓相似。孝武皇帝幸李夫人，夫人死，思见其形。道士以术为李夫人，夫人步入殿门，武帝望见，知其非也，然犹感动，喜乐近之。使云雨之气如武帝之心，虽知土龙非真，然犹爱好感起而来。十五也。

既效验有十五，又亦有义四焉。立春东耕，为土象人，男女各二人，秉耒把锄；或立土牛，未必能耕也。顺气应时，示率下也。今设土龙，虽知不能致雨，亦当夏时以类应变，与立土人土牛同(一)义。〔一〕也。

礼,宗庙之主,以木为之,长尺二寸,以象先祖。孝子入庙,主心事之,虽知木主非亲,亦当尽敬。有所主事,土龙与木主同。虽知非真,示当感动,立意于象。二也。

涂车、刍灵,圣人知其无用,示象生存,不敢无也。夫设土龙知其不能动雨也,示若涂车、刍灵而有致。三也。

天子射熊,诸侯射麋,卿大夫射虎豹,士射鹿豕,示服猛也。名布为侯,示射无道诸侯也。夫画布为熊麋之象,名布为侯,礼贵意象,示义取名也。土龙亦夫熊麋、布侯之类。四也。

夫以象类有十五验,以礼示意有四义。仲舒览见深鸿,立事不妄,设土龙之象,果有状也。龙暂出水,云雨乃至。古者畜龙御龙,常存无云雨。犹旧交相阔远,卒然相见,欢欣歌笑,或至悲泣涕,偃伏少久,则示行各恍忽矣。《易》曰:"云从龙。"非言龙从云也。云樽刻雷云之象,龙安肯来?夫如是,传之者何可解?则桓君山之难可说也;则刘子骏不能对,劣也。劣则董仲舒之龙说不终也。《论衡》终之,故曰《乱龙》者,终也。

遭虎第四十八

变复之家谓虎食人者,功曹为奸所致也。其意以为功曹众吏之率,虎亦诸禽之雄也。功曹为奸,采渔于吏,故虎食人以象其意。夫虎食人,人亦有杀虎。谓虎食人,功曹受取于吏;如人食虎,吏受于功曹也乎?案世清廉之士,百不能一。居功曹之官,皆有奸心私旧,故可以幸,苞苴赂遗,小大皆有。必谓虎应功曹,是野中之虎常害人也。夫虎出有时,犹龙见有期也。阴物以冬见,阳虫以夏出。出应其气,气动其类。参、伐以冬出,心、尾以夏见。参、伐则虎星,心、尾则龙象。象出而物见,气至而类动,天地之性也。动于林泽之中,遭虎搏噬之时;禀性狂勃,贪叨饥饿,触自来之人,安能不食?人之筋力,羸弱不适,巧便不(知)〔如〕,故遇辄死。使孟贲登山,冯妇入林,亦无此害也。

孔子行鲁林中,妇人哭甚哀,使子贡问之:“何以哭之哀也?”曰:“去年虎食吾夫,今年食吾子,是以哭哀也。”子贡曰:“若此,何不去也?”对曰:“吾善其政之不苛、吏之不暴也。”子贡还报孔子。孔子曰:“弟子识诸!苛政暴吏,甚于虎也。”夫虎害人,古有之矣。政不苛,吏不暴,德化之,足以却虎。然而二岁比食二人,林中兽不应善也。为廉不应,奸吏亦不应矣。或曰:“虎应功曹之奸,所谓不苛政者,非功曹也。妇人,廉吏之部也,虽有善政,安耐化虎?”夫鲁无功曹之官,功曹之官,相国是也。鲁相者,殆非孔、墨,必三家也,为相必无贤操。以不贤居权位,其恶,必不廉也。必以相国为奸,令虎食人,是则鲁野之虎常食人也。

水中之毒,不及陵上;陵上之气,不入水中。各以所近,罹殃取祸。是故渔者不死于山,猎者不溺于渊。好入山林,穷幽测深,涉虎窟寝,虎搏噬之,何以为变?鲁公牛哀病化为虎,捕食其兄,同变化者不以为怪。入山林、草泽,见害于虎,怪之非也。蝮蛇悍猛,亦能害人。行止泽,中于蝮蛇,应何官吏?蜂虿害人,入毒气害人,入水火害人。人为蜂虿所螫,为毒气所中,为火所燔,为水所溺,又谁致之者?苟诸禽兽乃应吏政,行山林中,麋鹿、野猪、牛象、熊罴、豺狼、蜼蠷,皆复杀人。苟谓食人乃应为变,蚤、虱、闽、虻皆食人,人身强大,故不至死。仓卒之世,谷食之贵,百姓饥饿,自相啖食,厥变甚于虎。变复之家,不处苛政。

且虎所食,非独人也,含血之禽,有形之兽,虎皆食之。〔食〕人谓应功曹之奸,食他禽兽应何官吏?夫虎,毛虫;人,倮虫。毛虫饥,食倮虫,何变之有?四夷之外,大人食小人,虎之与蛮夷,气性一也。平陆、广都、虎所不由也;山林、草泽,虎所生出也。必以虎食人应功曹之奸,是则平陆、广都之县功曹常为贤,山林、草泽之邑功曹常伏诛也。夫虎食人于野，应功曹之奸；虎时入邑行于民间，功曹游于闾巷之中乎？实说，虎害人于野不应政，其行都邑乃为怪。

夫虎，山林之兽，不狎之物也，常在草野之中，不为驯畜；犹人家之有鼠也，伏匿希出，非可常见也。命吉居安，鼠不扰乱；禄衰居危，鼠为殃变。夫虎亦然也：邑县吉安，长吏无患，虎匿不见；长吏且危，则虎入邑，行于民间。何则？长吏光气已消，都邑之地与野均也。推此以论，虎所食人，亦命时也。命讫时衰，光气去身，视肉犹尸也，故虎食之。天道偶会，虎适食人，长吏遭恶，故谓为变应上天矣。

古今凶验，非唯虎也，野物皆然。楚王英宫楼未成，鹿走上阶，其后果薨。鲁昭公且出，鸜鹆来巢，其后季氏逐昭公，昭公奔齐，遂死不还。贾谊为长沙王傅，鹏鸟集舍，发书占之，曰："主人将去。"其后迁为梁王傅。怀王好骑，坠马而薨；贾谊伤之，亦病而死。昌邑王时，夷鹄鸟集宫殿下，王射杀之，以问郎中令龚遂，龚遂对曰："夷鹄野鸟，入宫，亡之应也。"其后昌邑王竟亡。卢奴令田光与公孙弘等谋反，其且觉时，狐鸣光舍屋上，光心恶之。其后事觉坐诛。会稽东部都尉礼文伯时，羊伏厅下，其后迁为东莱太守。都尉王子凤时，麢入府中，其后迁丹阳太守。夫吉凶同占，迁免一验，俱象空亡，精气消去也。故人且亡也，野鸟入宅；城且空也，草虫入邑。等类众多，行事比肩，略举较著，以定实验也。

商虫第四十九

变复之家谓虫食谷者，部吏所致也。贪则侵渔，故虫食谷。身黑头赤，则谓武官；头黑身赤，则谓文官。使加罚于虫所象类之吏，则虫灭息不复见矣。夫头赤则谓武吏，头黑则谓文吏所致也；时或头赤身白，头黑身黄，或头身皆黄，或头身皆青，或皆白若鱼肉之虫，应何官吏？时或白布豪民、猾吏被刑乞贷者，威胜于官，取多于吏，其虫形象何如状哉？虫之灭也，皆因风雨。案虫灭之时，则吏未必伏罚也。陆田之中时有鼠，水田之中时有鱼、虾、蟹之类，皆为谷害，或时希出而暂为害，或常有而为灾，等类众多，应何官吏？

鲁宣公履亩而税，应时而有蝝生者，或言若蝗。蝗时至，蔽天如雨，集地食物，不择谷草。察其头身，象类何吏？变复之家，谓蝗何应？建武三十一年，蝗起太山郡，西南过陈留、河南，遂入夷狄，所集乡县以千百数。当时乡县之吏未皆履亩，蝗食谷草，连日老极，或蜚徙去，或止枯死。当时乡县之吏，未必皆伏罪也。夫虫食谷，自有止期，犹蚕食桑自有足时也。生出有日，死极有月，期尽变化，不常为虫。使人君不罪其吏，虫犹自亡。夫虫，风气所生，苍颉知之，故"凡虫"为"風"之字。取气于风，故八日而化。生春夏之物，或食五谷，或食众草。食五谷，吏受钱谷也；其食他草，受人何物？

"倮虫三百，人为之长。"由此言之，人亦虫也。人食虫所食，虫亦食人所食，俱为虫而相食物，何为怪之？设虫有知，亦将非人曰："女食天之所生，吾亦食之，谓我为变，不自谓为灾。"凡含气之类所甘嗜者，口腹不异。人甘五谷，恶虫之食；自生天地之间，恶虫之出。设虫能言，以此非人，亦无以诘也。夫虫之在物间也，知者不怪，其食万物也不谓之灾。甘香渥味之物，虫生常多，故谷之多虫者粢也。稻时有虫，麦与豆无虫。必以有虫责主者吏，是其粢乡部吏常伏罪也。

神农、后稷藏种之方，煮马屎以汁渍种者，令禾不虫。如或以马屎渍种，其乡部吏鲍焦、陈仲子也。是故后稷、神农之术用，则其乡吏何免为奸？何则？虫无从生，上无以察也。

虫食他草，平事不怪，食五谷叶，乃谓之灾。桂有蠹，桑有蝎，桂中药而桑给蚕，其用亦急，与谷无异。蠹蝎不为怪，独谓虫为灾，不通物类之实，暗于灾变之情也。谷虫曰蛊，蛊若蛾矣。粟米饐热生蛊。夫蛊食粟米，不谓之灾；虫食苗叶，归之于政。如说虫之家，谓粟轻苗重也。

虫之种类，众多非一。鱼肉腐臭有虫，醯酱不闭有虫，饭温湿有虫，书卷不舒有虫，衣襞不悬有虫，蜗疽、蛉蝼、蠟虾有虫。或白或黑，或长或短，大小鸿杀，不相似类，皆风气所生，并连以死。生不择日，若生日短促，见而辄灭。变复之家，见其希出，出又食物，则谓之灾，灾出当有所罪，则依所似类之吏，顺而说之。人腹中有三虫，下地之泽其虫曰蛭。蛭食人足，三虫食肠。顺说之家，将谓三虫何似类乎？

凡天地之间，阴阳所生，(蛟)〔蚑〕蛲之类，蜫蠕之属，含气而生，开口而食。食有甘不，同心等欲，强大食细弱，知慧反顿愚。他物小大连相啮噬，不谓之灾，独谓虫食谷物为应政事，失道理之实，不达物气之性也。

然夫虫之生也，必依温湿。温湿之气，常在春夏。秋冬之气，寒而干燥，虫未曾生。若以虫生罪乡部吏，是则乡部吏贪于春夏，廉于秋冬。虽盗跖之吏以秋冬署，蒙伯夷之举矣。夫春夏非一，而虫时生者，温湿甚也，甚则阴阳不和。阴阳不和，政也，徒当归于政治，而指谓部吏为奸，失事实矣。

何知虫以温湿生也？以蛊虫知之。谷干燥者，虫不生；温湿饐餲，虫生不禁。藏宿麦之种，烈日干暴，投于燥器，则虫不生。如不干暴，闸喋之虫，生如云烟。以蛊闸喋，准况众虫，温湿所生明矣。

《诗》云："营营青蝇，止于藩。恺悌君子，无信谗言。"谗言伤善，青蝇污白，同一祸败，《诗》以为兴。昌邑王梦西阶下有积蝇矢，明旦召问郎中龚遂，遂对曰："蝇者，谗人之象也。夫矢积于阶下，王将用谗臣之言也。"由此言之，蝇之为虫，应人君用谗。何故不谓蝇为灾乎？如蝇可以为灾，夫蝇岁生世间，人君常用谗乎？

案虫害人者莫如蚊虻，蚊虻岁生。如以蚊虻应灾，世间常有害人之吏乎？必以食物乃为灾，人则物之最贵者也，蚊虻食人，尤当为灾。必以暴生害物乃为灾,夫岁生而食人,与时出而害物,灾孰为甚?人之病疥亦希非常,疥虫何故不为灾?且天将雨,蚂出蚋蜚,为与气相应也。或时诸虫之生,自与时气相应,如何辄归罪于部吏乎?天道自然,吉凶偶会。非常之虫适生,贪吏遭署,人察贪吏之操,又见灾虫之生,则谓部吏之所为致也。

讲瑞第五十

儒者之论,自说见凤皇、骐驎而知之。何则?案凤皇、骐驎之象。又《春秋》获麟文曰:“有麕而角。”獐而角者,则是骐驎矣。其见鸟而象凤皇者则凤皇矣。黄帝、尧、舜、周之盛时皆致凤皇。孝宣帝之时,凤皇集于上林,后又于长乐之宫东门树上,高五尺,文章五色。周获麟,麟似獐而角。武帝之麟,亦如獐而角。如有大鸟,文章五色;兽状如獐,首戴一角:考以图象,验之古今,则凤、麟可得审也。夫凤皇,鸟之圣者也;骐驎,兽之圣者也;五帝、三王、皋陶、孔子,人之圣也。十二圣相各不同,而欲以獐戴角则谓之骐驎,相与凤皇象合者谓之凤皇,如何?夫圣鸟兽毛色不同,犹十二圣骨体不均也。

戴角之相,犹戴午也。颛顼戴午,尧、舜必未然。今鲁所获麟戴角,即后所见麟未必戴角也。如用鲁所获麟求知世间之麟,则必不能知也。何则?毛羽骨角不合同也。假令不同,或时似类,未必真是。虞舜重瞳,王莽亦重瞳;晋文骈胁,张仪亦骈胁。如以骨体毛色比,则王莽,虞舜;而张仪,晋文也。有若在鲁,最似孔子。孔子死,弟子共坐有若,问以道事,有若不能对者,何也?体状似类,实性非也。今五色之鸟,一角之兽,或时似类凤皇、骐驎,其实非真,而说者欲以骨体毛色定凤皇、骐驎,误矣!是故颜渊庶几,不似孔子;有若恒庸,反类圣人。由是言之,或时真凤皇、骐驎骨体不似,恒庸鸟兽毛色类真,知之如何?儒者自谓见凤皇、骐驎辄而知之,则是自谓见圣人辄而知之也。皋陶马口，孔子反宇，设后辄有知而绝殊，马口反宇，尚未可谓圣。何则？十二圣相不同，前圣之相，难以照后圣也。骨法不同，姓名不等，身形殊状，生出异土，虽复有圣，何如知之？

桓君山谓扬子云曰："如后世复有圣人，徒知其才能之胜己，多不能知其圣与非圣人也。"子云曰："诚然。"夫圣人难知，知能之美若桓、杨者，尚复不能知。世儒怀庸庸之知，赍无异之议，见圣不能知，可保必也。夫不能知圣，则不能知凤皇与骐驎。世人名凤皇、骐驎，何用自谓能之乎？夫上世之名凤皇、骐驎，闻其鸟兽之奇者耳。毛角有奇，又不妄翔苟游，与鸟兽争饱，则谓之凤皇、骐驎矣。世人之知圣，亦犹此也。闻圣人人之奇者，身有奇骨，知能博达，则谓之圣矣。及其知之，非卒见暂闻而辄名之为圣也，与之偃伏，从(文)〔之〕受学，然后知之。

何以明之？子贡事孔子一年，自谓过孔子；二年，自谓与孔子同；三年，自知不及孔子。当一年、二年之时，未知孔子圣也；三年之后，然乃知之。以子贡知孔子，三年乃定。世儒无子贡之才，其见圣人不从之学，任仓卒之视，无三年之接，自谓知圣，误矣！少正卯在鲁，与孔子并。孔子之门，三盈三虚，唯颜渊不去，颜渊独知孔子圣也。夫门人去孔子归少正卯，不徒不能知孔子之圣，又不能知少正卯，门人皆惑。子贡曰："夫少正卯，鲁之闻人也。子为政，何以先之？"孔子曰："赐退，非尔所及。"夫才能知佞若子贡，尚不能知圣。世儒见圣自谓能知之，妄也！

夫以不能知圣言之，则亦知其不能知凤皇与骐驎也。使凤皇羽翮长广，骐驎体高大，则见之者以为大鸟巨兽耳。何以别之？如必巨大别之，则其知圣人亦宜以巨大。春秋之时，鸟有爰居，不可以为凤皇；长狄来至，不可以为圣人。然则凤皇、骐驎与鸟兽等也，世人见之，何用知之？如以中国无有，从野外来而知之，则是鸜鹆同也。鸜鹆，非中国之禽也。凤皇、骐驎，亦非中国之禽兽也。皆非中国之物，儒者何以谓鸜鹆恶、凤皇、骐驎善乎？

或曰："孝宣之时，凤皇集于上林，群鸟从（上）〔之〕以千万数。以其众鸟之长，圣神有异，故群鸟附从。"如见大鸟来集，群鸟附之，则是凤皇，凤皇审则定矣。夫凤皇与骐驎同性，凤皇见，群鸟从；骐驎见，众兽亦宜随。案春秋之麟，不言众兽随之。宣帝、武帝皆得骐驎，无众兽附从之文。如以骐驎为人所获，附从者散，凤皇人不获，自来蜚翔，附从可见。《书》曰："《箫韶》九成，凤皇来仪。"《大传》曰："凤皇在列树。"不言群鸟从也。岂宣帝所致者异哉？

或曰："记事者失之。唐、虞之君，凤皇实有附从。上世久远，记事遗失，经书之文，未足以实也。"夫实有而记事者失之，亦有实无而记事者生之。夫如是，儒书之文，难以实事，案附从以知凤皇，未得实也。且人有佞猾而聚者，鸟亦有佼黠而从群者。当唐、虞之时，凤悫愿，宣帝之时佼黠乎？何其俱有圣人之德行，动作之操不均同也？无鸟附从，或时是凤皇；群鸟附从，或时非也。

君子在世，清节自守，不广结从，出入动作，人不附从。豪猾之人，任使用气，往来进退，士众云合。夫凤皇，君子也，必以随多者效凤皇，是豪黠为君子也。歌曲弥妙，和者弥寡；行操益清，交者益鲜。鸟兽亦然。必以附从效凤皇，是用和多为妙曲也。龙与凤皇为比类。宣帝之时，黄龙出于新丰，群蛇不随。神雀鸾鸟，皆众鸟之长也，其仁圣虽不及凤皇，然其从群鸟亦宜数十。信陵、孟尝，食客三千，称为贤君。汉将军卫青及将军霍去病，门无一客，亦称名将。太史公曰："盗跖横行，聚党数千人。伯夷、叔齐，隐处首阳山。"鸟兽之操，与人相似。人之得众，不足以别贤。以鸟附从审凤皇，如何？

或曰："凤皇、骐驎，太平之瑞也。太平之际，见来至也。然亦有未太平而来至也。鸟兽奇骨异毛，卓绝非常，则是矣，何为不可知？凤皇骐驎，通常以太平之时来至者，春秋之时，骐驎尝嫌于王孔子而至。光武皇帝生于济阳，凤皇来集。"夫光武始生之时，成、哀之际也,时未太平而凤皇至。如以自为光武有圣德而来,是则为圣王始生之瑞,不为太平应也。嘉瑞或应太平,或为始生,其实难知。独以太平之际验之,如何?

或曰:"凤皇、骐驎,生有种类,若龟龙有种类矣。龟故生龟,龙故生龙,形色小大,不异于前者也。见之父,察其子孙,何为不可知?"夫恒物有种类,瑞物无种适生,故曰德应,龟龙然也。人见神龟、灵龙而别之乎?宋元王之时,渔者网,得神龟焉,渔父不知其神也。方今世儒,渔父之类也。以渔父而不知神龟,则亦知夫世人而不知灵龙也。

龙或时似蛇,蛇或时似龙。韩子曰:"马之似鹿者千金。"良马似鹿,神龙或时似蛇。如审有类,形色不异。王莽时有大鸟如马,五色龙文,与众鸟数十集于沛国蕲县。宣帝时凤皇集于地,高五尺,与言"如马",身高同矣;文章五色,与言"五色龙文",物色均矣;众鸟数十,与言"俱集"、"附从"等也。如以宣帝时凤皇体色、众鸟附从,(安)〔案〕知凤皇;则王莽所致鸟,凤皇也。如审是,王莽致之,是非瑞也。如非凤皇,体色附从,何为均等?

且瑞物皆起和气而生,生于常类之中,而有诡异之性,则为瑞矣。故夫凤皇之至也,犹赤乌之集也。谓凤皇有种,赤乌复有类乎?嘉禾、醴泉、甘露,嘉禾生于禾中,与禾(中)异穗,谓之嘉禾;醴泉、甘露,出而甘美也,皆泉、露生出,非天上有甘露之种,地下有醴泉之类,圣治公平而乃沾下产出也。蓂荚、朱草亦生在地,集于众草,无常本根,暂时产出,旬月枯折,故谓之瑞。

夫凤皇、骐驎亦瑞也,何以有种类?案周太平,越常献白雉。白雉,生短而白色耳,非有白雉之种也。鲁人得戴角之獐,谓之骐驎,亦或时生于獐,非有骐驎之类。由此言之,凤皇亦或时生于鹄鹊,毛奇羽殊,出异众鸟,则谓之凤皇耳,安得与众鸟殊种类也?有若曰:"骐驎之于走兽,凤皇之于飞鸟,太山之于丘垤,河海之于行潦,类也。”然则凤皇、骐驎都与鸟兽同一类,体色诡耳,安得异种?

同类而有奇,奇为不世,不世难审,识之如何?尧生丹朱,舜生商均。商均、丹朱,尧、舜之类也,骨性诡耳。鲧生禹,瞽瞍生舜。舜、禹,鲧、瞽瞍之种也,知德殊矣。试种嘉禾之实,不能得嘉禾。恒见粢粱之粟,茎穗怪奇。人见叔梁纥,不知孔子父也;见伯鱼,不知孔子之子也。张汤之父五尺,汤长八尺,汤孙长六尺。孝宣凤皇高五尺,所从生鸟或时高二尺,后所生之鸟或时高一尺,安得常种?

种类无常,故曾晳生参,气性不世;颜路出回,古今卓绝。马有千里,不必骐驎之驹;鸟有仁圣,不必凤皇之雏。山顶之溪,不通江湖,然而有鱼,水精自为之也;废庭坏殿,基上草生,地气自出之也。按溪水之鱼,殿基上之草,无类而出。瑞应之自至,天地未必有种类也。

夫瑞应犹灾变也。瑞以应善,灾以应恶;善恶虽反,其应一也。灾变无种,瑞应亦无类也。阴阳之气,天地之气也,遭善而为和,遇恶而为变,岂天地为善恶之政,更生和变之气乎?然则瑞应之出,殆无种类,因善而起,气和而生。亦或时政平气和,众物变化,犹春则鹰变为鸠,秋则鸠化为鹰,蛇鼠之类辄为鱼鳖,虾蟆为鹑,雀为蜃蛤。物随气变,不可谓无。黄石为老父,授张良书,去复为石,(也)〔世〕儒知之。或时太平气和,獐为骐驎,鹄为凤皇。是故气性随时变化,岂必有常类哉?褒姒,玄鼋之子,二龙漦也。晋之二卿,熊罴之裔也。吞燕子、薏苡、履大迹之语,世之人然之,独谓瑞有常类哉?以物无种计之,以人无类议之,以体变化论之,凤皇、骐驎生无常类,则形色何为当同!

案《礼记·瑞命篇》云:“雄曰凤,雌曰皇。雄鸣曰即即,雌鸣足足。”《诗》云:“梧桐生矣,于彼高冈。凤皇鸣矣,于彼朝阳。菶菶萋萋,噰噰喈喈。”《瑞命》与《诗》,俱言凤皇之鸣。《瑞命》之言“即即”“足足”,《诗》云“噰噰”“喈喈”,此声异也。使声审,则形不同也;使

(审)〔声〕同,《诗》与《礼》异。世传凤皇之鸣,故将疑焉。

案鲁之获麟云"有獐而角"。言有獐者,色如獐也。獐色有常,若乌色有常矣。武王之时,火流为乌,云其色赤。赤非乌之色,故言其色赤。如似獐而色异,亦当言其色白若黑。今成事色同,故言"有獐"。獐无角,有异于故,故言"而角"也。夫如是,鲁之所得驎者,若獐之状也。武帝之时,西巡狩得白驎,一角而五趾。角或时同,言五趾者,足不同矣。鲁所得驎,云"有獐"不言色者,獐无异色也。武帝云得白驎,色白不类獐,故不言有獐,正言"白驎",色不同也。孝宣之时,九真贡,献驎,状如(獐)〔鹿〕而两角者,孝武言一角,不同矣。春秋之麟如獐,宣帝之驎言如鹿。鹿与獐小大相倍,体不同也。

夫三王之时,驎毛色、角趾、身体、高大,不相似类。推此准后世驎出,必不与前同,明矣!夫骐驎,凤凰之类。骐驎前后体色不同,而欲以宣帝之时所见凤皇高五尺,文章五色,准前况后,当复出凤皇,谓与之同,误矣!后当复出见之凤皇、骐驎,必已不与前世见出者相似类。而世儒自谓见而辄知之,奈何?

案鲁人得驎,不敢正名驎,曰"有獐而角者",时诚无以知也。武帝使谒者终军议之,终军曰:"野禽并角,明天下同本也。"不正名驎而言野禽者,终军亦疑无以审也。当今世儒之知,不能过鲁人与终军,其见凤皇、骐驎,必从而疑之非恒之鸟兽耳,何能审其凤皇、骐驎乎?以体色言之,未必等;以鸟兽随从多者,未必善;以希见言之,有鸜鹆来;以相奇言之,圣人有奇骨体,贤者亦有奇骨。圣贤俱奇,人无以别。由贤圣言之,圣鸟,圣兽,亦与恒鸟庸兽俱有奇怪。圣人贤者亦有知而绝殊,骨无异者;圣贤鸟兽亦有仁善廉清,体无奇者。世或有富贵不圣,身有骨为富贵表,不为圣贤验。然则鸟亦有五采,兽有角,而无仁圣者。夫如是,上世所见凤皇、骐驎,何知其非恒鸟兽?今之所见鹊、獐之属,安知非凤皇,骐驎也?

方今圣世,尧、舜之主,流布道化,仁圣之物,何为不生?或时以有凤皇、骐驎乱于鹄鹊、獐鹿,世人不知。美玉隐在石中,楚王、令尹不能知,故有抱玉泣血之痛。今或时凤皇、骐驎以仁圣之性,隐于恒毛庸羽,无一角、五色表之,世人不之知,犹玉在石中也。何用审之?为此论草于永平之初,时来有瑞,其孝明宣惠,众瑞并至。至元和、章和之际,孝章耀德,天下和洽,嘉瑞奇物,同时俱应,凤皇、骐驎,连出重见,盛于五帝之时。此篇已成,故不得载。

或问曰:"《讲瑞》谓凤皇、骐驎难知,世瑞不能别。今孝章之所致凤皇、骐驎,不可得知乎?"曰:五鸟之记,四方中央,皆有大鸟,其出,众鸟皆从,小大毛色类凤皇,实难知也。故夫世瑞不能别。别之如何?以政治。时王之德,不及唐、虞之时,其凤皇、骐驎,目不亲见。然而唐、虞之瑞必真是者,尧之德明也。孝宣比尧、舜,天下太平,万里慕化,仁道施行,鸟兽仁者感动而来,瑞物小大、毛色、足翼,必不同类。以政治之得失,主之明暗,准况众瑞,无非真者。事或难知而易晓,其此之谓也?又以甘露验之:甘露,和气所生也,露无故而甘,和气独已至矣。和气至,甘露降,德洽而众瑞凑。案永平以来,讫于章和,甘露常降,故知众瑞皆是,而凤皇、骐驎皆真也。

卷十七

指瑞第五十一

儒者说凤皇、骐驎为圣王来，以为："凤皇、骐驎，仁圣禽也，思虑深，避害远，中国有道则来，无道则隐。"称凤皇、骐驎之仁知者，欲以褒圣人也，非圣人之德不能致凤皇、骐驎。此言妄也。夫凤皇、骐驎圣，圣人亦圣。圣人恓恓忧世，凤皇、骐驎亦宜率教；圣人游于世间，凤皇、骐驎亦宜与鸟兽会。何故远去中国、处于边外？岂圣人浊，凤皇、骐驎清哉？何其圣德俱而操不同也！如以圣人者当隐乎？十二圣宜隐；如以圣者当见，凤、驎亦宜见。如以仁圣之禽，思虑深，避害远，则文王拘于羑里，孔子厄于陈、蔡，非也。文王、孔子，仁圣之人，忧世悯民，不图利害，故其有仁圣之知，遭拘厄之患。

凡人操行，能修身正节，不能禁人加非于己。案人操行莫能过圣人，圣人不能自免于厄，而凤、驎独能自全于世，是鸟兽之操，贤于圣人也。且鸟兽之知，不与人通，何以能知国有道与无道也？人同性类，好恶均等，尚不相知；鸟兽与人异性，何能知之？人不能知鸟兽，鸟兽亦不能知人，两不能相知；鸟兽为愚于人，何以反能知之？儒者咸称凤皇之德，欲以表明王之治，反令人有不及鸟兽。论事过情，使实不著。

且凤、驎岂独为圣王至哉？孝宣皇帝之时，凤皇五至，骐驎一至，神雀、黄龙、甘露、醴泉，莫不毕见，故有五凤、神雀、甘露、黄龙之纪。使凤、驎审为圣王见，则孝宣皇帝圣人也；如孝宣帝非圣，则凤、驎为贤来也。为贤来，则儒者称凤皇、骐驎，失其实也。凤皇、骐驎为尧、舜来，亦为宣帝来矣。夫如是，为圣且贤也。儒者说圣太隆，则论凤、骥亦过其实。

《春秋》曰："西狩获死骥。"人以示孔子，孔子曰："孰为来哉？孰为来哉？"反袂拭面，泣涕沾襟。儒者说之，以为天以骥命孔子，孔子不王之圣也。夫骥为圣王来，孔子自以不王，而时王、鲁君无感骥之德，怪其来而不知所为，故曰："孰为来哉？孰为来哉？"知其不为治平而至，为己道穷而来，望绝心感，故涕泣沾襟。以孔子言"孰为来哉"，知骥为圣王来也。曰：前孔子之时，世儒已传此说，孔子闻此说而希见其物也，见骥之至，怪所为来。实者，骥至无所为来，常有之物也，行迈鲁泽之中，而鲁国见其物，遭获之也。孔子见骥之获，获而又死，则自比于骥，自谓道绝不复行，将为小人所徯获也。故孔子见骥而自泣者，据其见得而死也，非据其本所为来也。然则骥之至也，自与兽会聚也；其死，人杀之也。使骥有知，为圣王来，时无圣王，何为来乎？思虑深，避害远，何故为鲁所获杀乎？夫以时无圣王而骥至，知不为圣王来也；为鲁所获杀，知其避害不能远也。圣兽不能自免于难，圣王亦不能自免于祸。祸难之事，圣者所不能避，而云凤、骥思虑深，避害远，妄也。

且凤、骥非生外国也，中国有圣王乃来至也。生于中国，长于山林之间，性廉见希，人不得害也，则谓之思虑深，避害远矣。生与圣王同时，行与治平相遇，世间谓之圣王之瑞，为圣来矣。剥巢破卵，凤皇为之不翔；焚林而畋，漉池而渔，龟、龙为之不游。凤皇，龟、龙之类也，皆生中国，与人相近。巢剥卵破，屏窜不翔；林焚池漉，伏匿不游。无远去之文，何以知其在外国也？龟、龙、凤皇，同一类也。希见不害，谓在外国；龟、龙希见，亦在外国矣。孝宣皇帝之时，凤皇、骐骥、黄龙、神雀皆至。其至同时，则其性行相似类，则其生出宜同处矣。龙不生于外国，外国亦有龙。凤、骥不生外国，外国亦有凤、骥。然则中国亦有，未必外国之凤、骥也。人见凤、骥希见，则曰在外国；见遇太平，则曰为圣王来。

夫凤皇、骐驎之至也，犹醴泉之出、朱草之生也。谓凤皇在外国，闻有道而来；醴泉、朱草何知，而生于太平之时？醴泉、朱草，和气所生；然则凤皇、骐驎，亦和气所生也。和气生圣人，圣人生于衰世。物生为瑞，人生为圣，同时俱然，时其长大，相逢遇矣。衰世亦有和气，和气时生圣人。圣人生于衰世，衰世亦时有凤、驎也。孔子生于周之末世，骐驎见于鲁之西泽。光武皇帝生于成、哀之际，凤皇集于济阳之地。圣人圣物，生于盛、衰世。圣王遭见圣物，犹吉命之人逢吉祥之类也，其实相遇，非相为出也。

夫凤、驎之来，与白鱼、赤乌之至，无以异也。鱼遭自跃，王舟逢之；火偶为乌，王仰见之。非鱼闻武王之德而入其舟，乌知周家当起集于王屋也。谓凤、驎为圣王来，是谓鱼、乌为武王至也。王者受富贵之命，故其动出见吉祥异物，见则谓之瑞。瑞有小大，各以所见，定德薄厚。若夫白鱼、赤乌小物，小安之兆也；凤皇、骐驎大物，太平之象也。故孔子曰："凤鸟不至，河不出图，吾已矣夫！"不见太平之象，自知不遇太平之时矣。

且凤皇、骐驎，何以为太平之象？凤皇、骐驎，仁圣之禽也，仁圣之物至，天下将为仁圣之行矣。《尚书大传》曰："高宗祭成汤之庙，有雉升鼎耳而鸣。高宗问祖（乙）〔己〕，祖（乙）〔己〕曰：'远方君子殆有至者。'"祖（乙）〔己〕见雉有似君子之行，今从外来，则曰远方君子将有至者矣。

夫凤皇、骐驎，犹雉也，其来之象，亦与雉同。孝武皇帝西巡狩，得白驎一角而五趾，又有木，枝出复合于本。武帝议问群臣，谒者终军曰："野禽并角，明同本也；众枝内附，示无外也。如此瑞者，外国宜有降者。是若应，殆且有解编发、削左衽、袭冠带而蒙化焉。"其后数月，越地有降者，匈奴名王亦将数千人来降，竟如终军之言。终军之言，得瑞应之实矣。推此以况白鱼、赤乌，犹此类也。鱼，（木）

〔水〕精;白者,殷之色也。乌者,孝鸟;赤者,周之应气也。先得白鱼,后得赤乌,殷之统绝,色移在周矣。据鱼、乌之见以占武王,则知周之必得天下也。世见武王诛纣,出遇鱼、乌,则谓天用鱼、乌命使武王诛纣,事相似类,其实非也。

春秋之时,鸜鹆来巢,占者以为凶。夫野鸟来巢,鲁国之都且为丘墟,昭公之身且出奔也。后昭公为季氏所攻,出奔于齐,死不归鲁。贾谊为长沙太傅,服鸟集舍,发书占之,云服鸟入室,主人当去。其后贾谊竟去。野鸟虽殊,其占不异。夫凤、骈之来,与野鸟之巢、服鸟之集,无以异也。是鸜鹆之巢,服鸟之集,偶巢适集,占者因其野泽之物,巢集城宫之内,则见鲁国且凶,传舍人不吉之瑞矣。非鸜鹆、服鸟知二国祸将至而故为之巢集也。

王者以天下为家,家人将有吉凶之事,而吉凶之兆豫见于人,知者占之,则知吉凶将至。非吉凶之物有知,故为吉凶之人来也。犹蓍龟之有兆数矣。龟兆蓍数,常有吉凶,吉人卜筮与吉相遇,凶人与凶相逢,非蓍龟神灵知人吉凶,出兆见数以告之也。虚居卜筮,前无过客,犹得吉凶。然则天地之间,常有吉凶,吉凶之物来至,自当与吉凶之人相逢遇矣。或言"天使之所为也",夫巨大之天,使细小之物,音语不通,情指不达,何能使物?物亦不为天使,其来神怪,若天使之,则谓天使矣。

夏后孔甲畋于首山,天雨晦冥,入于民家,主人方乳。或曰:"后来,之子必大贵。"或曰:"不胜,之子必有殃。"夫孔甲之入民室也,偶遭雨而荫庇也,非知民家将生子,而其子必〔吉〕凶,为之至也;既至,人占则有吉凶矣。夫吉凶之物见于王朝,若入民家,犹孔甲遭雨入民室也。孔甲不知其将生子为之故到,谓凤皇诸瑞有知,应吉而至,误矣。

是应第五十二

儒者论太平瑞应，皆言气物卓异，朱草、醴泉，翔(风)〔凤〕、甘露、景星、嘉禾、萐脯、蓂荚、屈轶之属。又言山出车，泽出舟，男女异路，市无二价，耕者让畔，行者让路，颁白不提挈，关梁不闭，道无虏掠，风不鸣条，雨不破块，五日一风，十日一雨，其盛茂者，致黄龙、骐驎、凤皇。

夫儒者之言，有溢美过实。瑞应之物，或有或无。夫言凤皇、骐驎之属，大瑞较然，不得增饰；其小瑞征应，恐多非是。夫风气雨露，本当和适。言其(风)〔凤〕翔甘露，风不鸣条，雨不破块，可也；言其五日一风，十日一雨，褒之也。风雨虽适，不能五日、十日，正如其数。言男女不相干，市价不相欺，可也；言其异路，无二价，褒之也。太平之时，岂更为男女各作道哉？不更作道，一路而行，安得异乎？太平之时，无商人则可；如有，必求便利以为业。买物安肯不求贱？卖货安肯不求贵？有求贵贱之心，必有二价之语。此皆有其事而褒增过其实也。若夫萐脯、蓂荚、屈轶之属，殆无其物。何以验之？说以实者，太平无有此物。

儒者言："萐脯生于庖厨者，言厨中自生肉脯，薄如萐形，摇鼓生风，寒凉食物，使之不臭。"夫太平之气虽和，不能使厨生肉萐，以为寒凉。若能如此，则能使五谷自生，不须人为之也。能使厨自生肉萐，何不使饭自蒸于甑、火自燃于灶乎？凡生萐者，欲以风吹食物也。何不使食物自不臭，何必生萐以风之乎？厨中能自生萐，则冰室何事而复伐冰以寒物乎？人夏月操萐，须手摇之，然后生风。从手握持，以当疾风，萐不鼓动。言萐脯自鼓，可也？须风乃鼓，不风不动。从手风来，自足以寒厨中之物，何须萐脯？世言燕太子丹使日再中，天雨粟，乌白头，马生角，厨门〔木〕象生肉足。论之既虚，则萐脯之语,五应之类,恐无其实。

儒者又言:“古者蓂荚夹阶而生。月朔,日一荚生,至十五日而十五荚;于十六日,日一荚落,至月晦荚尽。来月朔,一荚复生。王者南面视荚生落,则知日数多少,不须烦扰案日历以知之也。”夫天既能生荚以为日数,何不使荚有日名,王者视荚之字则知今日名乎?徒知日数,不知日名,犹复案历,然后知之,是则王者视日则更烦扰不省,蓂荚之生安能为福?夫蓂,草之实也,犹豆之有荚也,春夏未生,其生必于秋末。冬月隆寒,霜雪陨零,万物皆枯,儒者敢谓蓂荚达冬独不死乎?如与万物俱生俱死,荚成而以秋末,是则季秋得察荚,春夏冬三时不得案也。且月十五日生十五荚,于十六日荚落,二十一日六荚落,落荚弃殒,不可得数,犹当计未落荚以知日数,是劳心苦意,非善祐也。使荚生于堂上,人君坐户牖间,望察荚生以知日数,匪谓善矣。今云夹阶而生,生于堂下也。王者之堂,墨子称尧、舜高三尺,儒家以为卑下。假使之然,高三尺之堂,蓂荚生于阶下,王者欲视其荚,不能从户牖之间见也,须临堂察之,乃知荚数。夫起视堂下之荚,孰与悬历日于扆坐,旁顾辄见之也?天之生瑞欲以娱王者,须起察乃知日数,是生烦物以累之也。且荚,草也,王者之堂,旦夕所坐,古者虽质,宫室之中,草生辄耘,安得生荚而人得经月数之乎?且凡数日一二者,欲以纪识事也。古有史官典历主日,王者何事而自数荚?尧候四时之中,命曦、和察四星以占时气,四星至重,犹不躬视,而自察荚以数日也?

儒者又言:“太平之时,屈轶生于庭之末,若草之状,主指佞人,佞人入朝,屈轶庭末以指之,圣王则知佞人所在。”夫天能故生此物以指佞人,不使圣王性自知之;或佞人本不生出,必复更生一物以指明之,何天之不惮烦也!圣王莫过尧、舜。尧、舜之治,最为平矣。即屈轶已自生于庭之末,佞人来辄指知之,则舜何难于知佞人,而使皋陶陈知人之术?《经》曰:“知人则哲,惟帝难之。”人含五常,音气交通，且犹不能相知，屈轶草也，安能知佞？如儒者之言是，则太平之时，草木逾贤圣也。狱讼有是非，人情有曲直，何不并令屈轶指其非而不直者，必苦心听讼，三(人)〔日〕断狱乎？故夫屈轶之草，或时无有而空言生；或时实有而虚言能指；假令能指，或时草性见人而动。古者质朴，见草之动，则言能指，能指则言指佞人。司南之杓，投之于地，其柢指南。鱼肉之虫，集地北行，夫虫之性然也。今草能指，亦天性也。圣人因草能指，宣言曰"庭末有屈轶能指佞人"，百官臣子怀奸心者，则各变性易操，为忠正之行矣。犹今府廷画皋陶、觟(觽)〔䚦〕也。

儒者说云："觟(觽)〔䚦〕者，一角之羊也，性知有罪。皋陶治狱，其罪疑者令羊触之，有罪则触，无罪则不触。斯盖天生一角圣兽，助狱为验，故皋陶敬羊，起坐事之。此则神奇瑞应之类也。"曰：夫觟(觽)〔䚦〕则复屈轶之语也。羊本二角，觟(觽)〔䚦〕一角，体损于群，不及众类，何以为奇？鳖三足曰能，龟三足曰贲。案能与贲，不能神于四足之龟鳖；一角之羊，何能圣于两角之禽？狌狌知往，乾鹊知来，鹦鹉能言，天性能一，不能为二。或时觟(觽)〔䚦〕之性，徒能触人，未必能知罪人，皋陶欲神事助政，恶受罪者之不厌服，因觟(觽)〔䚦〕触人则罪之，欲人畏之不犯，受罪之家没齿无怨言也。夫物性各自有所知，如以觟(觽)〔䚦〕能触谓之为神，则狌狌之徒皆为神也。巫知吉凶，占人祸福，无不然者。如以觟(觽)〔䚦〕谓之巫类，则巫何奇而以为善？斯皆人欲神事立化也。

师尚父为周司马，将师伐纣，到孟津之上，杖钺把旄，号其众曰："仓(光)〔兕〕。"仓(光)〔兕〕者，水中之兽也，善覆人船。因神以化，欲令急渡，不急渡，仓(光)〔兕〕害汝。则复觟(觽)〔䚦〕之类也。河中有此异物，时出浮扬，一身九头，人畏恶之，未必覆人之舟也。尚父缘河有此异物，因以威众。夫觟(觽)〔䚦〕之触罪人，犹仓(光)〔兕〕之覆舟也，盖有虚名，无其实效也。人畏怪奇，故空褒增。

又言太平之时有景星。《尚书中候》曰:“尧时景星见于轸。”夫景星,或时五星也。大者,岁星、太白也。彼或时岁星、太白行于轸度,古质不能推步五星,不知岁星、太白何如状,见大星则谓景星矣。《诗》又言:“东有启明,西有长庚。”亦或时复岁星、太白也。或时昏见于西,或时晨出于东,诗人不知,则名曰启明、长庚矣。然则长庚与景星同,皆五星也。太平之时,日月精明。五星,日月之类也。太平更有景星,可复更有日月乎?诗人,俗人也。《中候》之时,质世也。俱不知星。王莽之时,太白经天,精如半月,使不知星者见之,则亦复名之曰景星。《尔雅·释四时》章曰:“春为发生,夏为长赢,秋为收成,冬为安宁。四气和为景星。”夫如《尔雅》之言,景星乃四时气和之名也,恐非着天之大星。《尔雅》之书,《五经》之训故,儒者所共观察也,而不信从,更谓大星为景星,岂《尔雅》所言景星与儒者之所说异哉!

《尔雅》又言:“甘露时降,万物以嘉,谓之醴泉。”醴泉乃谓甘露也。今儒者说之,谓泉从地中出,其味甘若醴,故曰醴泉。二说相远,实未可知。案《尔雅·释水》:“泉(章)一见一否曰瀸。槛泉正出,正出,涌出也;沃泉悬出,悬出,下出也。”是泉出之异,辄有异名。使太平之时,更有醴泉从地中出,当于此章中言之,何故反居《释四时》章中,言甘露为醴泉乎?若此,儒者之言醴泉从地中出,又言甘露其味甚甜,未可然也。

儒曰:“道至大者,日月精明,星辰不失其行,翔风起,甘露降。”雨(济)〔霁〕而阴(一)〔曀〕者谓之甘雨,非谓雨水之味甘也。推此以论,甘露必谓其降下时,适润养万物,未必露味甘也。亦有露甘味如饴蜜者,俱太平之应,非养万物之甘露也。何以明之?案甘露如饴蜜者,着于树木,不着五谷。彼露味不甘者,其下时,土地滋润,流湿万物,洽沾濡溥。由此言之,《尔雅》且近得实。缘《尔雅》之言,验之于物,案味甘之露,下着树木,察所着之树,不能茂于所不着之木。

然今之甘露，殆异于《尔雅》之所谓甘露。欲验《尔雅》之甘露，以万物丰熟，灾害不生，此则甘露降下之验也。甘露下，是则醴泉矣。

治期第五十三

世谓古人君贤，则道德施行；施行，则功成治安。人君不肖，则道德顿废；顿废，则功败治乱。古今论者，莫谓不然。何则？见尧、舜贤圣致太平，桀、纣无道致乱得诛。如实论之，命期自然，非德化也。

吏百石以上，若(升)〔斗〕食以下，居位治民，为政布教，教行与止，民治与乱，皆有命焉。或才高行洁，居位职废；或智浅操洿，治民而立。上古之黜陟幽明，考功，据有功而加赏，案无功而施罚。是考命而长禄，非实才而厚能也。论者因考功之法，据效而定贤，则谓民治国安者，贤君之所致；民乱国危者，无道之所为也。故危乱之变至，论者以责人君，归罪于为政不得其道。人君受以自责，愁神苦思，撼动形体，而危乱之变终不减除。空愦人君之心，使明知之主，虚受之责，世论传称，使之然也。

夫贤君能治当安之民，不能化当乱之世。良医能行其针药，使方术验者，遇未死之人，得未死之病也；如命穷病困，则虽扁鹊，末如之何。夫命穷病困之不可治，犹夫乱民之不可安也。药气之愈病，犹教导之安民也，皆有命时，不可令勉力也。公伯寮诉子路于季孙，子服景伯以告孔子。孔子曰："道之将行也与，命也！道之将废也与，命也！"由此言之，教之行废，国之安危，皆在命时，非人力也。

夫世乱民逆，国之危殆灾害，系于上天，贤君之德，不能消却。《诗》道周宣王遭大旱矣。《诗》曰："周馀黎民，靡有孑遗。"言无有可遗一人不被害者。宣王贤者，嫌于德微。仁惠盛者，莫过尧、汤，尧遭洪水，汤遭大旱。水旱，灾害之甚者也，而二圣逢之，岂二圣政之所致哉？天地历数当然也。以尧、汤之水旱，准百王之灾害，非德所致。非德所致，则其福祐非德所为也。

贤君之治国也，犹慈父之治家。慈父耐平教明令，耐使子孙皆为孝善。子孙孝善，是家兴也；百姓平安，是国昌也。昌必有衰，兴必有废。兴昌非德所能成，然则衰废非德所能败也。昌衰兴废，皆天时也。此善恶之实，未言苦乐之效也。家安人乐，富饶财用足也。案富饶者命厚所致，非贤惠所获也。人皆知富饶居安乐者命禄厚，而不知国安治化行者历数吉也。故世治非贤圣之功，衰乱非无道之致。国当衰乱，贤圣不能盛；时当治，恶人不能乱。世人治乱，在时不在政；国之安危，在数不在教。贤不贤之君，明不明之政，无能损益。

世称五帝之时，天下太平，家有十年之蓄，人有君子之行。或时不然，世增其美；亦（然）或时〔然〕，〔非〕政致。何以审之？夫世之所以为乱者，不以贼盗众多，兵革并起，民弃礼义，负畔其上乎？若此者，由谷食乏绝，不能忍饥寒。夫饥寒并至而能无为非者寡，然则温饱并至而能不为善者希。传曰："仓廪实，民知礼节；衣食足，民知荣辱。"让生于有馀，争起于不足。谷足食多，礼义之心生；礼丰义重，平安之基立矣。故饥岁之春，不食亲戚；穰岁之秋，召及四邻。不食亲戚，恶行也；召及四邻，善义也。为善恶之行，不在人质性，在于岁之饥穰。由此言之，礼义之行，在谷足也。案谷成败，自有年岁。年岁水旱，五谷不成，非政所致，时数然也。必谓水旱政治所致，不能为政者莫过桀、纣，桀、纣之时，宜常水旱。案桀、纣之时，无饥耗之灾。灾至自有数，或时返在圣君之世。实事者说尧之洪水，汤之大旱，皆有遭遇，非政恶之所致。说百王之害，独谓为恶之应，此见尧、汤德优，百王劣也。审一足以见百，明恶足以照善。尧、汤证百王，至百王遭变，非政所致；以变见而明祸福，五帝致太平，非德所就，明矣。

人之温病而死也，先有凶色见于面部。其病，遇邪气也；其病不愈，至于身死，命寿讫也。国之乱亡，与此同验。有变见于天地，犹人温病而死，色见于面部也。有水旱之灾，犹人遇气而病也。灾祸不除，至于国亡，犹病不愈，至于身死也。论者谓变征政治，贤人温病色凶，可谓操行所生乎？谓水旱者无道所致，贤者遭病，可谓无状所得乎？谓亡者为恶极，贤者身死，可谓罪重乎？夫贤人有被病而早死，恶人有完强而老寿，人之病死，不在操行为恶也。然则国之乱亡，不在政之是非。恶人完强而老寿，非政平安而常存。由此言之，祸变不足以明恶，福瑞不足以表善，明矣。

在天之变，日月薄蚀。四十二月，日一食；五（十）六月，月亦一食。食有常数，不在政治。百变千灾，皆同一状，未必人君政教所致。岁害鸟帑，周、楚有祸；綝然之气见，宋、卫、陈、郑皆灾。当此之时，六国政教，未必失误也。历阳之都，一夕沉而为湖，当时历阳长吏，未必诳妄也。成败系于天，吉凶制于时。人事未为，天气已见，非时而何？五谷生地，一丰一耗；谷粜在市，一贵一贱。丰者未必贱，耗者未必贵，丰耗有岁，贵贱有时。时当贵，丰谷价增；时当贱，耗谷直减。夫谷之贵贱不在丰耗，犹国之治乱不在善恶。

贤君之立，偶在当治之世，德自明于上，民自善于下，世平民安，瑞祐并至，世则谓之贤君所致。无道之君，偶生于当乱之时，世扰俗乱，灾害不绝，遂以破国亡身灭嗣，世皆谓之为恶所致。若此，明于善恶之外形，不见祸福之内实也。祸福不在善恶，善恶之证不在祸福。长吏到官，未有所行，政教因前，无所改更。然而盗贼或多或寡，灾害或无或有，夫何故哉？长吏秩贵，当阶平安以升迁，或命贱不任，当由危乱以贬诎也。以今之长吏，况古之国君，安危存亡，可得论也。

卷十八

自然第五十四

天地合气,万物自生,犹夫妇合气,子自生矣。万物之生,含血之类,知饥知寒,见五谷可食,取而食之;见丝麻可衣,取而衣之。或说以为天生五谷以食人,生丝麻以衣人。此谓天为人作农夫、桑女之徒也,不合自然,故其义疑,未可从也。试依道家论之:

天者,普施气万物之中。谷愈饥,而丝麻救寒,故人食谷、衣丝麻也。夫天之不故生五谷、丝麻以衣、食人,由其有灾变不欲以谴告人也。物自生而人衣食之,气自变而人畏惧之。以若说论之,厌于人心矣。如天瑞为故,自然焉在?无为何居?

何以〔知〕天之自然也?以天无口目也。案有为者,口目之类也。口欲食而目欲视,有嗜欲于内,发之于外,口目求之,得以为利,欲之为也。今无口目之欲,于物无所求索,夫何为乎?何以知天无口目也?以地知之。地以土为体,土本无口目。天地,夫妇也,地体无口目,亦知天无口目也。使天体乎,宜与地同。使天气乎,气若云烟。云烟之属,安得口目!

或曰:"凡动行之类,皆本(无)有为。有欲故动,动则有为。今天动行与人相似,安得无为?"曰:天之动行也,施气也,体动气乃出,物乃生矣。由人动气也,体动气乃出,子亦生也。夫人之施气也,非欲以生子,气施而子自生矣。天动不欲以生物,而物自生,此则自然也。施气不欲为物,而物自为,此则无为也。谓天自然无为者何?气也,恬淡无欲,无为无事者也,老聃得以寿矣。老聃禀之于天,使天无此气，老聃安所禀受此性？师无其说而弟子独言者，未之有也。

或复于桓公，公曰："以告仲父。"左右曰："一则仲父，二则仲父，为君乃易乎？"桓公曰："吾未得仲父，故难；已得仲父，何为不易！"夫桓公得仲父，任之以事，委之以政，不复与知。皇天以至优之德与王政而谴告人，则天德不若桓公，而霸君之操过上帝也。

或曰："桓公知管仲贤，故委任之；如非管仲，亦将谴告之矣。使天遭尧、舜，必无谴告之变。"曰：天能谴告人君，则亦能故命圣君。择才若尧、舜，受以王命，委以王事，勿复与知。今则不然，生庸庸之君，失道废德，随谴告之，何天不惮劳也！曹参为汉相，纵酒歌乐，不听政治，其子谏之，笞之二百。当时天下无扰乱之变。淮阳铸伪钱，吏不能禁，汲黯为太守，不坏一炉，不刑一人，高枕安卧，而淮阳政清。夫曹参为相，若不为相；汲黯为太守，若郡无人。然而汉朝无事、淮阳刑错者，参德优而黯威重也。计天之威德，孰与曹参、汲黯？而谓天与王政随而谴告之，是谓天德不若曹参厚，而威不若汲黯重也。蘧伯玉治卫，子贡使人问之："何以治卫？"对曰："以不治治之。"夫不治之治，无为之道也。

或曰："太平之应，河出图，洛出书。不画不就，不为不成。天地出之，有为之验也。张良游泗水之上，遇黄石公授太公书，盖天佐汉诛秦，故命令神石为鬼书授人，复为有为之效也。"曰：此皆自然也。夫天安得以笔墨而为图书乎？天道自然，故图书自成。晋唐叔虞（一有生字）、鲁成季友生，文在其手，故叔曰"虞"，季曰"友"。宋仲子生，有文在其手，曰为鲁夫人。三者在母之时，文字成矣，而谓天为文字，在母之时，天使神持锥笔墨刻其身乎？自然之化，固疑难知，外若有为，内实自然。是以太史公纪黄石事，疑而不能实也。赵简子梦上天，见一男子在帝之侧；后出，见人当道，则前所梦见在帝侧者也。论之以为赵国且昌之状也。黄石授书，亦汉且兴之象也。妖气为鬼，鬼象人形，自然之道，非或为之也。

草木之生，华叶青葱，皆有曲折，象类文章，谓天为文字，复为华叶乎？宋人或刻木为楮叶者，三年乃成。(孔)〔列〕子曰："使〔天〕地三年乃成一叶，则万物之有叶者寡矣。"如(孔)〔列〕子之言，万物之叶自为生也。自为生也，故能并成。如天为之，其迟当若宋人刻楮叶矣。观鸟兽之毛羽，毛羽之采色，通可为乎？鸟兽未能尽实。春观万物之生，秋观其成，天地为之乎？物自然也。如谓天地为之，为之宜用手，天地安得万万千千手，并为万万千千物乎？诸物在天地之间也，犹子在母腹中也。母怀子气，十月而生，鼻、口、耳、目、发肤、毛理、血脉、脂腴、骨节、爪齿，自然成腹中乎？母为之也？偶人千万，不名为人者，何也？鼻、口、耳、目，非性自然也。武帝幸王夫人，王夫人死，思见其形，道士以方术作夫人形，形成，出入宫门，武帝大惊，立而迎之，忽不复见。盖非自然之真，方士巧妄之伪，故一见恍惚，消散灭亡。有为之化，其不可久行，犹王夫人形不可久见也。道家论自然，不知引物事以验其言行，故自然之说未见信也。

然虽自然，亦须有为辅助。耒耜耕耘，因春播种者，人为之也；及谷入地，日夜长(夫)〔大〕，人不能为也。或为之者，败之道也。宋人有闵其苗之不长者，就而揠之，明日枯死。夫欲为自然者，宋人之徒也。

问曰："人生于天地，天地无为。人禀天性者，亦当无为。而有为，何也？"曰：至德纯渥之人，禀天气多，故能则天，自然无为。禀气薄少，不遵道德，不似天地，故曰不肖。不肖者，不似也。不似天地，不类圣贤，故有为也。天地为炉，造化为工，禀气不一，安能皆贤？贤之纯者，黄、老是也。黄者，黄帝也；老者，老子也。黄、老之操，身中恬淡，其治无为。正身共己，而阴阳自和；无心于为，而物自化；无意于生，而物自成。《易》曰："黄帝、尧、舜垂衣裳而天下治。"垂衣裳者，垂拱无为也。孔子曰："大哉，尧之为君也！惟天为大，惟尧则之。"又曰："巍巍乎舜、禹之有天下也！而不与焉。"周公曰："上帝引佚。”上帝谓舜、禹也。舜、禹承安继治，任贤使能，恭己无为而天下治。舜、禹承尧之安，尧则天而行，不作功邀名，无为之化自成，故曰“荡荡乎民无能名焉”。年五十者击壤于涂，不能知尧之德，盖自然之化也。《易》曰：“大人与天地合其德。”黄帝、尧、舜，大人也，其德与天地合，故知无为也。天道无为，故春不为生，而夏不为长，秋不为成，冬不为藏。阳气自出，物自生长；阴气自起，物自成藏。汲井决陂，灌溉园田，物亦生长；霈然而雨，物之茎叶根(垓)〔荄〕，莫不洽濡。程量澍泽，孰与汲井决陂哉？故无为之为大矣！本不求功，故其功立；本不求名，故其名成。沛然之雨，功名大矣，而天地不为也，气和而雨自集。

儒家说夫妇之道取法于天地，知夫妇法天地，不知推夫妇之道以论天地之性，可谓惑矣！夫天覆于上，地偃于下，下气烝上，上气降下，万物自生其中间矣。当其生也，天不须复与也，由子在母怀中，父不能知也。物自生，子自成，天地父母，何与知哉！及其生也，人道有教训之义。天道无为，听恣其性，故放鱼于川，纵兽于山，从其性命之欲也。不驱鱼令上陵、不逐兽令入渊者，何哉？拂诡其性，失其所宜也。夫百姓，鱼兽之类也。上德治之若烹小鲜，与天地同操也。商鞅变秦法，欲为殊异之功，不听赵良之议，以取车裂之患，德薄多欲，君臣相憎怨也。道家德厚，下当其上，上安其下，纯蒙无为，何复谴告？故曰：政之适也，君臣相忘于治，鱼相忘于水，兽相忘于林，人相忘于世，故曰天也。孔子谓颜渊曰：“吾服汝，忘也；汝之服于我，亦忘也。”以孔子为君，颜渊为臣，尚不能谴告，况以老子为君、文子为臣乎？老子、文子，似天地者也。淳酒味甘，饮之者醉不相知；薄酒酸苦，宾主嚬蹙。夫相谴告，道薄之验也。谓天谴告，曾谓天德不若淳酒乎？

“礼者，忠信之薄，乱之首也。”相讥以礼，故相谴告。三皇之时，坐者于于，行者居居，乍自以为马，乍自以为牛，纯德行而民瞳矇，晓惠之心未形生也。当时亦无灾异。如有灾异。不名曰谴告。何则?时人愚蠢,不知相绳责也。末世衰微,上下相非,灾异时至,则造谴告之言矣。夫今之天,古之天也,非古之天厚而今之天薄也,谴告之言生于今者,人以心准况之也。诰誓不及五帝,要盟不及三王,交质子不及五伯。德弥薄者,信弥衰,心险而行诐,则犯约而负教;教约不行,则相谴告;谴告不改,举兵相灭。由此言之,谴告之言,衰乱之语也,而谓之上天为之,斯盖所以疑也。

且凡言谴告者,以人道验之也。人道,君谴告臣,上天谴告君也,谓灾异为谴告。夫人道,臣亦有谏君,以灾异为谴告,而王者亦当时有谏上天之义,其效何在?苟谓天德优,人不能谏,优德亦宜玄默,不当谴告。万石君子有过,不言,对案不食,至优之验也。夫人之优者,犹能不言,皇天德大,而乃谓之谴告乎?夫天无为,故不言,灾变时至,气自为之。夫天地不能为,亦不能知也。腹中有寒,腹中疾痛,人不使也,气自为之。夫天地之间,犹人背腹之中也。谓天为灾变,凡诸怪异之类,无小大薄厚,皆天所为乎?牛生马,桃生李,如论者之言,天神入牛腹中为马,把李实提桃间乎?牢曰:“子云:‘吾不试,故艺。’”又曰:“吾少也贱,故多能鄙事。”人之贱不用于大者,类多伎能。天尊贵高大,安能撰为灾变以谴告人?且吉凶蜚色见于面,人不能为,色自发也。天地犹人身,气变犹蜚色。人不能为蜚色,天地安能为气变?然则气变之见,殆自然也。变自见,色自发,占候之家因以言也。

夫寒温、谴告、变动、招致,四疑皆已论矣。谴告于天道尤诡,故重论之。论之,所以难别也。说合于人事,不入于道意,从道不随事,虽违儒家之说,合黄、老之义也。

感类第五十五

阴阳不和,灾变发起,或时先世遗咎,或时气自然。贤圣感类,慊惧自思,灾变恶征,何为至乎?引过自责,恐有罪,畏慎恐惧之意,未必有其实事也。何以明之?以汤遭旱自责以五过也。圣人纯完,行无缺失矣,何自责有五过?然如《书》曰:"汤自责,天应以雨。"汤本无过,以五过自责,天何故雨?以无过致旱,亦知自责不能得雨也。由此言之,旱不为汤至,雨不应自责。然而前旱后雨者,自然之气也。此言《书》之语也。难之曰:"《春秋》大雩,董仲舒设土龙,皆为一时间也。一时不雨,恐惧雩祭,求阴请福,忧念百姓也。"汤遭旱七年,以五过自责,谓何时也?夫遭旱一时,辄自责乎?旱至七年,乃自责也?谓一时辄自责,七年乃雨,天应之诚,何其留也!始谓七年乃自责,忧念百姓,何其迟也!不合雩祭之法,不厌忧民之义。《书》之言未可信也。

由此论之,周成王之雷风发,亦此类也。《金縢》曰:"秋大熟,未获。天大雷电以风,禾尽偃,大木斯拔,邦人大恐。"当此之时,周公死,儒者说之,以为成王狐疑于周公:欲以天子礼葬公,公,人臣也;欲以人臣礼葬公,公有王功。狐疑于葬周公之间,天大雷雨,动怒示变,以彰圣功。古文家以武王崩,周公居摄,管、蔡流言,王意狐疑周公,周公奔楚,故天雷雨以悟成王。夫一雷一雨之变,或以为葬疑,或以为信谗,二家未可审。且订葬疑之说,秋夏之际,阳气尚盛,未尝无雷雨也,顾其拔木偃禾,颇为状耳。当雷雨时,成王感惧,开《金縢》之书,见周公之功,执弓泣过,自责之深。自责适已,天偶反风,《书》家则谓天为周公怒也。千秋万夏,不绝雷雨。苟谓雷雨为天怒乎?是则皇天岁岁怒也。正月阳气发泄,雷声始动,秋夏阳至极而雷折。苟谓秋夏之雷为天大怒,正月之雷天小怒乎?雷为天怒,雨为恩施。使天为周公怒,徒当雷,不当雨,今〔雷〕雨俱至,天怒且喜乎?“子于是日也哭则不歌”,《周礼》“子、卯稷食菜羹”,哀乐不并行。哀乐不并行,喜怒反并至乎?

秦始皇帝东封岱岳,雷雨暴至。刘媪息大泽,雷雨晦冥。始皇无道,自同前圣,治乱自谓太平,天怒可也。刘媪息大泽,梦与神遇,是生高祖,何怒于生圣人而为雷雨乎?尧时大风为害,尧激大风于青丘之野。舜入大麓,烈风雷雨。尧、舜,世之隆主,何过于天,天为风雨也?大旱,《春秋》雩祭,又董仲舒设土龙,以类招气。如天应雩、龙,必为雷雨。何则?秋夏之雨,与雷俱也。必从《春秋》、仲舒之术,则大雩、龙,求怒天乎?师旷奏《白雪》之曲,雷电下击,鼓《清角》之音,风雨暴至。苟为雷雨为天怒,天何憎于《白雪》《清角》,而怒师旷为之乎?此雷雨之难也。

又问之曰:“成王不以天子礼葬周公,天为雷风,偃禾拔木,成王觉悟,执书泣过,天乃反风,偃禾复起。何不为疾反风以立大木,必须国人起筑之乎?”应曰:“天不能。”曰:“然则天有所不能乎?”应曰:“然。”难曰:“孟贲推人,人仆;接人而起,接人立。天能拔木,不能复起,是则天力不如孟贲也。秦时三山亡,犹谓天所徙也。夫木之轻重,孰与三山?能徙三山,不能起大木,非天用力宜也。如谓三山非天所亡,然则雷雨独天所为乎?”

问曰:“天之欲令成王以天子之礼葬周公,以公有圣德,以公有王功。《经》曰‘王乃得周公死自以为功代武王之说’,今天动威以彰周公之德也。”难之曰:“伊尹相汤伐夏,为民兴利除害,致天下太平;汤死,复相大甲,大甲佚豫,放之桐宫,摄政三年,乃退复位。周公曰:‘伊尹格于皇天。’天所宜彰也。伊尹死时,天何以不为雷雨?”应曰:“以《百(雨)〔两〕篇》曰,‘伊尹死,大雾三日。’”大雾三日,乱气矣,非天怒之变也。东海张霸造《百(雨)〔两〕篇》,其言虽未可信,且假以问:“天为雷雨以悟成王,成王未开金匮,雷止乎?已开金匮,雷雨乃止也?”应曰:“未开金匮,雷止也。开匮得书,见公之功,觉悟泣过,决以天子礼葬公,出郊观变,天止雨反风,禾尽起。”由此言之,成王未觉悟,雷雨止矣。难曰:“伊尹〔死〕,雾三日。天何不三日雷雨,须成王觉悟乃止乎?太戊之时,桑谷生朝,七日大拱,太戊思政,桑谷消亡。宋景公时,荧〔惑〕守心,出三善言,荧惑徙舍。使太戊不思政,景公无三善言,桑谷不消,荧惑不徙。何则?灾变所以谴告也。所谴告未觉,灾变不除,天之至意也。今天怒为雷雨以责成王,成王未觉,雨雷之息,何其早也?”

又问曰:“礼,诸侯之子称公子,诸侯之孙称公孙,皆食采地,殊之众庶。何则?公子、公孙,亲而又尊,得体公称,又食采地,名实相副,犹文质相称也。天彰周公之功,令成王以天子礼葬,何不令成王号周公以周王,副天子之礼乎?”应曰:“王者,名之尊号也,人臣不得名也。”难曰:“人臣犹得名王,礼乎?武王伐纣,下车追王大王、王季、文王。三人者诸侯,亦人臣也,以王号加之。何为独可于三王,不可于周公?天意欲彰周公,岂能明乎?岂以王迹起于三人哉?然而王功亦成于周公。江起岷山,流为涛濑。相涛濑之流,孰与初起之源?秬鬯之所为到,白雉之所为来,三王乎?周公也?周公功德盛于三王,不加王号,岂天恶人妄称之哉?周衰,六国称王,齐、秦更为帝,当时天无禁怒之变。周公不以天子礼葬,天为雷雨以责成王,何天之好恶不纯一乎?”

又问曰:“鲁季孙赐曾子箦,曾子病而寝之。童子曰:‘华而睆者,大夫之箦。’而曾子感惭,命元易箦。盖礼,大夫之箦,士不得寝也。今周公,人臣也,以天子礼葬,魂而有灵,将安之不也?”应曰:“成王所为,天之所予,何为不安?”难曰:“季孙所赐大夫之箦,岂曾子之所自制乎,何独不安乎?子疾病,子路遣门人为臣。病间曰:‘久矣哉!由之行诈也。无臣而为有臣,吾谁欺?欺天乎?’孔子罪子路者也。己非人君,子路使门人为臣,非天之心而妄为之,是欺天也。周公亦非天子也，以孔子之心况周公，周公必不安也。季氏旅于太山，孔子曰：‘曾谓泰山不如林放乎？’以曾子之细，犹却非礼；周公至圣，岂安天子之葬？曾谓周公不如曾子乎？由此原之，周公不安也。大人与天地合德，周公不安，天亦不安，何故为雷雨以责成王乎？”

又问曰：“死生有命，富贵在天。武王之命，何可代乎？”应曰：“九龄之梦，天夺文王年以益武王。克殷二年之时，九龄之年未尽，武王不豫，则请之矣。人命不可请，独武王可，非世常法，故藏于金縢；不可复为，故掩而不见。”难曰：“九龄之梦，武王已得文王之年未？”应曰：“已得之矣。”难曰：“已得文王之年，命当自延。克殷二年，虽病，犹将不死，周公何为请而代之？”应曰：“人君爵人以官，议定，未之即与，曹下案目，然后可诺。天虽夺文王年以益武王，犹须周公请，乃能得之。”“命数精微，非一卧之梦所能得也。”应曰：“九龄之梦能得也。”难曰：“九龄之梦，文王梦与武王九龄，武王梦帝予其九龄，其天已予之矣，武王已得之矣，何须复请？人且得官，先梦得爵，其后莫举，犹自得官。何则？兆象先见，其验必至也。古者谓年为龄，已得九龄，犹人梦得爵也。周公因必效之梦，请之于天，功安能大乎？”

又问曰：“功无大小，德无多少，人须仰恃赖之者，则为美矣。使周公不代武王，武王病死，周公与成王而致天下太平乎？”应曰：“成事，周公辅成王而天下不乱。使武王不见代，遂病至死，周公致太平何疑乎？”难曰：“若是，武王之生无益，其死无损，须周公功乃成也。周衰，诸侯背畔，管仲九合诸侯，一匡天下。孔子曰：‘微管仲，吾其被发左衽矣。’使无管仲，不合诸侯，夷狄交侵，中国绝灭。此无管仲有所伤也。程量有益，管仲之功，偶于周公。管仲死，桓公不以诸侯礼葬，以周公况之，天亦宜怒。微雷薄雨不至，何哉？岂以周公圣而管仲不贤乎？夫管仲为反坫，有三归，孔子讥之，以为不贤。反坫、三归，诸侯之礼；天子礼葬，王者之制。皆以人臣俱不得为。大人与天地合德，孔子，大人也，讥管仲之僭礼，皇天欲周公之侵制，非合德之验。《书》家之说，未可然也。"

以见鸟迹而知为书，见蜚蓬而知为车。天非以鸟迹命仓颉，以蜚蓬使奚仲也，奚仲感蜚蓬而仓颉起鸟迹也。晋文反国，命彻麋墨，舅犯心感，辞位归家。夫文公之彻麋墨，非欲去舅犯，舅犯感惭，自同于麋墨也。宋华臣弱其宗，使家贼六人以铍杀华吴于宋，命合左师之后。左师惧曰："老夫无罪。"其后左师怨咎华臣，华臣备之。国人逐瘈狗，瘈狗入华臣之门，华臣以为左师来攻己也，逾墙而走。夫华臣自杀华吴而左师惧，国人自逐瘈狗而华臣自走。成王之畏惧，犹此类也。心疑于不以天子礼葬公，卒遭雷雨之至，则惧而畏过矣。夫雷雨之至，天未必责成王也。雷雨至，成王惧以自责也。夫感则苍颉、奚仲之心，惧则左师、华臣之意也。怀嫌疑之计，遭暴至之气，以类之验见，则天怒之效成矣。见类验于寂漠，犹感动而畏惧，况雷雨扬(轩)〔轩〕辚之声，成王庶几能不怵惕乎？

迅雷风烈，孔子必变。礼，君子闻雷，虽夜，衣冠而坐，所以敬雷惧激气也。圣人君子于道无嫌，然犹顺天变动，况成王有周公之疑，闻雷雨之变，安能不振惧乎？然则雷雨之至也，殆且自天气；成王畏惧，殆且感物类也。夫天道无为，如天以雷雨责怒人，则亦能以雷雨杀无道。古无道者多，可以雷雨诛杀其身；必命圣人兴师动军，顿兵伤士。难以一雷行诛，轻以三军克敌，何天之不惮烦也！

或曰："纣父帝乙射天殴地，游泾、渭之间，雷电击而杀之。斯天以雷电诛无道也。"帝乙之恶，孰与桀、纣？邹伯奇论桀、纣恶不如亡秦，亡秦不如王莽，然而桀、纣、秦、莽之(地)〔死〕，不以雷电。孔子作《春秋》，采毫毛之善，贬纤介之恶，采善不逾其美，贬恶不溢其过。责小以大，夫人无之。成王小疑，天大雷雨。如定以臣葬公，其变何以过此？《洪范》稽疑，不悟灾变者，人之才不能尽晓，天不以疑责备于人也。成王心疑未决,天以大雷雨责之,殆非皇天之意。《书》家之说,恐失其实也。

齐世第五十六

语称上世之人,侗长佼好,坚强老寿,百岁左右;下世之人,短小陋丑,夭折早死。何则?上世和气纯渥,婚姻以时,人民禀善气而生,生又不伤,骨节坚定,故长大老寿,状貌美好。下世反此,故短小夭折,形面丑恶。此言妄也。

夫上世治者,圣人也;下世治者,亦圣人也。圣人之德,前后不殊,则其治世,古今不异。上世之天,下世之天也。天不变易,气不改更。上世之民,下世之民也,俱禀元气。元气纯和,古今不异,则禀以为形体者,何故不同?夫禀气等,则怀性均;怀性均,则形体同;形体同,则丑好齐;丑好齐,则夭寿适。一天一地,并生万物。万物之生,俱得一气。气之薄渥,万世若一。帝王治世,百代同道。人民嫁娶,同时共礼。虽言男三十而娶,女二十而嫁,法制张设,未必奉行。何以效之?以今不奉行也。礼乐之制,存见于今,今之人民,肯行之乎?今人不肯行,古人亦不肯举,以今之人民,知古之人民也。

〔人,物也;〕物,亦物也。人生一世,寿至一百岁。生为十岁儿时,所见地上之物,生死改易者多。至于百岁,临且死时,所见诸物,与年十岁时所见,无以异也。使上世下世,民人无有异,则百岁之间,足以卜筮。六畜长短,五谷大小,昆虫、草木,金石、珠玉,蜎蜚、蠕动,跂行、喙息,无有异者,此形不异也。古之水火,今之水火也。今气为水火也,使气有异,则古之水清火热,而今水浊火寒乎?

人生长六七尺,大三四围,面有五色,寿至于百,万世不异。如以上世人民侗长佼好,坚强老寿,下世反此,则天地初立,始为人时,长可如防风之君,色如宋朝,寿如彭祖乎?从当今至千世之后,人可长如荚英，色如嫫母，寿如朝生乎？王莽之时，长人生长一丈，名曰霸出。建武年中，(颍)〔颍〕川张仲师长(一丈)〔二尺〕二寸。张汤八尺有馀，其父不满五尺。俱在今世，或长或短。儒者之言，竟非误也。语称上世使民以宜，伛者抱关，侏儒俳优。如皆侗长佼好，安得伛、侏之人乎？

语称上世之人质朴易化，下世之人文薄难治，故《易》曰："上古之时，结绳以治，后世易之以书契。"先结绳，易化之故；后书契，难治之验也。故夫宓牺之前，人民至质朴，卧者居居，坐者于于，群居聚处，知其母不识其父。至宓牺时，人民颇文，知欲诈愚，勇欲恐怯，强欲凌弱，众欲暴寡，故宓牺作八卦以治之。至周之时，人民文薄，八卦难复因袭，故文王衍为六十四首，极其变，使民不倦。至周之时，人民久薄，故孔子作《春秋》，采毫毛之善，贬纤介之恶，称曰："周监于二代，郁郁乎文哉！吾从周。"孔子知世浸弊，文薄难治，故加密致之罔，设纤微之禁，检(狎)〔押〕守持，备具悉极。此言妄也。

上世之人，所怀五常也；下世之人，亦所怀五常也。俱怀五常之道，共禀一气而生，上世何以质朴？下世何以文薄？彼见上世之民，饮血茹毛，无五谷之食，后世穿地为井，耕土种谷，饮井食粟，有水火之调；又见上古岩居穴处，衣禽兽之皮，后世易以宫室，有布帛之饰，则谓上世质朴，下世文薄矣。夫器业变易，性行不异。然而有质朴、文薄之语者，世有盛衰，衰极久有弊也。譬犹衣食之于人也，初成鲜完，始熟香洁，少久穿败，迨日臭茹矣。文质之法，古今所共。一质一文，一衰一盛，古而有之，非独今也。何以效之？传曰："夏后氏之王教以忠。上教以忠，君子忠，其失也，小人野。救野莫如敬，殷〔之〕王(之)教以敬。上教用敬，君子敬，其失也，小人鬼。救鬼莫如文，故周之王教以文。上教以文，君子文，其失也，小人薄。救薄莫如忠，承周而王者，当教以忠。"夏所承唐、虞之教薄，故教以忠；唐、虞以文教，则其所承有鬼失矣。世人见当今之文薄也，狎侮非之，则谓上世朴质,下世文薄。犹家人子弟不谨,则谓他家子弟谨良矣。

语称上世之人重义轻身,遭忠义之事,得已所当赴死之分明也,则必赴汤趋锋,死不顾恨。故弘演之节,陈不占之义,行事比类,书籍所载,亡命捐身,众多非一。今世趋利苟生,弃义妄得,不相勉以义,不相激以行,义废身不以为累,行隳事不以相畏。此言妄也。

夫上世之士,今世之士也,俱含仁义之性,则其遭事,并有奋身之节。古有无义之人,今有建节之士。善恶杂厕,何世无有?述事者好高古而下今,贵所闻而贱所见。辨士则谈其久者,文人则著其远者。近有奇而辨不称,今有异而笔不记。若夫琅邪兒子明,岁败之时,兄为饥人所食,自缚叩头,代兄为食,饿人美其义,两舍不食。兄死,收养其孤,爱不异于己之子,岁败谷尽,不能两活,饿杀其子,活兄之子。临淮许君叔亦养兄孤子,岁仓卒之时,饿其亲子,活兄之子,与子明同义。会稽孟章父英为郡决曹掾,郡将挞杀非辜,事至覆考,英引罪自予,卒代将死;章后复为郡功曹,从役攻贼,兵卒北败,为贼所射,以身代将,卒死不去。此弘演之节,陈不占之义,何以异?当今著文书者,肯引以为比喻乎?比喻之证,上则求虞、夏,下则索殷、周。秦、汉之际,功奇行殊,犹以为后。又况当今在百代下,言事者目亲见之乎?画工好画上代之人,秦、汉之士,功行谲奇,不肯图。今世之士者,尊古卑今也,贵鹄贱鸡,鹄远而鸡近也。使当今说道深于孔、墨,名不得与之同;立行崇于曾、颜,声不得与之钧。何则?世俗之性,贱所见、贵所闻也。有人于此,立义建节,实核其操,古无以过,为文书者,肯载于篇籍,表以为行事乎?作奇论,造新文,不损于前人,好事者肯舍久远之书,而垂意观读之乎?扬子云作《太玄》,造《法言》,张伯松不肯壹观,与之并肩,故贱其言。使子云在伯松前,伯松以为金匮矣!

语称上世之时,圣人德优,而功治有奇。故孔子曰:“大哉!尧之为君也。唯天为大,唯尧则之。荡荡乎民无能名焉!巍巍乎其有成功也！焕乎其有文章也！”舜承尧，不堕洪业；禹袭舜，不亏大功。其后至汤，举兵伐桀，武王把钺讨纣，无巍巍荡荡之文，而有动兵讨伐之言。盖其德劣而兵试，武用而化薄。化薄，不能相逮之明验也。及至秦、汉，兵革云扰，战力角势，秦以得天下。既得天下，无嘉瑞之美，若“协和万国”“凤皇来仪”之类，非德劣不及、功薄不若之征乎？此言妄也。

夫天地气和，即生圣人。圣人之治，即立大功。和气不独在古先，则圣人何故独优？世俗之性，好褒古而毁今，少所见而多所闻。又见经传增贤圣之美，孔子尤大尧、舜之功。又闻尧、(禹)〔舜〕禅而相让，汤、武伐而相夺，则谓古圣优于今，功化渥于后矣。夫经有褒增之文，世有空加之言，读经览书者所共见也。孔子曰：“纣之不善，不若是之甚也。是以君子恶居下流，天下之恶皆归焉。”世常以桀、纣与尧、舜相反，称美则说尧、舜，言恶则举纣、桀。孔子曰“纣之不善，不若是之甚也”，则知尧、舜之德，不若是其盛也。尧、舜之禅，汤、武之诛，皆有天命，非优劣所能为，人事所能成也。使汤、武在唐、虞，亦禅而不伐；尧、舜在殷、周，亦诛而不让。盖有天命之实，而世空生优劣之语。经言“协和万国”，时亦有丹朱；“凤皇来仪”，时亦有有苗。兵皆动而并用，则知德亦何优劣而小大也？

世论桀、纣之恶，甚于亡秦；实事者谓亡秦恶甚于桀、纣。秦、汉善恶相反，犹尧、舜、桀、纣相违也。亡秦与汉皆在后世，亡秦恶甚于桀、纣，则亦知大汉之德不劣于唐、虞也。唐之万国，固增而非实者也。有虞之凤皇，宣帝已五致之矣；孝明帝符瑞并至。夫德优，故有瑞；瑞钧，则功不相下。宣帝、孝明如劣不及尧、舜，何以能致尧、舜之瑞？光武皇帝龙兴凤举，取天下若拾遗，何以不及殷汤、周武？世称周之成、康不亏文王之隆，舜巍巍不亏尧之盛功也。方今圣朝，承光武，袭孝明，有浸酆溢美之化，无细小毫发之亏，上何以不逮舜、禹？下何以不若成、康？世见五帝、三王事在经传之上，而汉之记故，尚为文书，则谓古圣优而功大，后世劣而化薄矣。

卷十九

宣汉第五十七

儒者称五帝、三王致天下太平,汉兴已来,未有太平。彼谓五帝、三王致太平,汉未有太平者,见五帝、三王圣人也,圣人之德能致太平;谓汉不太平者,汉无圣帝也,贤者之化,不能太平。又见孔子言"凤鸟不至,河不出图,吾已矣夫",方今无凤鸟、《河图》,瑞颇未至悉具,故谓未太平。此言妄也。

夫太平以治定为效,百姓以安乐为符。孔子曰:"修己以安百姓,尧、舜其犹病诸!"百姓安者,太平之验也。夫治人以人为主,百姓安而阴阳和,阴阳和则万物育,万物育则奇瑞出。视今天下,安乎?危乎?安则平矣,瑞虽未具,无害于平。故夫王道定事以验,立实以效,效验不彰,实诚不见,时或实然,证验不具。是故王道立事以实,不必具验。圣主治世,期于平安,不须符瑞。

且夫太平之瑞,犹圣主之相也。圣王骨法未必同,太平之瑞何为当等?彼闻尧、舜之时,凤皇、景星皆见,《河图》《洛书》皆出,以为后王治天下,当复若等之物,乃为太平。用心若此,犹谓尧当复比齿,舜当复八眉也。夫帝王圣相,前后不同,则得瑞古今不等。而今王无凤鸟、《河图》,为未太平,妄矣。孔子言凤皇、《河图》者,假前瑞以为语也,未必谓世当复有凤皇与《河图》也。夫帝王之瑞,众多非一,或以凤鸟、麒麟,或以《河图》《洛书》,或以甘露、醴泉,或以阴阳和调,或以百姓乂安。今瑞未必同于古,古应未必合于今,遭以所得,未必相袭。何以明之?以帝王兴起,命(祐)〔祐〕不同也,周则乌、鱼，汉斩大蛇。推论唐、虞，犹周、汉也，初兴始起，事效物气，无相袭者，太平瑞应，何故当钧？以已至之瑞，效方来之应，犹守株待兔之蹊，藏身破罝之路也。天下太平，瑞应各异，犹家人富殖，物不同也：或积米谷，或藏布帛，或畜牛马，或长田宅。夫乐米谷不爱布帛，欢牛马不美田宅，则谓米谷愈布帛，牛马胜田宅矣。今百姓安矣，符瑞至矣，终谓古瑞《河图》、凤皇不至，谓之未安，是犹食稻之人入饭稷之乡，不见稻米，谓稷为非谷也。实者，天下已太平矣，未有圣人，何以致之？未见凤皇，何以效实？问世儒不知圣，何以知今无圣人也？世人见凤皇，何以知之？既无以知之，何以知今无凤皇也？委不能知有圣与无，又不能别凤皇是凤与非，则必不能定今太平与未平也。

孔子曰："如有王者，必世然后仁。"三十年而天下平。汉兴，至文帝时二十馀年，贾谊创议，以为天下洽和，当改正朔、服色、制度，定官名，兴礼乐。文帝初即位，谦让未遑。夫如贾生之议，文帝时已太平矣。汉兴二十馀年，应孔子之言"必世然后仁"也。汉一代之年数已满，太平立矣，贾生知之。况至今且三百岁，谓未太平，误也。且孔子所谓一世，三十年也；汉家三百岁，十帝耀德，未平如何？夫文帝之时，固已平矣，历世持平矣。至平帝时，前汉已灭，光武中兴，复致太平。

问曰："文帝有瑞，可名太平；光武无瑞，谓之太平，如何？"曰：夫帝王瑞应，前后不同。虽无物瑞，百姓宁集，风气调和，是亦瑞也。何以明之？帝王治平，升封太山，告安也。秦始皇升封太山，遭雷雨之变，治未平，气未和。光武皇帝升封，天晏然无云，太平之应也，治平气应。光武之时，气和人安，物瑞等至，人气已验，论者犹疑。孝宣皇帝元康二年，凤皇集于太山，后又集于新平。四年，神雀集于长乐宫，或集于上林，九真献麟。神雀二年，凤皇、甘露降集京师。四年，凤皇下杜陵及上林。五凤三年，帝祭南郊，神光并见，或兴于谷，烛耀斋宫，十有馀（日）〔刻〕。明年，祭后土，灵光复至，至如南郊之时；甘露、神雀降集延寿万岁宫。其年三月，鸾凤集长乐宫东门中树上。甘露元年，黄龙至，见于新丰，醴泉滂流。彼凤皇虽五六至，或时一鸟而数来，或时异鸟而各至。麒麟、神雀、黄龙、鸾鸟、甘露、醴泉，祭后土、天地之时，神光灵耀，可谓繁盛累积矣。孝明时虽无凤皇，亦致〔麒〕麟、甘露、醴泉、神雀、白雉、紫芝、嘉禾，金出鼎见，离木复合。五帝、三王，经传所载瑞应，莫盛孝明。如以瑞应效太平，宣、明之年倍五帝、三王也。夫如是，孝宣、孝明可谓太平矣。

能致太平者，圣人也，世儒何以谓世未有圣人？天之禀气，岂为前世者渥、后世者泊哉！周有三圣，文王、武王、周公并时猥出。汉亦一代也，何以当少于周？周之圣王，何以当多于汉？汉之高祖、光武，周之文、武也。文帝、武帝、宣帝、孝明、今上，过周之成、康、宣王。非以身生汉世，可褒增颂叹，以求媚称也；核事理之情，定说者之实也。俗好褒远称古，讲瑞，上世为美；论治，则古王为贤。睹奇于今，终不信然。使尧、舜更生，恐无圣名。猎者获禽，观者乐猎，不见渔者，之心不顾也。是故观于齐不虞鲁，游于楚不欢宋。唐、虞、夏、殷，同载在二尺四寸，儒者推读，朝夕讲习，不见汉书，谓汉劣不若，亦观猎不见渔，游齐、楚不愿宋、鲁也。使汉有弘文之人，经传汉事，则《尚书》、《春秋》也，儒者宗之，学者习之，将袭旧六为七，今上、上王至高祖，皆为圣帝矣。观杜抚、班固等所上《汉颂》，颂功德符瑞，汪涉深广，滂沛无量，逾唐、虞，入皇域，三代隘辟，厥深洿沮也。

殷监不远，在夏后之世。且舍唐、虞、夏、殷，近与周家断量功德，实商优劣，周不如汉。何以验之？周之受命者，文、武也，汉则高祖、光武也。文、武受命之降怪，不及高祖、光武初起之祐；孝宣、明之瑞，美于周之成、康、宣王。孝宣、孝明符瑞，唐、虞以来，可谓盛矣。今上即命，奉成持满，四海混一，天下定宁，物瑞已极，人应订隆。唐世黎民雍熙，今亦天下修仁，岁遭运气，谷颇不登，迥路无绝道之忧，深幽无屯聚之奸。周家越常献白雉，方今匈奴、鄯善、哀牢，贡献牛马。周时仅治五千里内，汉氏廓土，收荒服之外。牛马珍于白雉，近属不若远物。古之戎狄，今为中国；古之裸人，今被朝服；古之露首，今冠章甫；古之跣跗，今履商舄。以盘石为沃田，以桀暴为良民，夷坎坷为平均，化不宾为齐民，非太平而何？夫实德化，则周不能过汉；论符瑞，则汉盛于周；度土境，则周狭于汉。汉何以不如周？独谓周多圣人，治致太平？儒者称圣泰隆，使圣卓而无迹；称治亦泰盛，使太平绝而无续也。

恢国第五十八

颜渊喟然叹曰："仰之弥高，钻之弥坚。"此言颜渊学于孔子，积累岁月，见道弥深也。《宣汉》之篇，高汉于周，拟汉过周，论者未极也。恢而极之，弥见汉奇。夫经熟讲者，要妙乃见；国极论者，恢奇弥出。恢论汉国在百代之上，审矣！何以验之？黄帝有涿鹿之战；尧有丹水之师；舜时有苗不服；夏启有扈叛逆；高宗伐鬼方，三年克之；周成王管、蔡悖乱，周公东征。前代皆然，汉不闻此。高祖之时，陈豨反，彭越叛，治始安也。孝景之时，吴、楚兴兵，怨晁错也。匈奴时扰，正朔不及，天荒之地，王功不加兵，今皆内附，贡献牛马。此则汉之威盛，莫敢犯也。

纣为至恶，天下叛之，武王举兵，皆愿就战，八百诸侯，不期俱至。项羽恶微，号而用兵，与高祖俱起，威力轻重，未有所定，则项羽力劲。折铁难于摧木，高祖诛项羽，折铁；武王伐纣，摧木。然则汉力胜周多矣。凡克敌一则易，二则难。汤、武伐桀、纣，一敌也；高祖诛秦杀项，兼胜二家，力倍汤、武。武王为殷西伯，臣事于纣，以臣伐(周)〔君〕，夷、齐耻之，扣马而谏，武王不听，不食周粟，饿死首阳。高祖不为秦臣，光武不仕王莽，诛恶伐无道，无伯夷之讥，可谓顺于周矣。

丘山易以起高，渊洿易以为深。起于微贱，无所因阶者难；袭爵乘位，尊祖统业者易。尧以唐侯入嗣帝位，舜以司徒因尧授禅，禹以司空缘功代舜，汤由七十里，文王百里，武王为西伯袭文王位。三郊五代之起，皆有因缘，力易为也。高祖从亭长提三尺剑取天下，光武由白水奋威武，〔帝〕海内，无尺土所因，一位所乘，直奉天命，推自然。此则起高于渊洿，为深于丘山也。比方五代，孰者为优？

传书或称武王伐纣，太公阴谋食小儿以丹，令身纯赤，长大教言殷亡。殷民见儿身赤，以为天神，及言殷亡，皆谓商灭。兵至牧野，晨举脂烛，奸谋惑民，权掩不备，周之所讳也，世谓之虚。汉取天下，无此虚言。《武成》之篇，言周伐纣，血流浮杵。以《武成》言之，食儿以丹，晨举脂烛，殆且然矣。汉伐亡新，光武将五千人，王莽遣二公将（三）〔百〕万人战于昆阳，雷雨晦冥，前后不相见。汉兵出昆阳城击二公军，一而当十，二公兵散。天下以雷雨助汉威敌，孰与举脂烛以人事谲取殷哉！或云武王伐纣，纣赴火死，武王就斩以钺，悬其首于大白之旌。齐宣王怜衅钟之牛，睹其色之觳觫也。楚庄王赦郑伯之罪，见其肉袒而形暴也。君子恶，不恶其身。纣尸赴于火中，所见凄怆，非徒色之觳觫、袒之暴形也。就斩以钺，悬乎其首，何其忍哉！高祖入咸阳，阎乐诛二世，项羽杀子婴，高祖雍容入秦，不戮二尸。光武入长安，刘圣公已诛王莽，乘兵即害，不刃王莽之死。夫斩赴火之首，与贯被刃者之身，德虐孰大也？岂以羑里之恨哉？以人君拘人臣，其逆孰与秦夺周国、莽鸩平帝也？邹伯奇论桀、纣之恶不若亡秦，亡秦不若王莽。然则纣恶微而周诛之痛，秦、莽罪重而汉伐之轻，宽狭谁也？

高祖母妊之时，蛟龙在上，梦与神遇；好酒（贯）〔贳〕饮，酒舍负仇，及醉留卧，其上常有神怪；夜行斩蛇，蛇妪悲哭；与吕后俱之田庐，时自隐匿，光气畅见，吕后辄知；始皇望见东南有天子气；及起，五星聚于东井；楚望汉军，云气五色。光武且生，凤皇集于城，嘉禾滋于屋，皇妣之身，夜半无烛，空中光明。初者，苏伯阿望舂陵气郁郁葱葱；光武起过旧庐，见气憧憧上属于天。五帝、三王，初生始起，不闻此怪，尧母感于赤龙，及起，不闻奇祐；禹母吞薏苡，将生，得玄圭；契母咽燕子；汤起，白狼衔钩；后稷母履大人之迹；文王起，得赤雀；武王得鱼、乌。皆不及汉太平之瑞。黄帝、尧、舜，凤皇一至，凡诸众瑞重至者希。汉文帝黄龙、玉棓。武帝黄龙、麒麟、连木。宣帝凤皇五至，麒麟、神雀、甘露、醴泉、黄龙、神光。平帝白雉、黑雉、孝明麒麟、神雀、甘露、醴泉、白雉、黑雉、芝草、连木、嘉禾，与宣帝同奇，有神鼎、黄金之怪。一代之瑞，累仍不绝。此则汉德丰茂，故瑞祐多也。孝明天崩，今上嗣位，元、二之间，嘉德布流。三年，零陵生芝草五本。四年，甘露降五县。五年，芝复生六(年)〔本〕，黄龙见，大小凡八。前世龙见不双，芝生无二，甘露一降；而今八龙并出，十一芝累生，甘露流五县。德惠盛炽，故瑞繁夥也。自古帝王，孰能致斯？

儒者论曰："王者推行道德，受命于天。"《论衡·初(秉)〔禀〕》以为王者生禀天命。性命难审，且两论之。酒食之赐，一则为薄，再则为厚。如儒者之言，五代皆一受命。唯汉独再，此则天命于汉厚也。如审《论衡》之言，生禀自然，此亦汉家所禀厚也。绝而复属，死而复生，世有死而复生之人，人必谓之神，汉统绝而复属，光武存亡，可谓优矣。

武王伐纣，庸、蜀之夷佐战牧野。成王之时，越常献雉，倭人贡畅。幽、厉衰微，戎狄攻周，平王东走，以避其难。至汉，四夷朝贡。孝平元始元年，越常重译献白雉一、黑雉二。夫以成王之贤，辅以周公，越常献一，平帝得三。后至四年，金城塞外羌(良桥桥种)〔豪〕良愿等〔种〕献其鱼盐之地，愿内属汉，遂得西王母石室，因为西海郡。周时戎狄攻王，至汉内属，献其宝地。西王母国在绝极之外，而汉属之。德孰大？壤孰广？方今哀牢、鄯善、(诺)〔婼羌〕降附归德，匈奴时扰，遣将攘讨，获虏生口千万数。夏禹倮入吴国，太伯采药，断发文身。唐、虞国界，吴为荒服，越在九夷，罽衣关头，今皆夏服、褒衣、履舄。巴、蜀、越嶲、郁林、日南、辽东、乐浪，周时被发椎髻，今戴皮弁；周时重译，今吟《诗》《书》。

《春秋》之义，君亲无将，将而必诛。广陵王荆迷于孽巫，楚王英惑于(狭)〔侠〕客，事情列见。孝明三宥，二王吞药，周诛管、蔡，违斯远矣。楚外家许氏与楚王谋议，孝明曰："许(民)〔氏〕有属于王，欲王尊贵，人情也。"圣心原之，不绳于法。隐强侯傅悬书市里，诽谤圣政。今上海(思)〔恩〕，(犯)〔免〕夺爵土。恶其人者，憎其胥徐。立二王之子，安楚、广陵，〔隐〕强弟员嗣祀阴氏。二王，帝族也，位为王侯，与管、蔡同。管、蔡灭嗣，二王立后，恩已褒矣。隐强，异姓也，尊重父祖，复存其祀。立武庚之义，继禄父之恩，方斯羸矣。何则？并为帝王，举兵相征，贪天下之大，绝成汤之统，非圣君之义，失承天之意也。隐强，臣子也，汉统自在，绝灭阴氏，无损于义，而犹存之，惠滂沛也。故夫雨露之施，内则注于骨肉，外则布于他族。唐之晏晏，舜之烝烝，岂能逾此？

驩兜之行，靖言庸回，共工私之、称荐于尧。三苗巧佞之人，或言有罪之国。鲧不能治水，知力极尽，罪皆在身，不加于上，唐、虞放流，死于不毛，怨恶谋上，怀挟叛逆。考事失实，误国杀将，罪恶重于四子。孝明加恩，则论徙边，今上宽惠，还归州里，开辟以来，恩莫斯大。晏子曰："钩星在房、心之间，地其动乎？"夫地动、天时，非政所致。皇帝振畏，犹归于治，广征贤良，访求过阙。高宗之侧身，周成之开匮，励能逮此。谷登岁平，庸主因缘以建德政，颠沛危殆，圣哲优者，乃立功化。是故微病桓医皆巧，笃剧扁鹊乃良。建初孟年，无妄气至，岁之疾疫也。比旱不雨，牛死民流，可谓剧矣。皇帝敦德，俊乂在官，第五司空股肱国维，转谷振赡，民不乏饿，天下慕德，虽危不乱。民饥于谷，饱于道德，身流在道，心回乡内。以故道路无盗贼之迹，深幽迥绝无劫夺之奸。以危为宁，以困为通，五帝、三王，孰能堪斯哉！

验符第五十九

永平十一年，庐江皖侯国（民）际有湖。皖民小男曰陈爵、陈挺，年皆十岁以上，相与钓于湖涯。挺先钓，爵后往。爵问挺曰："钓宁得乎？"挺曰："得。"爵即归取竿纶，去挺四十步所，见湖涯有酒樽，色正黄，没水中。爵以为铜也，涉水取之，滑重不能举。挺望见，号曰："何取？"爵曰："是有铜，不能举也。"挺往助之，涉水未持，樽顿衍更为盟盘，动行入深渊中，复不见。挺、爵留顾，见如钱等正黄数百千（枝）〔枚〕，即共掇摝，各得满手，走归示其家。爵父国，故免吏，字君贤，惊曰："安所得此？"爵言其状，君贤曰："此黄金也。"即驰与爵俱往，到金处，水中尚多，贤自涉水掇取。爵、挺邻伍并闻，俱竞采之，合得十馀斤，贤自言于相，相言太守，太守遣吏收取，遣门下掾程躬奉献，具言得金状。诏书曰："如章，则可；不如章，有正法。"躬奉诏书归示太守，太守以下思省诏书，以为疑隐，言之不实，苟饰美也，即复因却上得黄金实状，如前章。事寝。十二年，贤等上书曰："贤等得金湖水中，郡牧献，讫今不得直。"诏书下庐江上不畀贤等金直状。郡上贤等所采金自官湖水，非贤等私渎，故不与直。十二年，诏书曰："视时金价，畀贤等金直。"汉瑞非一，金出奇怪，故独纪之。

金玉神宝，故出诡异。金物色先为酒樽，后为盟盘，动行入渊，岂不怪哉！夏之方盛，远方图物，贡金九牧，禹谓之瑞，铸以为鼎。周之九鼎，远方之金也，人来贡之，自出于渊者，其实一也。皆起盛德，为圣王瑞。金玉之世，故有金玉之应。文帝之时，玉棓见。金之与玉，瑞之最也。金声玉色，人之奇也。永昌郡中亦有金焉，纤靡大如黍粟,在水涯沙中,民采得日重五铢之金,一色正黄。土生金,土色黄,汉,土德也,故金化出。金有三品,黄比见者,黄为瑞也。圯桥老父遗张良书,化为黄石,黄石之精,出为符也。夫石,金之类也,质异色钧,皆土瑞也。

建初三年,零陵泉陵女子傅宁宅土中,忽生芝草五本,长者尺四五寸,短者七八寸,茎叶紫色,盖紫芝也。太守沈酆遣门下掾衍盛奉献,皇帝悦怿,赐钱衣食。诏会公卿郡国上计吏民皆在,以芝告示天下。天下并闻,吏民欢喜,咸知汉德丰雍,瑞应出也。四年,甘露下泉陵、零陵、洮阳、始安、泠道五县,榆柏梅李,叶皆洽薄,威委流漉,民嗽吮之,甘如饴蜜。五年,芝草复生泉陵男子周服宅上六本,色状如三年芝,并前凡十一本。

湘水去泉陵城七里,水上聚石曰燕室丘,临水有侠山,其下岩淦,水深不测,二黄龙见,长出十六丈,身大于马,举头顾望,状如图中画龙,燕室丘民皆观见之,去龙可数十步,又见状如驹马,小大凡六,出水遨戏陵上,盖二龙之子也,并二龙为八,出移一时乃入。宣帝时,凤皇下彭城,彭城以闻。宣帝诏侍中宋翁一,翁一曰:“凤皇当下京师,集于天子之郊,乃远下彭城,不可收,与无下等。”宣帝曰:“方今天下合为一家,下彭城与京师等耳,何令可与无下等乎?”令左右通经者语难翁一,翁一穷,免冠叩首谢。宣帝之时,与今无异。凤皇之集,黄龙之出,钧也。彭城、零陵,远近同也。帝宅长远,四表为界,零陵在内,犹为近矣。鲁人公孙臣,孝文时言汉土德,其符黄龙当见。其后,黄龙见于成纪。成纪之远,犹零陵也。孝武、孝宣时,黄龙皆出。黄龙比出,于兹为四,汉竟土德也。

贾谊创议于文帝之朝,云:“汉色当尚黄,数以五为名。”贾谊,智囊之臣,云色黄数五,土德审矣。芝生于土,土气和,故芝生土。土爰稼穑,稼穑作甘,故甘露集。龙见,往世不双,唯夏盛时二龙在庭,今龙双出,应夏之数,治谐偶也。龙出往世,其子希出,今小龙六头并出遨戏，象乾坤六子，嗣后多也。唐、虞之时，百兽率舞，今亦八龙遨戏良久。芝草延年，仙者所食，往世生出不过一二，今并前后凡十一本，多获寿考之征，生育松、乔之粮也。甘露之降，往世一所，今流五县，应土之数，德布濩也。皇瑞比见，其出不空，必有象为，随德是应。

孔子曰："知者乐，仁者寿。"皇帝圣人，故芝草寿征生。黄为土色，位在中央，故轩辕德优，以黄为号。皇帝宽惠，德侔黄帝，故龙色黄，示德不异。东方曰仁，龙，东方之兽也，皇帝圣人，故仁瑞见。仁者，养育之味也，皇帝仁惠爱黎民，故甘露降。龙，潜藏之物也，阳见于外，皇帝圣明，招拔岩穴也。瑞出必由嘉士，祐至必依吉人也。天道自然，厥应偶合。圣主获瑞，亦出群贤。君明臣良，庶事以康。文、武受命，力亦周、邵也。

卷二十

须颂第六十

古之帝王建鸿德者，须鸿笔之臣，褒颂纪载，鸿德乃彰，万世乃闻。问说《书》者："'钦明文思'以下，谁所言也?"曰："篇家也。""篇家谁也?""孔子也。"然则孔子鸿笔之人也，自卫反鲁，然后乐正，《雅》《颂》各得其所也。鸿笔之奋，盖斯时也。或说《尚书》曰："尚者，上也；上所为，下所书也。""下者谁也?"曰："臣子也。"然则臣子书上所为矣。问儒者："礼言制，乐言作，何也?"曰："礼者，上所制，故曰制；乐者，下所作，故曰作，天下太平，颂声作。"方今天下太平矣，颂诗乐声，可以作未？传者不知也，故曰拘儒。卫孔悝之鼎铭，周臣劝行。孝宣皇帝称颍川太守黄霸有治状，赐金百斤，汉臣勉政。夫以人主颂称臣子，臣子当褒君父，于义较矣。虞氏天下太平，夔歌舜德。宣王惠周，《诗》颂其行。召伯述职，周歌棠树。是故《周颂》三十一，《殷颂》五，《鲁颂》四，凡颂四十篇，诗人所以嘉上也。由此言之，臣子当颂，明矣。

儒者谓汉无圣帝，治化未太平。《宣汉》之篇，论汉已有圣帝，治已太平。《恢国》之篇，极论汉德非常，实然乃在百代之上。表德颂功，宣褒主上，《诗》之颂言，右臣之典也。舍其家而观他人之室，忽其父而称异人之翁，未为德也。汉，今天下之家也；先帝、今上，民臣之翁也。夫晓主德而颂其美，识国奇而恢其功，孰与疑暗不能也?孔子称："大哉，尧之为君也！唯天为大，唯尧则之。荡荡乎民无能名焉。"或年五十，击壤于涂，或曰："大哉，尧之德也！"击壤者曰："吾日出而作,日入而息,凿井而饮,耕田而食,尧何等力?"孔子乃言"大哉尧之德"者,乃知尧者也。涉圣世不知圣主,是则盲者不能别青黄也;知圣主不能颂,是则喑者不能言是非也。然则方今盲喑之儒,与唐击壤之民,同一才矣。夫孔子及唐人言"大哉"者,知尧德,盖尧盛也。击壤之民云"尧何等力",是不知尧德也。

夜举灯烛,光曜所及,可得度也。日照天下,远近广狭,难得量也。浮于淮、济,皆知曲折;入东海者,不晓南北。故夫广大,从横难数;极深,揭厉难测。汉德酆广,日光海外也。知者知之,不知者不知汉盛也。汉家著书,多上及殷、周,诸子并作,皆论他事,无褒颂之言,《论衡》有之。又《诗》颂国名《周颂》,与杜抚、固所上《汉颂》,相依类也。宣帝之时,画图汉列士,或不在于画上者,子孙耻之。何则?父祖不贤,故不画图也。夫颂言,非徒画文也,如千世之后,读经书不见汉美,后世怪之。故夫古之通经之臣,纪主令功,记于竹帛;颂上令德,刻于鼎铭。文人涉世,以此自勉。汉德不及六代,论者不德之故也。

地有丘洿,故有高平,或以镬锸平而夷之,为平地矣。世见五帝、三王为经书,汉事不载,则谓五、三优于汉矣。或以论为镬锸,损三、五,少丰满汉家之下,岂徒并为平哉?汉将为丘,五、三转为洿矣。湖池非一,广狭同也,树竿测之,深浅可度。汉与百代,俱为主也,实而论之,优劣可见。故不树长竿,不知深浅之度;无《论衡》之论,不知优劣之实。汉在百代之末,上与百代料德,湖池相与比也。无鸿笔之论,不免庸庸之名。论好称古而毁今,恐汉将在百代之下,岂徒同哉!

谥者,行之迹也。谥之美者,成、宣也;恶者,灵、厉也。成汤遭旱,周宣亦然。然而成汤加"成",宣王言"宣",无妄之灾,不能亏政,臣子累谥,不失实也。由斯以论尧,尧亦美谥也,时亦有洪水,百姓不安,犹言尧者,得实考也。夫一字之谥,尚犹明主,况千言之论,万文之颂哉！船车载人，孰与其徒多也？素车朴船，孰与加漆采画也？然则鸿笔之人，国之船车采画也。农无(疆)〔强〕夫，谷粟不登；国无强文，德暗不彰。汉德不休，乱在百代之间，强笔之儒不著载也。高祖以来，著书非不讲论汉，司马长卿为《封禅书》，文约不具；司马子长纪黄帝，以至孝武；扬子云录宣帝，以至哀、平；陈平仲纪光武；班孟坚颂孝明。汉家功德，颇可观见。今上即命，未有褒载，《论衡》之人，为此毕精，故有《齐世》《宣汉》《恢国》《验符》。

龙无云雨不能参天。鸿笔之人，国之云雨也。载国德于传书之上，宣昭名于万世之后，厥高非徒参天也。城墙之土，平地之壤也，人加筑蹈之力，树立临池。国之功德，崇于城墙；文人之笔，劲于筑蹈。圣主德盛功立，(莫)〔若〕不褒颂纪载，奚得传驰流去无疆乎？人有高行，或誉得其实，或欲称之不能言，或谓不善不肯陈一。断此三者，孰者为贤？五、三之际，于斯为盛。孝明之时，众瑞并至，百官臣子不为少矣，唯班固之徒称颂国德，可谓誉得其实矣。颂文谲以奇，彰汉德于百代，使帝名如日月，孰与不能言、言之不美善哉？

秦始皇东南游，升会稽山，李斯刻石，纪颂帝德，至琅邪亦然。秦无道之国，刻石文世，观读之者见尧、舜之美。由此言之，须颂明矣。当今非无李斯之才也，无从升会稽历琅邪之阶也。弦歌为妙异之曲，坐者不曰善，弦歌之人必怠不精。何则？妙异难为，观者不知善也。圣国扬妙异之政，众臣不颂，将顺其美，安得所施哉？今方板之书在竹帛，无主名所从生出，见者忽然不卸服也。如题曰(甲)〔某〕甲某子之方，若言已验尝试，人争刻写，以为珍秘。上书于国，记奏于郡，誉荐士吏，称术行能，章下记出，士吏贤妙。何则？章表其行，记明其才也。国德溢炽，莫有宣褒，使圣国大汉有庸庸之名，咎在俗儒不实论也。

古今圣王不绝，则其符瑞亦宜累属。符瑞之出，不同于前，或时已有，世无以知，故有《讲瑞》。俗儒好长古而短今，言瑞则渥前而薄后。《是应》实而定之，汉不为少。汉有实事，儒者不称；古有虚美，诚心然之。信久远之伪，忽近今之实。斯盖“三增”“九虚”，所以成也；《能圣》、《实圣》，所以兴也。儒者称圣过实，稽合于汉，汉不能及。非不能及，儒者之说使难及也。实而论之，汉更难及。谷熟岁平，圣王因缘以立功化，故《治期》之篇，为汉激发。治有期，乱有时，能以乱为治者优，优者有之。建初孟年，无妄气至，圣世之期也。皇帝执德，救备其灾，故《顺鼓》《明雩》，为汉应变。是故灾变之至，或在圣世。时旱祸湛，为汉论灾。是故《春秋》为汉制法，《论衡》为汉平说。从门应庭，听堂室之言，什而失九，如升堂窥室，百不失一。《论衡》之人，在古荒流之地，其远非徒门庭也。

日刻径重千里，人不谓之广者，远也。望夜甚雨，月光不暗，人不睹曜者，隐也。圣者垂日月之明，处在中州，隐于百里，遥闻传授，不实。形耀不实，难论。得诏书到，计吏至，乃闻圣政。是以褒功失丘山之积，颂德遗膏腴之美。使至台阁之下，蹈班、贾之迹，论功德之实，不失毫厘之微。武王封比干之墓，孔子显三累之行，大汉之德，非直比干、三累也。道立国表，路出其下，望国表者昭然知路。汉德明著，莫立邦表之言，故浩广之德，未光于世也。

佚文第六十一

孝武皇帝封弟为鲁恭王。恭王坏孔子宅以为宫，得佚《尚书》百篇，《礼》三百，《春秋》三十篇，《论语》二十一篇，(闿)〔闻〕弦歌之声，惧复封涂，上言武帝。武帝遣吏发取，古经、《论语》，此时皆出。经传也而有(闿)〔闻〕弦歌之声，文当兴于汉，喜乐得闿之祥也；当传于汉，寝藏墙壁之中，恭王(闿)〔闻〕之，圣王感动弦歌之象。此则古文不当掩，汉俟以为符也。孝成皇帝读百篇《尚书》，博士、郎吏莫能晓知，征天下能为《尚书》者，东海张霸通《左氏春秋》，案百篇序，以

《左氏》训诂造作百二篇，具成奏上。成帝出秘《尚书》以考校之，无一字相应者，成帝下霸于吏，吏当器辜大不谨敬。成帝奇霸之才，赦其辜，亦不减其经，故百二《尚书》传在民间。孔子曰“才难”，能推精思，作经百篇，才高卓遹，希有之人也。成帝赦之，多其文也。虽奸非实，次序篇句，依倚事类，有似真是，故不烧灭之。疏一椟，相遣以书，书十数札，奏记长吏，文成可观，读之满意，百不能一。张霸推精思至于百篇，汉世实类，成帝赦之，不亦宜乎！杨子山为郡上计吏，见三府为《哀牢传》不能成，归郡作上，孝明奇之，征在兰台。夫以三府掾吏，丛积成才，不能成一篇，子山成之，上览其文。子山之传，岂必审是？传闻依为之有状，会三府之士，终不能为，子山为之，斯须不难。成帝赦张霸，岂不有以哉！

孝武之时，诏百官对策，董仲舒策文最善。王莽时，使郎吏上奏，刘子骏章尤美。美善不空，才高知深之验也。《易》曰：“圣人之情见于辞。”文辞美恶，足以观才。永平中，神雀群集，孝明诏上《〔神〕爵颂》，百官颂上，文皆比瓦石，唯班固、贾逵、傅毅、杨终、侯讽五颂金玉，孝明览焉。夫以百官之众，郎吏非一，唯五人文善，非奇而何？孝武善《子虚》之赋，征司马长卿。孝成玩弄众书之多，善扬子云，出入游猎，子云乘从。使长卿、桓君山、子云作吏，书所不能盈牍，文所不能成句，则武帝何贪、成帝何欲？故曰：玩扬子云之篇，乐于居千石之官；挟桓君山之书，富于积猗顿之财。

韩非之书，传在秦庭，始皇叹曰：“独不得与此人同时。”陆贾《新语》，每奏一篇，高祖左右，称曰万岁。夫叹思其人与喜称万岁，岂可空为哉！诚见其美，欢气发于内也。候气变者，于天不于地，天，文明也。衣裳在身，文着于衣，不在于裳，衣，法天也。察掌理者左，不观右，左，文明也。占在右，不观左，右，文明也。《易》曰：“大人虎变其文炳，君子豹变其文蔚。”又曰：“观乎天文，观乎人文。”此言天人以文为观，大人君子以文为操也。高祖在母身之时，息于泽陂，蛟龙在上，龙觓炫耀；及起，楚望汉军，气成五采；将入咸阳，五星聚东井，星有五色，天或者憎秦灭其文章，欲汉兴之，故先受命，以文为瑞也。

恶人操意，前后乖违。始皇前叹韩非之书，后惑李斯之议；燔《五经》之文，设挟书之律。五经之儒，抱经隐匿，伏生之徒，窜藏土中。殄贤圣之文，厥辜深重，嗣不及孙。李斯创议，身伏五刑。汉兴，易亡秦之轨，削李斯之迹。高祖始令陆贾造书，未兴《五经》。惠、景以至元、成，经书并修。汉朝郁郁，厥语所闻，孰与亡秦？王莽无道，汉军云起，台阁废顿，文书弃散。光武中兴，修存未祥。孝明世好文人，并征兰台之官，文雄会聚。今上即(令)〔命〕，诏求亡失，购募以金，安得不有好文之声？唐、虞既远，所在书散；殷、周颇近，诸子存焉。汉兴以来，传文未远，以所闻见，伍唐、虞而什殷、周，焕炳郁郁，莫盛于斯！天晏旸者，星辰晓烂；人性奇者，掌文藻炳。汉今为盛，故文繁凑也。

孔子曰："文王既殁，文不在兹乎！"文王之文，传在孔子。孔子为汉制文，传在汉也。受天之文，文人宜遵《五经》、六艺为文，诸子传书为文，造论著说为文，上书奏记为文，文德之操为文。立五文在世，皆当贤也。造论著说之文，尤宜劳焉。何则？发胸中之思，论世俗之事，非徒讽古经、续故文也。论发胸臆，文成手中，非说经艺之人所能为也。周、秦之际，诸子并作，皆论他事，不颂主上，无益于国，无补于化。造论之人，颂上恢国，国业传在千载，主德参贰日月，非适诸子书传所能并也。上书陈便宜，奏记荐吏士，一则为身，二则为人。繁文丽辞，无上书文德之操。治身完行，徇利为私，无为主者。夫如是，五文之中，论者之文多矣，则可尊明矣。

孔子称周曰："唐、虞之际，于斯为盛，周之德，其可谓至德已矣！"孔子，周之文人也，设生汉世，亦称汉之至德矣。赵佗王南越，倍主灭使，不从汉制，箕踞椎髻，沉溺夷俗。陆贾说以汉德，惧以帝威，心觉醒悟，蹶然起坐。世儒之愚，有赵佗之惑；鸿文之人，陈陆贾之说。观见之者,将有蹶然起坐,赵佗之语。汉氏浩烂,不有殊卓之声。文人之休,国之符也。望丰屋知名家,睹乔木知旧都。鸿文在国,圣世之验也。孟子相人以眸子焉,心清则眸子瞭,瞭者目文瞭也。夫候国占人,同一实也。国君圣而文人聚,人心惠而目多采,蹂蹈文锦于泥涂之中,闻见之者莫不痛心。知文锦之可惜,不知文人之当尊,不通类也。天文人文,文岂徒调墨弄笔为美丽之观哉!载人之行,传人之名也。善人愿载,思勉为善;邪人恶载,力自禁裁。然则文人之笔,劝善惩恶也。谥法所以章善,即以著恶也。加一字之谥,人犹劝惩,闻知之者莫不自勉。况极笔墨之力,定善恶之实,言行毕载,文以千数,传流于世,成为丹青?故可尊也。

扬子云作《法言》,蜀富人赍钱千万,愿载于书,子云不听。夫富无仁义之行,〔犹〕圈中之鹿,栏中之牛也,安得妄载?班叔皮续《太史公书》,载乡里人以为恶戒。邪人枉道,绳墨所弹,安得避讳?是故子云不为财劝,叔皮不为恩挠。文人之笔,独已公矣。贤圣定意于笔,笔集成文,文具情显,后人观之,见以正邪,安宜妄记?足蹈于地,迹有好丑;文集于礼,志有善恶。故夫占迹以睹足,观文以知情。"《诗》三百,一言以蔽之,曰:思无邪。"《论衡》篇以十数,亦一言也,曰:疾虚妄。

论死第六十二

世谓死人为鬼,有知,能害人。试以物类验之,死人不为鬼,无知,不能害人。何以验之?验之以物。人,物也;物,亦物也。物死不为鬼,人死何故独能为鬼?世能别人、物不能为鬼,则为鬼不为鬼尚难分明;如不能别,则亦无以知其能为鬼也。

人之所以生者,精气也,死而精气灭。能为精气者,血脉也。人死血脉竭,竭而精气灭,灭而形体朽,朽而成灰土,何用为鬼?人无耳目则无所知,故聋盲之人比于草木。夫精气去人,岂徒与无耳目同哉?朽则消亡,荒忽不见,故谓之鬼神。人见鬼神之形,故非死人之精也。何则?鬼神,荒忽不见之名也。人死,精神升天,骸骨归土,故谓之鬼。鬼者,归也;神者,荒忽无形者也。或说:鬼神,阴阳之名也。阴气逆物而归,故谓之鬼;阳气导物而生,故谓之神。神者,伸也。申复无已,终而复始。人用神气生,其死复归神气,阴阳称鬼神,人死亦称鬼神。气之生人,犹水之为冰也。水凝为冰,气凝为人;冰释为水,人死复神。其名为神也,犹冰释更名水也。人见名异,则谓有知,能为形而害人,无据以论之也。

人见鬼若生人之形,以其见若生人之形,故知非死人之精也。何以效之?以囊橐盈粟米,米在囊中,若粟在橐中,满盈坚强,立树可见。人瞻望之,则知其为粟米囊橐。何则?囊橐之形,若其容可察也。如囊穿米出,橐败粟弃,则囊橐委辟,人瞻望之,弗复见矣。人之精神藏于形体之内,犹粟米在囊橐之中也。死而形体朽,精气散,犹囊橐穿败,粟米弃出也。粟米弃出,囊橐无复有形,精气散亡,何能复有体而人得见之乎?禽兽之死也,其肉尽索,皮毛尚在,制以为裘,人望见之,似禽兽之形。故世有衣狗裘为狗盗者,人不觉知,假狗之皮毛,故人不意疑也。今人死,皮毛朽败,虽精气尚在,神安能复假此形而以行见乎?夫死人不能假生人之形以见,犹生人不能假死人之魂以亡矣。六畜能变化象人之形者,其形尚生,精气尚在也。如死,其形腐朽,虽虎兕勇悍,不能复化。鲁公牛哀病化为虎,亦以未死也。世有以生形转为生类者矣,未有以死身化为生象者也。

天地开辟,人皇以来,随寿而死。若中年夭亡,以亿万数。计今人之数,不若死者多,如人死辄为鬼,则道路之上,一步一鬼也。人且死见鬼,宜见数百千万,满堂盈廷,填塞巷路,不宜徒见一两人也。人之兵死也,世言其血为磷。血者,生时之精气也。人夜行见磷,不象人形,浑沌积聚,若火光之状。磷,死人之血也。其形不类生人之血。〔鬼,死人之形〕也,其形不类生人之形。精气去人,何故象人之体?人见鬼也皆象死人之形,则可疑死人为鬼或反象生人之形。病者见鬼,云甲来。甲时不死,气象甲形。如死人为鬼,病者何故见生人之体乎?

天地之性,能更生火,不能使灭火复燃;能更生人,不能令死人复见。能使灭灰更为燃火,吾乃颇疑死人能复为形。案火灭不能复燃以况之,死人不能复为鬼,明矣。夫为鬼者,人谓死人之精神。如审鬼者死人之精神,则人见之宜徒见裸袒之形,无为见衣带被服也。何则?衣服无精神,人死与形体俱朽,何以得贯穿之乎?精神本以血气为主,血气常附形体。形体虽朽,精神尚在,能为鬼可也。今衣服,丝絮布帛也,生时血气不附着,而亦自无血气,败朽遂已,与形体等,安能自若为衣服之形?由此言之,见鬼衣服象之,则形体亦象之矣。象之,则知非死人之精神也。

夫死人不能为鬼,则亦无所知矣。何以验之?以未生之时无所知也。人未生,在元气之中;既死,复归元气。元气荒忽,人气在其中。人未生,无所知,其死,归无知之本,何能有知乎?人之所以聪明智惠者,以含五常之气也;五常之气所以在人者,以五藏在形中也。五藏不伤,则人智惠;五藏有病,则人荒忽。荒忽,则愚痴矣。人死,五藏腐朽;腐朽,则五常无所托矣,所用藏智者已败矣,所用为智者已去矣。形须气而成,气须形而知。天下无独燃之火,世间安得有无体独知之精?

人之死也,其犹梦也。梦者,殄之次也;殄者,死之比也。人殄不悟,则死矣。案人殄复悟,死(从)〔复〕来者,与梦相似。然则梦、殄、死,一实也。人梦不能知觉时所作,犹死不能识生时所为矣。人言谈有所作于卧人之旁,卧人不能知,犹对死人之棺为善恶之事,死人不能复知也。夫卧,精气尚在,形体尚全,犹无所知,况死人精神消亡,形体朽败乎!

人为人所殴伤，诣吏告苦以语人，有知之故也。或为人所杀，则不知何人杀也，或家不知其尸所在。使死人有知，必恚人之杀己也，当能言于吏旁，告以贼主名，若能归语其家，告以尸之所在。今则不能，无知之效也。世间死者，今生人殄而用其言，及巫叩元弦，下死人魂，因巫口谈，皆夸诞之言也。如不夸诞，物之精神为之象也。或曰不能言也。夫不能言，则亦不能知矣。知用气，言亦用气焉。人之未死也，智惠精神定矣，病则惛乱，精神扰也。夫死，病之甚者也。病，死之微，犹惛乱，况其甚乎？精神扰，自无所知，况其散也？

人之死，犹火之灭也。火灭而耀不照，人死而知不惠，二者宜同一实。论者犹谓死有知，惑也。人病且死，与火之且灭何以异？火灭光消而烛在，人死精亡而形存，谓人死有知，是谓火灭复有光也。隆冬之月，寒气用事，水凝为冰，逾春气温，冰释为水。人生于天地之间，其犹冰也。阴阳之气，凝而为人，年终寿尽，死还为气。夫春水不能复为冰，死魂安能复为形？妒夫媢妻，同室而处，淫乱失行，忿怒斗讼，夫死妻更嫁，妻死夫更娶。以有知验之，宜大忿怒。今夫妻死者寂寞无声，更嫁娶者平忽无祸，无知之验也。

孔子葬母于防，既而雨甚至，防墓崩。孔子闻之，泫然流涕曰："古者不修墓。"遂不复修。使死有知，必恚人不修也。孔子知之，宜辄修墓，以喜魂神。然而不修，圣人明审，晓其无知也。

枯骨在野，时呜呼有声，若夜闻哭声，谓之死人之音，非也。何以验之？生人所以言语吁呼者，气括口喉之中，动摇其舌，张歙其口，故能成言。譬犹吹箫笙，箫笙折破，气越不括，手无所弄，则不成音。夫箫笙之管，犹人之口喉也；手弄其孔，犹人之动舌也。人死口喉腐败，舌不复动，何能成言？然而枯骨时呻鸣者，人骨自有能呻鸣者焉，或以为秋也，是与夜鬼哭无以异也。秋气为呻鸣之变，自有所为，依倚死骨之侧，人则谓之骨尚有知，呻鸣于野。草泽暴体以千万数，呻鸣之声，宜步属焉。

夫有能使不言者言,未有言者死能复使之言,言者亦不能复使之言。犹物生以青为气,或予之也。物死青者去,或夺之也。予之物青,夺之青去,去后不能复予之青,物亦不能复自青。声色俱通,并禀于天,青青之色,犹枭枭之声也。死物之色不能复青,独为死人之声能复自言,惑也。人之所以能言语者,以有气力也,气力之盛,以能饮食也。饮食损减则气力衰,衰则声音嘶,困不能食,则口不能复言。夫死,困之甚,何能复言?或曰:"死人歆肴食气,故能言。"夫死人之精,生人之精也。使生人不饮食,而徒以口歆肴食之气,不过三日则饿死矣。或曰:"死人之精,神于生人之精,故能歆气为音。"夫生人之精在于身中,死则在于身外,死之与生何以殊?身中、身外何以异?取水实于大盎中,盎破水流地,地水能异于盎中之水乎?地水不异于盎中之水,身外之精,何故殊于身中之精?

人死不为鬼,无知,不能语言,则不能害人矣。何以验之?夫人之怒也用气,其害人用力,用力须筋骨而强,强则能害人。忿怒之人,呴呼于人之旁,口气喘射人之面,虽勇如贲、育,气不害人,使舒手而击,举足而蹶,则所击蹶无不破折。夫死,骨朽筋力绝,手足不举,虽精气尚在,犹呴呼之时无嗣助也,何以能害人也?凡人与物所以能害人者,手臂把刃,爪牙坚利之故也。今人死,手臂朽败,不能复持刃,爪牙堕落,不能复啮噬,安能害人?儿之始生也,手足具成,手不能搏,足不能蹶者,气适凝成,未能坚强也。由此言之,精气不能坚强,审矣。气为形体,形体微弱,犹未能害人,况死气去精神绝,微弱犹未能害人,寒骨谓能害人者邪?死人之气不去邪?何能害人?

鸡卵之未字也,澒溶于鷇中,溃而视之,若水之形;良雌伛伏,体方就成,就成之后,能啄蹶之。夫人之死犹澒溶之时,澒溶之气,安能害人?人之所以勇猛能害人者,以饮食也。饮食饱足则强壮勇猛,强壮勇猛则能害人矣。人病不能饮食,则身(嬴)〔羸〕弱,(嬴)〔羸〕弱困甚,故至于死。病困之时,仇在其旁,不能咄叱,人盗其物,不能禁夺,羸弱困劣之故也。夫死,羸弱困劣之甚者也。何能害人?有鸡犬之畜,为人所盗窃,虽怯无势之人,莫不忿怒,忿怒之极,至相贼灭。败乱之时,人相啖食者,使其神有知,宜能害人。身贵于鸡犬,己死重于见盗,忿怒于鸡犬,无怨于食己,不能害人之验也。蝉之未蜕也为复育,已蜕也去复育之体,更为蝉之形。使死人精神去形体,若蝉之去复育乎?则夫为蝉者不能害为复育者。夫蝉不能害复育,死人之精神,何能害生人之身?

梦者之义疑。(惑)〔或〕言梦者精神自止身中,为吉凶之象;或言精神行与人物相更。今其审止身中,死之精神亦将复然。今其审行,人梦杀伤人,梦杀伤人若为人所复杀,明日视彼之身,察己之体,无兵刃创伤之验。夫梦用精神,精神,死之精神也。梦之精神不能害人,死之精神安能为害?火炽而釜沸,沸止而气歇,以火为主也。精神之怒也,乃能害人,不怒不能害人。火猛灶中,釜涌气蒸;精怒胸中,力盛身热。今人之将死,身体清凉,凉益清甚,遂以死亡。当死之时,精神不怒,身亡之后,犹汤之离釜也,安能害人?

物与人通。人有痴狂之病,如知其物然而理之,病则愈矣。夫物未死,精神依倚形体,故能变化,与人交通;已死,形体坏烂,精神散亡,无所复依,不能变化。夫人之精神,犹物之精神也。物生,精神为病;其死,精神消亡。人与物同,死而精神亦灭,安能为害祸?设谓人贵,精神有异,成事,物能变化,人则不能。是反人精神不若物,物精奇于人也。

水火烧溺,凡能害人者,皆五行之物。金伤人,木殴人,土压人,水溺人,火烧人。使人死,精神为五行之物乎?害人;不为乎?不能害人。不为物,则为气矣。气之害人者,太阳之气为毒者也。使人死,其气为毒乎?害人;不为乎?不能害人。

夫论死不为鬼,无知,不能害人。则夫所见鬼者,非死人之精;其害人者,非其精所为,明矣。

卷二十一

死伪第六十三

传曰:周宣王杀其臣杜伯而不辜,宣王将田于囿,杜伯起于道左,执彤弓而射宣王,宣王伏韔而死。(赵)[燕]简公杀其臣庄子义而不辜,简公将入于桓门,庄子义起于道左,执彤弓而捶之,毙于车下。二者,死人为鬼之验,鬼之有知、能害人之效也。无之,奈何?曰:人生万物之中,物死不能为鬼,人死何故独能为鬼?如以人贵能为鬼,则死者皆当为鬼。杜伯、庄子义何独为鬼也?如以被非辜者能为鬼,世间臣子被非辜者多矣,比干、子胥之辈不为鬼。夫杜伯、庄子义无道忿恨,报杀其君,罪莫大于弑君;则夫死为鬼之尊者当复诛之,非杜伯、庄子义所敢为也。凡人相伤,憎其生,恶见其身,故杀而亡之。见杀之家诣吏讼其仇,仇人亦恶见之,生死异路,人鬼殊处。如杜伯、庄子义怨宣王、简公,不宜杀也,当复为鬼,与己合会。人君之威固严人臣,营卫卒使固多众,两臣杀二君,二君之死亦当报之,非有知之深计,憎恶之所为也。如两臣神,宜知二君死当报己;如不知也,则亦不神。不神,胡能害人?世多似是而非,虚伪类真。故杜伯、庄子义之语,往往而存。

晋惠公改葬太子申生。秋,其仆狐突适下国,遇太子。太子趋登仆车而告之曰:"夷吾无礼,余得请于帝矣,将以晋畀秦,秦将祀余。"狐突对曰:"臣闻之,神不歆非类,民不祀非族,君祀无乃殄乎?且民何罪?失刑乏祀,君其图之!"太子曰:"诺,吾将复请。七日,新城西偏将有巫者而见我焉。"许之,遂不见。及期,狐突之新城西偏巫者之舍，复与申生相见。申生告之曰："帝许罚有罪矣，毙之于韩。"其后四年，惠公与秦穆公战于韩地，为穆公所获。竟如其言，非神而何？曰：此亦杜伯、庄子义之类。何以明之？夫改葬，私怨也；上帝，公神也。以私怨争于公神，何肯听之？帝许以晋畀秦，狐突以为不可，申生从狐突之言，是则上帝许申生非也。神为上帝，不若狐突，必非上帝，明矣。且臣不敢求私于君者，君尊臣卑，不敢以非干也。申生比于上帝，岂徒臣之与君哉？恨惠公之改葬，干上帝之尊命，非所得为也。骊姬谮杀其身，惠公改葬其尸。改葬之恶，微于杀人；惠公之罪，轻于骊姬。请罚惠公，不请杀骊姬，是则申生憎改葬，不怨见杀也。秦始皇用李斯之议，燔烧《诗》《书》，后又坑儒。博士之怨，不下申生；坑儒之恶，痛于改葬。然则秦之死儒，不请于帝，见形为鬼，诸生会告以始皇无道，李斯无状。

周武王有疾不豫，周公请命，设三坛同一墠，植璧秉圭，乃告于太王、王季、文王，史乃策祝，辞曰："予仁若考，多才多艺，能事鬼神。乃元孙某不若旦多才多艺，不能事鬼神。"鬼神者，谓三王也。即死人无知，不能为鬼神。周公，圣人也。圣人之言审，则得幽冥之实；得幽冥之实，则三王为鬼神，明矣。曰："实人能神乎？不能神也。如神，宜知三王之心，不宜徒审其为鬼也。周公请命，史策告祝。祝毕辞已，不知三王所以与不，乃卜三龟，三龟皆吉，然后乃喜。能知三王有知为鬼，不能知三王许己与不，须卜三龟，乃知其实。定其为鬼，须有所问，然后知之。死人有知无知，与其许人不许人，一实也。能知三王之必许己，则其谓三王为鬼，可信也；如不能知，谓三王为鬼，犹世俗之人也，与世俗同知，则死人之实未可定也。且周公之请命，用何得之？以至诚得之乎？以辞正得之也？如以至诚，则其请之说，精诚致鬼，不顾辞之是非也。董仲舒请雨之法，设土龙以感气。夫土龙非实，不能致雨，仲舒用之致精诚，不顾物之伪真也。然则周公之请命，犹仲舒之请雨也；三王之非鬼，犹聚土之非龙也。

晋荀偃伐齐,不卒事而还,瘅疽生,疡于头,及著雍之地,病,目出,卒而视,不可含。范宣子浣而抚之曰:"事吴敢不如事主?"犹视。宣子睹其不瞑,以为恨其子吴也。人情所恨,莫不恨子,故言吴以抚之,犹视者,不得所恨也。栾怀子曰:"其为未卒事于齐故也乎?"乃复抚之曰:"主苟死,所不嗣事于齐者,有如河。"乃瞑受含。伐齐不卒,荀偃所恨也,怀子得之,故目瞑受含;宣子失之,目张口噤。曰:荀偃之病卒,苦目出。目出则口噤,口噤则不可含。新死气盛,本病苦目出。宣子抚之早,故目不瞑,口不闿。少久气衰,怀子抚之,故目瞑口受含。此自荀偃之病,非死精神见恨于口目也。凡人之死,皆有所恨,志士则恨义事未立,学士则恨问多不及,农夫则恨耕未畜谷,商人则恨货财未殖,仕者则恨官位未极,勇者则恨材未优。天下各有所欲乎,然而各有所恨,必有目不瞑者为有所恨,夫天下之人,死皆不瞑也。且死者,精魂消索,不复闻人之言。不能闻人之言,是谓死也。离形更自为鬼,立于人旁,虽〔闻〕人之言,已与形绝,安能复入身中瞑目闿口乎?能入身中以尸示恨,则能不免,与形相守。案世人论死,谓其精神有若能更以精魂立形见面,使尸若生人者,误矣。

楚成王废太子商臣,欲立王子职。商臣闻之,以宫甲围王。王请食熊蹯而死,弗听。王缢而死,谥之曰"灵",不瞑;曰"成",乃瞑。夫为"灵"不瞑,为"成"乃瞑,成王有知之效也。谥之曰"灵",心恨故目不瞑,更谥曰"成",心喜乃瞑。精神闻人之议,见人变易其谥,故喜目瞑。本不病目,人不抚慰,目自翕张,非神而何?曰:此复荀偃类也。虽不病目,亦不空张。成王于时缢死,气尚盛,新绝,目尚开,因谥曰"灵"。少久气衰,目适欲瞑,连更曰"成"。目之视瞑,与谥之为"灵",偶应也。时人见其应"成"乃瞑,则谓成王之魂有所知,则宜终不瞑也。何则?太子杀己,大恶也:加谥为"灵",小过也。不为大恶怀忿,反为小过有恨,非有神之效,见示告人之验也。夫恶谥非“灵”则“厉”也，纪于竹帛为“灵”“厉”者多矣，其尸未敛之时，未皆不瞑也。岂世之死君不恶而独成王憎之哉？何其为“灵”者众、不瞑者寡也？

郑伯有贪愎而多欲，子皙好在人上。二子不相得，子皙攻伯有。伯有出奔，驷带率国人以伐之，伯有死。其后九年，郑人相惊以伯有，曰：“伯有至矣。”则皆走，不知所往。后岁，人或梦见伯有介而行，曰：“壬子，余将杀带也。明年壬寅，余又将杀段也。”及壬子之日，驷带卒，国人益惧。后至壬寅日，公孙段又卒，国人愈惧。子产为之立后以抚之，乃止矣。（伯有见梦曰：“壬子，余将杀带，壬寅，又将杀段。”及至壬子日，驷带卒，至壬寅，公孙段死。）其后子产适晋，赵景子问曰：“伯有犹能为鬼乎？”子产曰：“能。人生始化曰魄，既生魄，阳曰魂。用物精多则魂魄强，是以有精爽至于神明。匹夫匹妇强死，其魂魄犹能凭依人以为淫厉。况伯有，我先君穆公之胄，子良之孙，子耳之子，弊邑之卿，从政三世矣。郑虽无腆，抑谚曰蕞尔小国，而三世执其政柄，其用物弘矣，取精多矣。其族又大，所凭厚矣。而强死，能为鬼，不亦宜乎！”伯有杀驷带、公孙段不失日期，神审之验也。子产立其后而止，知鬼神之操也。知其操，则知其实矣。实有不空，故对问不疑。子产，智人也，知物审矣。如死者无知，何以能杀带与段？如不能为鬼，子产何以不疑？曰：与伯有为怨者，子皙也。子皙攻之，伯有奔，驷带乃率国人遂伐伯有。公孙段随驷带，不造本辩，其恶微小。杀驷带不报子皙，公孙段恶微，与带俱死。是则伯有之魂无知，为鬼报仇轻重失宜也。且子产言曰：“强死者能为鬼。”何谓强死？谓伯有命未当死而人杀之邪？将谓伯有无罪而人冤之也？如谓命未当死而人杀之，未当死而死者多。如谓无罪人冤之，被冤者亦非一。伯有强死能为鬼，比干、子胥不为鬼。春秋之时，弑君三十六。君为所弑，可谓强死矣；典长一国，用物之精可谓多矣。继体有土，非直三世也；贵为人君，非与卿位同也。始封之祖,必有穆公、子良之类也。以至尊之国君,受乱臣之弑祸,其魂魄为鬼,必明于伯有,报仇杀仇,祸繁于带、段。三十六君无为鬼者,三十六臣无见报者。如以伯有无道,其神有知,世间无道莫如桀、纣,桀、纣诛死,魄不能为鬼。然则子产之说,因成事者也。见伯有强死,则谓强死之人能为鬼,如有不强死为鬼者,则将云不强死之人能为鬼。子皙在郑,与伯有何异?死与伯有何殊?俱以无道为国所杀。伯有能为鬼,子皙不能。强死之说通于伯有,塞于子皙。然则伯有之说,杜伯之语也。杜伯未可然,伯有亦未可是也。

秦桓公伐晋,次于辅氏。晋侯治兵于稷,以略翟土,立黎侯而还。及魏颗败秦师于辅氏,获杜回。杜回,秦之力人也。初,魏武子有嬖妾,无子,武子疾,命颗曰:“必嫁是妾。”病困,则更曰:“必以是为殉。”及武子卒,颗不殉妾。人或难之,颗曰:“疾病则乱,吾从其治也。”及辅氏之役,魏颗见老人结草以亢杜回,杜回踬而颠,故获之,夜梦见老父曰:“余,是所嫁妇人之父也。尔用先人之治命,是以报汝。”夫嬖妾之父知魏颗之德,故见体为鬼,结草助战。神晓有知之效验也。曰:夫妇人之父能知魏颗之德,为鬼见形以助其战,必能报其生时所善,杀其生时所恶矣。凡人交游必有厚薄,厚薄当报,犹妇人之当谢也。今不能报其生时所厚,独能报其死后所善,非有知之验,能为鬼之效也。张良行泗水上,老父授书。光武困厄河北,老人教诲。命贵时吉,当遇福喜之应验也。魏颗当获杜回,战当有功,故老人妖象结草于路人者也。

王季葬于滑山之尾,栾水击其墓,见棺之前和。文王曰:“嘻!先君必欲一见群臣百姓也夫?故使栾水见之于是也?”而为之张朝,而百姓皆见之,三日而后更葬。文王,圣人也,知道事之实。见王季棺见,知其精神欲见百姓,故出而见之。曰:古今帝王死,葬诸地中,有以千万数,无欲复出见百姓者,王季何为独然?河、泗之滨,立(家)〔冢〕非一,水湍崩壤,棺椁露见,不可胜数,皆欲复见百姓者乎?

栾水击滑山之尾，犹河、泗之流湍滨圻也。文王见棺和露，恻然悲恨，当先君欲复出乎，慈孝者之心，幸冀之意，贤圣恻怛，不暇思论。推生况死，故复改葬。世俗信贤圣之言，则谓王季欲见百姓者也。

齐景公将伐宋，师过太山，公梦二丈人立，而怒甚盛。公告晏子，晏子曰："是宋之先，汤与伊尹也。"公疑以为泰山神。晏子曰："公疑之，则婴请言汤、伊尹之状。汤皙以长，颐以髯，锐上而丰下，据身而扬声。"公曰："然，是已。""伊尹黑而短，蓬而髯，丰上而锐下，偻身而下声。"公曰："然，是已。今奈何？"晏子曰："夫汤、太甲、武丁、祖己，天下之盛君也，不宜无后。今唯宋耳，而公伐之，故汤、伊尹怒。请散师和于宋。"公不用，终伐宋，军果败。夫汤、伊尹有知，恶景公之伐宋，故见梦盛怒以禁止之。景公不止，军果不吉。曰：夫景公亦曾梦见彗星，其时彗星不出，果不吉。（曰夫）然而梦见之者，见彗星其实非，梦见汤、伊尹，实亦非也。或时景公军败，不吉之象也。晏子信梦，明言汤、伊尹之形，景公顺晏子之言，然而是之。秦并天下，绝伊尹之后，遂至于今，汤、伊尹不祀，何以不怒乎？

郑子产聘于晋，晋侯有疾，韩宣子逆客，私焉，曰："寡君寝疾，于今三月矣，并走群望，有加而无瘳。今梦黄熊入于寝门，其何厉鬼也？"对曰："以君之明，子为大政，其何厉之有？昔尧殛鲧于羽山，其神为黄熊，以入于羽渊，实为夏郊，三代祀之。晋为盟主，其或者未之祀乎？"韩子祀夏郊，晋侯有间。黄熊，鲧之精神，晋侯不祀，故入寝门。晋知而祀之，故疾有间。非死人有知之验乎？〔曰〕：夫鲧殛于羽山，人知也。神为黄熊，入于羽渊，人何以得知之？使若鲁公牛哀病化为虎，在，故可实也。今鲧远殛于羽山，人不与之处，何能知之？且文曰其神为熊，是死也。死而魂神为黄熊，非人所得知也。人死也谓鬼，鬼象生人之形，见之与人无异，然犹非死人之神，况熊非人之形，不与人相似乎？审鲧死其神为黄熊，则熊之死，其神亦或时为人，人梦见之，何以知非死禽兽之神也？信黄熊谓之鲧神，又信所见之鬼以为死人精也,此人物之精未可定,黄熊为鲧之神未可审也,且梦,象也,吉凶且至,神明示象,熊罴之占,自有所为。使鲧死其神审为黄熊,梦见黄熊,必鲧之神乎?诸侯祭山川,设晋侯梦见山川,何复不以祀山川,山川自见乎?人病,多或梦见先祖死人来立其侧,可复谓先祖死人求食,故来见形乎?人梦所见,更为他占,未必以所见为实也。何以验之?梦见生人,明日所梦见之人,不与己相见。夫所梦见之人不与己相见,则知鲧之黄熊不入寝门;不入,则鲧不求食;不求食,则晋侯之疾非废夏郊之祸;非废夏郊之祸,则晋侯有间,非祀夏郊之福也。无福之实,则无有知之验矣。亦犹淮南王刘安坐谋反而死,世传以为仙而升天。本传之虚,子产闻之,亦不能实。偶晋侯之疾适当自衰,子产遭言黄熊之占,则信黄熊鲧之神矣。

高皇帝以赵王如意为似我而欲立之,吕后恚恨,后鸩杀赵王。其后,吕后出,见苍犬噬其左腋,怪而卜之,赵王如意为祟,遂病腋伤,不愈而死。盖以如意精神为苍犬,见变以报其仇也。曰:勇士忿怒,交刃而战,负者被创,仆地而死。目见彼之中己,死后其神尚不能报。吕后鸩如意时,身不自往,使人饮之,不知其为鸩毒,愦不知杀己者为谁,安能为祟以报吕后?使死人有知,恨者莫过高祖。高祖爱如意而吕后杀之,高祖魂怒宜如雷霆,吕后之死宜不旋日。岂高祖之精,不若如意之神,将死后憎如意,善吕后之杀也?

丞相武安侯田蚡与故大将军灌夫杯酒之恨,事至上闻。灌夫系狱,窦婴救之,势不能免,灌夫坐法,窦婴亦死。其后,田蚡病甚,号曰"诺诺",使人视之,见灌夫、窦婴俱坐其侧,蚡病不衰,遂至死。曰:相杀不一人也,杀者后病,不见所杀,田蚡见所杀。田蚡独然者,心负愦恨,病乱妄见也。或时见他鬼,而占鬼之人闻其往时与夫、婴争,欲见神审之名,见其狂"诺诺",则言夫、婴坐其侧矣。

淮阳都尉尹齐为吏酷虐,及死,怨家欲烧其尸,尸亡去归葬。夫有知,故人且烧之也;神,故能亡去。曰:尹齐亡,神也,有所应。秦时三山亡，周末九鼎沦，必以亡者为神，三山、九鼎有知也？或时吏知怨家之谋，窃举持亡，惧怨家怨己，云自去。凡人能亡，足能步行也。今死，血脉断绝，足不能复动，何用亡去？吴烹伍子胥，汉菹彭越。烧、菹，一僇也；胥、越，一勇也。子胥、彭越不能避烹亡菹，独谓尹齐能归葬，失实之言，不验之语也。

亡新改葬元帝傅后，发其棺，取玉柙印玺送定陶，以民礼葬之。发棺时，臭憧于天，洛阳丞临棺，闻臭而死。又改葬定陶共王丁后，火从藏中出，烧杀吏士数百人。夫改葬礼卑，又损夺珍物，二恨怨，故为臭出火，以中伤人。曰：臭闻于天，多藏食物，腐朽猥发，人不能堪毒愤，而未为怪也。火出于藏中者，怪也，非丁后之神也。何以验之？改葬之恨，孰与掘墓盗财物也？岁凶之时，掘丘墓取衣物者以千万数，死人必有知，人夺其衣物，倮其尸骸，时不能禁，后亦不能报。此尚微贱，未足以言。秦始皇葬于骊山，二世末，天下盗贼掘其墓，不能出臭为火以杀一人。贵为天子不能为神，丁、傅妇人，安能为怪？变神非一，发起殊处，见火闻臭，则谓丁、傅之神，误矣。

卷二十二

纪妖第六十四

卫灵公将之晋，至濮水之上，夜闻鼓新声者，说之，使人问之，左右皆报弗闻。召师涓而告之曰："有鼓新声者，使人问，左右尽报弗闻，其状似鬼，子为我听而写之。"师涓曰："诺！"因静坐抚琴而写之。明日报曰："臣得之矣，然而未习，请更宿而习之。"灵公曰："诺！"因复宿。明日已习，遂去之晋。晋平公觞之施夷之台，酒酣，灵公起曰："有新声，愿请奏以示公。"公曰："善。"乃召师涓令坐师旷之旁，援琴鼓之。未终，旷抚而止之，曰："此亡国之声，不可遂也。"平公曰："此何道出？"师旷曰："此师延所作淫声，与纣为靡靡之乐也。武王诛纣，悬之白旄，师延东走，至濮水而自投，故闻此声者必于濮水之上。先闻此声者其国削，不可遂也。"平公曰："寡人好者音也，子其使遂之。"师涓鼓究之。

平公曰："此所谓何声也？"师旷曰："此所谓清商。"公曰："清商固最悲乎？"师旷曰："不如清徵。"公曰："清徵可得闻乎？"师旷曰："不可！古之得听清徵者，皆有德义之君也。今吾君德薄，不足以听之。"公曰："寡人所好者音也，愿试听之。"师旷不得已，援琴鼓之。一奏，有玄鹤二八从南方来，集于郭门之上危；再奏而列；三奏延颈而鸣，舒翼而舞。音中宫商之声，声彻于天。平公大悦，坐者皆喜。

平公提觞而起，为师旷寿，反坐而问曰："乐莫悲于清徵乎？"师旷曰："不如清角。"平公曰："清角可得闻乎？"师旷曰："不可！昔者黄帝合鬼神于西大山之上，驾象舆，六玄龙，毕方并辖，蚩尤居前，风伯进扫，雨师洒道，虎狼在前，鬼神在后，虫蛇伏地，白云覆上，大合鬼神，乃作为清角。今主君德薄，不足以听之。听之，将恐有败。”平公曰：“寡人老矣，所好者音也，愿遂听之。”师旷不得已而鼓之。一奏之，有云从西北起；再奏之，风至，大雨随之，裂帷幕，破俎豆，堕廊瓦，坐者散走。平公恐惧，伏于廊室。晋国大旱，赤地三年，平公之身遂癃病。何谓也？

曰：是非卫灵公国且削，则晋平公且病，若国且旱亡妖也。师旷曰“先闻此声者国削”，二国先闻之矣。何知新声非师延所鼓也？曰：师延自投濮水，形体腐于水中，精气消于泥涂，安能复鼓琴？屈原自沉于江，屈原善著文，师延善鼓琴。如师延能鼓琴，则屈原能复书矣。扬子云吊屈原，屈原何不报？屈原生时，文无不作；不能报子云者，死为泥涂，手既朽，无用书也。屈原手朽无用书，则师延指败无用鼓琴矣。孔子当泗水而葬，泗水却流，世谓孔子神而能却泗水。孔子好教授，犹师延之好鼓琴也。师延能鼓琴于濮水之中，孔子何为不能教授于泗水之侧乎？

赵简子病，五日不知人，大夫皆惧，于是召进扁鹊。扁鹊入视病，出，董安于问扁鹊，扁鹊曰：“血脉治也，而〔何〕怪？昔秦缪公尝如此矣，七日悟。悟之日，告公孙支与子舆曰：‘我之帝所，甚乐。吾所以久者，适有学也。帝告我晋国且大乱，五世不安，其(复)〔后〕将霸，未老而死；霸者之子且令而国男女无别。’公孙支书而藏之于箧。于是晋献公之乱，文公之霸，襄公败秦师于崤而归纵淫。此之所(谓)〔闻〕。今主君之病与之同，不出三日，病必间，间必有言也。”居二日半，简子悟，告大夫曰：“我之帝所，甚乐，与百神游于钧天，靡乐九奏万舞，不类三代之乐，其声动人心。有一熊欲(授)〔援〕我，帝命我射之，中熊，熊死。有罴来，我又射之，中罴，罴死。帝甚喜，赐我(一)〔二〕笥，皆有副。吾见儿在帝侧，帝属我一翟犬，曰：‘及而子之长也以赐之。’帝告我：‘晋国且(襄)〔衰〕，(十)〔七〕世而亡；嬴姓将大败周人于范魁之西,而亦不能有也。今余将思虞舜之勋,适余将以其胄女孟姚配而(十)〔七〕世之孙。'"董安于受言而书藏之,以扁鹊言告简子,简子赐扁鹊田四万亩。

他日,简子出,有人当道,辟之不去,从者将拘之,当道者曰:"吾欲有谒于主君。"从者以闻,简子召之,曰:"嘻!吾有所见子游也。"当道者曰:"屏左右,愿有谒。"简子屏人。当道者曰:"日者主君之病,臣在帝侧。"简子曰:"然,有之。子见我何为?"当道者曰:"帝令主君射熊与罴,皆死。"简子曰:"是何也?"当道者曰:"晋国且有大难,主君首之。帝令主君灭二卿,夫(罴)〔熊〕罴皆其祖也。"简子曰:"帝赐我二笥皆有副,何也?"当道者曰:"主君之子将克二国于翟,皆子姓也。"简子曰:"吾见儿在帝侧,帝属我一翟犬,曰'及而子之长以赐之',夫儿何说以赐翟犬?"当道者曰:"儿,主君之子也。翟犬,代之先也。主君之子,且必有代。及主君之后嗣,且有革政而胡服,并二国〔于〕翟。"简子问其姓而延之以官。当道者曰:"臣野人,致帝命。"遂不见。是何谓也?

曰:是皆妖也。其占皆如当道者言,所见于帝前之事。所见当道之人,妖人也。其后晋二卿范氏、中行氏作乱,简子攻之,中行昭子、范文子败,出奔齐。始,简子使姑布子卿相诸子,莫吉;至翟妇之子无恤,以为贵。简子与语,贤之。简子(募)〔乃告〕诸子曰:"吾藏宝符于常山之上,先得者赏。"诸子皆上山,无所得。无恤还曰:"已得符矣。"简子问之,无恤曰:"从常山上临代,代可取也。"简子以为贤,乃废太子而立之。简子死,无恤代,是为襄子。襄子既立,诱杀代王而并其地,又并知氏之地,后取空同戎。自简子后(十)〔七〕世至武灵王,吴(庆)〔广〕入其(母姓)〔女娃〕(羸)〔嬴〕(子)孟姚。其后,武灵王遂取中山,并胡地。武灵王之十九年,更为胡服,国人化之。皆如其言,无不然者。盖妖祥见于兆,审矣,皆非实事。吉凶之渐,若天告之。何以知天不实告之也?以当道之人在帝侧也。夫在天帝之侧，皆贵神也。致帝之命，是天使者也。人君之使，车骑备具，天帝之使，单身当道，非其状也。天官百二十，与地之王者无以异也。地之王者，官属备具，法象天官，禀取制度。天地之官同，则其使者亦宜钧。官同人异者，未可然也。

何以知简子所见帝非实帝也？以梦占知之，楼台山陵，官位之象也。人梦上楼台，升山陵，辄得官位。实楼台山陵非官位也，则知简子所梦见帝者非天帝也。人臣梦见人君，人君必不见，又必不赐。以人臣梦占之，知帝赐二笥、翟犬者，非天帝也。非天帝，则其言与百鬼游于钧天，非天也。鲁叔孙穆子梦天压己者，审然是天下至地也。至地则有楼台之抗，不得及己，及己则楼台宜坏。楼台不坏，是天不至地。不至地，则不得压己。不得压己，则压己者非天也，则天之象也。叔孙穆子所梦压己之天非天，则知赵简子所游之天非天也。

或曰：人亦有直梦。见甲，明日则见甲矣；梦见君，明日则见君矣。曰：然。人有直梦，直梦皆象也，其象直耳。何以明之？直梦者梦见甲，梦见君，明日见甲与君，此直也。如问甲与君，甲与君则不见也。甲与君不见，所梦见甲与君者，象类之也。乃甲与君象类之，则知简子所见帝者，象类帝也。且人之梦也，占者谓之魂行。梦见帝，是魂之上天也。上天犹上山也。梦上山，足登山，手引木，然后能升。升天无所缘，何能得上？天之去人以万里数，人之行日百里，魂与体形俱，尚不能疾，况魂独行安能速乎？使魂行与形体等，则简子之上下天，宜数岁乃悟，七日辄觉，期何疾也！夫魂者，精气也，精气之行与云烟等。案云烟之行不能疾，使魂行若蜚鸟乎？行不能疾。人或梦蜚者用魂蜚也，其蜚不能疾于鸟。天地之气尤疾速者，飘风也，飘风之发，不能终一日。使魂行若飘风乎？则其速不过一日之行，亦不能至天。人梦上天，一卧之顷也。其觉，或尚在天上，未终下也。若人梦行至洛阳，觉，因从洛阳悟矣。魂神蜚驰何疾也！

疾则必非其状。必非其状,则其上天非实事也。非实事则为妖祥矣。夫当道之人,简子病见于帝侧,后见当道象人而言,与相见帝侧之时无以异也。由此言之,卧梦为阴候,觉为阳占,审矣。

赵襄子既立,知伯益骄,请地韩、魏,韩、魏予之;请地于赵,赵不予。知伯益怒,遂率韩、魏攻赵襄子。襄子惧,乃奔保晋阳。原过从,后,至于托平驿,见三人,自带以上可见,自带以下不可见,予原过竹二节,莫通,曰:"为我以是遗赵无恤。"既至,以告襄子。襄子齐三日,亲自割竹,有赤书曰:"赵无恤,余霍大山〔山〕阳侯天(子)〔使也〕。三月丙戌,余将使汝灭知氏,汝亦祀我百邑,余将赐汝林胡之地。"襄子再拜,受神之命。是何谓也?

曰:是盖襄子且胜之祥也。三国攻晋阳岁馀,引汾水灌其城,城不浸者三板。襄子惧,使相张孟谈私于韩、魏,韩、魏与合谋,竟以三月丙戌之日,大灭知氏,共分其地。盖妖祥之气,象人之形,称霍大山之神,犹夏庭之妖象龙,称褒之二君;赵简子之祥象人,称帝之使也。何以知非霍大山之神也?曰:大山,地之体,犹人有骨节,骨节安得神?如大山有神,宜象大山之形。何则?人谓鬼者,死人之精,其象如生人之形。今大山广长不与人同,而其精神不异于人。不异于人,则鬼之类人;鬼之类人,则妖祥之气也。

秦始皇帝三十六年,荧惑守心,有星坠下,至地为石,刻其石曰:"始皇死而地分。"始皇闻之,令御史逐问,莫服,尽取石旁家人诛之,因燔其石。(妖)〔秋〕,使者从关东夜过华阴平(野)〔舒〕,或有人持璧遮使者,曰:"为我遗镐池君。"因言曰:"今年祖龙死。"使者问之,因忽不见,置其璧去。使者奉璧具以言闻,始皇帝默然良久,曰:"山鬼不过知一岁事,乃言曰祖龙者,人之先也。"使御府视璧,乃二十八年行渡江所沉璧也。明三十七年,梦与海神战,如人状。是何谓也?

曰:皆始皇且死之妖也。始皇梦与海神战,恚怒入海,候神,射大鱼,自琅邪至劳、成山,不见。至之罘山,还见巨鱼,射杀一鱼,遂旁海西至平原津而病,到沙丘而崩。当星坠之时,荧惑为妖,故石旁家人刻书其石,若或为之,文曰“始皇死”,或教之也。犹世间童谣,非童所为,气导之也。

凡妖之发,或象人为鬼,或为人象鬼而使,其实一也。

晋公子重耳失国,乏食于道,从耕者乞饭,耕者奉块土以赐公子。公子怒,咎犯曰:“此吉祥,天赐土地也。”其后公子得国复土,如咎犯之言。齐田单保即墨之城,欲诈燕军,云天神下助我。有一人前曰:“我可以为神乎?”田单却走再拜,事之,竟以神下之言闻于燕军。燕军信其有神,又见牛若五采之文,遂信畏惧,军破兵北。田单卒胜,复获侵地。此人象鬼之妖也。

使者过华阴,人持璧遮道,委璧而去。妖鬼象人之形也。夫沉璧于江,欲求福也。今还璧示不受物,福不可得也。璧者,象前所沉之璧,其实非也。何以明之?以鬼象人而见,非实人也。人见鬼象生存之人,定问生存之人,不与己相见。妖气象类人也。妖气象人之形,则其所赍持之物,非真物矣。祖龙死,谓始皇也。祖,人之本;龙,人君之象也。人物类,则其言祸亦放矣。

汉高皇帝以秦始皇崩之岁为泗上亭长,送徒到骊山,徒多道亡,因纵所将徒,遂行不还。被酒,夜经泽中,令一人居前,前者还报曰:“前有大蛇当道,愿还。”高祖醉,曰:“壮士行何畏!”乃前,拔剑击斩蛇,蛇遂分两。径开,行数里,醉因卧。高祖后人至蛇所,有一老妪夜哭之,人曰:“妪何为哭?”妪曰:“人杀吾子。”人曰:“妪子为何见杀?”妪曰:“吾子,白帝子,化为蛇,当径。今者赤帝子斩之,故哭。”人以妪为妖言,因欲笞之,妪因忽不见。何谓也?

曰:是高祖初起威胜之祥也。何以明之?以妪忽然不见也。不见非人,非人则鬼妖矣。夫以妪非人,则知所斩之蛇非蛇也。云白帝子,何故为蛇夜而当道?谓蛇白帝子,高祖赤帝子;白帝子为蛇,赤帝子为人。五帝皆天之神也,子或为蛇,或为人,人与蛇异物,而其为帝同神,非天道也。且蛇为白帝子,则妪为白帝后乎!帝者之后,前后宜备;帝者之子,官属宜盛。今一蛇死于径,一妪哭于道。云白帝子,非实明矣。夫非实则象,象则妖也,妖则所见之物皆非物也,非物则气也。高祖所杀之蛇,非蛇也。则夫郑厉公将入郑之时,邑中之蛇与邑外之蛇斗者,非蛇也,厉公将入郑,妖气象蛇而斗也。郑国斗蛇非蛇,则知夏庭二龙为龙象;为龙象,则知郑子产之时,龙战非龙也。天道难知,使非,妖也;使是,亦妖也。

留侯张良椎秦始皇,误中副车,始皇大怒,索求张良。张良变姓名,亡匿下邳,常闲从容步游下邳泗上,有一老父衣褐至良所,直堕其履泗下,顾谓张良:"孺子下取履。"良愕然,欲殴之,以其老,为强忍下取履,因跪进履,父以足受履,笑去。良大惊。父去里所复还,曰:"孺子可教矣。后五日平明,与我期此。"良怪之,因跪曰:"诺!"五日平明,良往,父已先在,怒曰:"与老人期,后,何也?去,后五日早会。"五日鸡鸣复往,父又已先在,复怒曰:"后,何也?去,后五日复早来。"五日,良夜未半往,有顷,父来,喜曰:"当如是矣。"出一篇书,曰:"读是,则为帝者师。后十三年,子见我济北,谷成山下黄石即我也。"遂去,无他言,弗复见。旦日视其书,乃《太公兵法》也。良因异之,习读之。是何谓也?

曰:是高祖将起,张良为辅之祥也。良居下邳任侠,十年陈涉等起,沛公略地下邳,良从,遂为师将,封为留侯。后十三年,(后)〔从〕高祖过济北界,得谷成山下黄石,取而葆祠之。及留侯死,并葬黄石。盖吉凶之象神矣,天地之化巧矣,使老父象黄石,黄石象老父,何其神邪?问曰:黄石审老父,老父审黄石耶?曰:石不能为老父,老父不能为黄石。妖祥之气见,故验也。何以明之?晋平公之时,石言魏榆。平公问于师旷曰:"石何故言?"对曰:"石不能言,或凭依也。不然,民听偏也。"夫石不能人言,则亦不能人形矣。石言与始皇时石坠(车)〔东〕郡、民刻之无异也。刻为文,言为辞,辞之与文,一实也;民刻文,气发言,民之与气,一性也。夫石不能自刻,则亦不能言。不能言,则亦不能为人矣。《太公兵法》,气象之也。何以知非实也?以老父非人,知书亦非太公之书也。气象生人之形,则亦能象太公之书。

问曰:气无刀笔,何以为文?曰:鲁惠公夫人仲子,生而有文在其掌,曰“为鲁夫人”。晋唐叔虞文在其手,曰“虞”;鲁成季友文在其手,曰“友”。三文之书,性自然;老父之书,气自成也。性自然,气自成,与夫童谣口自言无以异也。当童之谣也,不知所受,口自言之。口自言,文自成,或为之也。推此以省太公钓得巨鱼,刳鱼得书,云“吕尚封齐”,及武王得白鱼,喉下文曰“以予发”,盖不虚矣。因此复原《河图》《洛书》言兴衰存亡,帝王际会,审有其文矣。皆妖祥之气,吉凶之端也。

订鬼第六十五

凡天地之间有鬼,非人死精神为之也,皆人思念存想之所致也。致之何由?由于疾病。人病则忧惧,忧惧见鬼出。凡人不病,则不畏惧。故得病寝衽,畏惧鬼至,畏惧则存想,存想则目虚见。何以效之?传曰:“伯乐学相马,顾玩所见无非马者。宋之庖丁学解牛,三年不见生牛,所见皆死牛也。”二者用精至矣。思念存想,自见异物也。人病见鬼,犹伯乐之见马,庖丁之见牛也。伯乐、庖丁所见,非马与牛,则亦知夫病者所见非鬼也。病者困剧身体痛,则谓鬼持棰杖殴击之,若见鬼把椎锁绳纆立守其旁,病痛恐惧,妄见之也。初疾畏惊,见鬼之来;疾困恐死,见鬼之怒;身自疾痛,见鬼之击。皆存想虚致,未必有其实也。夫精念存想,或泄于目,或泄于口,或泄于耳。泄于目,目见其形;泄于耳,耳闻其声;泄于口,口言其事。昼日则鬼见,暮卧则梦闻。独卧空室之中,若有所畏惧,则梦见夫人据案其身哭矣。觉见卧闻，俱用精神，畏惧存想，同一实也。

一曰：人之见鬼，目光与卧乱也。人之昼也，气倦精尽，夜则欲卧，卧而目光反，反而精神见人物之象矣。人病亦气倦精尽，目虽不卧，光已乱于卧也，故亦见人物象。病者之见也，若卧若否，与梦相似。当其见也，其人能自知觉与梦，故其见物不能知其鬼与人，精尽气倦之效也。何以验之？以狂者见鬼也。狂痴独语，不与善人相得者，病困精乱也。夫病且死之时，亦与狂等。卧、病及狂，三者皆精衰倦，目光反照，故皆独见人物之象焉。

一曰：鬼者，人所见得病之气也。气不和者中人，中人为鬼，其气象人形而见。故病笃者气盛，气盛则象人而至，至则病者见其象矣。假令得病山林之中，其见鬼，则见山林之精。人或病越地者，病见越人坐其侧。由此言之，灌夫、窦婴之徒，或时气之形象也。凡天地之间，气皆(纯)〔统〕于天，天文垂象于上，其气降而生物。气和者养生，不和者伤害。本有象于天，则其降下，有形于地矣。故鬼之见也，象气为之也，众星之体为人与鸟兽，故其病人则见人与鸟兽之形。

一曰：鬼者，老物精也。夫物之老者，其精为人；亦有未老，性能变化，象人之形。人之受气，有与物同精者，则其物与之交；及病，精气衰劣也，则来犯陵之矣。何以效之？成事，俗间与物交者，见鬼之来也。夫病者所见之鬼，与彼病物何以异？人病见鬼来，象其墓中死人来迎呼之者，宅中之六畜也。及见他鬼非是所素知者，他家若草野之中物为之也。

一曰：鬼者，本生于人，时不成人，变化而去。天地之性，本有此化，非道术之家所能论辩。与人相触犯者病，病人命当死，死者不离人。何以明之？《礼》曰："颛顼氏有三子，生而亡去为疫鬼：一居江水，是为虐鬼；一居若水，是为魍魉鬼；一居人宫室区隅沤库，善惊人小儿。"前颛顼之世，生子必多，若颛顼之鬼神以百数也。诸鬼神有形体法,能立树与人相见者,皆生于善人,得善人之气,故能似类善人之形,能与善人相害。阴阳浮游之类,若云烟之气,不能为也。

一曰:鬼者,甲乙之神也。甲乙者,天之别(一本作刚)气也,其形象人。人病且死,甲乙之神至矣。假令甲乙之日病,则死见庚辛之神矣。何则?甲乙鬼,庚辛报甲乙,故病人且死,杀鬼之至者,庚辛之神也。何以效之?以甲乙日病者,其死生之期,常在庚辛之日。此非论者所以为实也。天道难知,鬼神暗昧,故具载列,令世察之也。

一曰:鬼者,物也,与人无异。天地之间,有鬼之物,常在四边之外,时往来中国,与人杂,则凶恶之类也。故人病且死者,乃见之。天地生物也,有人如鸟兽,及其生凶物,亦有似人象鸟兽者。故凶祸之家,或见蜚尸,或见走凶,或见人形,三者皆鬼也。或谓之鬼,或谓之凶,或谓之魅,或谓之魑,皆生存实有,非虚无象类之也。何以明之?成事,俗间家人且凶,见流光集其室,或见其形若鸟之状,时流入堂室,察其不谓若鸟兽矣。夫物有形则能食,能食则便利。便利有验,则形体有实矣。《左氏春秋》曰:"投之四裔,以御魑魅。"《山海经》曰:"北方有鬼国。"说魑者谓之龙物也,而魅与龙相连,魅则龙之类矣。又言:国,人物之党也。《山海经》又曰:沧海之中,有度朔之山。上有大桃木,其屈蟠三千里,其枝间东北曰鬼门,万鬼所出入也。上有二神人,一曰神荼,一曰郁垒,主阅领万鬼。恶害之鬼,执以苇索而以食虎。于是黄帝乃作礼以时驱之,立大桃人,门户画神荼、郁垒与虎,悬苇索以御凶魅。有形,故执以食虎。案可食之物,无空虚者,其物也性与人殊,时见时匿,与龙不常见,无以异也。

一曰:人且吉凶,妖祥先见。人之且死见百怪,鬼在百怪之中,故妖怪之动,象人之形,或象人之声为应。故其妖动不离人形。天地之间,妖怪非一,言有妖,声有妖,文有妖,或妖气象人之形,或人含气为妖。象人之形,诸所见鬼是也;人含气为妖,巫之类是也。是以实巫之辞,无所因据,其吉凶自从口出,若童之谣矣。童谣口自言,巫辞意自出。口自言,意自出,则其为人,与声气自立,音声自发,同一实也。

世称纣之时,夜郊鬼哭;及仓颉作书,鬼夜哭。气能象人声而哭,则亦能象人形而见,则人以为鬼矣。鬼之见也,人之妖也。天地之间,祸福之至,皆有兆象,有渐不卒然,有象不猥来。天地之道,人将亡,凶亦出;国将亡,妖亦见。犹人且吉,吉祥至;国且昌,昌瑞到矣。故夫瑞应妖祥,其实一也。而世独谓鬼者不在妖祥之中,谓鬼犹神而能害人,不通妖祥之道,不睹物气之变也。国将亡,妖见,其亡非妖也。人将死、鬼来,其死非鬼也。亡国者,兵也;杀人者,病也。何以明之?齐襄公将为贼所杀,游于姑棼,遂田于贝丘,见大豕。从者曰:"公子彭生也。"公怒曰:"彭生敢见!"引弓射之,豕人立而啼。公惧,坠于车,伤足丧履,而为贼杀之。夫杀襄公者,贼也。先见大豕于路,则襄公且死之妖也。人谓之彭生者,有似彭生之状也。世人皆知杀襄公者非豕,而独谓鬼能杀人,一惑也。

天地之气为妖者,太阳之气也。妖与毒同,气中伤人者谓之毒,气变化者谓之妖。世谓童谣,荧惑使之,彼言有所见也。荧惑火星,火有毒荧,故当荧惑守宿,国有祸败。火气恍惚,故妖象存亡。龙,阳物也,故时变化。鬼,阳气也,时藏时见。阳气赤,故世人尽见鬼,其色纯朱。蜚凶,阳也,阳,火也。故蜚凶之类为火光,火热焦物,故止集树木,枝叶枯死。《洪范》五行二曰火,五事二曰言。言、火同气,故童谣、诗歌为妖言。言出文成,故世有文书之怪。世谓童子为阳,故妖言出于小童。童、巫含阳,故大雩之祭,舞童暴巫,雩祭之礼,倍阴合阳,故犹日食阴胜,攻社之阴也。日食阴胜,故攻阴之类;天旱阳胜,故愁阳之党。巫为阳党,故鲁僖遭旱,议欲焚巫。巫含阳气,以故阳地之民多为巫。巫党于鬼,故巫者为鬼巫。鬼巫比于童谣,故巫之审者能处吉凶。吉凶能处,吉凶之徒也,故申生之妖见于巫，巫含阳，能见为妖也。申生为妖，则知杜伯、庄子义厉鬼之徒皆妖也。杜伯之厉为妖，则其弓矢投措皆妖毒也。妖象人之形，其毒象人之兵。鬼毒同色，故杜伯弓矢皆朱彤也。毒象人之兵，则其中人，人辄死也。中人微者即为腓，病者不即时死。何则？腓者，毒气所加也。妖或施其毒，不见其体；或见其形，不施其毒；或出其声，不成其言；或明其言，不知其音。若夫申生，见其体，成其言者也；杜伯之属，见其体，施其毒者也；诗妖、童谣、石言之属，明其言者也；濮水琴声、纣郊鬼哭，出其声者也。

妖之见出也，或且凶而豫见，或凶至而因出。因出，则妖与毒俱行；豫见，妖出不能毒。申生之见，豫见之妖也；杜伯、庄子义厉鬼至，因出之妖也。周宣王、燕简公、宋夜姑时当死，故妖见毒因击。晋惠公身当获，命未死，故妖直见而毒不射。然则杜伯、庄子义厉鬼之见，周宣王、燕简、夜姑且死之妖也。申生之出，晋惠公且见获之妖也。伯有之梦，驷带、公孙段且卒之妖也。老父结草，魏颗且胜之祥，亦或时杜回见获之妖也。苍犬噬吕后，吕后且死，妖象犬形也。武安且卒，妖象窦婴、灌夫之面也。故凡世间所谓妖祥、所谓鬼神者，皆太阳之气为之也。太阳之气，天气也。天能生人之体，故能象人之容。夫人所以生者，阴阳气也。阴气主为骨肉，阳气主为精神。人之生也，阴阳气具，故骨肉坚、精气盛。精气为知，骨肉为强，故精神言谈，形体固守。骨肉精神，合错相持，故能常见而不灭亡也。太阳之气，盛而无阴，故徒能为象，不能为形，无骨肉有精气，故一见恍惚，辄复灭亡也。

卷二十三

言毒第六十六

或问曰:“天地之间,万物之性,含血之虫,有蝮蛇蜂虿,咸怀毒螫,犯中人身,(谓护)〔渭濩〕疾痛,当时不救,流遍一身;草木之中,有巴豆野葛,食之凑懑,颇多杀人。不知此物禀何气于天?万物之生,皆禀元气,元气之中,有毒螫乎?”

曰:夫毒,太阳之热气也,中人,人毒。人食凑懑者,其不堪任也,不堪任则谓之毒矣。太阳火气常为毒螫,气热也。太阳之地,人民促急,促急之人,口舌为毒。故楚、越之人促急捷疾,与人谈言,口唾射人,则人脤胎肿而为创。南郡极热之地,其人祝树树枯,唾鸟鸟坠。巫咸能以祝延人之疾、愈人之祸者,生于江南,含烈气也。夫毒,阳气也,故其中人,若火灼人。或为蝮所中,割肉置地焦沸,火气之验也。四方极皆为维边,唯东南隅有温烈气。温烈气发,常以春夏,春夏阳起。东南隅,阳位也。他物之气,入人鼻目,不能疾痛。火烟入鼻,鼻疾;入目,目痛。火气有烈也。物为靡屑者多,唯一火最烈,火气所燥也。食甘旨之食,无伤于人。食蜜少多,则令人毒。蜜为蜂液,蜂则阳物也。人行无所触犯,体无故痛,痛处若箠杖之迹。人腓,腓谓鬼殴之。鬼者,太阳之妖也。微者,疾谓之边,其治用蜜与丹。蜜丹阳物,以类治之也。夫治风用风,治热用热,治边用蜜丹。则知边者,阳气所为,流毒所加也。

天地之间,毒气流行,人当其冲,则面肿疾,世人谓之火流所刺也。人见鬼者,言其色赤,太阳妖气,自如其色也。鬼为烈毒,犯人辄死，故杜伯射周宣立崩。鬼所赍物，阳火之类，杜伯弓矢，其色皆赤。南道名毒曰短狐，杜伯之象，执弓而射，阳气因而激，激而射，故其中人象弓矢之形。火困而气热，血毒盛，故食走马之肝杀人，气困为热也。盛夏暴行，暑暍而死，热极为毒也。人疾行汗出，对炉汗出，向日亦汗出，疾温病者亦汗出。四者异事而皆汗出，困同热等，火日之变也。天下万物，含太阳气而生者，皆有毒螫。毒螫渥者，在虫则为蝮蛇蜂虿，在草则为巴豆、冶葛，在鱼则为鲑与鯸鮧。故人食鲑肝而死，为鯸鮧螫有毒。鱼与鸟同类，故鸟蜚鱼亦蜚，鸟卵鱼亦卵，蝮蛇蜂虿皆卵，同性类也。

其在人也为小人。故小人之口，为祸天下。小人皆怀毒气，阳地小人毒尤酷烈，故南越之人，祝誓辄效。谚曰："众口烁金。"口者，火也。五行二曰火，五事二曰言，言与火直，故云烁金。道口舌之烁，不言拔木焰火，必云烁金，金制于火，火口同类也。

药生非一地，太伯辞之吴。铸多非一工，世称楚棠溪。温气天下有，路畏入南海。鸩鸟生于南，人饮鸩死。辰为龙，巳为蛇，辰巳之位在东南。龙有毒，蛇有螫，故蝮有利牙，龙有逆鳞。木生火，火为毒，故苍龙之兽含火星。冶葛、巴豆，皆有毒螫，故冶在东南，巴在西南。土地有燥湿，故毒物有多少；生出有处地，故毒有烈、不烈。蝮蛇与鱼比，故生于草泽；蜂虿与鸟同，故产于屋树。江北地燥，故多蜂虿；江南地湿，故多蝮蛇。生高燥比阳，阳物悬垂，故蜂虿以尾刺；生下湿比阴，阴物柔伸，故蝮蛇以口龀。毒或藏于首尾，故螫龀有毒；或藏于体肤，故食之辄懑；或附于唇吻，故舌鼓为祸。

毒螫之生，皆同一气，发动虽异，内为一类。故人梦见火，占有口舌；梦见蝮蛇，亦口舌。火为口舌之象，口舌见于蝮蛇，同类共本，所禀一气也。故火为言，言为小人。小人为妖，由口舌。口舌之征，由人感天，故五事二曰言，言之咎征，僭恒旸若。僭者奢丽，故蝮蛇多文。文起于阳，故若致文。旸若则言从，故时有诗妖。

妖气生美好,故美好之人多邪恶。叔虎之母美,叔向之母知之,不使视寝。叔向谏,其母曰:“深山大泽,实生龙蛇。彼美,吾惧其生龙蛇以祸汝。汝弊族也,国多大宠,不仁之人间之,不亦难乎!余何爱焉?”使往视寝,生叔虎,美有勇力,嬖于栾怀子。及范宣子(遂)〔逐〕怀子,杀叔虎,祸及叔向。夫深山大泽,龙蛇所生也,比之叔虎之母者,美色之人怀毒螫也。生子叔虎,美有勇力,勇力所生,生于美色;祸难所发,由于勇力。火有光耀,木有容貌。龙蛇,东方木,含火精,故美色貌丽。胆附于肝,故生勇力。火气猛,故多勇;木刚强,故多力也。生妖怪者常由好色,为祸难者常发勇力,为毒害者皆在好色。

美酒为毒,酒难多饮;蜂液为蜜,蜜难益食。勇夫强国,勇夫难近。好女说心,好女难畜。辩士快意,辩士难信。故美味腐腹,好色惑心,勇夫招祸,辩口致殃。四者,世之毒也。辩口之毒,为害尤酷。何以明之?孔子见阳虎却行,白汗交流。阳虎辩,有口舌。口舌之毒,中人病也。人中诸毒,一身死之。中于口舌,一国溃乱。《诗》曰:“谗言罔极,交乱四国。”四国犹乱,况一人乎?故君子不畏虎,独畏谗夫之口。谗夫之口,为毒大矣!

薄葬第六十七

圣贤之业,皆以薄葬省用为务。然而世尚厚葬,有奢泰之失者,儒家论不明,墨家议之非故也。墨家之议右鬼,以为人死辄为神鬼而有知,能形而害人,故引杜伯之类以为效验。儒家不从,以为死人无知,不能为鬼,然而赙祭备物者,示不负死以观生也。陆贾依儒家而说,故其立语不肯明处。刘子政举薄葬之奏,务欲省用,不能极论。是以世俗内持狐疑之议,外闻杜伯之类,又见病且终者,墓中死人来与相见,故遂信是,谓死如生。闵死独葬,魂孤无副,丘墓闭藏,谷物乏匮，故作偶人，以侍尸柩；多藏食物，以歆精魂。积浸流至，或破家尽业，以充死棺；杀人以殉葬，以快生意。非知其内无益，而奢侈之心外相慕也；以为死人有知，与生人无以异。孔子非之，而亦无以定实。然而陆贾之论，两无所处。刘子政奏，亦不能明儒家无知之验，墨家有知之故。事莫明于有效，论莫定于有证。空言虚语，虽得道心，人犹不信。是以世俗轻愚信祸福者，畏死不惧义，重死不顾生，竭财以事神，空家以送终。辩士文人有效验，若墨家之以杜伯为据，则死无知之实可明，薄葬省财之教可立也。

今墨家非儒，儒家非墨，各有所持，故乖不合，业难齐同，故二家争论。世无祭祀复生之人，故死生之义未有所定。实者死人暗昧，与人殊途，其实荒忽，难得深知。有知无知之情不可定，为鬼之实不可是。通人知士，虽博览古今，窥涉百家，条入叶贯，不能审知。唯圣心贤意，方比物类，为能实之。夫论不留精澄意，苟以外效立事是非，信闻见于外，不诠订于内，是用耳目论，不以心意议也。夫以耳目论，则以虚象为言；虚象效，则以实事为非。是故是非者，不徒耳目，必开心意。墨议不以心而原物，苟信闻见，则虽效验章明，犹为失实。失实之议难以教，虽得愚民之欲，不合知者之心，丧物索用，无益于世。此盖墨术所以不传也。

鲁人将以玙璠敛，孔子闻之，径庭丽级而谏。夫径庭丽级，非礼也，孔子为救患也。患之所由，常由有所贪。玙璠，宝物也，鲁人用敛，奸人僩之，欲心生矣。奸人欲生，不畏罪法，不畏罪法，则丘墓抽矣。孔子睹微见著，故径庭丽级，以救患直谏。夫不明死人无知之义，而著丘墓必抽之谏，虽尽比干之执，人人必不听。何则？诸侯财多不忧贫，威强不惧抽。死人之议，狐疑未定，孝子之计，从其重者。如明死人无知，厚葬无益，论定议立，较著可闻，则玙璠之礼不行，径庭之谏不发矣。今不明其说而强其谏，此盖孔子所以不能立其教。孔子非不明死生之实，其意不分别者，亦陆贾之语指也。夫言死无知,则臣子倍其君父。故曰:"丧祭礼废,则臣子恩泊;臣子恩泊,则倍死亡先;倍死亡先,则不孝狱多。"圣人惧开不孝之源,故不明死无知之实。异道不相连,事生厚,化自生,虽事死泊,何损于化?使死者有知,倍之非也。如无所知,倍之何损?明其无知,未必有倍死之害。不明无知,成事已有贼生之费。

孝子之养亲病也,未死之时,求卜迎医,冀祸消、药有益也。既死之后,虽审如巫咸,良如扁鹊,终不复生。何则?知死气绝,终无补益。治死无益,厚葬何差乎?倍死恐伤化,绝卜拒医,独不伤义乎?亲之生也,坐之高堂之上,其死也,葬之黄泉之下。黄泉之下非人所居,然而葬之不疑者,以死绝异处,不可同也。如当亦如生存,恐人倍之,宜葬于宅,与生同也。不明无知,为人倍其亲,独明葬黄泉,不为离其先乎?亲在狱中,罪疑未定,孝子驰走以救其难。如罪定法立,终无门户,虽曾子、子骞,坐泣而已。何则,计动无益,空为烦也。今死亲之魂,定无所知,与拘亲之罪决不可救何以异?不明无知,恐人倍其先,独明罪定,不为忽其亲乎?圣人立义,有益于化,虽小弗除;无补于政,虽大弗与。今厚死人,何益于恩?倍之弗事,何损于义?

孔子又谓为明器不成,示意有明,俑则偶人,象类生人。故鲁用偶人葬,孔子叹,睹用人殉之兆也,故叹以痛之。即如生当备物,不示如生,意悉其教,用偶人葬,恐后用生殉,用明器,独不为后用善器葬乎?绝用人之源,不防丧物之路,重人不爱用,痛人不忧国,传议之所失也。救漏防者,悉塞其穴,则水泄绝。穴不悉塞,水有所漏,漏则水为患害。论死不悉,则奢礼不绝。不绝则丧物索用,用索物丧,民贫耗之至,危亡之道也。

苏秦为燕使,齐国之民高大丘冢,多藏财物,苏秦身弗以劝勉之,财尽民(贪)〔贫〕,国空兵弱,燕军卒至,无以自卫,国破城亡,主出民散。今不明死之无知,使民自竭以厚葬亲,与苏秦奸计同一败。

墨家之议自违其术，其薄葬而又右鬼，右鬼引效以杜伯为验。杜伯死人，如谓杜伯为鬼，则夫死者审有知；如有知而薄葬之，是怒死人也。情欲厚而恶薄，以薄受死者之责，虽右鬼，其何益哉？如以鬼非死人，则其信杜伯非也；如以鬼是死人，则其薄葬非也。术用乖错，首尾相违，故以为非。非与是不明，皆不可行。夫如是，世俗之人，可一详览。详览如斯，可一薄葬矣！

四讳第六十八

俗有大讳四：

一曰讳西益宅。西益宅谓之不祥，不祥必有死亡，相惧以此，故世莫敢西益宅，防禁所从来者远矣。传曰：鲁哀公欲西益宅，史争以为不祥。哀公作色而怒，左右数谏而弗听，以问其傅宰质睢曰："吾欲西益宅，史以为不祥，何如？"宰质睢曰："天下有三不祥，西益宅不与焉。"哀公大说。有顷。复问曰："何谓三不祥？"对曰："不行礼义，一不祥也。嗜欲无止，二不祥也。不听规谏，三不祥也。"哀公缪然深惟，慨然自反，遂不益宅。令史与宰质睢止其益宅，徒为烦扰，则西益宅祥与不祥未可知也。令史、质睢以为西益宅审不祥，则史与质睢与今俗人等也。夫宅之四面皆地也，三面不谓之凶，益西面独谓不祥，何哉？西益宅何伤于地体？何害于宅神？西益不祥，损之能善乎？西益不祥，东益能吉乎？夫不祥必有祥者，犹不吉必有吉矣。宅有形体，神有吉凶，动德致福，犯刑起祸。今言西益宅谓之不祥，何益而祥者？且恶人西益宅者，谁也？如地恶之，益东家之西，损西家之东，何伤于地？如以宅神不欲西益，神犹人也，人之处宅欲得广大，何故恶之？而以宅神恶烦扰，则四（而）〔面〕益宅，皆当不祥。诸工技之家，说吉凶之占，皆有事状。宅家言治宅犯凶神，移徙言忌岁月，祭祀言触血忌，丧葬言犯刚柔，皆有鬼神凶恶之禁，人不忌避,有病死之祸。至于西益宅,何害而谓之不祥?不祥之祸,何以为败?实说其义,不祥者,义理之禁,非吉凶之忌也。夫西方,长老之地,尊者之位也。尊长在西,卑幼在东。尊长,主也;卑幼,助也。主少而助多,尊无二上,卑有百下也。西益主益,主不增助,二上不百下也,于义不善,故谓不祥。不祥者,不宜也,于义不宜,未有凶也。何以明之?夫墓,死人所藏;田,人所饮食;宅,人所居处。三者于人,吉凶宜等,西益宅不祥,西益墓与田,不言不祥。夫墓,死人所居,因忽不慎。田,非人所处,不设尊卑。宅者,长幼所共,加慎致意者,何可不之讳?义详于宅,略于墓与田也。

二曰讳被刑为徒,不上丘墓。但知不可,不能知其不可之意。问其禁之者,不能知其讳;受禁行者,亦不要其忌。连相放效,至或于被刑,父母死,不送葬;若至墓侧,不敢临葬。甚失至于不行吊伤、见佗人之柩。夫徒,善人也,被刑谓之徒。丘墓之上,二亲也,死亡谓之先。宅与墓何别?亲与先何异?如以徒被刑,先人责之,则不宜入宅与亲相见。如徒不得与死人相见,则亲死在堂,不得哭柩。如以徒不得升丘墓,则徒不得上山陵。世俗禁之,执据何义?实说其意,徒不上丘墓有二义,义理之讳,非凶恶之忌也。徒用心以为先祖全而生之,子孙亦当全而归之。故曾子有疾,召门弟子曰:“开予足,开予手,而今而后,吾知免夫,小子。”曾子重慎,临绝效全,喜免毁伤之祸也。孔子曰:“身体发肤,受之父母,弗敢毁伤。”孝者怕入刑辟,刻画身体,毁伤发肤,少德泊行,不戒慎之所致也。愧负刑辱,深自刻责,故不升墓祀于先。古礼庙祭,今俗墓祀,故不升墓。惭负先人,一义也。墓者,鬼神所在,祭祀之处。祭祀之礼,齐戒洁清,重之至也。今已被刑,刑残之人,不宜与祭供侍先人,卑谦谨敬,退让自贱之意也。缘先祖之意,见子孙被刑,恻怛憯伤,恐其临祀,不忍歆享,故不上墓,二义也。昔太伯见王季有圣子文王,知太王意欲立之,入吴采药,断发文身,以随吴俗。太王薨,太伯还,王季辟主,太伯再让，王季不听，三让，曰："吾之吴越，吴越之俗，断发文身，吾刑馀之人，不可为宗庙社稷之主。"王季知不可，权而受之。夫徒不上丘墓，太伯不为主之义也。是谓祭祀不可，非谓柩当葬，身不送也。葬死人，先祖痛；见刑人，先祖哀。权可哀之身，送可痛之尸，使先祖有知，痛尸哀形，何愧之有？如使无知，丘墓，田野也，何惭之有？惭愧先者，谓身体刑残，与人异也。古者用刑，形毁不全，乃不可耳。方今象刑，象刑重者，髡钳之法也。若完城旦以下，施刑，彩衣系躬，冠带与俗人殊，何为不可？世俗信而谓之皆凶，其失至于不吊乡党尸，不升佗人之丘，惑也。

三曰讳妇人乳子，以为不吉。将举吉事，入山林，远行度川泽者，皆不与之交通。乳子之家，亦忌恶之，丘墓庐道畔，逾月乃入，恶之甚也。暂卒见若为不吉，极原其事，何以为恶？夫妇人之乳子也，子含元气而出。元气，天地之精微也，何凶而恶之？人，物也，子亦物也。子生，与万物之生何以异？讳人之生谓之恶，万物之生又恶之乎？生与胞俱出，如以胞为不吉，人之有胞，犹木实之有（扶）〔枎〕也，包（里）〔裹〕儿身，因与俱出，若鸟卵之有壳，何妨谓之恶？如恶以为不吉，则诸生物有（扶）〔枎〕壳者，宜皆恶之。万物广多，难以验事，人生何以异于六畜？皆含血气怀子，子生与人无异，独恶人而不憎畜，岂以人体大气血盛乎？则夫牛马体大于人，凡可恶之事，无与钧等，独有一物，不见比类，乃可疑也。今六畜与人无异，其乳皆同一状。六畜与人无异，讳人不讳六畜，不晓其故也。世能别人之产与六畜之乳，吾将听其讳；如不能别，则吾谓世俗所讳妄矣。且凡人所恶，莫有腐臭。腐臭之气，败伤人心。故鼻闻臭，口食腐，心损口恶，霍乱呕吐。夫更衣之室，可谓臭矣；鲍鱼之肉，可谓腐矣。然而有甘之更衣之室，不以为忌；肴食腐鱼之肉，不以为讳。意不存以为恶，故不计其可与不也。凡可憎恶者，若溅墨漆，附着人身。今目见鼻闻，一过则已，忽亡辄去，何故恶之？出见负豕于涂，腐澌于沟，不以为凶者,涔辱自在彼人,不著己之身也。今妇人乳子自在其身,斋戒之人,何故忌之?江北乳子不出房室,知其无恶也。至于犬乳,置之宅外,此复惑也。江北讳犬不讳人,江南讳人不讳犬,谣俗防恶,各不同也。夫人与犬何以异?房室、宅外何以殊?或恶或不恶,或讳或不讳,世俗防禁,竟无经也。月之晦也,日月合宿,纪为一月,犹八日,月中分谓之弦;十五日,日月相望谓之望;三十日,日月合宿谓之晦。晦与弦、望,一实也,非月晦日月光气与月朔异也。何故逾月谓之吉乎?如实凶,逾月未可谓吉;如实吉,虽未逾月犹为可也。实说,讳忌产子乳犬者,欲使人常自洁清,不欲使人被污辱也。夫自洁清则意精,意精则行清,行清而贞廉之节立矣。

四曰讳举正月、五月子。以为正月、五月子杀父与母,不得已举之,父母祸死,则信而谓之真矣。夫正月、五月子何故杀父与母?人之含气在腹肠之内,其生十月而产,共一元气也。正与二月何殊?五与六月何异?而谓之凶也?世传此言久,拘数之人,莫敢犯之。弘识大材,实核事理,深睹吉凶之分者,然后见之。昔齐相田婴贱妾有子,名之曰文。文以五月生,婴告其母勿举也,其母窃举生之。及长,其母因兄弟而见其子文于婴,婴怒曰:"吾令女去此子,而敢生之,何也?"文顿首,因曰:"君所以不举五月子者,何故?"婴曰:"五月子者,长至户,将不利其父母。"文曰:"人生受命于天乎?将受命于户邪?"婴嘿然。文曰:"必受命于天,君何忧焉?如受命于户,即高其户,谁能至者?"婴善其言,曰:"子休矣!"其后使文主家,待宾客,宾客日进,名闻诸侯。文长过户,而婴不死。以田文之说言之,以田婴不死效之,世俗所讳,虚妄之言也。夫田婴俗父,而田文雅子也。婴信忌不实义,文信命不辟讳。雅俗异材,举措殊操,故婴名暗而不明,文声驰而不灭。实说,世俗讳之亦有缘也。夫正月岁始,五月盛阳,子以生,精炽热烈,厌胜父母,父母不堪,将受其患,传相放效,莫谓不然。有空讳之言,无实凶之效,世俗惑之,误非之甚也!

夫忌讳非一，必托之神怪，若设以死亡，然后世人信用。畏避忌讳之语，四方不同，略举通语，令世观览。若夫曲俗微小之讳，众多非一，咸劝人为善，使人重慎，无鬼神之害，凶丑之祸。世讳作豆酱恶闻雷，一人不食，欲使人急作，不欲积家逾至春也。讳厉刀井上，恐刀堕井中也；或说以为"刑"之字，井与刀也，厉刀井上，井刀相见，恐被刑也。毋承屋檐而坐，恐瓦堕击人首也。毋反悬冠，为似死人服，或说恶其反而承尘溜也。毋偃寝，为其象尸也。毋以箸相受，为其不固也。毋相代扫，为修冢之人冀人来代己也。诸言毋者，教人重慎，勉人为善。《礼》曰："毋抟饭，毋流歠。"礼义之禁，未必吉凶之言也。

讥时第六十九

世俗起土兴功，岁月有所食，所食之地必有死者。假令太岁在子，岁食于酉，正月建寅，月食于巳，子、寅地兴功，则酉、巳之家见食矣。见食之家，作起厌胜，以五行之物悬金木水火。假令岁月食西家，西家悬金，岁月食东家，东家悬炭。设祭祀以除其凶，或空亡徙以辟其殃。连相仿效，皆谓之然。如考实之，虚妄迷也。

何以明之？夫天地之神，用心等也。人民无状，加罪行罚，非有二心两意，前后相反也。移徙不避岁月，岁月恶其不避己之冲位怒之也。今起功之家，亦动地体，无状之过，与移徙等。起功之家，当为岁所食，何故反令巳、酉之地受其咎乎？岂岁月之神怪移徙而咎起功哉？用心措意，何其不平也！鬼神罪过人，犹县官谪罚民也。民犯刑罚多非一，小过宥罪，大恶犯辟，未有以无过受罪。无过而受罪，世谓之冤。今巳、酉之家，无过于月岁，子、(家)〔寅〕起宅，空为见食，此则岁冤无罪也。且夫太岁在子，子宅直符，午宅为破，不须兴功起事。空居无为，犹被其害，今岁月所食，待子宅有为，巳、酉乃凶。太岁,岁月之神,用罚为害,动静殊致,非天从岁月神意之道也。

审论岁月之神,岁则太岁也,在天边际,立于子位。起室者在中国一州之内,假令扬州在东南,使如邹衍之言,天下为一州,又在东南,岁食于酉,食西羌之地,东南之地安得凶祸?假令岁在人民之间,西宅为酉地,则起功之家,宅中亦有酉地,何以不近食其宅中之酉地,而反食佗家乎?且食之者审谁也?如审岁月,岁月,天之从神,饮食与天同,天食不食人,故郊祭不以为牲。如非天神,亦不食人。天地之间,百神所食,圣人谓当与人等。推生事死,推人事鬼,故百神之祀皆用众物,无用人者。物食人者,虎与狼也。岁月之神,岂虎狼之精哉?仓卒之世,谷食乏匮,人民饥饿,自相啖食。岂其啖食死者,其精为岁月之神哉?岁月有神,日亦有神,岁食月食,日何不食?积日为月,积月为时,积时为岁,千五百三十九岁为一统,四千六百一十七岁为一元,增积相倍之数,分馀终竟之名耳,安得鬼神之怪、祸福之验乎?如岁月终竟者宜有神,则四时有神,统、元有神。月三日魄,八日弦,十五日望,与岁月终竟何异?岁月有神,魄与弦复有神也?一日之中,分为十二时,平旦寅,日出卯也。十二月建寅卯,则十二月、时所加寅卯也。日加十二辰不食,月建十二辰独食,岂日加无神,月建独有哉?何故月建独食,日加不食乎?如日加无神,用时决事非也;如加时有神,独不食非也。

神之口腹,与人等也。人饥则食,饱则止,不为起功乃一食也。岁月之神,起功乃食,一岁之中,兴功者希,岁月之神饥乎?仓卒之世,人民亡,室宅荒废,兴功者绝,岁月之神饿乎?且田与宅俱人所治,兴功用力,劳佚钧等。宅掘土而立木,田凿沟而起堤,堤与木俱立,掘与凿俱为。起宅,岁月食;治田,独不食。岂起宅时岁月饥,治田时饱乎?何事钧作同、饮食不等也?说岁月食之家,必铨功之小大,立远近之步数。假令起三尺之功,食一步之内;起十丈之役,食一里之外。功有小大,祸有近远。蒙恬为秦筑长城,极天下之半,则其为祸宜以万数。案长城之造，秦民不多死。周公作洛，兴功至大，当时岁月宜多食。圣人知其审食，宜徙所食地置于吉祥之位。如不知避，人民多凶。经传之文，贤圣宜有刺讥。今闻筑洛之民四方和会，功成事毕，不闻多死。说岁月之家，殆虚非实也。

且岁月审食，犹人口腹之饥必食也。且为巳、酉地有厌胜之故，畏一金刃，惧一死炭，岂闭口不敢食哉！如实畏惧，宜如其数。

五行相胜，物气钧适。如(秦)〔泰〕山失火，沃以一杯之水；河决千里，塞以一掊之土。能胜之乎？非失五行之道，小大多少不能相当也。天地之性，人物之力，少不胜多，小不厌大。使三军持木杖，匹夫持一刃，伸力角气，匹夫必死。金性胜木，然而木胜金负者，木多而金寡也。积金如山，燃一炭火以燔烁之，金必不消，非失五行之道，金多火少，少多小大不钧也。五尺童子与孟贲争，童子不胜，非童子怯，力少之故也。狼众食人，人众食狼。敌力角气，能以小胜大者希；争强量功，能以寡胜众者鲜。天道人物，不能以小胜大者，少不能服多。以一刃之金，一炭之火，厌除凶咎，却岁之殃，如何也？

卷二十四

讥日第七十

世俗既信岁时，而又信日。举事若病死灾患，大则谓之犯触岁月，小则谓之不避日禁。岁月之传既用，日禁之书亦行。世俗之人，委心信之，辩论之士，亦不能定。是以世人举事，不考于心而合于日，不参于义而致于时。时日之书，众多非一，略举较著，明其是非，使信天时之人，将一疑而倍之。夫祸福随盛衰而至，代谢而然。举事曰凶，人畏凶有效；曰吉，人冀吉有验。祸福自至，则述前之吉凶以相戒惧。此日禁所以累世不疑，惑者所以连年不悟也。

《葬历》曰："葬避九空、地臽及日之刚柔，月之奇耦。日吉无害，刚柔相得，奇耦相应，乃为吉良。不合此历，转为凶恶。"夫葬，藏棺也；敛，藏尸也。初死藏尸于棺，少久藏棺于墓。墓与棺何别？敛与葬何异？敛于棺不避凶，葬于墓独求吉。如以墓为重，夫墓，土也，棺，木也，五行之性，木土钧也。治木以赢尸，穿土以埋棺，治与穿同事，尸与棺一实也。如以穿土贼地之体，凿沟耕园，亦宜择日。世人能异其事，吾将听其禁；不能异其事，吾不从其讳。日之不害，又求日之刚柔；刚柔既合，又索月之奇耦。夫日之刚柔，月之奇耦，合于《葬历》，验之于吉，无不相得。何以明之？春秋之时，天子、诸侯、卿、大夫死以千百数，案其葬日，未必合于历。

又曰："雨不克葬，庚寅日中乃葬。"假令鲁小君以刚日死，至葬日己丑，刚柔等矣。刚柔合，善日也。不克葬者，避雨也。如善日，不当以雨之故，废而不用也。何则？雨不便事耳。不用刚柔，重凶不吉,欲便事而犯凶,非鲁人之意,臣子重慎之义也。今废刚柔,待庚寅日中,以旸为吉也。《礼》:"天子七月而葬,诸侯五月,卿、大夫、士三月。"假令天子正月崩,七月葬;二月崩,八月葬。诸侯、卿、大夫、士皆然。如验之《葬历》,则天子、诸侯葬月常奇常耦也。衰世好信禁,不肖君好求福。春秋之时,可谓衰矣;隐、哀之间,不肖甚矣。然而葬埋之日,不见所讳,无忌之故也。周文之世,法度备具,孔子意密,《春秋》义纤,如废吉得凶,妄举触祸,宜有微文小义贬讥之辞。今不见其义,无《葬历》法也。

祭祀之历,亦有吉凶。假令血忌、月杀之日固凶,以杀牲设祭,必有患祸。夫祭者,供食鬼也;鬼者,死人之精也。若非死人之精,人未尝见鬼之饮食也。推生事死,推人事鬼,见生人有饮食,死为鬼,当能复饮食,感物思亲,故祭祀也。及他神百鬼之祠,虽非死人,其事之礼亦与死人同,盖以不见其形,但以生人之礼准况之也。生人饮食无日,鬼神何故有日?如鬼神审有知,与人无异,则祭不宜择日。如无知也,不能饮食,虽择日避忌,其何补益?实者,百祀无鬼,死人无知。百祀报功,示不忘德;死如事生,示不背亡。祭之无福,不祭无祸。祭与不祭,尚无祸福,况日之吉凶,何能损益?如以杀牲见血,避血忌、月杀,则生人食六畜,亦宜辟之。海内屠肆,六畜死者日数千头,不择吉凶,早死者未必屠工也。天下死罪,各月断囚亦数千人,其刑于市,不择吉日,受祸者未必狱吏也。肉尽杀牲,狱具断囚。囚断牲杀,创血之实,何以异于祭祀之牲?独为祭祀设历,不为屠工、狱吏立(见)[日],世俗用意,不实类也。祭非其鬼,又信非其讳,持二非往求一福,不能得也。

《沐书》曰:"子日沐,令人爱之。卯日沐,令人白头。"夫人之所爱憎,在容貌之好丑;头发白黑,在年岁之稚老。使丑如嫫母,以子日沐,能得爱乎?使十五女子以卯日沐,能白发乎?且沐者,去首垢也,洗去足垢,盥去手垢,浴去身垢,皆去一形之垢,其实等也。洗、盥、浴不择日，而沐独有日。如以首为最尊，尊则浴亦治面，面亦首也。如以发为最尊，则栉亦宜择日。栉用木，沐用水，水与木，俱五行也。用木不避忌，用水独择日。如以水尊于木，则诸用水者宜皆择日。且水不若火尊，如必以尊卑，则用火者宜皆择日。且使子沐人爱之，卯沐其首白者，谁也？夫子之性，水也；卯，木也。水不可爱，木色不白。子之禽鼠，卯之兽兔也。鼠不可爱，兔毛不白。以子日沐，谁使可爱？卯日沐，谁使凝白者？夫如是，沐之日无吉凶，为沐立日历者，不可用也。

裁衣有书，书有吉凶，凶日制衣则有祸，吉日则有福。夫衣与食，俱辅人体，食辅其内，衣卫其外。饮食不择日，制衣避忌日，岂以衣为于其身重哉？人道所重，莫如食急，故八政一曰食，二曰货。衣服，货也。如以加之于形为尊重，在身之物莫大于冠，造冠无禁，裁衣有忌，是于尊者略，卑者详也。且夫沐去头垢，冠为首饰；浴除身垢，衣卫体寒。沐有忌，冠无讳，浴无吉凶，衣有利害。俱为一体，共为一身，或善或恶，所讳不均，俗人浅知，不能实也。且衣服不如车马。九锡之礼，一曰车马，二曰衣服。作车不求良辰，裁衣独求吉日，俗人所重，失轻重之实也。

工伎之书，起宅盖屋必择日。夫屋覆人形，宅居人体，何害于岁月而必择之？如以障蔽人身者神恶之，则夫装车、治船、着盖、施帽，亦当择日。如以动地穿土神恶之，则夫凿沟耕园亦宜择日。夫动土扰地神，地神能原人无有恶意，但欲居身自安，则神之圣心，必不忿怒。不忿怒，虽不择日，犹无祸也。如土地之神不能原人之意，苟恶人动扰之，则虽择日，何益哉？王法禁杀伤人，杀伤人皆伏其罪，虽择日犯法，终不免罪；如不禁也，虽妄杀伤，终不入法。县官之法，犹鬼神之制也。穿凿之过，犹杀伤之罪也。人杀伤不在择日，缮治室宅何故有忌？

又学书讳丙日，云仓颉以丙日死也。礼不以子、卯举乐，殷、夏以子、卯日亡也。如以丙日书，子、卯日举乐，未必有祸，重先王之亡日，凄怆感动，不忍以举事也。忌日之法，盖丙与子、卯之类也，殆有所讳，未必有凶祸也。堪舆历，历上诸神非一，圣人不言，诸子不传，殆无其实。天道难知，假令有之，诸神用事之日也，忌之何福？不讳何祸？王者以甲子之日举事，民亦用之，王者闻之，不刑法也。夫王者不怒民不与己相避，夫神何为独当责之？王法举事以人事之可否，不问日之吉凶。孔子曰："卜其宅兆而安厝之。"《春秋》祭祀不言卜日。《礼》曰："内事以柔日，外事以刚日。"刚柔以慎内外，不论吉凶以为祸福。

卜筮第七十一

俗信卜筮，谓卜者问天，筮者问地，蓍神龟灵，兆数报应，故舍人议而就卜筮，违可否而信吉凶。其意谓天地审告报，蓍龟真神灵也。如实论之，卜筮不问天地，蓍龟未必神灵。有神灵，问天地，俗儒所言也。

何以明之？子路问孔子曰："猪肩羊膊可以得兆，雚苇藁芼可以得数，何必以蓍龟？"孔子曰："不然！盖取其名也。夫蓍之为言耆也，龟之为言旧也，明狐疑之事当问耆旧也。"由此言之，蓍不神，龟不灵，盖取其名，未必有实也。无其实，则知其无神灵；无神灵，则知不问天地也。且天地口耳何在而得问之？天与人同道，欲知天，以人事。相问，不自对见其人，亲问其意，意不可知。欲问天，天高，耳与人相远。如天无耳，非形体也，非形体则气也，气若云雾，何能告人？蓍以问地，地有形体，与人无异。问人，不近耳，则人不闻；人不闻，则口不告人。夫言问天，则天为气，不能为兆；问地，则地耳远，不闻人言。信谓天地告报人者，何据见哉？人在天地之间，犹虮虱之着人身也。如虮虱欲知人意，鸣人耳旁，人犹不闻。何则？小大不均，音语不通也。今以微小之人，问巨大天地，安能通其声音？天地安能知其旨意？

或曰："人怀天地之气。天地之气，在形体之中，神明是矣。人将卜筮，告令蓍龟，则神以耳闻口言，若己思念，神明从胸腹之中闻知其旨。故钻龟揲蓍，兆见数著。"夫人用神思虑，思虑不决，故问蓍龟，蓍龟兆数，与意相应，则是神可谓明告之矣。时或意以为可，兆数不吉；或兆数则吉，意以为凶。夫思虑者，己之神也；为兆数者，亦己之神也。一身之神，在胸中为思虑，在胸外为兆数，犹人入户而坐，出门而行也。行坐不异意，出入不易情。如神明为兆数，不宜与思虑异。天地有体，故能摇动。摇动，有生之类也；生，则与人同矣。问生人者，须以生人，乃能相报。如使死人问生人，则必不能相答。今天地生而蓍龟死，以死问生，安能得报？枯龟之骨，死蓍之茎，问生之天地，世人谓之天地报应，误矣。如蓍龟为若版牍，兆数为若书字，象类人君出教令乎？则天地口耳何在而有教令？孔子曰："天何言哉？四时行焉，百物生焉。"天不言，则亦不听人之言。天道称自然无为，今人问天地，天地报应，是自然之有为以应人也。案《易》之文，观揲蓍之法，二分以象天地，四揲以象四时，归奇于扐以象闰月。以象类相法，以立卦数耳，岂云天地合报人哉？

人道，相问则对，不问不应。无求，空扣人之门；无问，虚辨人之前。则主人笑而不应，或怒而不对。试使卜筮之人空钻龟而卜，虚揲蓍而筮，戏弄天地，亦得兆数，天地妄应乎？又试使人骂天而卜，殴地而筮，无道至甚，亦得兆数。苟谓兆数天地之神，何不灭其火，灼其手，振其指而乱其数，使之身体疾痛，血气凑踊？而犹为之见兆出数，何天地之不惮劳，用心不恶也？由此言之，卜筮不问天地，兆数非天地之报，明矣。然则卜筮亦必有吉凶。论者或谓随人善恶之行也，犹瑞应应(一作随)善而至，灾异随恶而到。治之善恶，善恶所致也，疑非天地故应之也。吉人钻龟，辄从善兆；凶人揲蓍，辄得逆数。何以明之？纣，至恶之君也。当时灾异繁多，七十卜而皆凶，故祖伊曰："格人元龟，罔敢知吉。"贤者不举，大龟不兆，灾变亟至。周武受命，高祖龙兴，天人并佑，奇怪既多，丰、沛子弟，卜之又吉。故吉人之体，所致无不良；凶人之起，所招无不丑。卫石骀卒，无適子，有庶子六人，卜所以为后者，曰："沐浴佩玉，则兆。"五人皆沐浴佩玉。石祁子曰："焉有执亲之丧而沐浴佩玉！"不沐浴佩玉，石祁子兆。卫人卜，以龟为有知也。龟非有知，石祁子自知也。祁子行善政，有嘉言，言嘉政善，故有明瑞。使时不卜，谋之于众，亦犹称善。何则？人心神意同吉凶也。此言若然，然非卜筮之实也。

夫钻龟揲蓍，自有兆数，兆数之见，自有吉凶，而吉凶之人，适与相逢。吉人与善兆合，凶人与恶数遇，犹吉人行道逢吉事，顾睨见祥物，非吉事祥物为吉人瑞应也。凶人遭遇凶恶，于道亦如之。夫见善恶，非天应答，适与善恶相逢遇也。钻龟揲蓍有吉凶之兆者，逢吉遭凶之类也。何以明之？周武王不豫，周公卜三龟，公曰："乃逢是吉。"鲁卿庄叔生子穆叔，以《周易》筮之，遇"明夷"之"谦"。夫卜曰逢，筮曰遇，实遭遇所得，非善恶所致也。善则逢吉，恶则遇凶，天道自然，非为人也。推此以论，人君治有吉凶之应，亦犹此也。君德遭贤，时适当平，嘉物奇瑞偶至；不肖之君，亦反此焉。

世人言卜筮者多，得实诚者寡。论者或谓蓍龟可以参事，不可纯用。夫钻龟揲蓍，兆数辄见，见无常占，占者生意。吉兆而占谓之凶，凶数而占谓之吉，吉凶不效，则谓卜筮不可信。周武王伐纣，卜筮之逆，占曰："大凶。"太公推蓍蹈龟而曰："枯骨死草，何知而凶！"夫卜筮兆数，非吉凶误也，占之不审吉凶，吉凶变乱，变乱，故太公黜之。夫蓍筮龟卜，犹圣王治世：卜筮兆数，犹王治瑞应。瑞应无常，兆数诡异。诡异则占者惑，无常则议者疑。疑则谓平未治，惑则谓吉不良。何以明之？夫吉兆数，吉人可遭也；治遇符瑞，圣德之验也。周王伐纣，遇乌鱼之瑞，其卜曷为逢不吉之兆？使武王不当起，出不宜逢瑞;使武王命当兴,卜不宜得凶。由此言之,武王之卜,不得凶占,谓之凶者,失其实也。鲁将伐越,筮之,得鼎折足,子贡占之以为凶,何则?鼎而折足,行用足,故谓之凶。孔子占之以为吉,曰:“越人水居,行用舟不用足,故谓之吉。”鲁伐越,果克之。夫子贡占鼎折足以为凶,犹周之占卜者谓之逆矣。逆中必有吉,犹折鼎足之占宜以伐越矣。周多子贡直占之知,寡若孔子诡论之材,故睹非常之兆,不能审也。世因武王卜无非而得凶,故谓卜筮不可纯用,略以助政,示有鬼神,明已不得专。

著书记者,采掇行事,若韩非《饰邪》之篇,明已效之验,毁卜訾筮,非世信用。夫卜筮非不可用,卜筮之人占之误也。《洪范》稽疑,卜筮之变,必问天子卿士,或时审是。夫不能审占,兆数不验,则谓卜筮不可信用。晋文公与楚子战,梦与成王搏,成王在上而盬其脑,占曰:“凶。”咎犯曰:“吉!君得天,楚伏其罪。盬君之脑者,柔之也。”以战果胜,如咎犯占。夫占梦与占龟同。晋占梦者不见象指,犹周占龟者不见兆者为也。象无不然,兆无不审。人之知暗,论之失实也。传或言武王伐纣,卜之而龟熸,占者曰:“凶。”太公曰:“龟熸,以祭则凶,以战则胜。”武王从之,卒克纣焉。审若此传,亦复孔子论卦、咎犯占梦之类也。盖兆数无不然,而吉凶失实者,占不巧工也。

辨祟第七十二

世俗信祸祟,以为人之疾病死亡,及更患被罪,戮辱欢笑,皆有所犯。起功、移徙、祭祀、丧葬、行作、入官、嫁娶,不择吉日,不避岁月,触鬼逢神,忌时相害。故发病生祸,绖法入罪。至于死亡,殚家灭门,皆不重慎,犯触忌讳之所致也。如实论之,乃妄言也。

凡人在世,不能不作事,作事之后,不能不有吉凶。见吉,则指以为前时择日之福；见凶，则刺以为往者触忌之祸。多或择日而得祸，触忌而获福。工伎射事者欲遂其术，见祸忌而不言，闻福匿而不达，积祸以惊不慎，列福以勉畏时。故世人无愚智、贤不肖、人君布衣，皆畏惧信向，不敢抵犯；归之久远，莫能分明，以为天地之书，贤圣之术也。人君惜其官，人民爱其身，相随信之，不复狐疑。故人君兴事，工伎满阎，人民有为，触伤问时。奸书伪文，由此滋生。巧惠生意，作知求利，惊惑愚暗，渔富偷贫，愈非古法度圣人之至意也。

圣人举事，先定于义，义已定立，决以卜筮，示不专己，明与鬼神同意共指，欲令众下信用不疑。故《书》列七卜，《易》载八卦，从之未必有福，违之未必有祸。然而祸福之至，时也；死生之到，命也。人命悬于天，吉凶存于时。命穷，操行善，天不能续；命长，操行恶，天不能夺。天，百神主也。道德仁义，天之道也；战栗恐惧，天之心也。废道灭德，贱天之道，险隘恣睢，悖天之意。世间不行道德，莫过桀、纣；妄行不轨，莫过幽、厉。桀、纣不早死，幽、厉不夭折。由此言之，逢福获喜，不在择日避时；涉患丽祸，不在触岁犯月，明矣。

孔子曰："死生有命，富贵在天。"苟有时日，诚有祸祟，圣人何惜不言？何畏不说？案古图籍，仕者安危，千君万臣，其得失吉凶，官位高下，位禄降升，各有差品。家人治产，贫富息耗，寿命长短，各有远近。非高大尊贵举事以吉日，下小卑贱以凶时也。以此论之，则亦知祸福死生，不在遭逢吉祥，触犯凶忌也。然则人之生也，精气育也；人之死者，命穷绝也。人之生未必得吉逢喜，其死独何为谓之犯凶触忌？以孔子证之，以死生论之，则亦知夫百祸千凶，非动作之所致也。孔子圣人，知府也；死生，大事也；大事，道效也。孔子云："死生有命，富贵在天。"众文微言不能夺，俗人愚夫不能易，明矣。人之于世，祸福有命，人之操行，亦自致之。其安居无为，祸福自至，命也，其作事起功，吉凶至身，人也。人之疾病，希有不由风湿与饮食者。当风卧湿，握钱问祟；饱饭餍食，斋精解祸。而病不治，谓祟不得；命自绝，谓筮不审。俗人之知也。

夫倮虫三百六十，人为之长。人，物也，万物之中有智慧者也。其受命于天，禀气于元，与物无异。鸟有巢栖，兽有窟穴，虫鱼介鳞各有区处，犹人之有室宅楼台也。能行之物，死伤病困，小大相害。或人捕取以给口腹，非作窠穿穴有所触，东西行徙有所犯也。人有死生，物亦有终始；人有起居，物亦有动作。血脉、首足、耳目、鼻口与人不别，惟好恶与人不同，故人不能晓其音，不见其指耳。及其游于党类，接于同品，其知去就，与人无异。共天同地，并仰日月，而鬼神之祸独加于人，不加于物，未晓其故也。天地之性，人为贵，岂天祸为贵者作、不为贱者设哉？何其性类同而祸患别也？

刑不上大夫，圣王于贵者阔也。圣王刑贱不罚贵，鬼神祸贵不殃贱，非《易》所谓大人与鬼神合其吉凶也。我有所犯，抵触县官，罗丽刑法，不曰过所致，而曰家有负。居处不慎，饮食过节，不曰失调和，而曰徙触时。死者累属，葬棺至十，不曰气相污，而曰葬日凶。有事归之有犯，无为归之所居。居衰宅耗，蜚凶流尸，集人室居，又祷先祖，寝祸遗殃。疾病不请医，更患不修行，动归于祸，名曰犯触，用知浅略，原事不实，俗人之材也。

犹系罪司空作徒，未必到吏日恶，系役时凶也。使杀人者求吉日出诣吏，剬罪推善时入狱系，宁能令事解赦令至哉？人不触祸不被罪，不被罪不入狱。一旦令至，解械径出，未必有解除其凶者也。天下千狱，狱中万囚，其举事未必触忌讳也。居位食禄，专城长邑，以千万数，其迁徙日未必逢吉时也。历阳之都，一夕沉而为湖，其民未必皆犯岁月也。高祖始起，丰、沛俱复，其民未必皆慎时日也。项羽攻襄安，襄安无噍类，未必不祷赛也。赵军为秦所坑于长平之下，四十万众同时俱死，其出家时，未必不择时也。辰日不哭，哭有重丧，戊、己死者，复尸有随，一家灭门，先死之日，未必辰与戊、己也。血忌不杀牲，屠肆不多祸，上朔不会众，沽舍不触殃。涂上之暴尸，未必出以往亡；室中之殡柩，未必还以归忌。由此言之，诸占射祸祟者，皆不可信用；信用之者，皆不可是。

夫使食口十人居一宅之中，不动镬锤，不更居处，祠祀嫁娶，皆择吉日，从春至冬不犯忌讳，则夫十人比至百年，能不死乎？占射事者必将复曰："宅有盛衰，若岁破直符，不知避也。"夫如是，令数问工伎之家，宅盛即留，衰则避之，及岁破直符，辄举家移。比至百年，能不死乎？占射事者必将复曰："移徙触时，往来不吉。"夫如是，复令辄问工伎之家，可徙则往，可还则来。比至百年，能不死乎？占射事者必将复曰："泊命寿极。"夫如是，人之死生竟自有命，非触岁月之所致，无负凶忌之所为也。

难岁第七十三

俗人险心，好信禁忌，知者亦疑，莫能实定。是以儒雅服从，工伎得胜。吉凶之书，伐经典之义；工伎之说，凌儒雅之论。今略实论令亲览，总核是非，使世一悟。

《移徙法》曰："徙抵太岁凶，负太岁亦凶。"抵太岁名曰岁下，负太岁名曰岁破，故皆凶也。假令太岁在甲子，天下之人皆不得南北徙，起宅嫁娶亦皆避之；其移东西，若徙四维，相之如者皆吉。何者？不与太岁相触，亦不抵太岁之冲也。实问：避太岁者何意也？令太岁恶人徙乎？则徙者皆有祸。令太岁不禁人徙，恶人抵触之乎？则道上之人南北行者皆有殃。太岁之意，犹长吏之心也。长吏在涂，人行触车马，干其吏从，长吏怒之，岂独抱器载物、去宅徙居触犯之者而乃责之哉？昔文帝出，过霸陵桥，有一人行逢车驾，逃于桥下，以为文帝之车已过，疾走而出，惊乘舆马。文帝怒，以属廷尉张释之，释之当论。使太岁之神行若文帝出乎？则人犯之者，必有如桥下走出之人矣。方今行道路者，暴溺仆死，何以知非触遇太岁之出也？为移徙者又不能处，不能处，则犯与不犯未可知；未可知，则其行与不行未可审也。

且太岁之神审行乎？则宜有曲折，不宜直南北也。长吏出舍，行有曲折。如天神直道不曲折乎？则从东西四维徙者，犹干之也。若长吏之南北行，人从东如西，四维相之如，犹抵触之。如不正南北，南北之徙又何犯？如太岁不动行乎？则宜有宫室营堡，不与人相见，人安得而触之？如太岁无体，与长吏异，若烟云虹霓直经天地，极子午南北陈乎？则东西徙若四维徙者亦干之。譬若今时人行，触繁雾蜮气，无从横负乡皆中伤焉。如审如气，人当见之，虽不移徙，亦皆中伤。且太岁，天别神也，与青龙无异。龙之体不过数千丈。如令神者宜长大，饶之数万丈，令体掩北方，当言太岁在北方，不当言在子。其东有丑，其西有亥，明不专掩北方，极东西之广，明矣。令正言在子位，触土之中直子午者，不得南北徙耳。东边直丑、巳之地，西边直亥、未之民，何为不得南北徙？丑与亥地之民，使太岁左右通，得南北徙及东西徙可，则丑在子东，亥在子西，丑亥之民东西徙，触岁之位；巳未之民东西徙，忌岁所破。

儒者论天下九州，以为东西南北尽地广长。九州之内五千里，竟三河土中。周公卜宅，《经》曰："王来绍上帝，自服于土中。"洛则土之中也。邹衍论之，以为九州之内五千里，竟合为一州，在东(东)〔南〕位，名曰赤县州。自有九州者九焉，九九八十一，凡八十一州。此言殆虚。地形难审，假令有之，亦一难也。使天下九州如儒者之议，直洛邑以南，对三河以北，豫州、荆州、冀州之部有太岁耳。雍、梁之间，青、兖、徐、扬之地，安得有太岁？使如邹衍之论，则天下九州在东南位，不直子午，安得有太岁？如太岁不在天地极，分散在民间，则一家之宅，辄有太岁，虽不南北徙，犹抵触之。假令从东里徙西里，西里有太岁；从东宅徙西宅，西宅有太岁。或在人之东西，或在人之南北，犹行途上，东西南北皆逢触人。太岁位数千万亿，天下之民，徙者皆凶，为移徙者何以审之？如审立于天地之际，犹王者之位在土中也。东方之民，张弓西射，人不谓之射王者，以不能至王者之都，自止射其处也。今徙岂能北至太岁位哉？自止徙百步之内，何为谓之伤太岁乎？且移徙之家禁南北徙者，以为岁在子位，子者破午，南北徙者抵触其冲，故谓之凶。夫破者，须有以椎破之也，如审有所用，则不徙之民皆被破害；如无所用，何能破之？

夫雷，天气也，盛夏击折，折木破山，时暴杀人。使太岁所破若迅雷也，则声音宜疾，死者宜暴。如不若雷，亦无能破。如谓冲抵为破，冲抵安能相破？东西相与为冲，而南北相与为抵。如必以冲抵为凶，则东西常凶而南北常恶也。如以太岁神其冲独凶，神莫过于天地，天地相与为冲，则天地之间无生人也。或上十二神登明、从魁之辈，工伎家谓之皆天神也。常立子丑之位，俱有冲抵之气，神虽不若太岁，宜有微败。移徙者虽避太岁之凶，犹触十二神之害。为移徙时者，何以不禁？

冬气寒，水也，水位在北方；夏气热，火也，火位在南方。案秋冬寒，春夏热者，天下普然，非独南北之方水火冲也。今太岁位在子耳，天下皆为太岁，非独子午冲也。审以所立者为主，则午可为大夏，子可为大冬。冬夏南北徙者，可复凶乎？立春，艮王、震相、巽胎、离没、坤死、兑囚、乾废、坎休。王之冲死，相之冲囚，王相冲位，有死囚之气。乾坤六子，天下正道，伏羲、文王象以治世，文为经所载，道为圣所信，明审于太岁矣。人或以立春东北徙，抵艮之下，不被凶害。太岁立于子，彼东北徙，坤卦近于午，犹艮以坤，徙触子位，何故独凶？正月建于寅，破于申，从寅申徙，相之如者无有凶害。太岁不指午，而空曰岁破，午实无凶祸，而虚禁南北，岂不妄哉！

十二月为一岁，四时节竟，阴阳气终，竟复为一岁，日月积聚之名耳，何故有神而谓之立于子位乎？积分为日，累日为月，连月为时，纪时为岁。岁则日、月、时之类也。岁而有神，日、月、时亦复有神乎？千五百三十九〔岁〕为一统，四千六百一十七岁为一元，岁犹统元也。岁有神，统元复有神乎？论之以为无。假令有之，何故害人？神莫过于天地，天地不害人。人谓百神，百神不害人。太岁之气，天地之气也，何憎于人触而为害？且文曰“甲子不徙”，言甲与子殊位，太岁立子不居甲，为移徙者运之而复居甲。为之而复居甲，为移徙时者，亦宜复禁东西徙。甲与子钧，其凶宜同。不禁甲而独忌子，为移徙时者，竟妄不可用也。

人居不能不移徙，移徙不能不触岁，不触岁不能不得时死。工伎之人，见今人之死，则归祸于往时之徙。俗心险危，死者不绝，故太岁之言，传世不灭。

卷二十五

诘术第七十四

图宅术曰:“宅有八术,以六甲之名数而第之,第定名立,宫、商殊别。宅有五音,姓有五声,宅不宜其姓,姓与宅相贼,则疾病死亡,犯罪遇祸。”诘曰:夫人之在天地之间也,万物之贵者耳。其有宅也,犹鸟之有巢,兽之有穴也。谓宅有甲乙,巢穴复有甲乙乎?甲乙之神独在民家,不在鸟兽何?夫人之有宅,犹有田也。以田饮食,以宅居处,人民所重,莫食最急.先田后宅,田重于宅也。田间阡陌可以制八术,比土为田,可以数甲乙,甲乙之术独施于宅,不设于田,何也?府廷之内,吏舍比属,吏舍之形制,何殊于宅?吏之居处,何异于民?不以甲乙第舍,独以甲乙数宅,何也?民间之宅,与乡亭比屋相属,接界相连,不并数乡亭,独第民家,甲乙之神,何以独立于民家也?数宅之术行市亭,数巷街以第甲乙。入市门曲折,亦有巷街,人昼夜居家,朝夕坐市,其实一也,市肆户何以不第甲乙?州郡列居,县邑杂处,与街巷民家何以异?州郡县邑何以不数甲乙也?

天地开辟有甲乙邪?后王乃有甲乙。如天地开辟本有甲乙,则上古之时巢居穴处,无屋宅之居、街巷之制,甲乙之神皆何在?数宅既以甲乙,五行之家数日,亦当以甲乙。甲乙有支干,支干有加时。支干加时,专比者吉,相贼者凶。当其不举也,未必加忧(支)辱也。事理有曲直,罪法有轻重,上官平心原其狱状,未有支干吉凶之验,而有事理曲直之效,为支干者何以对此?武王以甲子日战胜,纣以甲子日战负,二家俱期,两军相当,旗帜相望,俱用一日,或存或亡;

且甲与子专比，昧爽时加寅，寅与甲乙不相贼，武王终以破纣，何也？

日，火也，在天为日，在地为火。何以验之？阳燧乡日，火从天来。由此言之，火，日气也。日有甲乙，火无甲乙何？日十而辰十二，日辰相配，故甲与子连。所谓日十者，何等也？端端之日有十邪？而将一有十名也？如端端之日有十，甲乙是其名，何以不从言甲乙，必言子丑？何日廷图甲乙有位，子丑亦有处，各有部署，列布五方，若王者营卫，常居不动？今端端之日中行，旦出东方，夕入西方，行而不已，与日廷异。何谓甲乙为日之名乎？术家更说日甲乙者，自天地神也。日更用事，自用甲乙胜负为吉凶，非端端之日名也。夫如是，于五行之象，徒当用甲乙决吉凶而已，何为言加时乎？案加时者，端端之日加也。端端之日，安得胜负？

五音之家，用口调姓名及字，用姓定其名，用名正其字。口有张歙，声有外内，以定五音宫、商之实。夫人之有姓者，用禀于天，天得五行之气为姓邪？以口张歙、声外内为姓也？如以本所禀于天者为姓，若五谷万物禀气矣，何故用(张口)〔口张〕歙、声内外定正之乎？古者因生以赐姓，因其所生赐之姓也。若夏吞薏苡而生，则姓苡氏；商吞燕子而生，则姓为子氏；周履大人迹，则姬氏。其立名也。以信、以义、以像、以假、以类。以生名为信，若鲁公子友生，文在其手曰“友”也。以德名为义，若文王为昌、武王为发也。以类名为像，若孔子名丘也。取于物为假，若宋公名杵臼也。取于父为类，有似类于父也。其立字也，展名取同义，名赐字子贡，名予字子我。其立姓则以本所生，置名则以信、义、像、假、类，字则展名取同义，不用口张歙、〔声〕外内。调宫、商之义为五音术，何据见而用？古者有本姓，有氏姓。陶氏、田氏，事之氏姓也；上官氏、司马氏，吏之氏姓也；孟氏、仲氏，王父字之氏姓也。氏姓有三，事乎，吏乎，王父字乎。以本姓则用所生，以氏姓则用事、吏、王父字，用口张歙调姓之义何居？匈奴之俗，有名无姓字，无与相调谐，自以寿命终，祸福何在？《礼》：

“买妾不知其姓则卜之。”不知者，不知本姓也。夫妾必有父母家姓，然而必卜之者，父母姓转易失实，《礼》重取同姓，故必卜之。姓徒用口调谐姓族，则《礼》买妾，何故卜之？

图宅术曰：“商家门不宜南向，徵家门不宜北向。”则商金，南方火也；徵火，北方水也。水胜火，火贼金，五行之气不相得，故五姓之宅门有宜向。向得其宜，富贵吉昌；向失其宜，贫贱衰耗。夫门之与堂，何以异？五姓之门，各有五姓之堂，所向无宜何？门之掩地，不如堂庑，朝夕所处，于堂不于门。图吉凶者，宜皆以堂。如门，人所出入，则户亦宜然。孔子曰：“谁能出不由户？”言户不言门。五祀之祭，门与户均。如当以门正所向，则户何以不当与门相应乎？且今府廷之内，吏舍连属，门向有南北；长吏舍传，闾居有东西。长吏之姓，必有宫、商；诸吏之舍，必有徵、羽。安官迁徙，未必角姓门南向也；失位贬黜，未必商姓门北出也。或安官迁徙，或失位贬黜何？

姓有五音，人之质性亦有五行。五音之家，商家不宜南向门，则人禀金之性者，可复不宜南向坐、南行步乎？一曰五音之门，有五行之人，假令商姓口食五人，五人中各有五色，木人青，火人赤，水人黑，金人白，土人黄。五色之人，俱出南向之门，或凶或吉，寿命或短或长，凶而短者未必色白，吉而长者未必色黄也，五行之家何以为决？南向之门，贼商姓家，其实如何？南方火也，使火气之祸，若火延燔，径从南方来乎？则虽为北向门，犹之凶也。火气之祸，若夏日之热，四方洽浃乎？则天地之间，皆得其气，南向门家何以独凶？南方火者，火位南方。一曰其气布在四方，非必南方独有火，四方无有也，犹水位在北方，四方犹有水也。火满天下，水辨四方。火或在人之南，或在人之北。谓火常在南方，是则东方可无金，西方可无木乎？

解除第七十五

世信祭祀，谓祭祀必有福。又然解除，谓解除必去凶。解除初礼，先设祭祀。比夫祭礼，若生人相宾客矣，先为宾客设膳，食已，驱以刃杖。鬼神如有知，必恚止战，不肯径去，若怀恨反而为祸；如无所知，不能为凶，解之无益，不解无损。且人谓鬼神何如状哉？如谓鬼有形象，形象生人，生人怀恨，必将害人。如无形象，与烟云同，驱逐云烟，亦不能除。形既不可知，心亦不可图，鬼神集止人宅，欲何求乎？如势欲杀人，当驱逐之时，避人隐匿，驱逐之止，则复还立故处。如不欲杀人，寄托人家，虽不驱逐，亦不为害。

贵人之出也，万民并观，填街满巷，争进在前。士卒驱之，则走而却，士卒还去，即复其处；士卒立守，终日不离，仅能禁止。何则？欲在于观，不为壹驱还也。使鬼神与生人同，有欲于宅中，犹万民有欲于观也，士卒驱逐，不久立守，则观者不却也。然则驱逐鬼者，不极一岁，鬼神不去。今驱逐之，终食之间，则舍之矣。舍之，鬼复还来，何以禁之？

暴谷于庭，鸡雀啄之，主人驱弹则走，纵之则来，不终日立守，鸡雀不禁。使鬼神乎？不为驱逐去止；使鬼不神乎？与鸡雀等，不常驱逐，不能禁也。虎狼入都，弓弩巡之，虽杀虎狼，不能除虎狼所为来之患。盗贼攻城，官军击之，虽却盗贼，不能灭盗贼所为至之祸。虎狼之来，应政失也；盗贼之至，起世乱也。然则鬼神之集，为命绝也。杀虎狼，却盗贼，不能使政得世治。然则盛解除，驱鬼神，不能使凶去而命延。

病人困笃，见鬼之至，性猛刚者，挺剑操杖，与鬼战斗，战斗壹再，错指受服，知不服必不终也。夫解除所驱逐鬼，与病人所见鬼，无以殊也；其驱逐之与战斗，无以异也。病人战斗，鬼犹不去，宅主解除,鬼神必不离。由此言之,解除宅者,何益于事?信其凶去,不可用也。且夫所除,宅中客鬼也。宅中主神有十二焉,青龙、白虎列十二位,龙虎猛神,天之正鬼也,飞尸流凶,安敢妄集?犹主人猛勇,奸客不敢窥也。有十二神舍之,宅主驱逐,名为去十二神之客,恨十二神之意,安能得吉?如无十二神,则亦无飞尸流凶,无神无凶,解除何补?驱逐何去?

解逐之法,缘古逐疫之礼也。昔颛顼氏有子三人,生而皆亡,一居江水为虐鬼,一居若水为魍魉,一居欧隅之间主疫病人。故岁终事毕,驱逐疫鬼,因以送陈迎新,内吉也。世相仿效,故有解除。夫逐疫之法,亦礼之失也。行尧、舜之德,天下太平,百灾消灭,虽不逐疫,疫鬼不往。行桀、纣之行,海内扰乱,百祸并起,虽日逐疫,疫鬼犹来。衰世好信鬼,愚人好求福。周之季世,信鬼修祀,以求福助。愚主心惑,不顾自行,功犹不立,治犹不定。故在人不在鬼,在德不在祀。国期有远近,人命有长短,如祭祀可以得福,解除可以去凶,则王者可竭天下之财,以兴延期之祀;富家翁妪可求解除之福,以取逾世之寿。案天下人民,夭寿贵贱,皆有禄命;操行吉凶,皆有衰盛。祭祀不为福,福不由祭祀。世信鬼神,故好祭祀,祭祀无鬼神,故通人不务焉。祭祀,厚事鬼神之道也,犹无吉福之验,况盛力用威,驱逐鬼神,其何利哉?

祭祀之礼,解除之法,众多非一,且以一事效其非也。夫小祀足以况大祭,一鬼足以卜百神。世间缮治宅舍,凿地掘土,功成作毕,解谢土神,名曰解土。为土偶人,以像鬼形,令巫祝延以解土神。已祭之后,心快意喜,谓鬼神解谢,殃祸除去。如讨论之,乃虚妄也。何以验之?夫土地,犹人之体也,普天之下皆为一体,头足相去以万里数。人民居土上,犹蚤虱着人身也。蚤虱食人,贼人肌肤,犹人凿地,贼地之体也。蚤虱内知有欲解人之心,相与聚会,解谢于所食之肉旁,人能知之乎?夫人不能知蚤虱之音,犹地不能晓人民之言也。

胡、越之人，耳口相类，心意相似，对口交耳而谈，尚不相解；况人不与地相似，地之耳口与人相达乎？今所解者地乎？则地之耳远，不能闻也。所解一宅之土，则一宅之土，犹人一分之肉也，安能晓之？如所解宅神乎？则此名曰解宅，不名曰解土。礼入宗庙，无所主意，斩尺二寸之木，名之曰主，主心事之，不为人像。今解土之祭，为土偶人，像鬼之形，何能解乎？神荒忽无形，出入无门，故谓之神。今作形像，与礼相违，失神之实，故知其非。象似布藉，不设鬼形，解土之礼，立土偶人。如祭山可为石形、祭门户可作木人乎？

晋中行寅将亡，召其太祝，欲加罪焉，曰："子为我祀，牺牲不肥泽也，且斋戒不敬也，使吾国亡，何也？"祝简对曰："昔日吾先君中行密子，有车十乘，不忧其薄也，忧德义之不足也。今主君有革车百乘，不忧义之薄也，唯患车之不足也。夫船车饬，则赋敛厚；赋敛厚，则民谤诅。君苟以祀为有益于国乎？诅亦将为亡矣。一人祝之，一国诅之，一祝不胜万诅，国亡不亦宜乎？祝其何罪？"中行子乃惭。今世信祭祀，中行子之类也。不修其行而丰其祝，不敬其上而畏其鬼。身死祸至，归之于祟，谓祟未得；得祟修祀，祸繁不止，归之于祭，谓祭未敬。夫论解除，解除无益；论祭祀，祭祀无补；论巫祝，巫祝无力。竟在人不在鬼，在德不在祀，明矣哉！

祀义第七十六

世信祭祀，以为祭祀者必有福，不祭祀者必有祸。是以病作卜祟，祟得修祀，祀毕意解，意解病已。执意以为祭祀之助，勉奉不绝，谓死人有知，鬼神饮食，犹相宾客，宾客悦喜，报主人恩矣。其修祭祀，是也；信其(事)〔享〕之，非也。实者，祭祀之意，主人自尽恩勤而已，鬼神未必歆享之也。

何以明之？今所祭者报功，则缘生人为恩义耳，何歆享之有？

今所祭死人，死人无知，不能饮食。何以审其不能歆享饮食也？夫天者，体也，与地同。天有列宿，地有宅舍。宅舍附地之体，列宿着天之形。形体具，则有口，乃能食。使天地有口能食，祭食宜食尽；如无口，则无体，无体则气也，若云雾耳，亦无能食。如天地之精神，若人之有精神矣。以人之精神，何宜饮食？中人之体七八尺，身大四五围，食斗食，歠斗羹，乃能饱足，多者三四斗。天地之广大，以万里数。圜丘之上，一茧栗牛，粢饴大羹，不过数斛。以此食天地，天地安能饱？天地用心，犹人用意也。人食不饱足，则怨主人，不报以德矣。必谓天地审能饱食，则夫古之郊者负天地。山，犹人之有骨节也；水，犹人之有血脉也。故人食肠满，则骨节与血脉因以盛矣。今祭天地，则山川随天地而饱。今别祭山川，以为异神，是人食已，更食骨节与血脉也。

社稷，报生谷物之功。万民生于天地，犹毫毛生于体也。祭天地，则社稷设其中矣，人君重之，故复别祭，必以为有神，是人之肤肉当复食也。五祀初本在地，门、户用木与土，土木生于地，井、灶、室中霤，皆属于地。祭地，五祀设其中矣，人君重之，故复别祭，必以为有神，是食已，当复食形体也。风伯、雨师、雷公，是群神也。风犹人之有吹煦也，雨犹人之有精液也，雷犹人之有腹鸣也，三者附于天地，祭天地，三者在矣，人君重之，故别祭，必以为有神，则人吹煦、精液、腹鸣当复食也。日月犹人之有目，星辰犹人之有发，三光附天，祭天，三光在矣，人君重之，故复别祭，必以为有神，则人之食已，复食目与发也。

宗庙，己之先也。生存之时，谨敬供养，死不敢不信，故修祭祀，缘生事死，示不忘先。五帝、三王，郊宗黄帝、帝喾之属，报功坚力，不敢忘德，未必有鬼神审能歆享之也。夫不能歆享，则不能神；不能神，则不能为福，亦不能为祸。祸福之起，由于喜怒，喜怒之发，由于腹肠。有腹肠者，辄能饮食；不能饮食，则无腹肠；无腹肠，则无用喜怒;无用喜怒,则无用为祸福矣。

或曰:“歆气,不能食也。”夫歆之与饮食,一实也。用口食之,用口歆之。无腹肠,则无口,无口无用食,则亦无用歆矣。何以验其不能歆也?以人祭祀有过,不能即时犯也。夫歆不用口,则用鼻矣。口鼻能歆之,则目能见之;目能见之,则手能击之。今手不能击,则知口鼻不能歆之也。

或难曰:“宋公鲍之身有疾。祝曰夜姑掌,将事于厉者,厉鬼杖楫而与之言曰:‘何而粢盛之不膏也?何而苕牺之不肥硕也?何而珪璧之不中度量也?而罪欤?其鲍之罪欤?’夜姑顺色而对曰:‘鲍身尚幼,在襁褓,不预知焉。审是掌之〔罪也〕。’厉鬼举楫而掊之,毙于坛下。”此非能言用手之验乎?曰:夫夜姑之死,未必厉鬼击之也,时命当死也。妖象厉鬼,象鬼之形,则象鬼之言,象鬼之言,则象鬼而击矣。何以明之?夫鬼者,神也,神则先知。先知,则宜自见粢盛之不膏,珪璧之失度,牺牲之臞小,则因以责让夜姑,以楫击之而已,无为先问。先问,不知之效也;不知,不神之验也。不知不神,则不能见体出言以楫击人也。夜姑,义臣也,引罪自予己,故鬼击之。如无义而归之鲍身,则厉鬼将复以楫掊鲍之身矣。且祭祀不备,神怒见体,以杀掌祀;如礼备神喜,肯见体以食赐主祭乎?人有喜怒,鬼亦有喜怒。人不为怒者身存,不为喜者身亡。厉鬼之怒,见体而罚。宋国之祀,必时中礼,夫神何不见体以赏之乎?夫怒喜不与人同,则其赏罚不与人等。赏罚不与人等,则其掊夜姑不可信也。

且夫歆者,内气也;言者,出气也。能歆则能言,犹能吸则能呼矣。如鬼神能歆,则宜言于祭祀之上,今不能言,知不能歆,一也。凡能歆者,口鼻通也。使鼻鼽不通,口钳不开,则不能歆矣。人之死也,口鼻腐朽,安能复歆?二也。《礼》曰:“人死也,斯恶之矣。”与人异类,故恶之也。为尸不动,朽败灭亡,其身不与生人同,则知不与生人通矣。身不同,知不通,其饮食不与人钧矣。胡、越异类,饮食殊味,死之与生,非直胡之与越也。由此言之,死人不歆,三也。当人之卧也,置食物其旁,不能知也。觉乃知之,知乃能食之。夫死,长卧不觉者也,安能知食?不能歆之,四也。

或难曰:“祭则鬼享之,何谓也?”曰:言其修具谨洁,粢牲肥香,人临见之,意饮食之。推己意以况鬼神,鬼神有知,必享此祭,故曰:“鬼享之(祀)。”

难曰:“《易》曰,‘东邻杀牛,不如西邻之礿祭。’夫言东邻不若西邻,言东邻牲大福少,西邻祭少福多也。今言鬼不享,何以知其福有多少也?”曰:此亦谓修具谨洁与不谨洁也。

纣杀牛祭,不致其礼。文王礿祭,竭尽其敬。夫礼不至,则人非之;礼敬尽,则人是之。是之,则举事多助;非之,则言行见畔。见畔,若祭不见享之祸;多助,若祭见歆之福。非鬼为祭祀之故有喜怒也。何以明之?苟鬼神,不当须人而食。须人而食,是不能神也。信鬼神,歆祭祀,祭祀为祸福,谓鬼神居处何如状哉?自有储偫邪?将以人食为饥饱也?如自有储偫,储偫必与人异,不当食人之物。如无储偫,则人朝夕祭乃可耳。壹祭壹否,则神壹饥壹饱;壹饥壹饱,则神壹怒壹喜矣。且病人见鬼,及卧梦与死人相见,如人之形,故其祭祀如人之食。缘有饮食,则宜有衣服,故复以缯制衣,以象生仪。其祭如生人之食,人欲食之,冀鬼飨之。其制衣也,广纵不过一尺若五六寸。以所见长大之神贯一尺之衣,其肯喜而加福于人乎?以所见之鬼为审死人乎?则其制衣,宜若生人之服。如以所制之衣审鬼衣之乎?则所见之鬼宜如偶人之状。夫如是也,世所见鬼非死人之神,或所衣之神非所见之鬼也。鬼神未定,厚礼事之,安得福祐而坚信之乎?

祭意第七十七

(树)〔礼〕,王者祭天地,诸侯祭山川,卿大夫祭五祀,士庶人祭其先;宗庙社稷之祀,自天子达于庶人。《尚书》曰:“肆类于上帝,禋于六宗,望于山川,遍于群臣。”《礼》曰:“有虞氏禘黄帝而郊喾,祖颛顼而宗尧。夏后氏亦禘黄帝而郊鲧,祖颛顼而宗禹。殷人禘喾而郊冥,祖契而宗汤。周人禘喾而郊稷,祖文王而宗武王。燔柴于大坛,祭天也;瘗埋于大折,祭地也,用骍犊。埋少牢于大昭,祭时也。相近于坎坛,祭寒暑也。王宫,祭日也。夜明,祭月也。幽宗,祭星也。雩宗,祭水旱也。四坎坛,祭四方也。山林、川谷、丘陵,能出云,为风雨,见怪物,皆曰神。有天下者,祭百神。诸侯在其地则祭,亡其地则不祭。”此皆法度之祀,礼之常制也。

王者,父事天,母事地,推人事父母之事,故亦有祭天地之祀。山川以下,报功之义也。缘生人有功得赏,鬼神有功亦祀之。山出云雨润万物,六宗居六合之间,助天地变化,王者尊而祭之,故曰六宗。社稷报生万物之功:社报万物,稷报五谷。五祀报门、户、井、灶、(室)中霤之功:门、户人所出入,井、灶人所饮食,中霤人所托处。五者功钧,故俱祀之。

《周(弃)〔书〕》曰:“少昊有四叔,曰重,曰该,曰修,曰熙,实能金(大)木(反)〔及水〕。使重为句芒,该为蓐收,修及熙为玄冥。世不失职,遂济穷桑。此其三祀也。颛顼氏有子曰犁,为祝融。共工氏有子曰句龙,为后土。此其二祀也。后土为社。稷,田正也。有烈山氏之子曰柱,为稷。自夏以上祀之。周弃亦为稷,自商以来祀之。”《礼》曰:“烈山氏之有天下也,其子曰柱,能殖百谷。夏之衰也,周弃继之,故祀以为稷。共工氏之霸九州也,其子曰后土,能平九土,故祀以为社。”传或曰:“炎帝作火,死而为灶。禹劳力天下水,死而为社。"《礼》曰:"王为群姓立七祀,曰司命,曰中(灵)〔霤〕,曰国门,曰国行,曰泰厉,曰户,曰灶。诸侯为国立五祀,曰司命,曰中霤,曰国门,曰国行,曰公厉。大夫立三祀,曰族厉,曰门,曰行。适士立二祀,曰门,曰行。庶人立一祀,或立户,或立灶。"社稷五祀之祭,未有所定,皆为思其德,不忘其功也。中心爱之,故饮食之。爱鬼神者祭祀之。自禹兴修社稷,祀后稷,其后绝废。

高皇帝四年,诏天下祭灵星;七年,使天下祭社稷。灵星之祭,祭水旱也,于礼旧名曰雩。雩之礼,为民祈谷雨,祈谷实也。春求〔雨,秋求〕实,一岁再祀,盖重谷也。春以二月,秋以八月,故《论语》曰:"暮春者,春服既成,冠者五六人,童子六七人,浴乎沂,风乎舞雩,咏而归。"暮春,四月也。周之四月,正岁二月也。二月之时,龙星始出,故传曰:"龙见而雩。"龙星见时,岁已启蛰,□□□:"□□而雩"。春雩之礼废,秋雩之礼存,故世常修灵星之祀,到今不绝。名变于旧,故世人不识;礼废不具,故儒者不知。世儒案礼,不知灵星何祀,其难晓而不识,说县官名曰明星。缘明星之名,说曰岁星。岁星,东方也。东方主春,春主生物,故祭岁星,求春之福也。四时皆有力于物,独求春者,重本尊始也。审如儒者之说求春之福,及以秋祭,非求春也。《月令》:"祭户以春,祭门以秋,各宜其时。"如或祭门以秋,谓之祭户,论者肯然之乎?不然,则明星非岁星也,乃龙星也。龙星二月见,则雩祈谷雨。龙星八月将入,则秋雩祈谷实。儒者或见其义,语不空生。春雩废,秋雩兴,故秋雩之名,自若为明星也。实曰灵星,灵星者,神也,神者谓龙星也。群神谓风伯、雨师、雷公之属。风以摇之,雨以润之,雷以动之,四时生成,寒暑变化。日月星辰,人所瞻仰。水旱,人所忌恶。四方,气所由来。山林川谷,民所取材用。此鬼神之功也。

凡祭祀之义有二:一曰报功,二曰修先。报功以勉力,修先以崇恩。力勉恩崇,功立化通,圣王之务也。是故圣王制祭祀也,法施于民，则祀之；以死勤事，则祀之；以劳定国，则祀之；能御大灾，则祀之；能捍大患，则祀之。帝喾能序星辰以著众，尧能赏均刑法以义终，舜勤民事而野死。鲧勤洪水而殛死，禹能修鲧之功；黄帝正名百物，以明民共财，颛顼能修之；契为司徒而民成，冥勤其官而水死，汤以宽治民而除其虐；文王以文治，武王以武功去民之灾。凡此功烈，施布于民，民赖其力，故祭报之。宗庙先祖，己之亲也，生时有养亲之道，死亡义不可背，故修祭祀，示如生存。推人事鬼神，缘生事死。人有赏功供养之道，故有报恩祀祖之义。

孔子之畜狗死，使子赣埋之，曰："吾闻之也，弊帷不弃，为埋马也；弊盖不弃，为埋狗也。丘也贫无盖，于其封也，亦与之席，毋使其首陷焉。"延陵季子过徐，徐君好其剑。季子以当使于上国，未之许与。季子使还，徐君已死，季子解剑带其冢树，御者曰："徐君已死，尚谁为乎？"季子曰："前已心许之矣，可以徐君死故负吾心乎？"遂带剑于冢树而去。祀为报功者，其用意犹孔子之埋畜狗也；祭为不背先者，其恩犹季〔子〕之带剑于冢树也。圣人知其若此，祭犹斋戒畏敬，若有鬼神；修兴弗绝，若有祸福。

重恩尊功，殷勤厚恩，未必有鬼而享之者。何以明之？以饮食祭地也。人将饮食，谦退，示当有所先。孔子曰："虽疏食菜羹，瓜祭，必斋如也。"《礼》曰："侍食于君，君使之祭，然后饮食之。"祭，犹礼之诸祀也，饮食亦可毋祭，礼之诸神，亦可毋祀也。祭祀之实一也，用物之费同也。知祭地无神，犹谓诸祀有鬼，不知类也。经传所载，贤者所纪，尚无鬼神，况不著篇籍，世间淫祀非鬼之祭，信其有神为祸福矣！好道学仙者，绝谷不食，与人异食，欲为清洁也。鬼神清洁于仙人，如何与人同食乎？论之以为人死无知，其精不能为鬼。假使有之，与人异食。异食，则不肯食人之食。不肯食人之食，则无求于人。无求于人，则不能为人祸福矣。

凡人之有喜怒也，有求得与不得，得则喜，不得则怒。喜则施恩而为福，怒则发怒而为祸。鬼神无喜怒，则虽常祭而不绝，久废而不修，其何祸福于人哉？

卷二十六

实知第七十八

儒者论圣人,以为前知千岁,后知万世,有独见之明,独听之聪。事来则名,不学自知,不问自晓。故称圣,则神矣,若蓍龟之知吉凶。蓍草称神,龟称灵矣。贤者才下不能及,智劣不能料,故谓之贤。夫名异则实殊,质同则称钧。以圣名论之,知圣人卓绝,与贤殊也。

孔子将死,遗谶书曰:"不知何一男子,自谓秦始皇,上我之堂,踞我之床,颠倒我衣裳,至沙丘而亡。"其后秦王兼吞天下,号始皇,巡狩至鲁,观孔子宅,乃至沙丘,道病而崩。又曰:"董仲舒乱我书。"其后江都相董仲舒,论思《春秋》,造著传记。又书曰:"亡秦者胡也。"其后二世胡亥竟亡天下。用三者论之,圣人后知万世之效也。孔子生不知其父,若母匿之,吹律自知殷宋大夫子氏之世也。不案图书,不闻人言,吹律精思,自知其世,圣人前知千岁之验也。

曰:此皆虚也。案神怪之言,皆在谶记,所表皆效图书。"亡秦者胡",《河图》之文也。孔子条畅增益,以表神怪,或后人诈记,以明效验,高皇帝封吴王,送之,拊其背曰:"汉后五十年,东南有反者,岂汝邪?"到景帝时,濞与七国通谋反汉。建此言者,或时观气见象,处其有反,不知主名。高祖见濞之勇,则谓之是。原此以论,孔子见始皇、仲舒,或时但言"将有观我之宅"、"乱我之书"者,后人见始皇入其宅,仲舒读其书,则增益其辞,著其主名。如孔子神而空见始皇、仲舒,则其自为殷后子氏之世,亦当默而知之,无为吹律以自定也。孔子不吹律,不能立其姓,及其见始皇,睹仲舒,亦复以吹律之类矣。

案始皇本事，始皇不至鲁，安得上孔子之堂，踞孔子之床，颠倒孔子之衣裳乎？始皇三十七年十月癸丑出游，至云梦，望祀虞舜于九嶷。浮江下，观藉柯，度梅渚，过丹阳。至钱唐，临浙江，涛恶，乃西百二十里，从陕中度，上会稽，祭大禹，立石刊颂，望于南海。还过，从江乘，旁海上。北至琅邪。自琅邪北至劳、成山，因至之罘，遂并海西，至平原津而病，崩于沙丘平台。既不至鲁，谶记何见而云始皇至鲁？至鲁未可知，其言孔子曰“不知何一男子”之言，亦未可用。“不知何一男子”之言不可用，则言“董仲舒乱我书”亦复不可信也。行事，文记谲常，人言耳，非天地之书，则皆缘前因古，有所据状。如无闻见，则无所状。凡圣人见祸福也，亦揆端推类，原始见终，从闾巷论朝堂，由昭昭察冥冥。谶书秘文，远见未然，空虚暗昧，豫睹未有，达闻暂见，卓谲怪神，若非庸口所能言。

放象事类以见祸，推原往验以处来，事者亦能，非独圣也。周公治鲁，太公知其后世当有削弱之患；太公治齐，周公睹其后世当有劫弑之祸。见法术之极，睹祸乱之前矣。纣作象箸而箕子讥，鲁以偶人葬而孔子叹，缘象箸见龙干之患，偶人睹殉葬之祸也。太公、周公俱见未然，箕子、孔子并睹未有，所由见方来者，贤圣同也。鲁侯老，太子弱，次室之女倚柱而啸，由老弱之征，见败乱之兆也。妇人之知，尚能推类以见方来，况圣人君子才高智明者乎？秦始皇十年，严襄王母夏太后(梦)〔薨〕，孝文王后曰华阳后，与文王葬寿陵；夏太后〔子〕严襄王葬于范陵，故夏太后别葬杜陵，曰：“东望吾子，西望吾夫，后百年，旁当有万家邑。”其后皆如其言。必以推类见方来为圣，次室、夏太后圣也。秦昭王十年，樗里子卒，葬于渭南章台之东，曰：“后百年，当有天子宫挟我墓。”至汉兴，长乐宫在其东，未央宫在其西，武库正值其墓，竟如其言。先知之效，见方来之验也。如以此效圣，樗里子圣人也。如非圣人，先知见方来不足以明圣，然则樗里子见天子宫挟其墓也，亦犹辛有知伊川之当戎。昔辛有过伊川，见被发而祭者，曰："不及百年，此其戎乎！"其后百年，晋迁陆浑之戎于伊川焉，竟如辛有之知当戎，见被发之兆也。樗里子之见天子挟其墓，亦见博平之墓也。韩信葬其母，亦行营高敞地，令其旁可置万家，其后竟有万家处其墓旁。故樗里子之见博平（王）〔土〕有宫台之兆，犹韩信之睹高敞万家之台也。先知之见，方来之事，无达视洞听之聪明，皆案兆察迹，推原事类。春秋之时，卿大夫相与会遇，见动作之变，听言谈之诡，善则明吉祥之福，恶则处凶妖之祸。明福处祸，远图未然，无神怪之知，皆由兆类。以今论之，故夫可知之事者，思虑所能见也；不可知之事，不学不问不能知也。不学自知，不问自晓，古今行事，未之有也。夫可知之事，惟精思之，虽大无难；不可知之事，厉心学问，虽小无易。故智能之士，不学不成，不问不知。

难曰：夫项托年七岁教孔子。案七岁未入小学而教孔子，性自知也。孔子曰："生而知之，上也。学而知之，其次也。"夫言生而知之，不言学问，谓若项托之类也。王莽之时，勃海尹方年二十一，无所师友，性智开敏，明达六艺，魏都牧淳于仓奏："方不学，得文能读诵，论义引《五经》文，文说议事，厌合人之心。"帝征方，使射蜚虫，筴射无非知者，天下谓之圣人。夫无所师友，明达六艺，本不学书，得文能读，此圣人也。不学自能，无师自达，非神如何？

曰：虽无师友，亦已有所问受矣；不学书，已弄笔墨矣。儿始生产，耳目始开，虽有圣性，安能有知？项托七岁，其三四岁时，而受纳人言矣。尹方年二十一，其十四五时，多闻见矣。性敏才茂，独思无所据，不睹兆象，不见类验，却念百世之后，有马生牛，牛生驴，桃生李，李生梅，圣人能知之乎？臣弑君，子弑父，仁如颜渊，孝如曾参，勇如贲、育，辩如赐、予，圣人能见之乎？孔子曰："其或继周者，虽百世可知也。"又曰："后生可畏，焉知来者之不如今也？"论损益，言"可知"；称后生，言"焉知"。后生难处，损益易明也。此尚为远，非所听察也。使一人立于墙东，令之出声，使圣人听之墙西，能知其黑白、短长、乡里、姓字所自从出乎？沟有流(壍)〔澌〕，泽有枯骨，发首陋亡，肌肉腐绝，使人询知，能知其农商、老少若所犯而坐死乎？非圣人无知，其知无以知也。知无以知，非问不能知也。不能知，则贤圣所共病也。

难曰：詹何坐，弟子侍，有牛鸣于门外。弟子曰："是黑牛也而白蹄。"詹何曰："然。是黑牛也而白其蹄。"使人视之，果黑牛而以布裹其蹄。詹何，贤者也，尚能听声而知其色。以圣人之智，反不能知乎？

曰：能知黑牛白其蹄，能知此牛谁之牛乎？白其蹄者以何事乎？夫术数直见一端，不能尽其实。虽审一事，曲辩问之，辄不能尽知。何则？不目见口问，不能尽知也。鲁僖公二十九年，介葛卢来朝，舍于昌衍之上，闻牛鸣，曰："是牛生三牺，皆已用矣。"或问："何以知之？"曰："其音云。"人问牛主，竟如其言。此复用术数，非知所能见也。广汉杨翁仲听鸟兽之音，乘蹇马之野，田间有放眇马，相去〔数里〕，鸣声相闻。翁仲谓其御曰："彼放马知此马而目眇。"其御曰："何以知之？"曰："骂此辕中马蹇，此马亦骂之眇。"其御不信，往视之，目竟眇焉。翁仲之知马声，犹詹何、介葛卢之听牛鸣也。据术任数，相合其意，不达视听遥见流目以察之也。夫听声有术，则察色有数矣。推用术数，若先闻见，众人不知，则谓神圣。若孔子之见兽，名之曰狌狌，太史公之见张良似妇人之形矣。案孔子未尝见狌狌，至辄能名之；太史公与张良异世，而目见其形。使众人闻此言，则谓神而先知。然而孔子名狌狌，闻昭人之歌；太史公之见张良，观宣室之画也。阴见默识，用思深秘。众人阔略，寡所意识，见贤圣之名物，则谓之神。推此以论，詹何见黑牛白蹄，犹此类也。彼不以术数，则先时闻见于外矣。方今占射事之工，据正术数，术数不中，集以人事，人事于术数而用之者，与神无异。詹何之徒，方今占射事者之类也。如以詹何之徒，性能知之，不用术数，是则巢居者先知风，穴处者先知雨，智明早成，项托、尹方其是也。

难曰：黄帝生而神灵，弱而能言；帝喾生而自言其名。未有闻见于外，生辄能言，称其名，非神灵之效，生知之验乎？

曰：黄帝生而言，然而母怀之二十月生，计其月数，亦已二岁在母身中矣。帝喾能自言其名，然不能言他人之名，虽有一能，未能遍通。所谓神而生知者，岂谓生而能言其名乎？乃谓不受而能知之，未得能见之也。黄帝、帝喾虽有神灵之验，亦皆早成之才也。人才早成，亦有晚就，虽未就师，家问室学，人见其幼成早就，称之过度。云项托七岁，是必十岁；云教孔子，是必孔子问之。云黄帝、帝喾生而能言，是亦数月。云尹方年二十一，是亦且三十。云无所师友，有不学书，是亦游学家习。世俗褒称过实，毁败逾恶。世俗传颜渊年十八岁升太山，望见吴昌门外有系白马。定考实，颜渊年三十，不升太山，不望吴昌门。项托之称，尹方之誉，颜渊之类也。

人才有高下，知物由学，学之乃知，不问不识。子贡曰："夫子焉不学，而亦何常师之有？"孔子曰："吾十有五而志乎学。"五帝、三王，皆有所师。曰：是欲为人法也。曰：精思亦可为人法，何必以学者？事难空知，贤圣之才能立也。所谓神者，不学而知；所谓圣者，须学以圣。以圣人学，知其非圣。天地之间，含血之类，无性知者。狌狌知往，鳱鹊知来，禀天之性，自然者也。如以圣人为若狌狌乎？则夫狌狌之类，鸟兽也。僮谣不学而知，可谓神而先知矣。如以圣人为若僮谣乎？则夫僮谣者，妖也。世间圣神，以为巫与？鬼神用巫之口告人。如以圣人为若巫乎？则夫为巫者亦妖也。与妖同气，则与圣异类矣。巫与圣异，则圣不能神矣。不能神，则贤之党也。同党，则所知者无以异也。及其有异，以入道也。圣人疾，贤者迟；贤者才多，圣人智多。所知同业，多少异量；所道一途，步驺相过。

事有难知易晓，贤圣所共关思也。若夫文质之复，三教之重，正朔相缘，损益相因，贤圣所共知也。古之水火，今之水火也；今之声色，后世之声色也。鸟兽草木，人民好恶，以今而见古，以此而知来，千岁之前，万世之后，无以异也。追观上古，探察来世，文质之类，水火之辈，贤圣共之。见兆闻象，图画祸福，贤圣共之。见怪名物，无所疑惑，贤圣共之。事可知者，贤圣所共知也；不可知者，圣人亦不能知也。何以明之？使圣空坐先知雨也，性能一事知远道，孔窍不普，未足以论也。所论先知性达者，尽知万物之性，毕睹千道之要也。如知一不通二，达左不见右，偏驳不纯，踦校不具，非所谓圣也。如必谓之圣，是明圣人无以奇也。詹何之徒圣，孔子之党亦称圣，是圣无以异于贤，贤无以乏于圣也。贤、圣皆能，何以称圣奇于贤乎？如俱任用术数，贤何以不及圣？

实者，圣贤不能知性，须任耳目以定情实。其任耳目也，可知之事，思之辄决；不可知之事，待问乃解。天下之事，世间之物，可思而〔知〕，愚夫能开精；不可思而知，上圣不能省。孔子曰："吾尝终日不食，终夜不寝以思，无益，不如学也。"天下事有不可知，犹结有不可解也。(见)〔兒〕说善解结，结无有不可解。结有不可解，见〔兒〕说不能解也。非(见)〔兒〕说不能解也，结有不可解；及其解之，用不能也。圣人知事，事无不可知；事有不可知，圣人不能知。非圣人不能知，事有不可知；及其知之，用不知也。故夫难知之事，学问所能及也；不可知之事，问之学之，不能晓也。

知实第七十九

凡论事者，违实不引效验，则虽甘义繁说，众不见信。论圣人不能神而先知，先知之间，不能独见；非徒空说虚言，直以才智准况之工也。事有证验，以效实然，何以明之？

孔子问公叔文子于公明贾，曰："信乎？夫子不言、不笑、不取，有诸？"对曰："以告者过也。夫子时然后言，人不厌其言；乐然后笑，人不厌其笑;义然后取,人不厌其取。”孔子曰:“岂其然乎?岂其然乎?”天下之人,有如伯夷之廉,不取一芥于人,未有不言、不笑者也。孔子既不能如心揣度,以决然否,心怪不信,又不能达视遥见,以审其实,问公明贾,乃知其情。孔子不能先知,一也。

陈子禽问子贡曰:“夫子至于是邦也,必闻其政。求之与?抑与之与?”子贡曰:“夫子温良恭俭让,以得之。”温良恭俭让,尊行也。有尊行于人,人亲附之。人亲附之,则人告语之矣。然则孔子闻政以人言,不神而自知之也。齐景公问子贡曰:“夫子贤乎?”子贡对曰:“夫子乃圣,岂徒贤哉!”景公不知孔子圣,子贡正其名。子禽亦不知孔子所以闻政,子贡定其实。对景公云“夫子圣,岂徒贤哉”,则其对子禽,亦当云“神而自知之,不闻人言”。以子贡对子禽言之,圣人不能先知,二也。

颜渊炊饭,尘落甑中,欲置之则不清,投地则弃饭,掇而食之。孔子望见,以为窃食。圣人不能先知,三也。

涂有狂夫,投刃而候;泽有猛虎,厉牙而望。知见之者,不敢前进;如不知见,则遭狂夫之刃,犯猛虎之牙矣。匡人之围孔子。孔子如审先知,当早易道以违其害,不知而触之,故遇其患。以孔子围言之,圣人不能先知,四也。

子畏于匡,颜渊后。孔子曰:“吾以汝为死矣。”如孔子先知,当知颜渊必不触害,匡人必不加悖。见颜渊之来,乃知不死;未来之时,谓以为死。圣人不能先知,五也。

阳货欲见孔子,孔子不见,馈孔子豚。孔子时其亡也而往拜之,遇诸涂。孔子不欲见,既往,候时其亡,是势必不欲见也,反遇于路。以孔子遇阳虎言之,圣人不能先知,六也。

长沮、桀溺耦而耕,孔子过之,使子路问津焉。如孔子知津,不当更问。论者曰:“欲观隐者之操。”则孔子先知,当自知之,无为观也。如不知而问之,是不能先知,七也。

孔子母死,不知其父墓,殡于五甫之衢。人见之者,以为葬也。盖以无所合葬,殡之谨,故人以为葬也。邻人邹曼甫之母告之,然后得合葬于防。有茔自在防,殡于衢路,圣人不能先知,八也。

既得合葬,孔子反,门人后,雨甚。至,孔子问曰:“何迟也?”曰:“防墓崩。”孔子不应,三,孔子泫然流涕曰:“吾闻之,古不修墓。”如孔子先知,当先知防墓崩,比门人至,宜流涕以俟之。人至乃知之,圣人不能先知,九也。

子入太庙,每事问。不知故问,为人法也。孔子未尝入庙,庙中礼器,众多非一。孔子虽圣,何能知之?以尝见,实已知,而复问,为人法。孔子曰:“疑思问。”疑乃当问邪。实已知,当复问,为人法。孔子知五经,门人从之学,当复行问,以为人法,何故专口授弟子乎?不以已知五经复问为人法,独以已知太庙复问为人法,圣人用心,何其不一也?以孔子入太庙言之,圣人不能先知,十也。

主人请宾饮食,若呼宾顿若舍。宾如闻其家有轻子(洎)〔泊〕孙,必教亲彻馔退膳,不得饮食;闭馆关舍,不得顿。宾之执计,则必不往。何则?知请呼无喜,空行劳辱也。如往无喜,劳辱复还,不知其家,不晓其实,人实难知,吉凶难图。如孔子先知,宜知诸侯惑于谗臣,必不能用,空劳辱已,聘召之到,宜寝不往。君子不为无益之事,不履辱身之行;无为周流应聘,以取削迹之辱;空说非主,以犯绝粮之厄。由此言之,近不能知。论者曰:“孔子自知不用,圣思闵道不行,民在涂炭之中,庶几欲佐诸侯,行道济民。故应聘周流,不避患耻。为道不为己,故逢患而不恶。为民不为名,故蒙谤而不避。”曰:此非实也。孔子曰:“吾自卫反鲁,然后乐正,雅颂各得其所。”是谓孔子自知时也。何以自知?鲁、卫,天下最贤之国也。鲁、卫不能用己,则天下莫能用己也,故退作《春秋》,删定《诗》《书》。以自卫反鲁言之,知行应聘时,未自知也。何则?无兆象效验,圣人无以定也。鲁、卫不能用,自知极也;鲁人获麟,自知绝也。道极命绝,兆象著明，心怀望沮，退而幽思。夫周流不休，犹病未死，祷卜使痊也；死兆未见，冀得活也。然则应聘，未见绝证，冀得用也。死兆见舍，卜还医绝，揽笔定书。以应聘周流言之，圣人不能先知，十一也。

孔子曰："游者可为纶，走者可为矰。至于龙，吾不知其乘云风上升。今日见老子，其犹龙邪！"圣人知物知事。老子与龙，人、物也，所从上下，事也，何故不知？如老子神，龙亦神，圣人亦神。神者同道，精气交连，何故不知？以孔子不知龙与老子言之，圣人不能先知，十二也。

孔子曰："孝哉，闵子骞！人不间于其父母昆弟之言。"虞舜大圣，隐藏骨肉之过，宜愈子骞。瞽叟与象，使舜治廪浚井，意欲杀舜。当见杀己之情，早谏豫止。既无如何，宜避不行。若病不为，何故使父与弟得成杀己之恶，使人闻非父弟，万世不灭？以虞舜不豫见，圣人不能先知，十三也。

武王不豫，周公请命，坛墠既设，策祝已毕，不知天之许己与不。乃卜三龟，三龟皆吉。如圣人先知，周公当知天已许之，无为顿复卜三龟。知圣人不以独见立法，则更请命，秘藏不见，天意难知，故卜而合兆，兆决心定，乃以从事。圣人不能先知，十四也。

晏子聘于鲁，堂上不趋，晏子趋；授玉不跪，晏子跪。门人怪而问于孔子，孔子不知，问于晏子，晏子解之，孔子乃晓。圣人不能先知，十五也。

陈贾问于孟子曰："周公何人也？"曰："圣人。""使管叔监殷，管叔畔也。二者有诸？"曰："然。""周公知其畔而使，不知而使之与？"曰："不知也。""然则圣人且有过与？"曰："周公，弟也；管叔，兄也。周公之过也，不亦宜乎！"孟子，实事之人也，言周公之圣，处其下，不能知管叔之畔。圣人不能先知，十六也。

孔子曰："赐不受命而货殖焉，亿则屡中。"罪子贡善居积，意贵贱之期，数得其时，故货殖多，富比陶朱。然则圣人先知也，子贡亿数中之类也。圣人据象兆，原物类，意而得之。其见变名物，博学而识之。巧商而善意，广见而多记，由微见较。若揆之今睹千载，所谓智如渊海。孔子见窍睹微，思虑洞达，材智兼倍，强力不倦，超逾伦等，耳目非有达视之明，知人所不知之状也。使圣人达视远见，洞听潜闻，与天地谈，与鬼神言，知天上地下之事，乃可谓神而先知，与人卓异。今耳目闻见与人无别，遭事睹物与人无异，差贤一等尔，何以谓神而卓绝？

夫圣犹贤也，人之殊者谓之圣，则圣贤差小大之称，非绝殊之名也。何以明之？齐桓公与管仲谋伐莒，谋未发而闻于国，桓公怪之，问管仲曰："与仲甫谋伐莒，未发，闻于国，其故何也？"管仲曰："国必有圣人也。"少顷，当东郭牙至。管仲曰："此必是已。"乃令宾延而上之，分级而立。管曰："子邪言伐莒？"对曰："然。"管仲曰："我不伐莒，子何故言伐莒？"对曰："臣闻君子善谋，小人善意。臣窃意之。"管仲曰："我不言伐莒，子何以意之？"对曰："臣闻君子有三色：欢然喜乐者，钟鼓之色；愁然清净者，衰绖之色；怫然充满手足者，兵革之色。君口垂不(唫)〔唫〕，所言莒也；君举臂而指，所当又莒也。臣窃虞国小诸侯不服者，其唯莒乎？臣故言之。"夫管仲，上智之人也，其别物审事矣，云"国必有圣人者"，至诚谓国必有也。东郭牙至，云"此必是已"，谓东郭牙圣也。如贤与圣绝辈，管仲知时无十二圣之党，当云"国必有贤者"，无为言圣也。谋未发而闻于国，管仲谓"国必有圣人"，是谓圣人先知也。及见东郭牙，云"此必是已"，谓贤者圣也。东郭牙知之审，是与圣人同也。

客有见淳于髡于梁惠王者，再见之，终无言也。惠王怪之，以让客曰："子之称淳于生，言管、晏不及。及见寡人，寡人未有得也。寡人未足为言邪？"客谓髡。曰："固也！吾前见王志在远，后见王志在音，吾是以默然。"客具报，王大骇曰："嗟乎！淳于生诚圣人也。前淳于生之来，人有献龙马者，寡人未及视，会生至。后来，人有献讴者，未及试，亦会生至。寡人虽屏左右，私心在彼。”夫髡之见惠王在远与音也，虽汤、禹之察，不能过也。志在胸臆之中，藏匿不见，髡能知之。以髡等为圣，则髡圣人也。如以髡等非圣，则圣人之知，何以过髡之知惠王也？观色以窥心，皆有因缘以准的之。

楚灵王会诸侯，郑子产曰：“鲁、邾、宋、卫不来。”及诸侯会，四国果不至。赵尧为符玺御史。赵人方与公谓御史大夫周昌曰：“君之史赵尧且代君位。”其后尧果为御史大夫。然则四国不至，子产原其理也；赵尧之为御史大夫，方与公睹其状也。原理睹状，处著方来，有以审之也。鲁人公孙臣，孝文皇帝时上书，言汉土德，其符黄龙当见。后黄龙见成纪。然则公孙臣知黄龙将出，案律历以处之也。

贤圣之知，事宜验矣。贤圣之才，皆能先知；其先知也，任术用数，或善商而巧意，非圣人空知。神怪与圣贤，殊道异路也。圣贤知不逾，故用思相出入；遭事无神怪，故名号相贸易。故夫贤圣者，道德智能之号；神者，眇茫恍惚无形之实。实异，质不得同；实钧，效不得殊。圣神号不等，故谓圣者不神，神者不圣。东郭牙善意以知国情，子贡善意以得货利，圣人之先知，子贡、东郭牙之徒也。与子贡、东郭同，则子贡、东郭之徒亦圣也。夫如是，圣贤之实同而名号殊，未必才相悬绝、智相兼倍也。

太宰问于子贡曰：“夫子圣者欤？何其多能也？”子贡曰：“故天纵之将圣，又多能也。”将者，且也，不言已圣言且圣者，以为孔子圣未就也。夫圣若为贤矣，治行厉操，操行未立，则谓且贤。今言且圣，圣可为之故也。孔子曰：“吾十有五而志于学，三十而立，四十而不惑，五十而知天命，六十而耳顺。”从知天命至耳顺，学就知明，成圣之验也。未五十、六十之时，未能知天命至耳顺也，则谓之“且”矣。当子贡答太宰时，殆三十、四十之时也。

魏昭王问于田诎曰：“寡人在东宫之时，闻先生之议，曰‘为圣易’，有之乎？”田诎对曰：“臣之所学也。”昭王曰：“然则先生圣乎？”

田诎曰:“未有功而知其圣者,尧之知舜也。待其有功而后知其圣者,市人之知舜也。今诎未有功,而王问诎曰‘若圣乎’,敢问王亦其尧乎?”夫圣可学为,故田诎谓之易。如卓与人殊,禀天性而自然,焉可学?而为之安能成?田诎之言为易圣,未必能成,田诎之言为易,未必能是;言“臣之所学”,盖其实也。

贤可学,为劳佚殊,故贤圣之号,仁智共之。子贡问于孔子:“夫子圣矣乎?”孔子曰:“圣则吾不能。我学不餍,而教不倦。”子贡曰:“学不餍者,智也;教不倦者,仁也。仁且智,夫子既圣矣。”由此言之,仁智之人,可谓圣矣。孟子曰:“子夏、子游、子张,得圣人之一体;冉牛、闵子骞、颜渊,具体而微。”六子在其世,皆有圣人之才,或颇有而不具,或备有而不明,然皆称圣人,圣人可勉成也。孟子又曰:“非其君不事,非其民不使,治则进,乱则退,伯夷也。何事非君,何使非民,治亦进,乱亦进,伊尹也。可以仕则仕,可以已则已,可以久则久,可以速则速,孔子也。皆古之圣人也。”又曰:“圣人,百世之师也,伯夷、柳下惠是也。故闻伯夷之风者,顽夫廉,懦夫有立志;闻柳下惠之风者,薄夫敦,鄙夫宽,奋乎百世之上,百世之下闻之者,莫不兴起,非圣而若是乎?而况亲炙之乎?”夫伊尹、伯夷、柳下惠,不及孔子,而孟子皆曰“圣人”者,贤圣同类,可以共一称也。宰予曰:“以予观夫子,贤于尧、舜远矣。”孔子圣,宜言圣于尧、舜,而言贤者,圣贤相出入,故其名称相贸易也。

卷二十七

定贤第八十

圣人难知,贤者比于圣人为易知,世人且不能知贤,安能知圣乎? 世人虽言知贤,此言妄也。知贤何用? 知之如何?

以仕宦得高官身富贵为贤乎? 则富贵者,天命也。命富贵,不为贤;命贫贱,不为不肖。必以富贵效贤不肖,是则仕宦以才不以命也。

以事君调合寡过为贤乎? 夫顺阿之臣,佞幸之徒是也,准主而说,适时而行,无廷逆之郄,则无斥退之患。或骨体娴丽,面色称媚,上不憎而善生,恩泽洋溢过度,未可谓贤。

以朝庭选举皆归善为贤乎? 则夫著见而人所知者举多,幽隐人所不识者荐少,虞舜是也。尧求则咨于鲧、共工,则岳已不得。由此言之,选举多少,未可以知实。或德高而举之少,或才下而荐之多。明君求善察恶于多少之间,时得善恶之实矣。且广交多徒,求索众心者,人爱而称之;清直不容乡党,志洁不交非徒,失众心者,人憎而毁之。故名多生于知谢,毁多失于众意。齐威王以毁封即墨大夫,以誉烹阿大夫。即墨有功而无誉,阿无效而有名也。子贡问曰:“乡人皆好之,何如?”孔子曰:“未可也。”“乡人皆恶之,何如?”曰:“未可也。不若乡人之善者好之,其不善者恶之。”夫如是,称誉多而小大皆言善者,非贤也。善人称之,恶人毁之,毁誉者半,乃可有贤。以善人所称、恶人所毁可以知贤乎? 夫如是,孔子之言可以知贤。不知誉此人(也)者贤〔也〕? 毁此人者恶也? 或时称者恶而毁者善也？人眩惑无别也。

以人众所归附，宾客云合者为贤乎？则夫人众所附归者，或亦广交多徒之人也，众爱而称之，则蚁附而归之矣。或尊贵而为利，或好士下客，折节俟贤，信陵、孟尝、平原、春申食客数千，称为贤君。大将军卫青及霍去病门无一客，称为名将。故宾客之会，在好下之君。利害之贤，或不好士，不能为轻重，则众不归而士不附也。

以居位治人，得民心歌咏之为贤乎？则夫得民心者，与彼得士意者，无以异也。为虚恩拊循其民，民之欲得，即喜乐矣。何以效之？齐田成子、越王句践是也。成子欲专齐政，以大斗贷、小斗收而民悦。句践欲雪会稽之耻，拊循其民，吊死问病而民喜。二者皆自有所欲为于他，而伪诱属其民，诚心不加，而民亦说。孟尝君夜出秦关，鸡未鸣而关不闿，下坐贱客鼓臂为鸡鸣，而鸡皆和之，关即闿，而孟尝得出。(又)〔夫〕鸡可以奸声感，则人亦可以伪恩动也。人可以伪恩动，则天亦可巧诈应也。动致天气，宜以精神，而人用阳燧取火于天，消炼五石，五月盛夏铸以为器，乃能得火。今又但取刀、剑、恒铜钩之属，切磨以向日，亦得火焉。夫阳燧、刀、剑、钩，能取火于日，恒非贤圣，亦能动气于天。若董仲舒信土龙之能致云雨，盖亦有以也。夫如是，应天之治，尚未可谓贤，况徒得人心，即谓之贤，如何？

以居职有成功见效为贤乎？夫居职何以为功效？以人民附之，则人民可以伪恩说也。阴阳和，百姓安者，时也。时和，不肖遭其安；不和，虽圣逢其危。如以阴阳和而效贤不肖，则尧以洪水得黜，汤以大旱为殿下矣。如功效谓事也，身为之者，功著可见；以道为计者，效没不章。鼓无当于五音，五音非鼓不和；师无当于五服，五服非师不亲；水无当于五采，五采非水不章。道为功本，功为道效，据功谓之贤，是则道人之不肖也。高祖得天下，赏群臣之功，萧何为赏首。何则？高祖论功，比猎者之纵狗也。狗身获禽，归功于人。群臣手战，其犹狗也；萧何持重，其犹人也。必据成功谓之贤，是则萧何无功,功赏不可以效贤,一也。

夫圣贤之治世也有术,得其术则功成,失其术则事废。譬犹医之治病也,有方,笃剧犹治;无方,才微不愈。夫方犹术,病犹乱,医犹吏,药犹教也。方施而药行,术设而教从,教从而乱止,药行而病愈。治病之医,未必惠于不为医者。然而治国之吏,未必贤于不能治国者,偶得其方,遭晓其术也。治国须术以立功,亦有时当自乱,虽用术,功终不立者;亦有时当自安,虽无术,功犹成者。故夫治国之人,或得时而功成,或失时而无效。术人能因时以立功,不能逆时以致安。良医能治未当死之人命,如命穷寿尽,方用无验矣。故时当乱也,尧、舜用术,不能立功;命当死矣,扁鹊行方,不能愈病。射御巧技百工之人,皆以法术,然后功成事立,效验可见。观治国,百工之类也;功立,犹事成也。谓有功者贤,是谓百工皆贤人也。赵人吾丘寿王,武帝时待诏,上使从董仲舒受《春秋》,高才通明于事,后为东郡都尉。上以寿王之贤,不置太守。时军发,民骚动,岁恶,盗贼不息。上赐寿王书曰:"子在朕前时,辐凑并至,以为天下少双,海内寡二,至连十馀城之势,任四千石之重,而盗贼浮船行攻取于库兵,甚不称在前时,何也?"寿王谢言难禁,复召为光禄大夫。常居左右,论事说议,无不是者,才高智深,通明多见。然其为东郡都尉,岁恶,盗贼不息,人民骚动,不能禁止。不知寿王不得治东郡之术邪?亡将东郡适当复乱,而寿王之治偶逢其时也?夫以寿王之贤,治东郡不能立功,必以功观贤,则寿王弃而不选也。恐必世多如寿王之类,而论者以无功不察其贤。燕有谷,气寒不生五谷。邹衍吹律致气,既,寒更为温,燕以种黍,黍生丰熟,到今名之曰:"黍谷。"夫和阴阳,当以道德至诚。然而邹衍吹律,寒谷更温,黍谷育生。推此以况诸有成功之类,有若邹衍吹律之法。故得其术也,不肖无不能;失其数也,贤圣有不治。此功不可以效贤,二也。

人之举事,或意至而功不成,事不立而势贯山。荆轲,医夏无且是矣。荆轲入秦之计，本欲劫秦王生致于燕，邂逅不偶，为秦所擒。当荆轲之逐秦王，秦王环柱而走，医夏无且以药囊提荆轲。既而天下名轲为烈士，秦王赐无且金二百镒。夫为秦所擒，生致之功不立，药囊提刺客，益于救主，然犹称赏者，意至势盛也。天下之士不以荆轲功不成，不称其义；秦王不以无且无见效，不赏其志。志善不效成功，义至不谋就事，义有馀，效不足，志巨大而功细小，智者赏之，愚者罚之。必谋功不察志，论阳效不存阴计，是则豫让拔剑斩襄子之衣，不足识也；伍子胥鞭笞平王尸，不足载也；张良椎始皇误中副车，不足记也。三者道地不便，计画不得，有其势而无其功，怀其计而不得为其事，是功不可以效贤，三也。

以孝于父、弟于兄为贤乎？则夫孝弟之人，有父兄者也，父兄不慈，孝弟乃章。舜有瞽瞍，参有曾皙，孝立名成，众人称之，如无父兄，父兄慈良，无章显之效，孝弟之名，无所见矣。忠于君者，亦与此同。龙逢、比干忠著夏、殷，桀、纣恶也；稷、契、皋陶忠暗唐、虞，尧、舜贤也。故萤火之明，掩于日月之光；忠臣之声，蔽于贤君之名。死君之难，出命捐身，与此同。臣遭其时死其难，故立其义而获其名。大贤之涉世也，翔而有集，色斯而举；乱君之患，不累其身；危国之祸，不及其家。安得逢其祸而死其患乎？齐詹问于晏子曰："忠臣之事其君也，若何？"对曰："有难不死，出亡不送。"詹曰："列地而予之，疏爵而贵之，君有难不死，出亡不送，可谓忠乎？"对曰："言而见用，臣奚死焉？谏而见从，终身不亡，臣奚送焉？若言不见用，有难而死，是妄死也；谏而不见从，出亡而送，是诈伪也。故忠臣者，能尽善于君，不能与陷于难。"案晏子之对，以求贤于世，死君之难、立忠节者，不应科矣。是故大贤寡可名之节，小贤多可称之行，可得箅者小，而可得量者少也。恶至大，箅弗能；数至多，升斛弗能。有小少易名之行，又发于衰乱易见之世，故节行显而名声闻也。浮于海者，迷于东西，大也；行于沟，咸识舟楫之迹，小也。小而易见，衰乱亦易察。故世不危乱，奇行不见，主不悖惑，忠节不立。鸿卓之义，发于颠沛之朝；清高之行，显于衰乱之世。

以全身免害不被刑戮，若南容惧白圭者为贤乎？则夫免于害者幸而命禄吉也，非才智所能禁，推行所能却也。神蛇能断而复属，不能使人弗断；圣贤能困而复通，不能使人弗害。南容能自免于刑戮，公冶以非罪在缧绁，伯玉可怀于无道之国，文王拘羑里，孔子厄陈、蔡，非行所致之难，掩己而至，则有不得自免之患，累己而滞矣。夫不能自免于患者，犹不能延命于世也。命穷，贤不能自续；时厄，圣不能自免。

以委国去位，弃富贵就贫贱为贤乎？则夫委国者，有所迫也。若伯夷之徒，昆弟相让以国，耻有分争之名；及大王亶甫重战其故民，皆委国及去位者，道不行而志不得也。如道行志得，亦不去位。故委国去位，皆有以也，谓之为贤；无以者，可谓不肖乎？且有国位者，故得委而去之，无国位者何委？夫割财用及让下受分，与此同实。无财何割？口饥何让？仓廪实，民知礼节；衣食足，知荣辱。让生于有馀，争生于不足。人或割财助用，袁将军再与兄子分家财，多有以为恩义。昆山之下，以玉为石，彭蠡之滨，以鱼食犬豕。使推让之人，财若昆山之玉、彭蠡之鱼，家财再分，不足为也。韩信寄食于南昌亭长，何财之割？颜渊箪食瓢饮，何财之让？管仲分财取多，无廉让之节，贫乏不足，志义废也。

以避世离俗，清身洁行为贤乎？是则委国去位之类也。富贵，人情所贪，高官大位人之所欲，乐去之而隐，生不遭遇，志气不得也。长沮、桀溺避世隐居，伯夷、於陵去贵取贱，非其志也。

〔以〕恬憺无欲，志不在于仕，苟欲全身养性为贤乎？是则老聃之徒也。道人与贤殊科者，忧世济民于难。是以孔子栖栖，墨子遑遑。不进与孔、墨合务，而还与黄、老同操，非贤也。

以举义千里，师将朋友无废礼为贤乎？则夫家富财饶，筋力劲强者能堪之。匮乏无以举礼,羸弱不能奔远,不能任也。是故百金之家,境外无绝交;千乘之国,同盟无废赠。财多故也。使谷食如水火,虽贪吝之人,越境而布施矣。故财少,则正礼不能举一;有馀,则妄施能于千。家贫无斗筲之储者,难责以交施矣。举檐千里之人,(材)〔杖〕策越疆之士,手足胼胝,面目骊黑,无伤感不任之疾,筋力皮革,必有与人异者矣。推此以况为君要证之吏,身被疾痛而口无一辞者,亦肌肉骨节坚强之故也。坚强,则能隐事而立义;软弱,则诬时而毁节。豫让自贼,妻不能识;贯高被箠,身无完肉。实体有不与人同者,则其节行有不与人钧者矣。

以经明带徒聚众为贤乎?则夫经明,儒者是也。儒者,学之所为也。儒者学,学儒矣,传先师之业,习口说以教,无胸中之造,思定然否之论。邮人之过书,门者之传教也,封完书不遗,教审令不(遗)误者,则为善矣。(传)〔儒〕者传学,不妄一言,先师古语,到今具存,虽带徒百人以上,位博士、文学、邮人、门者之类也。

以通览古今,秘隐传记无所不记为贤乎?是则(传)〔儒〕者之次也。才高好事,勤学不舍,若专成之苗裔,有世祖遗文,得成其篇业。观览讽诵,若典官文书,若太史公及刘子政之徒,有主领书记之职,则有博览通达之名矣。

以权诈卓谲,能将兵御众为贤乎?是韩信之徒也,战国获其功,称为名将;世平能无所施,还入祸门矣。高鸟死,良弓藏;狡兔得,良犬烹。权诈之臣,高鸟之弓,狡兔之犬也。安平身无宜,则弓藏而犬烹。安平之主,非弃臣而贱士,世所用助上者,非其宜也。向令韩信用权变之才,为若叔孙通之事,安得谋反诛死之祸哉?有(功)〔攻〕强之权,无守平之智;晓将兵之计,不见已定之义,居平安之时,为反逆之谋。此其所以功灭国绝,不得名为贤也。

〔以〕辩于口,言甘辞巧为贤乎?则夫子贡之徒是也。子贡之辩胜颜渊,孔子序置于下。实才不能高,口辩机利,人决能称之。夫自文帝尚多虎圈啬夫,少上林尉,张释之称周勃、张相如,文帝乃悟。夫辩于口,虎圈啬夫之徒也,难以观贤。

以敏于笔,文墨(两)〔雨〕集为贤乎?夫笔之与口,一实也。口出以为言,笔书以为文。口辩,才未必高;然则笔敏,知未必多也。且笔用何为敏?以敏于官曹事。事之难者,莫过于狱,狱疑则有请谳。盖世优者莫过张汤,张汤文深,在汉之朝,不称为贤。太史公序累,以汤为酷,酷非贤者之行。鲁林中哭妇,虎食其夫,又食其子,不能去者,善政不苛,吏不暴也。夫酷,苛暴之党也,难以为贤。

以敏于赋颂,为弘丽之文为贤乎?则夫司马长卿、扬子云是也。文丽而务巨,言眇而趋深,然而不能处定是非,辩然否之实。虽文如锦绣,深如河、汉,民不觉知是非之分,无益于弥为崇实之化。

以清节自守,不降志辱身为贤乎?是则避世离俗,长沮、桀溺之类也。虽不离俗,节与离世者钧,清其身而不辅其主,守其节而不劳其民。大贤之在世也,时行则行,时止则止,铨可否之宜,以制清浊之行。子贡让而止善,子路受而观德。夫让,廉也;受,则贪也。贪有益,廉有损,推行之节,不得常清眇也。伯夷无可,孔子谓之非,操违于圣,难以为贤矣。

或问于孔子曰:"颜渊何人也?"曰:"仁人也,丘不如也。""子贡何人也?"曰:"辩人也,丘弗如也。""子路何人也?"曰:"勇人也,丘弗如也。"客曰:"三子者皆贤于夫子,而为夫子服役,何也?"孔子曰:"丘能仁且忍,辩且诎,勇且怯。以三子之能,易丘之道,弗为也。"孔子知所设施之矣。有高才洁行,无知明以设施之,则与愚而无操者,同一实也。夫如是,皆有非也。无一非者,可以为贤乎?是则乡原之人也。孟子曰:"非之无举也,刺之无刺也。同于流俗,合于污世,居之似忠信,行之似廉洁,众皆说之,自以为是,而不可与入尧、舜之道。"故孔子曰:"乡原,德之贼也。"似之而非者,孔子恶之,夫如是,何以知实贤?知贤竟何用?世人之检,苟见才高能茂,有成功见效,则谓之贤。若此甚易,知贤何难?《书》曰:“知人则哲,惟帝难之。”据才高卓异者,则谓之贤耳,何难之有?然而难之,独有难者之故也。

夫虞舜不易知人,而世人自谓能知贤,误也,然则贤者竟不可知乎?曰:易知也。而称难者,不见所以知之则难,圣人不易知也;及见所以知之,中才而察之。譬犹工匠之作器也,晓之则无难,不晓则无易。贤者易知于作器。世无别,故真贤集于俗士之间。俗士以辩惠之能,据官爵之尊,望显盛之宠,遂专为贤之名。贤者还在闾巷之间,贫贱终老,被无验之谤。若此,何时可知乎?然而必欲知之,观善心也。夫贤者,才能未必高也而心明,智力未必多而举是。何以观心?必以言。有善心,则有善言。以言而察行,有善言,则有善行矣。言行无非,治家,亲戚有伦;治国,则尊卑有序。无善心者,白黑不分,善恶同伦,政治错乱,法度失平。故心善,无不善也;心不善,无能善。心善,则能辩然否,然否之义定,心善之效明,虽贫贱困穷,功不成而效不立,犹为贤矣。故治不谋功,要所用者是;行不责效,期所为者正。正是审明,则言不须繁,事不须多,故曰:“言不务多,务审所谓。行不务远,务审所由。”言得道理之心,口虽讷不辩,辩在胸臆之内矣。故人欲心辩,不欲口辩。心辩,则言丑而不违;口辩,则辞好而无成。

孔子称少正卯之恶,曰言非而博,顺非而泽。内非而外以才能饬之,众不能见,则以为贤。夫内非外饬,是世以为贤,则夫内是外无以自表者,众亦以为不肖矣。是非乱而不治,圣人独知之。人言行多若少正卯之类。贤者独识之。世有是非错缪之言,亦有审误纷乱之事,决错缪之言,定纷乱之事,唯贤圣之人为能任之。圣心明而不暗,贤心理而不乱。用明察非,非无不见;用理铨疑,疑无不定。与世殊指,虽言正是,众不晓见。何则?沉溺俗言之日久,不能自还以从实也。是故正是之言为众所非,离俗之礼为世所讥。管子曰:

"君子言堂满堂,言室满室。"怪此之言,何以得满? 如正是之言出,堂之人皆有正是之知,然后乃满。如非正是,人之乖剌异,安得为满? 夫歌曲妙者,和者则寡;言得实者,然者则鲜。和歌与听言,同一实也。曲妙,人不能尽和;言是,人不能皆信。鲁文公逆祀,去者三人;定公顺祀,畔者五人。贯于俗者,则谓礼为非。晓礼者寡,则知是者希。君子言之,堂室安能满? 夫人不谓之满,世则不得见。口谈之实语,笔墨之馀迹,陈在简策之上,乃可得知。故孔子不王,作《春秋》以明意。案《春秋》虚文业,以知孔子能王之德。孔子,圣人也,有若孔子之业者,虽非孔子之才,斯亦贤者之实验也。夫贤与圣同轨而殊名,贤可得定,则圣可得论也。

问:"周道不弊,孔子不作《春秋》。《春秋》之作,起周道弊也。如周道不弊,孔子不作者,未必无孔子之才,无所起也。夫如是,孔子之作《春秋》,未可以观圣;有若孔子之业者,未可知贤也。"曰:周道弊,孔子起而作之,文义褒贬是非,得道理之实,无非僻之误,以故见孔子之贤,实也。夫无言,则察之以文;无文,则察之以言。设孔子不作,犹有遗言,言必有起,犹文之必有为也。观文之是非,不顾作之所起。世间为文者众矣,是非不分,然否不定,桓君山论之,可谓得实矣。论文以察实,则君山,汉之贤人也。陈平未仕,割肉闾里,分均若一,能为丞相之验也。夫割肉与割文,同一实也。如君山得执汉平,用心与为论不殊指矣。孔子不王,素王之业在于《春秋》。然则桓君山素丞相之迹,存于《新论》者也。

卷二十八

正说第八十一

儒者说《五经》，多失其实。前儒不见本末，空生虚说；后儒信前师之言，随旧述故，滑习辞语。苟名一师之学，趋为师教授，及时蚤仕，汲汲竞进，不暇留精用心，考实根核。故虚说传而不绝，实事没而不见，《五经》并失其实。《尚书》《春秋》事较易，略正题目粗粗之说，以照篇中微妙之文。

说《尚书》者，或以为本百两篇，后遭秦燔《诗》《书》，遗在者二十九篇。夫言秦燔《诗》《书》，是也；言本百两篇者，妄也。盖《尚书》本百篇，孔子以授也。遭秦用李斯之议，燔烧《五经》，济南伏生抱百篇藏于山中。孝景皇帝时，始存《尚书》。伏生已出山中，景帝遣晁错往从受《尚书》二十馀篇。伏生老死。《书》残不竟，晁错传于倪宽。至孝宣皇帝之时，河内女子发老屋，得逸《易》《礼》《尚书》各一篇奏之，宣帝下示博士，然后《易》《礼》《尚书》各益一篇，而《尚书》二十九篇始定矣。至孝(景)〔武〕帝时，鲁共王坏孔子教授堂以为殿，得百篇《尚书》于墙壁中。武帝使使者取视，莫能读者，遂秘于中，外不得见。至孝成皇帝时，征为古文《尚书》学。东海张霸案百篇之序，空造百两之篇，献之成帝。帝出秘百篇以校之，皆不相应，于是下霸于吏。吏白霸罪当至死，成帝高其才而不诛，亦惜其文而不灭。故百两之篇，传在世间者，传见之人则谓《尚书》本有百两篇矣。

或言秦燔诗书者，燔《诗经》之书也，其经不燔焉。夫《诗经》独燔其诗。书,《五经》之总名也。传曰:男子不读经,则有博戏之心。子路使子羔为费宰,孔子曰:“贼夫人之子。”子路曰:“有民人焉,有社稷焉,何必读书,然后为学?”《五经》总名为书。传者不知秦燔书所起,故不审燔书之实。秦始皇(二)〔三〕十四年,置酒咸阳宫,博士七十人前为寿。仆射周青臣进颂秦始皇。齐人淳于越进谏,以为始皇不封子弟,卒有田常、六卿之难,无以救也,讥青臣之颂,谓之为谀。秦始皇下其议丞相府,丞相斯以为越言不可用,因此谓诸生之言惑乱黔首,乃令史官尽烧《五经》,有敢藏诸书百家语者刑,唯博士官乃得有之。《五经》皆燔,非独诸家之书也。传者信之,见言诗书,则独谓(经谓)〔《诗经》〕之书矣。

传者或知《尚书》为秦所燔,而谓二十九篇,其遗脱不烧者也。审若此言,《尚书》二十九篇,火之馀也,七十一篇为炭灰,二十九篇独遗邪?夫伏生年老,晁错从之学,时适得二十馀篇。伏生死矣,故二十九篇独见,七十一篇遗脱,遗脱者七十一篇,反谓二十九篇遗脱矣。

或说《尚书》二十九篇者,法曰斗七宿也,四七二十八篇。其一曰斗矣,故二十九。夫《尚书》灭绝于秦,其见在者二十九篇,安得法乎?宣帝之时,得佚《尚书》及《易》《礼》各一篇,《礼》《易》篇数亦始足,焉得有法?案百篇之序,阙遗者七十一篇,独为二十九篇立法。如何?或说曰:孔子更选二十九篇,二十九篇独有法也。盖俗儒之说也,未必传记之明也。二十九篇残而不足,有传之者,因不足之数,立取法之说,失圣人之意,违古今之实。夫经之有篇也,犹有章句也;有章句,犹有文字也;文字有意以立句,句有数以连章,章有体以成篇,篇则章句之大者也。谓篇有所法,是谓章句复有所法也。《诗经》旧时亦数千篇,孔子删去复重,正而存三百篇,犹二十九篇也。谓二十九篇有法,是谓三百五篇复有法也。

或说《春秋》,十二月也。《春秋》十二公,犹《尚书》之百篇,百篇无所法，十二公安得法？说《春秋》者曰：二百四十二年，人道浃，王道备。善善恶恶，拨乱世，反诸正，莫近于《春秋》。若此者，人道、王道适具足也。三军六师万二千人，足以陵敌伐寇，横行天下，令行禁止，未必有所法也。孔子作《春秋》，纪鲁十二公，犹三军之有六师也；士众万二千，犹年有二百四十二也。六师万二千人，足以成军；十二公二百四十二年，足以立义。说事者好神道恢义，不肖以遭祸。是故经传篇数，皆有所法。考实根本，论其文义，与彼贤者作书诗，无以异也。故圣人作经，贤者作书，义穷理竟，文辞备足，则为篇矣。其立篇也，种类相从，科条相附。殊种异类，论说不同，更别为篇。意异则文殊，事改则篇更。据事意作，安得法象之义乎？

或说《春秋》二百四十二年者，上寿九十，中寿八十，下寿七十。孔子据中寿三世而作，三八二十四，故二百四十年也。又说为赤制之中数也。又说二百四十二年，人道浃，王道备。夫据三世，则浃备之说非；言浃备之说为是，则据三世之论误。二者相伐而立其义，圣人之意何定哉？凡纪事言年月日者，详悉重之也。《洪范》五纪，岁月日星，纪事之文，非法象之言也。纪十二公享国之年，凡有二百四十二，凡此以立三世之说矣。实孔子纪十二公者，以为十二公事适足以见王义邪？据三世，三世之数，适得十二公而足也。如据十二公，则二百四十二年不为三世见也。如据三世，取三八之数，二百四十年而已，何必取二？说者又曰："欲合隐公之元也，不取二年，隐公元年，不载于经。"夫《春秋》，自据三世之数而作，何用隐公元年之事为始？须隐公元年之事为始，是竟以备足为义，据三世之说不复用矣。说隐公享国五十年，将尽纪元年以来邪？中断以备三八之数也？如尽纪元年以来，三八之数则中断；如中断以备三世之数，则隐公之元不合，何如？且年与月日，小大异耳，其所纪载，同一实也。二百四十二年谓之据三世，二百四十二年中之日月必有数矣。年据三世，月日多少何据哉？夫《春秋》之有年也，犹《尚书》之有章。章以首义,年以纪事。谓《春秋》之年有据,是谓《尚书》之章亦有据也。

说《易》者皆谓伏羲作八卦,文王演为六十四。夫圣王起。河出图,洛出书。伏羲王,《河图》从河水中出,《易》卦是也。禹之时得《洛书》,书从洛水中出,《洪范》九章是也。故伏羲以卦治天下,禹案《洪范》以治洪水,古者烈山氏之王得河图,夏后因之曰《连山》;烈山氏之王得河图,殷人因之曰《归藏》;伏羲氏之王得河图,周人曰《周易》。其经卦皆六十四,文王、周公因彖十八章究六爻。世之传说《易》者,言伏羲作八卦,不实其本,则谓伏羲真作八卦也。伏羲得八卦,非作之;文王得成六十四,非演之也。演作之言,生于俗传。苟信一文,使夫真是几灭不存,既不知《易》之为河图,又不知存于俗何家《易》也,或时《连山》《归藏》,或时《周易》。案礼夏、殷、周三家相损益之制,较著不同,如以周家在后,论今为《周易》,则《礼》亦宜为"周礼"。六典不与今礼相应,今礼未必为周,则亦疑今《易》未必为周也。案左丘明之《传》,引周家以卦,与今《易》相应,殆《周易》也。

说《礼》者,皆知礼也,为《礼》,何家礼也?孔子曰:"殷因于夏礼,所损益,可知也。周因于殷礼,所损益,可知也。"由此言之,夏、殷、周,各自有礼。方今周礼邪?夏、殷也?谓之周礼,《周礼》六典。案今《礼经》,不见六典,或时殷礼未绝,而六典之礼不传,世因谓此为周礼也。案周官之法,不与今礼相应,然则《周礼》六典是也。其不传,犹古文《尚书》《春秋左氏》不兴矣。

说《论》者,皆知说文解语而已,不知《论语》本几何篇,但周以八寸为尺,不知《论语》所独一尺之意。夫《论语》者,弟子共纪孔子之言行。敕记之时甚多,数十百篇,以八寸为尺,纪之约省,怀持之便也。以其遗非经,传文纪识恐忘,故但以八寸尺,不二尺四寸也。汉兴失亡。至武帝发取孔子壁中古文,得二十一篇;齐、鲁(二)、河间九篇。三十篇,至昭帝女读二十一篇,宣帝下太常博士。时尚称书难晓,名之曰传,后更隶写以传诵。初,孔子孙孔安国以教鲁人扶卿，官至荆州刺史，始曰《论语》。今时称《论语》二十篇，又失齐、鲁、河间九篇。本三十篇，分布亡失，或二十一篇，目或多或少，文赞或是或误。说《论语》者，但知以剥解之问，以纤微之难，不知存问本根篇数章目。温故知新，可以为师，今不知古，称师如何？

孟子曰："王者之迹熄而《诗》亡，《诗》亡然后《春秋》作。晋之《乘》，楚之《梼杌》，鲁之《春秋》，一也。"若孟子之言，《春秋》者，鲁史记之名，《乘》《梼杌》同。孔子因旧故之名以号《春秋》之经，未必有奇说异意，深美之据也。今俗儒说之："春者，岁之始；秋者，其终也。《春秋》之经，可以奉始养终，故号为《春秋》。"《春秋》之经何以异《尚书》？《尚书》者，以为上古帝王之书，或以为上所为、下所书，授事相实而为名，不依违作意以见奇。说《尚书》者，得经之实；说《春秋》者，失圣之意矣。《春秋左氏传》："桓公十有七年冬十月朔，日有食之。不书日，官失之也。"谓官失之言，盖其实也。史官记事，若今时县官之书矣，其年月尚大难失，日者微小易忘也。盖纪以善恶为实，不以日月为意。若夫公羊、穀梁之传，日月不具，辄为意使。失平常之事，有怪异之说，径直之文，有曲折之义，非孔子之心。夫《春秋》，实及言夏，不言者，亦与不书日月同一实也。

唐、虞、夏、殷、周者，土地之名。尧以唐侯嗣位，舜从虞地得达，禹由夏而起，汤因殷而兴，武王阶周而伐，皆本所兴昌之地，重本不忘始，故以为号，若人之有姓矣。说《尚书》谓之有天下之代号唐、虞、夏、殷、周者，功德之名，盛隆之意也。故唐之为言，荡荡也，虞者乐也，夏者大也，殷者中也，周者至也。尧，则荡荡民无能名；舜，则天下虞乐；禹承二帝之业，使道尚荡荡，民无能名；殷，则道得中；周武，则功德无不至。其立义美也，其褒五家大矣，然而违其正实，失其初意。唐、虞、夏、殷、周，犹秦之为秦，汉之为汉。秦起于秦，汉兴于汉中，故曰犹秦、汉；犹王莽从新都侯起，故曰亡新。使秦、汉在经传之上，说者将复为秦、汉作道德之说矣。

尧老求禅,四岳举舜,尧曰:“我其试哉!”说《尚书》曰:“试者,用也,我其用之为天子也。”文为天子也。文又曰:“女于时,观厥刑于二女。”观者,观尔虞舜于天下,不谓尧自观之也。若此者,高大尧、舜,以为圣人相见已审,不须观试,精耀相照,旷然相信。又曰:“四门穆穆,入于大麓,烈风雷雨不迷。”言大麓,三公之位也。居一公之位,大总录二公之事,众多并吉,若疾风大雨。夫圣人才高,未必相知也。圣成事,舜难知佞,使皋陶陈知人之法。佞难知,圣亦难别。尧之才,犹舜之知也。舜知佞,尧知圣。尧闻舜贤,四岳举之,心知其奇而未必知其能,故言“我其试(我)〔哉〕”,试之于职,妻以二女,观其夫妇之法,职治修而不废,夫道正而不僻。复令人庶之野,而观其圣,逢烈风疾雨,终不迷惑。尧乃知其圣,授以天下。夫文言观、试,观试其才也。说家以为譬喻增饰,使事失正是,诚而不存,曲折失意,使伪说传而不绝。造说之传,失之久矣。后生精者,苟欲明经,不原实,而原之者亦校古随旧,重是之文,以为说证。经之传不可从,《五经》皆多失实之说。《尚书》《春秋》,行事成文,较著可见,故颇独论。

书解第八十二

或曰:“士之论高,何必以文?”

答曰:夫人有文质乃成。物有华而不实,有实而不华者。《易》曰:“圣人之情见乎辞。”出口为言,集札为文,文辞施设,实情敷烈。夫文德,世服也,空书为文,实行为德,著之于衣为服。故曰:德弥盛者,文弥缛;德弥彰者,人弥明。大人德扩,其文炳;小人德炽,其文斑。官尊而文繁,德高而文积,华而睆者,大夫之箦,曾子寝疾,命元起易。由此言之,衣服以品贤。贤以文为差。愚杰不别,须文以立折,非唯于人,物亦咸然。龙鳞有文,于蛇为神;凤羽五色,于鸟为君;虎猛,毛蚡蛇;龟知,背负文。四者,体不质,于物为圣贤。且夫山无林,则为土山;地无毛,则为泻土;人无文,则为仆人。土山无麋鹿,泻土无五谷,人无文德,不为圣贤。上天多文,而后土多理,二气协和,圣贤禀受,法象本类,故多文彩。瑞应符命,莫非文者。晋唐叔虞,鲁成季友,惠公夫人号曰仲子,生而怪奇,文在其手。张良当贵,出与神会,老父授书,卒封留侯。河神故出图,洛灵故出书。竹帛所记,怪奇之物,不出潢洿。物以文为表,人以文为基。棘子成欲弥文,子贡讥之。谓文不足奇者,子成之徒也。

著作者为文儒,说经者为世儒。二儒在世,未知何者为优。或曰:“文儒不若世儒。世儒说圣人之经,解贤者之传,义理广博,无不实见,故在官常位,位最尊者为博士,门徒聚众,招会千里,身虽死亡,学传于后,文儒为华淫之说,于世无补,故无常官,弟子门徒不见一人,身死之后,莫有绍传,此其所以不如世儒者也。”

答曰:不然。夫世儒说圣情,共起并验,俱追圣人。事殊而务同,言异而义钧。何以谓之文儒之说,无补于世?世儒业易为,故世人学之多;非事可析第,故官廷设其位。文儒之业,卓绝不循,人寡其书,业虽不讲,门虽无人,书文奇伟,世人亦传。彼虚说,此实篇。折累二者,孰者为贤?案古俊乂著作辞说,自用其业,自明于世。世儒当时虽尊,不遭文儒之书,其迹不传。周公制礼乐,名垂而不灭;孔子作《春秋》,闻传而不绝。周公、孔子,难以论言。汉世文章之徒,陆贾、司马迁、刘子政、扬子云。其材能若奇,其称不由人。世传《诗》家鲁申公。《书》家千乘欧阳、公孙,不遭太史公,世人不闻。夫以业自显,孰与须人乃显?夫能纪百人,孰与廑能显其名?

或曰:“著作者,思虑间也,未必材知出异人也。居不幽,思不至。使著作之人,总众事之凡,典国境之职,汲汲忙忙,或暇著作。试使庸人积闲暇之思,亦能成篇八十数。文王日昃不暇食,周公一沐三握发,何暇优游为丽美之文于笔札?孔子作《春秋》,不用于周也。司马长卿不预公卿之事,故能作《子虚》之赋。扬子云存中郎之官,故能成《太玄经》,就《法言》。使孔子得王,《春秋》不作;长卿、子云为相,《赋》《玄》不工籍。”

答曰:文王日昃不暇食,此谓演《易》而益卦;周公一沐三握发,为周改法而制。周道不弊,孔子不作,休思虑间也,周法阔疏,不可因也。夫禀天地之文,发于胸臆,岂为间作不暇日哉?感伪起妄,源流气烝。管仲相桓公,致于九合;商鞅相孝公,为秦开帝业。然而二子之书,篇章数十。长卿、子云,二子之伦也。俱感故才并,才同故业钧,皆士而各著,不以思虑间也。问事弥多,而见弥博,官弥剧,而识弥泥,居不幽,则思不至,思不至,则笔不利。嚚顽之人,有幽室之思,虽无忧,不能著一字。盖人材有能,无有不暇。有无材而不能思,无有知而不能著。有鸿材欲作而无起,细知以问而能记。盖奇有无所因,无有不能言,两有无所睹,无不暇造作。

或曰:“凡作者,精思已极,居位不能领职。盖人思有所倚着,则精有所尽索。著作之人,书言通奇,其材已极,其知已罢,案古作书者,多位布散槃解,辅倾宁危,非著作之人所能为也。夫有所逼,有所泥,则有所自,篇章数百,吕不韦作《春秋》,举家徙蜀;淮南王作道书,祸至灭族;韩非著治术,身下秦狱。身且不全,安能辅国?夫有长于彼,安能不短于此?深于作文,安能不浅于政治?

答曰:人有所优,固有所劣;人有所工,固有所拙。非劣也,志意不为也;非拙也,精诚不加也。志有所存,顾不见泰山;思有所至,有身不暇徇也。称干将之利,刺则不能击,击则不能刺,非刃不利,不能一旦二也。蛢弹雀,则失鹅;射鹊,则失雁。方员画不俱成,左右视不并见,人材有两为,不能成一。使干将寡刺而更击,蛢舍鹊而射雁,则下射无失矣。人委其篇章,专为攻治,则子产、子贱之迹,不足侔也。古作书者,多立功不用也。管仲、晏婴,功书并作;商鞅、虞卿,篇治俱为。高祖既得天下,马上之计未败,陆贾造《新语》,高祖粗纳采。吕氏横逆，刘氏将倾，非陆贾之策，帝室不宁。盖材知无不能，在所遭遇，遇乱则知立功，有起则以其材著书者也。出口为言，著文为篇。古以言为功者多，以文为败者希。吕不韦、淮南王以他为过，不以书有非；使客作书，不身自为，如不作书，犹蒙此章章之祸。人古今违属，未必皆著作材知极也。邹阳举疏，免罪于梁；徐乐上书，身拜郎中。材能以其文为功于人，何嫌不能营卫其身？韩蚤信公子非，国不倾危；及非之死，李斯如奇非以著作材极，不能复有为也。春物之伤，或死之也；残物不伤，秋亦大长。假令非不死，秦未可知。故才人能令其行可尊，不能使人必法己；能令其言可行，不能使人必采取之矣。

或曰："古今作书者非一，各穿凿失经之实传，违圣人质，故谓之蕞残，比之玉屑。故曰蕞残满车，不成为道；玉屑满箧，不成为宝。前人近圣，犹为蕞残，况远圣从后复重为者乎？其作必为妄，其言必不明，安可采用而施行？"

答曰：圣人作其经，贤者造其传，述作者之意，采圣人之志，故经须传也。俱贤所为，何以独谓经传是，他书记非？彼见经传，传经之文，经须而解，故谓之是。他书与书相违，更造端绪，故谓之非。若此者，韪是于《五经》。使言非《五经》，虽是，不见听。使《五经》从孔门出，到今常令人不缺灭，谓之纯壹，信之可也。今《五经》遭亡秦之奢侈，触李斯之横议，燔烧禁防。伏生之休，抱经深藏。汉兴，收《五经》，经书缺灭而不明，篇章弃散而不具。晁错之辈，各以私意，分拆文字，师徒相因相授，不知何者为是。亡秦无道，败乱之也。秦虽无道，不燔诸子，诸子尺书，文篇具在，可观读以正说，可采掇以示后人。后人复作，犹前人之造也。夫俱鸿而知，皆传记所称，文义与经相薄，何以独谓文书失经之实？由此言之，经缺而不完，书无佚本，经有遗篇。折累二者，孰与蕞残？《易》据事象，《诗》采民以为篇，《乐》须（不）〔民〕欢，《礼》待民平。四经有据，篇章乃成。《尚书》《春秋》,采掇史记。史记兴,无异书。以民事一意,《六经》之作皆有据。由此言之,书亦为本,经亦为末,末失事实,本得道质。折累二者,孰为玉屑?知屋漏者在宇下,知政失者在草野,知经误者在诸子。诸子尺书,文明实是。说章句者,终不求解扣明,师师相传,初为章句者,非通览之人也。

卷二十九

案书第八十三

儒家之宗,孔子也;墨家之祖,墨翟也。且案儒道传而墨法废者,儒之道义可为,而墨之法议难从也。何以验之?墨家薄葬右鬼,道乖相反违其实,宜以难从也。乖违如何?使鬼非死人之精也,右之未可知,今墨家谓鬼审人之精也,厚其精而薄其尸,此于其神厚而于其体薄也。薄厚不相胜,华实不相副,则怒而降祸,虽有其鬼,终以死恨。人情欲厚恶薄,神心犹然。用墨子之法,事鬼求福,福罕至而祸常来也。以一况百,而墨家为法,皆若此类也。废而不传,盖有以也。

《春秋左氏传》者,盖出孔子壁中,孝武皇帝时,鲁共王坏孔子教授堂以为宫,得佚《春秋》三十篇,《左氏传》也。公羊高、穀梁寘、胡母氏皆传《春秋》,各门异户,独《左氏传》为近得实。何以验之?《礼记》造于孔子之堂,太史公,汉之通人也,左氏之言与二书合,公羊高、穀梁寘、胡母氏不相合。又诸家去孔子远,远不如近,闻不如见。刘子政玩弄《左氏》,童仆妻子皆呻吟之。光武皇帝之时,陈元、范叔上书,连属条事是非,《左氏》遂立。范叔寻因罪罢。元、叔天下极才,讲论是非,有余力矣。陈元言讷,范叔章诎,左氏得实,明矣。言多怪,颇与孔子“不语怪力”相违返也。《吕氏春秋》,亦如此焉。《国语》,《左氏》之外传也。左氏传经,辞语尚略,故复选录“国语”之辞以实。然则《左氏》《国语》,世儒之实书也。

公孙龙著《坚白》之论,析言剖辞,务折曲之言,无道理之较,无益于治。齐有三邹(衍)〔子〕之书,瀇洋无涯,其文少验,多惊耳之言。案大才之人,率多侈纵,无实是之验;华虚夸诞,无审察之实。商鞅相秦,作《耕战》之术;管仲相齐,造《轻重》之篇。富民丰国,强主弱(一作威)敌,公赏罚,与邹衍之书并言。

而太史公两纪,世人疑惑,不知所从。案张仪与苏秦同时,苏秦之死,仪固知之。仪知(各)〔秦〕审,宜从仪言以定其实,而说不明,两传其文。东海张商亦作列传,岂《苏秦》,商之所为邪?何文相违甚也?《三代世表》言五帝、三王,皆黄帝子孙,自黄帝转相生,不更禀气于天。作《殷本纪》,言契母简狄浴于川,遇玄鸟坠卵,吞之,遂生契焉。及《周本纪》,言后稷之母姜嫄野出,见大人迹,履之则妊身,生后稷焉。夫观《世表》,则契与后稷,黄帝之子孙也;读《殷》、《周本纪》,则玄鸟、大人之精气也。二者不可两传,而太史公兼纪不别。案帝王之妃,不宜野出、浴于川水。今言浴于川吞玄鸟之卵,出于野,履大人之迹,违尊贵之节,误是非之言也。

《新语》,陆贾所造,盖董仲舒相被服焉,皆言君臣政治得失,言可采行,事美足观。鸿知所言,参贰经传,虽古圣之言,不能过增。陆贾之言,未见遗阙,而仲舒之言雩祭可以应天,土龙可以致雨,颇难晓也。夫致旱者以雩祭,不夏郊之祀,岂晋侯之过邪?以政失道,阴阳不和也。晋废夏郊之祀,晋侯寝疾,用郑子产之言,祀夏郊而疾愈。如审雩不修,龙不治,与晋同祸,为之再也。以政致旱,宜复以政,政亏,而复修雩治龙,其何益哉!《春秋》公羊氏之说,亢阳之节,足以复政。阴阳相浑,旱湛相报,天道然也,何乃修雩设龙乎?雩祀,神喜哉?或雨至亢阳不改,旱祸不除,变复之义,安所施哉?且夫寒温与旱湛同,俱政所致,其咎在人。独为亢旱求福,不为寒温求祐,未晓其故。如当复报寒温,宜为雩、龙之事。鸿材巨识,第两疑焉!

董仲舒著书不称子者,意殆自谓过诸子也。汉作书者多,司马子长、扬子云,河、汉也,其余泾、渭也。然而子长少臆中之说,子云无世俗之论。仲舒说道术奇矣,比方三家,尚矣。谶书云"董仲舒乱我书",盖孔子言也。读之者或为"乱我书者,烦乱孔子之书也",或以为"乱者理也,理孔子之书也",共一"乱"字,理之与乱,相去甚远。然而读者用心不同,不省本实,故说误也。夫言"烦乱孔子之书",才高之语也。其言"理孔子之书",亦知奇之言也。出入圣人之门,乱、理孔子之书,子长、子云无此言焉,世俗用心不实,省事失情,二语不定,转侧不安。案仲舒之书不违儒家,不及孔子,其言"烦乱孔子之书者",非也。孔子之书不乱,其言"理孔子之书"者,亦非也。孔子曰:"师挚之始,《关雎》之乱,洋洋乎盈耳哉!"乱者,(于)〔终〕孔子言也。孔子生周始其本,仲舒在汉终其末,班叔皮续太史公书,盖其义也。赋颂篇下其有"乱曰"章,盖其类也。孔子终论,定于仲舒之言;其修雩(始)〔治〕龙,必将有义,未可怪也。

颜渊曰:"舜何人也?予何人也?"五帝、三王,颜渊独慕舜者,知己步驺有同也。知德所慕,默识所追,同一实也。仲舒之言道德政治,可嘉美也。质定世事,论说世疑,桓君山莫上也。故仲舒之文可及,而君山之论难追也。骥与众马绝迹,或蹈骥哉?有马于此,足行千里,终不名骥者,与骥毛色异也。有人于此,文偶仲舒,论次君山,终不同于二子者,姓名殊也。故马效千里,不必骥騄;人期贤知,不必孔墨。何以验之?君山之论难追也。两刃相割,利钝乃知;二论相订,是非乃见。是故韩非之四《难》,桓宽之《盐铁》,君山《新论》之类也。世人或疑,言非是伪,论者实之,故难为也。卿决疑讼,狱定嫌罪,是非不决,曲直不立,世人必谓卿狱之吏,才不任职。至于论,不务全疑,两传并纪,不宜明处,孰与剖破浑沌,解决乱丝,言无不可知,文无不可晓哉?案孔子作《春秋》,采毫毛之善,贬纤介之恶。可褒,则义以明其行善;可贬,则明其恶以讥其操。《新论》之义,与《春秋》会一也。

夫俗,好珍古不贵今,谓今之文不如古书。夫古、今,一也。才有高下,言有是非,不论善恶而徒贵古,是谓古人贤今人也。案东番邹伯奇、临淮袁太伯、袁文术、会稽吴君高、周长生之辈,位虽不至公卿,诚能知之囊橐,文雅之英雄也。观伯奇之《元思》,太伯之《易(童)〔章〕句》,文术之《咸铭》,君高之《越纽录》,长生之《洞历》,刘子政、扬子云不能过也。善才有浅深,无有古今;文有伪真,无有故新。广陵陈子回、颜方,今尚书郎班固,兰台令杨终、傅毅之徒,虽无篇章,赋颂记奏,文辞斐炳。赋象屈原、贾生,奏象唐林、谷永,并比以观好,其美一也。当今未显,使在百世之后,则子政、子云之党也。韩非著书,李斯采以言事;扬子云作《太玄》,侯铺子随而宣之。非、(私)〔斯〕同门,云、铺共朝。睹奇见益,不为古今变心易意;实事贪善,不远为术并肩以迹相轻。好奇无已,故奇名无穷。扬子云《反离骚》之经,非能尽反,一篇文往往见非,反而夺之;《六略》之录万三千篇,虽不尽见,指趣可知。略借不合义者,案而论之。

对作第八十四

或问曰:"贤圣不空生,必有以用其心。上自孔、墨之党,下至荀、孟之徒,教训必作垂文,何也?"

对曰:圣人作经,(艺)〔贤〕者传记,匡济薄俗,驱民使之归实诚也。案《六略》之书万三千篇,增善消恶,割截横拓,驱役游慢,期便道善,归正道焉。孔子作《春秋》,周民弊也。故采求毫毛之善,贬纤介之恶,拨乱世,反诸正,人道浃,王道备,所以检押靡薄之俗者,悉具密致。夫防决不备,有水溢之害;网解不结,有兽失之患。是故周道不弊,则民不文薄,民不文薄,《春秋》不作。杨、墨之学不乱传义,则孟子之传不造。韩国不小弱,法度不坏废,则韩非之书不为。高祖不辨得天下,马上之计未转,则陆贾之语不奏。众事不失实,凡论不坏乱，则桓谭之论不起。故夫贤圣之兴文也，起事不空为。因因不妄作，作有益于化，化有补于正。故汉立兰台之官，校审其书，以考其言。董仲舒作道术之书，颇言灾异政治所失，书成文具，表在汉室。主父偃嫉之，诬奏其书。天子下仲舒于吏，当谓之下愚。仲舒当死，天子赦之。夫仲舒言灾异之事，孝武犹不罪而尊其身，况所论无触忌之言，核道实之事，收故实之语乎？

故夫贤人之在世也，进则尽忠宣化，以明朝廷；退则称论贬说，以觉失俗。俗也不知还，则立道轻为非；论者不追救，则迷乱不觉悟。是故《论衡》之造也，起众书并失实，虚妄之言胜真美也。故虚妄之语不黜，则华文不见息；华文放流，则实事不见用。故《论衡》者，所以铨轻重之言，立真伪之平，非苟调文饰辞，为奇伟之观也。其本皆起人间有非，故尽思极心，以(机)〔讥〕世俗。世俗之性，好奇怪之语，说虚妄之文。何则？实事不能快意，而华虚惊耳动心也。是故才能之士，好谈论者，增益实事，为美盛之语；用笔墨者，造生空文，为虚妄之传。听者以为真然，说而不舍；览者以为实事，传而不绝。不绝，则文载竹帛之上；不舍，则误入贤者之耳。至或南面称师，赋奸伪之说；典城佩紫，读虚妄之书。明辨然否，疾心伤之，安能不论？孟子伤杨、墨之议大夺儒家之论，引平直之说，褒是抑非，世人以为好辩。孟子曰："予岂好辩哉？予不得已！"今吾不得已也！虚妄显于真，实诚乱于伪，世人不悟，是非不定，紫朱杂厕，瓦玉集糅。以情言之，岂吾心所能忍哉！卫骖乘者越职而呼车，恻怛发心，恐(土)〔上〕之危也。夫论说者，闵世忧俗，与卫骖乘者同一心矣。愁精神而幽魂魄，动胸中之静气，贼年损寿，无益于性，祸重于颜回，违负黄、老之教，非人所贪，不得已，故为《论衡》。文露而旨直，辞奸而情实。其《政务》，言治民之道。《论衡》诸篇，实俗间之凡人所能见，与彼作者无以异也。若夫九《虚》、三《增》、《论死》《订鬼》，世俗所久惑，人所不能觉也。人君遭弊，改教于上；人臣愚惑，作论于下。

实得,则上教从矣。冀悟迷惑之心,使知虚实之分。实虚之分定,而华伪之文灭;华伪之文灭,则纯诚之化日以孳矣。

或曰:"圣人作,贤者述。以贤而作者,非也。《论衡》《政务》,可谓作者。"非曰作也,亦非述也,论也。论者,述之次也。《五经》之兴,可谓作矣。太史公《书》、刘子政《序》、班叔皮《传》,可谓述矣。桓君山《新论》、邹伯奇《检论》,可谓论矣。今观《论衡》《政务》,桓、邹之二论也,非所谓作也。造端更为,前始未有,若仓颉作书,奚仲作车是也。《易》言伏羲作八卦,前是未有八卦,伏羲造之,故曰作也。文王图八,自演为六十四,故曰衍。谓《论衡》之成,犹六十四卦,而又非也。六十四卦以状衍增益,其卦溢,其数多。今《论衡》就世俗之书,订其真伪,辨其虚实,非造始更为,无本于前也。儒生就先师之说诘而难之,文吏就狱卿之事覆而考之,谓《论衡》为作,儒生文吏谓作乎?

上书奏记,陈列便宜,皆欲辅政。今作书者,犹书奏记,说发胸臆,文成手中,其实一也。夫上书谓之奏,奏记转易其名谓之书。建初孟年,中州颇歉,(颖)〔颍〕川、汝南民流四散,圣主忧怀,诏书数至。《论衡》之人,奏记郡守,宜禁奢侈,以备困乏。言不纳用,退题记草,名曰《备乏》。酒縻五谷,生起盗贼,沉湎饮酒,盗贼不绝,奏记郡守禁民酒,退题记草,名曰《禁酒》。由此言之,夫作书者,上书奏记之文也。记谓之造作上书,上书奏记是作也?

晋之《乘》,而楚之《梼杌》、鲁之《春秋》,人事各不同也。《易》之乾坤,《春秋》之"元",杨氏之"玄",卜气号不均也。由此言之,唐林之奏,谷永之章,《论衡》《政务》,同一趋也。汉家极笔墨之林,书论之造,汉家尤多。阳成子张作《乐》,扬子云造《玄》。二经发于台下,读于阙掖,卓绝惊耳,不述而作,材疑圣人,而汉朝不讥;况《论衡》细说微论,解释世俗之疑,辩照是非之理,使后进晓见然否之分,恐其废失,著之简牍,祖经章句之说,先师奇说之类也。其言伸绳,弹割俗传，俗传蔽惑，伪书放流，贤通之人，疾之无已。孔子曰："诗人疾之不能默，丘疾之不能伏。"是以论也，玉乱于石，人不能别。或若楚之王、尹以玉为石，卒使卞和受刖足之诛。是反为非，虚转为实，安能不言？俗传既过，俗书又伪。若夫邹衍谓今天下为一州，四海之外有若天下者九州；《淮南书》言共工与颛顼争为天子，不胜，怒而触不周之山，使天柱折，地维绝；尧时十日并出，尧上射九日；鲁阳战而日暮，援戈麾日，日为却还。世间书传，多若等类，浮妄虚伪，没夺正是。心渍涌，笔手扰，安能不论？论则考之以心，效之以事，浮虚之事，辄立证验。若太史公之书，据许由不隐，燕太子丹不使日再中，读见之者，莫不称善。

《政务》为郡国守相、县邑令长陈通政事，所当尚务，欲令全民立化，奉称国恩。《论衡》九《虚》、三《增》，所以使俗务实诚也；《论死》《订鬼》，所以使俗薄丧葬也。孔子径庭丽级，被棺敛者不省。刘子政上薄葬，奉送藏者不约。光武皇帝草车茅马，为明器者不奸。何世书俗言不载？信死之语汶浊之也。今著《论死》及《死伪》之篇，明死无知，不能为鬼，冀观览者将一晓解约葬，更为节俭。斯盖《论衡》有益之验也。言苟有益，虽作何害？仓颉之书，世以纪事？奚仲之车，世以自载；伯余之衣，以辟寒暑；桀之瓦屋，以辟风雨。夫不论其利害，而徒讥其造作，是则仓颉之徒有非，《世本》十五家皆受责也。故夫有益也，虽作无害也。虽无害，何补？

古有命使采爵，欲观风俗知下情也。《诗》作民间，圣王可云"汝民也，何发作"，囚罪其身，殁灭其诗乎？今已不然，故《诗》传(亚)〔至〕今。《论衡》《政务》，其犹《诗》也。冀望见采，而云有过，斯盖《论衡》之书所以兴也。且凡造作之过，意其言妄而谤诽也。《论衡》实事疾妄，《齐世》《宣汉》《恢国》《验符》《盛褒》《须颂》之言，无诽谤之辞。造作如此，可以免于罪矣。

卷三十

自纪第八十五

王充者，会稽上虞人也，字仲任。其先本魏郡元城一姓，孙一几世尝从军有功，封会稽阳亭，一岁仓卒国绝，因家焉，以农桑为业。世祖勇任气，卒咸不揆于人。岁凶，横道伤杀，怨仇众多。会世扰乱，恐为怨仇所擒，祖父汎举家(檐)〔担〕载，就安会稽，留钱唐县，以贾贩为事；生子二人，长曰蒙，少曰诵，诵即充父。祖世任气，至蒙、诵滋甚。故蒙、诵在钱唐，勇势凌人，末复与豪家丁伯等结怨，举家徙处上虞。

建武三年，充生。为小儿，与侪伦遨戏，不好狎侮。侪伦好掩雀、捕蝉、戏钱、林熙，充独不肯，诵奇之。六岁教书，恭愿仁顺，礼敬具备，矜庄寂寥，有臣人之志。父未尝笞，母未尝非，闾里未尝让。八岁出于书馆，书馆小僮百人以上，皆以过失袒谪，或以书丑得鞭。充书日进，又无过失。手书既成，辞师受《论语》《尚书》，日讽千字。经明德就，谢师而专门，援笔而众奇，所读文书，亦日博多。才高而不尚苟作，口辩而不好谈对。非其人，终日不言。其论说，始若诡于众，极听其终，众乃是之；以笔著文，亦如此焉；操行事上，亦如此焉。在县位至掾功曹，在都尉府位亦掾功曹，在太守为列掾五官功曹行事，入州为从事。不好徼名于世，不为利害见将。常言人长，希言人短。专荐未达，解已进者过；及所不善，亦弗誉；有过不解，亦弗复陷。能释人之大过，亦悲夫人之细非。好自周，不肯自彰，勉以行操为基，耻以材能为名。众会乎坐，不问不言，赐见君将，不及不对。

在乡里慕蘧伯玉之节，在朝廷贪史子鱼之行。见污伤不肯自明，位不进亦不怀恨。贫无一亩庇身，志佚于王公；贱无斗石之秩，意若食万钟。得官不欣，失位不恨。处逸乐而欲不放。居贫苦而志不倦。淫读古文，甘闻异言。世书俗说，多所不安，幽处独居，考论实虚。

充为人清重，游必择友，不好苟交。所友位虽微卑，年虽幼稚，行苟离俗，必与之友。好杰友雅徒，不泛结俗材。俗材因其微过，蜚条陷之，然终不自明，亦不非怨其人。或曰："有良材奇文，无罪见陷，胡不自陈？羊胜之徒，摩口膏舌；邹阳自明，入狱复出。苟有全完之行，不宜为人所缺；既耐勉自伸，不宜为人所屈。"答曰：不清不见尘，不高不见危，不广不见削，不盈不见亏。士兹多口，为人所陷，盖亦其宜。好进故自明，憎退故自陈。吾无好憎，故默无言。羊胜为谗，或使之也；邹阳得免，或拔之也。孔子称命，孟子言天，吉凶安危，不在于人，昔人见之，故归之于命，委之于时，浩然恬忽，无所怨尤。福至不谓己所得，祸到不谓己所为。故时进意不为丰，时退志不为亏。不嫌亏以求盈，不违险以趋平，不鬻智以干禄，不辞爵以吊名，不贪进以自明，不恶退以怨人。同安危而齐死生，钧吉凶而一败成，遭十羊胜，谓之无伤。动归于天，故不自明。

充性恬淡，不贪富贵。为上所知，拔擢越次，不慕高官；不为上所知，贬黜抑屈，不恚下位。比为县吏，无所择避。或曰："心难而行易，好友同志，仕不择地，浊操伤行，世何效放？"答曰：可效放者，莫过孔子。孔子之仕，无所避矣：为乘田委吏，无于邑之心；为司空相国，无说豫之色。舜耕历山，若终不免；及受尧禅，若卒自得。忧德之不丰，不患爵之不尊；耻名之不白，不恶位之不迁。垂棘与瓦同椟，明月与砾同囊，苟有二宝之质，不害为世所同。世能知善，虽贱犹显；不能别白，虽尊犹辱。处卑与尊齐操，位贱与贵比德，斯可矣。

俗性贪进忽退，收成弃败。充升擢在位之时，众人蚁附；废退穷居，旧故叛去。志俗人之寡恩，故闲居作《讥俗》《节义》十二篇。冀俗人观书而自觉,故直露其文,集以俗言。或谴谓之浅。答曰:以圣典而示小雅,以雅言而说丘野,不得所晓,无不逆者。故苏秦精说于赵,而李兑不说;商鞅以王说秦,而孝公不用。夫不得心意所欲,虽尽尧、舜之言,犹饮牛以酒,啖马以脯也。故鸿丽深懿之言,关于大而不通于小,不得已而强听,入胸者少。孔子失马于野,野人闭不与,子贡妙称而怒,马圉谐说而懿。俗晓〔形〕露之言,勉以深鸿之文,犹和神仙之药以治鼽咳,制貂狐之裘以取薪菜也。且礼有所不倂,事有所不须。断决知辜,不必皋陶;调和葵韭,不俟狄牙。闾巷之乐,不用《韶》《武》。里母之祀,不待太牢。既有不须,而又不宜。牛刀割鸡,舒戟采葵,铁钺裁箸,盆盎酌卮,大小失宜,善之者希。何以为辩?喻深以浅。何以为智?喻难以易。贤圣铨材之所宜,故文能为深浅之差。

充既疾俗情,作《讥俗》之书。又闵人君之政徒欲治人,不得其宜,不晓其务,愁精苦思,不睹所趋,故作《政务》之书,又伤伪书俗文,多不实诚,故为《论衡》之书。夫贤圣殁而大义分,蹉跎殊趋,各自开门,通人观览,不能钉铨。遥闻传授,笔写耳取,在百岁之前,历日弥久。以为昔古之事。所言近是,信之入骨。不可自解,故作实论。其文盛,其辩争,浮华虚伪之语,莫不澄定。没华虚之文,存敦庞之朴,拨流失之风,反宓戏之俗。

充书形露易观。或曰:"口辩者其言深,笔敏者其文沉。案经艺之文,贤圣之言,鸿重优雅,难卒晓睹。世读之者,训古乃下。盖贤圣之材鸿,故其文语与俗不通。玉隐石间,珠匿鱼腹,非玉工珠师,莫能采得。宝物以隐闭不见,实语亦宜深沉难测。《讥俗》之书,欲悟俗人,故形露其指,为分别之文。《论衡》之书,何为复然?岂材有浅极,不能为覆?何文之察,与彼经艺殊轨辙也?"

答曰:玉隐石间,珠匿鱼腹,故为深覆。及玉色剖于石心,珠光出于鱼腹,其犹隐乎?吾文未集于简札之上,藏于胸臆之中,犹玉隐珠匿也;及出荴露,犹玉剖珠出乎,烂若天文之照,顺若地理之晓,嫌疑隐微,尽可名处,且名白事自定也。《论衡》者,论之平也,口则务在明言,笔则务在露文。高士之文雅,言无不可晓,指无不可睹,观读之者,晓然若盲之开目,聆然若聋之通耳。三年盲子,卒见父母,不察察相识,安肯说喜?道畔巨树,堑边长沟,所居昭察,人莫不知。使树不巨而隐,沟不长而匿,以斯示人,尧、舜犹惑。人面色部七十有馀,颊肌明洁,五色分别,隐微忧喜,皆可得察,占射之者,十不失一。使面黝而黑丑,垢重袭而覆部,占射之者,十而失九。夫文,由语也,或浅露分别,或深迂优雅,孰为辩者?故口言以明志,言恐灭遗,故著之文字。文字与言同趋,何为犹当隐闭指意?狱当嫌辜,卿决疑事,浑沌难晓,与彼分明可知,孰为良吏?夫口论以分明为公,笔辩以荴露为通,吏文以昭察为良。深覆典雅,指意难睹,唯赋颂耳!经传之文,贤圣之语,古今言殊,四方谈异也。当言事时,非务难知,使指闭隐也。后人不晓,世相离远,此名曰语异,不名曰材鸿。浅文读之难晓,名曰不巧,不名曰知明。秦始皇读韩非之书,叹曰:"犹独不得此人同时。"其文可晓,故其事可思。如深鸿优雅,须师乃学,投之于地,何叹之有?夫笔著者,欲其易晓而难为,不贵难知而易造;口论务解分而可听,不务深迂而难睹。孟子相贤,以眸子明瞭。(者)察文,以义可晓。

充书违诡于俗。或难曰:"文贵夫顺合众心,不违人意,百人读之莫谴,千人闻之莫怪。故管子曰:'言室满室,言堂满堂。'今殆说不与世同,故文刺于俗,不合于众。"

答曰:论贵是而不务华,事尚然而不高合。论说辩然否,安得不谲常心、逆俗耳?众心非而不从,故丧黜其伪而存定其真。如当从众顺人心者,循旧守雅,讽习而已,何辩之有?孔子侍坐于鲁哀公,公赐桃与黍,孔子先食黍而啖桃,可谓得食序矣。然左右皆掩口而笑,贯俗之日久也。今吾实犹孔子之序食也,俗人违之,犹左右之掩口也。善雅歌，于郑为人悲；礼舞，于赵为不好。尧、舜之典，伍伯不肯观；孔、墨之籍，季、孟不肯读，宁危之计，黜于闾巷；拨世之言，訾于品俗。有美味于斯，俗人不嗜，狄牙甘食；有宝玉于是，俗人投之，卞和佩服。孰是孰非，可信者谁？礼俗相背，何世不然？鲁文逆祀，畔者三人。盖犹是之语，高士不舍，俗夫不好；惑众之书，贤者欣颂，愚者逃顿。

充书不能纯美。或曰："口无择言，笔无择文。文必丽以好，言必辩以巧。言瞭于耳，则事味于心；文察于目，则篇留于手。故辩言无不听，丽文无不写。今新书既在论譬，说俗为戾，又不美好，于观不快。盖师旷调音，曲无不悲；狄牙和膳，肴无淡味。然则通人造书，文无瑕秽。《吕氏》《淮南》，悬于市门，观读之者无訾一言。今无二书之美，文虽众盛，犹多谴毁。"

答曰：夫养实者不育华。调行者不饰辞。丰草多华英，茂林多枯枝。为文欲显白其为，安能令文而无谴毁？救火拯溺，义不得好；辩论是非，言不得巧。入泽随龟，不暇调足；深渊捕蛟，不暇定手。言奸辞简，指趋妙远；语甘文峭，务意浅小。稻谷千钟，糠皮太半；阅钱满亿，穿决出万。大羹必有淡味，至宝必有瑕秽；大简必有大好，良工必有不巧。然则辩言必有所屈，通文犹有所黜。言金由贵家起，文粪自贱室出，《淮南》《吕氏》之无累害，所由出者，家富官贵也。夫贵，故得悬于市，富，故有千金副。观读之者，惶恐畏忌，虽见乖不合，焉敢谴一字？

充书既成，或稽合于古，不类前人。或曰："谓之饰文偶辞，或径或迂，或屈或舒。谓之论道，实事委琐，文给甘酸，谐于经不验，集于传不合，稽之子长不当，内之子云不入。文不与前相似，安得名佳好、称工巧？"

答曰：饰貌以强类者失形，调辞以务似者失情。百夫之子，不同父母，殊类而生，不必相似，各以所禀，自为佳好。文必有与合，然后称善，是则代匠斫不伤手，然后称工巧也。文士之务，各有所从，或调辞以巧文，或辩伪以实事。必谋虑有合，文辞相袭，是则五帝不异事，三王不殊业也。美色不同面，皆佳于目；悲音不共声，皆快于耳。酒醴异气，饮之皆醉；百谷殊味，食之皆饱。谓文当与前合，是谓舜眉当复八采，禹目当复重瞳。

充书文重。或曰："文贵约而指通，言尚省而趍明。辩士之言要而达，文人之辞寡而章。今所作新书，出万言，繁不省，则读者不能尽；篇非一，则传者不能领。被躁人之名，以多为不善。语约易言，文重难得。玉少石多，多者不为珍；龙少鱼众，少者固为神。"答曰：有是言也。盖寡言无多，而华文无寡。为世用者，百篇无害；不为用者，一章无补。如皆为用，则多者为上，少者为下。累积千金，比于一百，孰为富者？盖文多胜寡，财寡愈贫。世无一卷，吾有百篇；人无一字，吾有万言。孰者为贤？今不曰所言非而云泰多，不曰世不好善而云不能领，斯盖吾书所以不得省也。夫宅舍多，土地不得小；户口众，簿籍不得少。今失实之事多，华虚之语众，指实定宜，辩争之言，安得约径？韩非之书，一条无异，篇以十第，文以万数。夫形大，衣不得褊；事众，文不得褊。事众文饶，水大鱼多。帝都谷多，王市肩磨。书虽文重，所论百种。按古太公望，近董仲舒，传作书篇百有余，吾书亦才出百，而云泰多，盖谓所以出者微，观读之者不能不谴呵也。河水沛沛，比夫众川，孰者为大？虫茧重厚，称其出丝，孰为多者？

充仕数不耦，而徒著书自纪。或亏曰："所贵鸿材者，仕宦耦合，身容说纳，事得功立，故为高也。今吾子涉世落魄，仕数黜斥，材未练于事，力未尽于职，故徒幽思属文，著记美言，何补于身？众多欲以何趍乎？"答曰：材鸿莫过孔子。孔子才不容，斥逐，伐树接(淅)〔淅〕，见围削迹，困饿陈、蔡，门徒菜色。今吾材不逮孔子，不偶之厄，未与之等，偏可轻乎？且达者未必知，穷者未必愚。遇者则得，不遇失之。故夫命厚禄善,庸人尊显;命薄禄恶,奇俊落魄。必以偶合称材量德,则夫专城食土者,材贤孔、墨。身贵而名贱,则居洁而行墨。食千钟之禄,无一长之德,乃可戏也。若夫德高而名白,官卑而禄泊,非才能之过,未足以为累也。士愿与宪共庐,不慕与赐同衡;乐与夷俱旅,不贪与蹠比迹。高士所贵,不与俗均,故其名称,不与世同。身与草木俱朽,声与日月并彰,行与孔子比穷,文与扬雄为双,吾荣之。身通而知困,官大而德细,于彼为荣,于我为累。偶合容说,身尊体佚,百载之后,与物俱殁,名不流于一嗣,文不遗于一札,官虽倾仓,文德不丰,非吾所臧。德汪涉而渊懿,知滂沛而盈溢,笔泷漉而雨集。言溶澑而泉出,富材羡知,贵行尊志,体列于一世,名传于千载,乃吾所谓异也。

充细族孤门。或啁之曰:"宗祖无淑懿之基,文墨无篇籍之遗,虽著鸿丽之论,无所禀阶,终不为高。夫气无渐而卒至曰变。物无类而妄生曰异,不常有而忽见曰妖,诡于众而突出曰怪。吾子何祖?其先不载,况未尝履墨涂,出儒门,吐论数千万言,宜为妖变,安得宝斯文而多贤?"答曰:鸟无世凤凰,兽无种麒麟,人无祖圣贤,物无常嘉珍。才高见屈,遭时而然。士贵,故孤兴;物贵,故独产。文孰常在,有以放贤。是则(澧)〔醴〕泉有故源,而嘉禾有旧根也。屈奇之士见,倜傥之辞生,度不与俗协,庸角不能程。是故罕发之迹,记于牒籍;希出之物,勒于鼎铭。五帝不一世而起,伊、望不同家而出。千里殊迹,百载异发。士贵雅材而慎兴,不因高据以显达。母骊犊骍,无害牺牲;祖浊裔清,不榜奇人。鲧恶禹圣,叟顽舜神。伯牛寝疾,仲弓洁全;颜路庸固。回杰超伦;孔、墨祖愚,丘、翟圣贤;扬家不通,卓有子云;桓氏稽可,遹出君山。更禀于元,故能著文。

充以元和三年徙家,辟诣扬州部丹阳、九江、庐江,后入为治中。材小任大,职在刺割,笔札之思,历年寝废。章和二年。罢州家居。年渐七十,时可悬舆。仕路隔绝,志穷无如。事有否然,身有利害。

发白齿落，日月逾迈。俦伦弥索，鲜所恃赖。贫无供养，志不娱快。历数冉冉，庚辛域际。虽惧终徂，愚犹沛沛。乃作《养性》之书，凡十六篇。养气自守，适食则酒。闭明塞聪，爱精自保。适辅服药引导，庶冀性命可延，斯须不老。既晚无还，垂书示后。惟人性命。长短有期。人亦虫物，生死一时。年历但记，孰使留之？犹入黄泉，消为土灰。上自黄、唐，下臻秦、汉而来，折衷以圣道，析理于通材。如衡之平，如鉴之开。幼老生死古今，罔不详该。命以不延，吁叹悲哉！